바가바드 기타
함석헌 주석

한길사

The Bhagavad Gita

Published by Hangilsa Publishing Co., Ltd., Korea, 2021

갠지스강의 아침
성스러운 목욕으로 업(Karma)을 씻는다는 힌두교도들.

요가 수행자
요가는 우주적 에너지의 원천과 하나 되는 체험이다.
여러 형태의 요가가 『바가바드 기타』에서 확립된다.

히말라야의 설원에서 눈으로 몸을 씻는 수행자들.

라자스탄 건축양식으로 세워진 문이다.
맨 위에 피리를 불고 있는 크리슈나가 보인다.

마드라스의 카필레스와르(Kapileshwar) 힌두교 사원 외벽.

중부인도의 카주라호 사원.

자이나교 사원(8세기).

크리슈나의 조각상
크리슈나는 비슈누신의 여덟 번째 화신이며, 아르주나를 인도하는 스승이다.

크리슈나와 소 치는 애인(gopi)들의 춤.

크리슈나와 아르주나
『바가바드 기타』에서 비슈누신의 화신 크리슈나는 아르주나의 마부로 등장한다.

엘로라에 있는 카일라사나트 사원의 외벽에 새겨진 『마하바라타』 이야기.

HANGIL GREAT BOOKS 18

바가바드 기타

함석헌 주석

한길사

바가바드 기타

거룩한 자의 노래— 함석헌 선생 주석의 『바가바드 기타』 | 이거룡 • 21
『바가바드 기타』 독자들에게 • 55
책을 읽기 전에 • 57

제1장 아르주나의 고민 • 75
제2장 상캬 요가 • 91
제3장 카르마 요가 • 125
제4장 즈나나 카르마 산야사 요가 • 157
제5장 내버림의 요가 • 197
제6장 진정한 요가 • 233
제7장 즈나나·비즈나나 요가 • 291
제8장 브라만 요가 • 321
제9장 왕지식과 왕신비 • 347
제10장 거룩하신 능력 • 373
제11장 일체상 • 395
제12장 박티 요가 • 419
제13장 밭과 밭알이와 그 분별 • 435
제14장 3성 분별 • 457
제15장 멸·불멸을 초월하는 최고 자아 • 475
제16장 거룩한 바탈과 귀신 바탈 • 487
제17장 세 종류의 신앙 • 495
제18장 내버림에 의한 해탈 • 505

일러두기

1. [ ] 표기 안의 글은 김영호 인하대 명예교수가 현대인이 뜻을 이해하기 쉽도록 해설을 덧붙인 것이다.
2. 이 책의 제9장 제8절, 제9절, 제10절은 김영호 교수의 교감(校勘)으로 순서를 바로잡았다.

거룩한 자의 노래
—함석헌 선생 주석의 『바가바드 기타』

이거룡 전 동국대 교수·인도철학

힌두교의 살아 있는 성전

『바가바드 기타』는 힌두교 세계에서 가장 널리 애송되는 경전이다. 권위로 따진다면 『베다』나 『우파니샤드』 같은 계시서(śruti)가 이보다 우위에 있다 하겠지만, 인도 대중들에게 미친 영향력 면에서는 오히려 계시서를 능가하는 경전이 '거룩한 자(Bhagavad)의 노래(gītā)' 『바가바드 기타』다.

전통적으로 『베다』는 하층 천민들이 들을 수 없는 경전으로 받아들여져 왔고, 『우파니샤드』 또한 전문 지식인도 이해하기 어려운 비전(秘傳)이었으니, 대개의 사람들에게 『베다』와 『우파니샤드』는 자신의 삶과 동떨어진 저편의 세계일 수밖에 없었다. 이에 비하여 『바가바드 기타』는 언제나 서민 대중의 삶 속에서 호흡해온, 대중들의 경전이다.

특히 『바가바드 기타』는 하층 천민들의 해탈 가능성을 인정한다는 점에서 인도 종교사에 특별한 의미를 부여한다. "나에게 귀의하면, 프라타의 아들이여, 천한 태생의 사람, 여자, 바이샤 그리고 수드라라할지라도 지고의 목표로 가기 때문이다."(ix. 32) 말하자면, 『베다』

와 『우파니샤드』에서 버림받은 서민 대중까지도 『바가바드 기타』는 감싸안고 있는 것이다. 이런 점에서 『바가바드 기타』는 힌두교의 살아 있는 성전이다.

비록 『바가바드 기타』가 원래 비슈누교의 한 종파인 사타바타(Sātavata)파에 속했다 할지라도 거의 모든 철학파가 그 중요성을 인정하고 있다. 심지어 시바신을 섬기는 사람들도 『바가바드 기타』의 권위를 부정하지 않는다. 오래전부터 『바가바드 기타』는 『우파니샤드』에서 자기 사상을 찾았던 힌두교도들의 주요 세 경전(prasthānatraya) 가운데 하나로 꼽혔으며, 중세의 베단타 학자들은 반드시 이 세 경전에 대한 주석을 다는 것을 시작으로 자신의 사상을 전개하는 전통을 남겼다. 이 전통은 지금도 여전하다. 비슈누교나 시바교 경전들의 권위를 인정하지 않는 샹카라(Śaṁkara)조차도 『바가바드 기타』를 근본 경전으로 인정한다. 『바가바드 기타』는 인도의 모든 지역, 모든 계층이 공유하는 경전이며, 다양한 인도를 하나로 묶는 공통분모 격인 셈이다.

현대에 들어 『바가바드 기타』는 더 큰 의미로 부각된다. 영국 식민지에 대한 스와라지(swaraj, 自立)운동을 주도했던 틸라크(B.G. Tilak)는 『바가바드 기타』를 인도 독립운동에 행동의 철학을 제공하는 원천으로 받아들였으며, 마하트마 간디에게 『바가바드 기타』가 '영적인 지침서'였다는 것은 익히 알려진 이야기다. 간디는 어려움에 직면할 때마다 마치 모르는 영어 단어를 영어사전에서 찾아보듯이 이 행동의 사전을 찾아보았다고 한다. 이외에도 슈리 오로빈도 고슈, 라다크리슈난, 스와미 비베카난다, 시성 타고르 등 인도의 수많은 정신적 지도자에게 『바가바드 기타』는 영감의 원천이 되었다.

1785년 찰스 윌킨스(Charles Wilkins)의 영어 번역이 나온 이래 『바가바드 기타』는 서양의 거의 모든 언어로 번역되었으며, 아시아의 여러 나라에서도 자국의 언어로 소개되었다. 이것은 『바가바드 기타』가 인도의 경계를 넘어서서 인류의 고전으로 읽히고 있다는 증거다. 우리말로 번역된 최초의 힌두교 경전 또한 『바가바드 기타』였다.

『바가바드 기타』와 『마하바라타』

『바가바드 기타』는 본래 인도의 유명한 대서사시 『마하바라타』(Mahābhārata) 제6권(Bhīṣmaparvan)의 일부였다. 그러나 그 내용상 하나의 독자적인 문헌으로 읽혀왔으며, 오늘날에는 오히려 『마하바라타』보다 더 유명한 세계적인 종교 문헌으로 알려져 있다.

일부 학자들은 『바가바드 기타』의 이러한 독특성을 근거로 그것이 원래 『마하바라타』의 일부가 아니었다는 견해를 보인다. 예를 들어 휠러(T. Wheeler)는 『마하바라타』의 전체 이야기 속에서 『바가바드 기타』의 전후 관계가 어색하다는 것을 지적하고, 『바가바드 기타』는 원래 『마하바라타』와는 무관한 독자적인 문헌이었다고 주장한다. 적군과 맞서서 전투를 벌이려는 찰나에 크리슈나와 아르주나가 길고 철학적인 대화를 시작한다는 것은 아무래도 『마하바라타』의 전체 문맥에 어울리지 않는다는 것이다. 『바가바드 기타』i. 20에서는 이미 전쟁이 발발했다는 것을 시사하고 있는데, 만일 이것이 사실로 받아들여진다면, 휠러가 지적한 부자연스러움은 더욱 심각해질 것이다.

전체적인 분위기에서도 『바가바드 기타』와 『마하바라타』 사이에 상당한 차이점이 있는 것으로 보인다. 예를 들어 『바가바드 기타』에서 크리슈나는 신의 권화로 나타나지만, 『마하바라타』의 다른 부분에서는 이 점이 거의 무시된다. 여기서 크리슈나는 최고의 신이 아니다. 가끔 비슈누의 후손으로 언급되기는 하지만, 그는 단지 역사적인 영웅이며 왕자일 뿐이다.

『바가바드 기타』가 원래『마하바라타』의 일부가 아니라고 할 때, 그것이『마하바라타』에 부가된 후기의 작품인지, 아니면『마하바라타』가 형성되기 이전에 이미 있었던 것이『마하바라타』의 저자에 의하여 사용된 것인지에 대해서도 의견이 일치하지 않는다. 텔랑(Telang)은 후자의 가능성을 인정하지만 스스로는 이 의견을 부정한다. 이에 비하여 단데카(R.N. Dandekar)는 후자의 견지에 서 있다.

특히『마하바라타』제6권에 대한 깊은 연구가 있었던 것으로 알려지는 벨발카르(Belvalkar)도『마하바라타』의 형성과정에서 기존의『바가바드 기타』가 편입되었다는 것을 입증하려고 노력하고 있으며,『바가바드 기타』의 여러 구절이『마하바라타』의 다른 부분에서 원용되고 있다는 것을 주장했다. 그에 따르면,『마하바라타』 vi. 47.2~30은『바가바드 기타』 i. 2~19를 원용한 것이다. 반 부이테넨(J.A.B. Van Buitenen)도 이와 유사한 견해를 보인다. 그는『바가바드 기타』가 '『마하바라타』의 바라문화(Brahmanization)' 과정에 편입된 것이라고 주장한다.

이외에도『바가바드 기타』의 어떤 한 구절 혹은 일부를『마하바라타』에서 그대로 인용했다는 것을 여러 학자가 지적하고 있다.『마하바라타』에는 세 베다(iii. 198. 23; xii. 18. 11)뿐 아니라 네 베다(iii. 204. 22; xii. 46. 22; xii. 50. 32)에 대한 언급이 있는 데 비하여,『바가바드 기타』에는 단지 세 베다에 대한 언급(ix. 17, 20)만 있다는 것도『바가바드 기타』가『마하바라타』이전에 성립되었다는 추측을 가능하게 한다.

다시 말하여『바가바드 기타』는『아타르바 베다』가 아직 베다로서 권위를 지니지 않았던 시대의 것이라면,『마하바라타』는 그 이후의 것일 수도 있다. 틸라크의 견해를 지지하는 학자들은『바가바드 기타』가 후대에『마하바라타』에 삽입되었다는 것을 인정하면서도, 양자가 동일인의 저작이라고 주장한다. 이들에 따르면, 『바가바드 기타』는 근본 윤리에 대한 원리를 주장하기 위하여 원래 저자가 나중에 첨가한 것이다.

한편 『바가바드 기타』가 원래부터 『마하바라타』의 일부였다는 주장도 적지 않다. 그 대표적인 예로는 올트라마레(P. Oltramare), 텔랑, 우파디야야(K.N. Upadhyaya) 등을 들 수 있다. 이들은 『마하바라타』에서 『바가바드 기타』의 전후 상황이 전혀 어색하지 않다고 주장한다. 우파디야야가 지적한 것처럼, 『마하바라타』에서 저자는 기회 있을 때마다 다르마의 원리를 세우기 위하여 시종일관 열심이며, 전쟁이 벌어지려는 극적인 상황에서 『마하바라타』의 절정인 『바가바드 기타』의 가르침을 설정한 것은 오히려 자연스럽고 효과적이라고 본다. 또한 서사시라는 것이 역사적 사실을 있는 그대로 기술하는 역사서가 아니라는 점을 인정한다면, 설사 전후 상황이 실제와 다소 거리가 있다 해도 그리 문제될 것이 없다는 것이다.

이 견해에 동의하는 라다크리슈난은 『바가바드 기타』와 『마하바라타』 간에 보이는 양식상의 유사성이야말로 그 둘이 원래 하나의 전체에 속했다는 증거라고 지적한다. 그는 또한 베다의 제의식이나 다른 철학파들에 대한 견해, 창조 순서에 대한 언급, 상키야(Sāṁkya, 數論)의 구나(guṇa)설과 파탄잘리(Patañjali)의 요가에 대한 설명에서도 양자 간에 상당한 일치점이 있다고 주장한다.

이러한 주장을 뒷받침하기 위하여 제시되는 증거는 설득력이 부족한 것이 많다. 예를 들어 우파디야야와 라다크리슈난은 『마하바라타』의 여러 곳에서 『바가바드 기타』 자체에 대한 언급이 있기 때문에 『바가바드 기타』는 원래 『마하바라타』의 일부였다고 주장하지만, 이것은 그 반대의 경우에도 타당할 수 있다. 이미 지적한 바와 같이 『마하바라타』 형성 당시에 이미 『바가바드 기타』가 있었거나, 혹은 그

이후에 첨가된 것이라도 『마하바라타』에 『바가바드 기타』가 언급될 가능성은 여전히 있으며, 오히려 이 경우가 더 자연스러운 귀결이라고 볼 수 있다. 『바가바드 기타』가 『우파니샤드』를 언급하는 것과 마찬가지로, 『마하바라타』는 『바가바드 기타』를 언급할 수 있다고 해야 한다.

이런 여러 가지 정황으로 미루어볼 때, 원래 『바가바드 기타』는 『마하바라타』의 일부였다기보다는 『마하바라타』 형성과정에 그 일부로 편입되었다고 보는 것이 오히려 자연스러워 보인다. 심지어 『바가바드 기타』는 원래 『우파니샤드』였다는 주장도 있다.

『바가바드 기타』의 연대

대개의 인도 고전이 그렇듯이 『바가바드 기타』가 기록된 연대에 대해서는 아무도 자신하기 어렵다. 이것은 『바가바드 기타』를 『마하바라타』의 일부로 간주하는 경우에도 마찬가지다. 전통에 따르면 비야사(Vyāsa)라는 현자가 이 방대한 문헌 ─ 기독교 성서의 세 배 반이 넘는 ─ 의 편집자로 전해지나, '비야사'는 역사적 인물을 구체적으로 지칭한 것이 아니라, 단지 상징적인 것일 가능성이 높다. 따라서 저자를 통하여 『바가바드 기타』의 연대를 추산하는 것은 거의 불가능하다고 보아야 한다. '비야사'는 '편집자'라는 의미를 지닌다. 전통에 따르면, 그는 네베다의 편집자이기도 하며, 주요 『푸라나』(Purāṇa) 문헌의 저자이기도 하다.

『바가바드 기타』의 무대가 되는 쿠루크셰트라(Kurukṣetra) 전쟁이 역사적 사건이었다는 것에 대해서는 이론의 여지가 없다. 그리고 이 이야기를 담고 있는 『마하바라타』의 연대가 이보다 훨씬 후기라는 것에 대해서도 대부분 학자들은 동의한다. 그러나 그 정확한 연대에 대해서는 이견이 많다. 텔랑은 그것이 적어도 기원전 3세기 이전의 문헌이라고 주장한다. 그가 『바가바드 기타』의 연대를 기원전 3세기 이전으로 잡는 것은, 그것이 범어철학의 체계화시대 이전에 형성되었다는 의미다.

그러나 후기의 『푸라나』 문헌에서도 우리가 『바가바드 기타』와 마찬가지로 비체계적인 형태의 저술을 발견할 수 있다는 것을 고려한다면, 범어철학의 체계화시대를 반드시 기원전 3세기경이라고 단정하는 것 자체가 무리인 것으로 보인다. 그뿐만 아니라, 설사 『바가바드 기타』가 범어철학의 체계화시대 이후에 나왔다 해도, 저자가 의도적으로 비체계적인 양식을 택했을 가능성도 배제할 수 없다.

이에 비해 틸라크는 기원전 500년, 그리고 반다르카는 기원전 4세기 이전으로 각각 잡는다. 라다크리슈난에 따르면 서사시가 현재의 형태로 된 것은 기원전 5세기경이며, 그것이 처음으로 쓰인 것은 적어도 기원전 11세기경이다. 가르베는 원래의 『바가바드 기타』를 기원전 200년, 그리고 오늘날 형태로 편집된 연대를 기원후 200년으로 잡는다.

한편 라센(Lassen)이나 로린서(Lorinser) 같은 서구학자들은 그 연대를 기원후로 보아 3세기 혹은 500년 이후라고 주장하기도 한다. 로린서가 『바가바드 기타』의 연대를 비교적 후대로 잡은 것은 『바가바드 기타』가 기독교의 신약성서에서 상당 부분을 차용해 왔다는 것을 전제하지만, 오늘날 『바가바드 기타』에 대한 기독교의 영향을 말하는 사람은 거의 없다. 『바가바드 기타』는 기독교 이전에 형성된 것이 분명하며, 인도 이외에서 그 기원을 구하는 것은 불가능하다.

현존하는 최고(最古) 『바가바드 기타』 주석은 9세기경 샹카라가 쓴 주석이다. 5세기 중엽의 인물로 추정되는 칼리다사(Kālidāsa)는 『바가바드 기타』를 알고 있었던 것으로 보이며, 그의 『라구방샤』(Raghuvaṁśa)에서는 『바가바드 기타』와 유사한 구절이 발견된다. 바나(Bāṇa) 또한 『바가바드 기타』에 대하여 언급했는데, 그는 7세기경의 인물이다. 바수데바(Vāsudeva) 숭배를 잘 알고 있는 보다야나(Bodhāyana)의 『그리히야 수트라』(Gṛhya Sūtra)에는 바가반(Bhagavan, 主)에 귀속되는 어떤 언급이 담겨 있는데, 짐작건대 이것은 『바가바드 기타』에서 인용된 것이다. 『베단타 수트라』에도 『바가바드 기타』를 지칭하는 것으로 보이는 스므리티에 대한 언급이 있으나, 『베단타 수트라』의 연대 자체가 불확실하다.

이미 말한 것처럼 『바가바드 기타』가 단지 초기의 세 베다(ix. 17과 20)에 대해서만 언급했다는 것을 고려하면, 그 성립연대는 아직 『아타르바 베다』가 베다로서 권위를 지니기 이전일 가능성이 높다. 그러나 『바가바드 기타』에는 초기 『우파니샤드』를 인용하거나 그 내용을 시사하는 곳이 여럿 있으며, 이것은 이미 그 당시에 이 문헌들이 상당한 권위를 지니고 있었다는 것을 의미한다. 따라서 『바가바드 기타』의 성립연대는 이보다 후기, 다시 말하여 초기 『우파니샤드』가 권위 있는 문헌으로 받아들여지기에 충분한 시간이 경과한 후로 잡아야 할 것이다. 더욱이 『바가바드 기타』가 『슈웨타슈와타라 우파니샤드』(Śvetāśvatara Upaniṣad)와 같은 후기 『우파니샤드』를 인용했다는 것을 감안한다면, 그 성립연대는 적어도 기원전 5세기 이후로 매겨야 한다.

그러나 『바가바드 기타』를 불교 이후 작품으로 간주하는 것은 무리다. 이것은 『바가바드 기타』에서 불교에 대한 언급이 전혀 발견되지 않는다는 사실로 충분히 짐작할 수 있다. 『바가바드 기타』가 팔리 불전의 전통을 시사한다는 주장이나, 『바가바드 기타』의 어떤 개념들이 불교의 개념들과 유사하다는 주장들이 없는 것은 아니지만, 적어도 『바가바드 기타』에는 불교에 대한 직접적 언급은 보이지 않는다. 따라서 『바가바드 기타』는 초기 불전 성립 이전의 작품이라 해야 한다.

인간 내면의 쿠루크셰트라 전쟁

『바가바드 기타』는 쿠루크셰트라 전쟁이라는 역사적 사건을 무대로 한다. 하스티나푸라(Hastināpura)에 자리 잡은 쿠루족의 형제 가문, 즉 카우라바(Kaurava) 형제들과 판다바(Pāṇḍava) 형제들이 쿠루크셰트라 들판 양편에 군대를 대치시키고 왕권을 차지하기 위하여 살육전을 벌이려는 극적인 상황에서 『바가바드 기타』의 가르침이 시작된다. 원래 바라타 왕국의 정당한 후계자였던 유디슈티라(Yudhiṣṭhira)가 카우라바 형제들 가운데 맏형 두료다나(Duryodhana)와 도박을 했는데 졌다. 그 결과로 그는 왕국을 잃고 네 형제와 함께 13년 동안 숲속에 유배되었다. 약속한 기한이 되어 유디슈티라가 두료다나에게 자신의 왕국을 돌려달라고 요구했다. 그러나 그의 요구는 거절되었고 결국 두 가문 간에 전쟁이 불가피하게 된 것이다. 『바가바드 기타』는 바로 이 전쟁이 벌어지려는 찰나에 판다바 가문의 다섯 형제 중 셋째인 아르주나(Arjuna)와 크리슈나(Kṛṣṇa) 사이에 오간 대화를 적은 것이다.

아르주나는 이 전쟁에 대한 확실한 대의명분을 가지고 전쟁터로 나간다. 그러나 그는 상대편 군대에서 자기 사촌들, 아저씨, 할아버지 등 혈족들을 보고는 고뇌에 빠진다. 왜냐하면 그가 자신의 혈족을 죽여야 했기 때문이다. 그래서 그는 자기 혈족을 죽이고 왕국을 통치하느니 차라리 숲으로 은거하여 궁극자에 대한 명상에 몰두하는 고행자의 삶을 택하려 한다. 그때 크리슈나는 아르주나에게 '싸우라'(ii. 18)고 말한다.

그러나 이것이 곧 크리슈나가 전쟁 자체를 옹호했다는 것을 의미하지는 않는다. 크리슈나는 결코 전쟁을 열망하지 않았으며, 오히려 두 가문 간의 갈등을 중재하기 위하여 노력하는 평화의 사절이었다. 그런데 그의 역할은 카우라바 지도자들의 억지 때문에 실패했다. 싸우지 않겠다는 아르주나의 주장을 논박하는 과정에서, 크리슈나는 판다바족에 관한 한 그 전쟁이 정당하다는 것, 그리고 그것을 수행하는 것이 아르주나의 의무라는 것을 보여주면서 세속적인 관점에서 가장 설득력 있는 이유들을 제시한 것은 사실이다. 그러나 우리는 여기서 크리슈나의 가르침이 지니는 요체가 정작 전쟁 자체에 대한 옹호가 아니라 아르주나의 결심, 즉 싸우지 않겠다는 것이 왜 옳지 않은지를 보여주는 데 있다는 사실을 간과해서는 안 된다.

아르주나가 싸우지 않겠다는 것은 단지 그 대상이 자기 혈족이기 때문이다. 그가 사랑하는 혈족들을 죽이느니 차라리 스스로 죽겠다는 말은 일면 매우 사리에 맞는 것 같지만, 그것은 영원한 자아의 본질을 망각한 결과이며 냉철한 판단의 결과가 아니었다. 그는 무지와 이에 수반되는 격정 때문에 고뇌했다. 결국 그는 스스로 어찌할 바를 몰랐다. 그가 자기 마음이 어두운 먹구름으로 가려졌으며, 옳고 그름을 분간할 수 없다고 고백했을 때, 크리슈나는 그에게 바른 지식을 내려 무지를 제거하려고 한다. 그 가르침은 아르주나 혼자만을 위한 것이 아니다. 그의 고뇌를 다루는 가운데 크리슈나는 모든 인류의 선을 위하여 『바가바드 기타』를 설한다.

'싸우라'는 표현에 대하여 샹카라가 지적하는 것처럼 그것은 전쟁을 명하는 것이라기보다는 슬픔과 미혹으로 생겨난 장애를 제거하기 위한 촉구일 뿐이다. 자아는 육체적 생사를 초월한다는 것과 누구나 자기 신분에 주어진 사회적 의무를 수행해야 한다는 것을 강조하기 위하여 설정된 상황이 바로 전쟁이다. 『바가바드 기타』의 가르침은 슬픔과 미혹과 같은 상사라의 원인을 제거하자는 것이지 결코 전쟁을 명하는 것이 전부가 아니다.

『바가바드 기타』의 쿠루크셰트라 전쟁은 인간의 내면에서 일어나는 갈등과 모순을 나타내는 인간 내면의 전쟁이다. 『바가바드 기타』의 가르침이 전쟁이라는 극한 상황에 놓인 아르주나의 고뇌로 시작된다는 것은 매우 중요한 의미를 지닌다. 전쟁은 죽거나 죽여야 하는, 생명이 무참히 살해되는 인간의 극한 상황이다. 『바가바드 기타』의 가르침은 먼저 이러한 극한 상황에서 고뇌하는 아르주나의 내면을 묘사하는 것으로 시작된다. 여기서 아르주나는 내면의 싸움에서 미혹에 눈 멀고 두려움에 떠는 모든 사람을 대변한다.

이어서 설해지는 가르침이 더욱 매혹적인 까닭은, 그것이 아르주나의 내면의 큰 위기를 나타내는 전쟁이라는 구체적인 상황 속에서 설정되기 때문이다. 전쟁이라는 상황 속에서 여실하게 드러나는 죽음이라는 문제에 대한 철저한 고뇌가 있기 때문에 참다운 철학이 가능하다고 해야 할 것이다. 사람은 위기 상황에서 자신을 정확히 들여다볼 수 있다. 삶 가운데 문득 찾아오는 중대한 위기 상황은 우리 마음속에서 궁극적 가치에 대한 생각을 자극한다. 오직 그때 영적인 세계를 추구하는 사람들은 감각의 장애를 깨부수고 내적 실재에 닿는 데 필수적인 긴장을 얻게 된다.

아르주나의 낙심은 단지 실망한 사람의 일시적 기분이 아니라 모든 존재의 비실재성을 일깨우는 공허감, 가슴속에 느껴지는 일종의 죽음 상태다. 아르주나는 만일 필요하다면 자기 생명을 포기할 각오가 되어 있다. 그러나 그는 자기가 무엇을 해야 옳은지 모른다. 그는 전율스러운 시험에 직면했으며, 감당하기 어려운 고뇌가 그를 뒤흔든다. 아르주나가 마주한 절망감은 문득 깨달음의 길에 꼭 지나야 할 영혼의 어두운 밤이다.

이처럼 『바가바드 기타』는 전쟁 자체보다는 이를 통하여 내면의 세계에서 일어나는 모순과 갈등을 다루고 있다. 영혼의 삶은 쿠루크셰트라의 전쟁터로 상징되며, 카우라바족은 영혼의 진전을 방해하는 적이다. 아르주나는 시험을 물리치고 감정을 제어하여 인간의 왕국을 되찾으려고 시도한다. 전진의 길은 고통과 자기 극기를 통해서 가능하다. 내면의 삶에 대한 추구는 "사지가 주저앉고, 입은 바싹 타며, 전율이 내 몸을 휩싸고, 온몸의 털이 곤두서는" 아르주나의 고뇌를 요구한다. 이어지는 크리슈나의 가르침 — 참된 자아에 대한 — 이 의미를 지닐 수 있는 것은 죽음에 대한 아르주나의 철저한 고뇌가 있었기 때문이다.

이처럼 『바가바드 기타』는 갈등과 모순, 이기심, 악마의 부드러운 속삭임이 교차하는 인간의 내면세계에 대한 깊은 통찰을 보여주며 시작된다. 크리슈나와 아르주나의 대화가 진행됨에 따라 우리는 전쟁의 아비규환이 아닌 신과 인간 간의 진지한 교감을 보게 된다. 전차는 고요한 명상의 자리가 되고, 가식의 목소리가 잠잠해진 전쟁터는 오히려 참된 진리를 사색하기 위한 적합한 장소가 되는 것을 느낀다.

『바가바드 기타』와 『우파니샤드』

홉킨스에 따르면, 『바가바드 기타』는 비슈누교의 시가에 대한 크리슈나 종파의 각색이며, 그 자체가 하나의 후기 『우파니샤드』다. 케이스(A.B. Keith)는 그것이 원래 슈웨타슈와타라 계통의 『우파니샤드』였지만, 나중에 크리슈나 숭배에 수용된 것이라고 본다. 『문다카 우파니샤드』, 『슈웨타슈와타라 우파니샤드』, 그리고 『바가바드 기타』에 나타나는 언어의 유사성에 입각하여 어떤 학자들은 『바가바드 기타』가 후기 우파니샤드 시대에 속한다고 주장하기도 한다.

사실 『바가바드 기타』 각 장의 말미에 있는 콜러편(colophon)은 그것이 『우파니샤드』라고 말한다. 『우파니샤드』 중에서도 특히 『슈웨타슈와타라 우파니샤드』는 『바가바드 기타』와 밀접한 관련이 있는 것으로 보인다. 양자는 모두 유신론과 범신론의 조화 혹은 이원론적인 상키야와 『우파니샤드』의 일원론을 조화하려고 한다. 또한 『바가바드 기타』의 박티 요가는 『슈웨타슈와타라 우파니샤드』 vi. 23에서 쉽게 찾아볼 수 있다.

이외에도 영혼불멸, 카르마 요가, 박티, 신의 비슈와루파(viśvarūpa)를 가르치는 몇몇 중요한 구절은 『우파니샤드』에서 쉽게 추적할 수 있다. 『바가바드기타』 ii. 20에서 가르치는 영혼불멸은 『카타 우파니샤드』(Kaṭha Upaniṣad) i. 2.18~19에서 거의 그대로 인용되었다. 카르마 요가의 핵심을 이루는 니스카마카르마(niṣkāmakarma) 개념은 『이샤 우파니샤드』(Īśa Upaniṣad) i. 2에서 이미 윤곽을 드러내고 있다.

『바가바드 기타』의 큰 흐름이 『우파니샤드』의 정신이라는 것은 분명하다. 그것은 『우파니샤드』의 네 가지 근본원리, 즉 카르마(karma)-상사라(saṁsāra)-갸나(jñāna)-무크티(mukti)를 근간으로 이루어져 있다. 독일의 인도학자 도이센(P. Deussen) 같은 학자는 『바가바드 기타』를 『우파니샤드』의 일원론적 사상이 퇴보한 결과로 나온 것이라고 주장하기도 하지만, 오늘날 이 견해에 동의하는 학자는 거의 없다. 오히려 그것은 『우파니샤드』의 요체를 뽑아놓은 것으로 간주된다. 인도 전통에 따르면, "모든 『우파니샤드』는 암소들이며, 크리슈나는 소 치는 사람이다. 아르주나는 송아지요, 현자들은 이로움을 얻는 자들이며, 『바가바드 기타』는 감미로운 우유다." 이처럼 『바가바드 기타』의 주요 정신은 『우파니샤드』에 있지만, 단지 종교적 측면에 대한 강조가 있을 뿐이다.

『바가바드 기타』의 저자는 『우파니샤드』의 논리적 추상만으로는 영혼의 다면적 욕구를 충족할 수 없다고 보며, 삶의 신비를 풀어 알려는 시도는 그 성격에서 오히려 유신론적이어야 한다고 본다. 『우파니샤드』의 종교적 함축들을 뽑아내고, 이것을 서민 대중들의 신화 및 정서와 통합함으로써 살아 있는 체계로 활력을 불어넣은 것이 곧 『바가바드 기타』다.

이와 같이 『바가바드 기타』는 『우파니샤드』와 궤를 같이하지만, 비(非)베다적 측면 또한 없지 않다. 이것은 『바가바드 기타』가 『우파니샤드』의 연속이라는 점에서는 분명히 아리안문화의 전통을 계승하는 것이지만, 그것을 그대로 수용하지는 않는다는 것을 의미한다. 겉으로 보아 『바가바드 기타』iii. 10~16은 제의식의 중요성을 강조하는 것 같으나, 엄밀히 따져보면 그 정신은 오히려 『베다』의 공희(供犧)에 반한다. ii. 42~45에서는 『베다』의 제사 행위가 권력과 향락을 얻기 위한 욕망으로 더럽혀졌다는 것을 지적하면서, 이에 대한 노골적인 비난을 보이기도 한다.

이외에도 『바가바드 기타』에 따르면, 『베다』의 제의식은 욕망에 사로잡힌 무지한 자들의 생각이며(vii. 20), 단지 덧없는 결과를 가져올 뿐(ix. 21) 이를 통해서는 신의 참된 본질이 알려지지 않는다.(xi. 48) 이에 대하여 『바가바드 기타』는 '결과에 집착하지 않는 행위'를 거듭 강조한다.

코삼비(D.D. Kosambi)에 따르면 『바가바드 기타』에서 체계화되고 강조되는 박티(bhakti, 信愛) 또한 베다전통과는 거리가 멀다. 곤다(J. Gonda)는 크리슈나 숭배가 베다의 신들 특히 인드라(Indra) 숭배에 정면으로 대립된다는 것을 지적한다. 오늘날 『바가바드 기타』가 인도에서 가장 널리 읽히는 성전이 될 수 있었던 것은, 그것이 『우파니샤드』를 중심으로 한 아리안계통의 문화뿐 아니라, 비베다적 요소도 동시에 포용하고 있다는 사실과 무관하지 않을 것이다.

궁극적 실재

『바가바드 기타』는 궁극적 실재에 대한 어떤 체계적 논리를 펴지 않는다. 단지 실천적인 삶의 원리를 가르칠 뿐이다. 지고자의 실재성은 논리적 사변의 대상이 아니라, 영성에 의한 체험의 대상으로 받아들여진다. 인간의 경험과 무관한 논리 자체는 우리에게 확신을 줄 수 없으며, 오직 영적 체험만이 우리에게 실재에 대한 증거를 줄 수 있다는 것이 『바가바드 기타』의 기본 태도다.

브라흐만은 지고한 인격(Puruṣottama, xv)이며, 인간과 긴밀한 관계를 유지하는 신이다. 여기서 우리는 신앙의 외침에 응답하는 구세자를 본다. 이것은 『바가바드 기타』가 원래 비슈누교 전통에 속해 있었기 때문이라고 볼 수 있겠지만, 엄밀히 말하여 브라흐만을 인격적 브라흐만과 비인격적 브라흐만으로 분명하게 나눈다는 것은 불가능한 일이다. 우리는 이러한 구분을 단지 강조의 차이로 받아들이지 않으면 안 된다. 브라흐만이 존재(sat)일 뿐 아니라, 의식(cit)이며 또한 환희(ānanda)라고 말해지는 한, 그것은 인격적 측면을 지닐 수밖에 없다. 자기 자신의 존재에 대한 의식, 즉 자의식이 있는 존재에 인격성을 부정하는 것은 생각하기 어렵다. 예를 들어 '저것이 있다'는 것이 아니라 '내가 있다'는 말은 내가 의식적이라는 것이며, 이것은 곧 나의 인격성을 함축한다.

그러나 브라흐만의 인격성은 다른 어떤 존재와 대립되는 것으로 자기를 분별하는 의식으로 이해되지 않는다. 『바가바드 기타』는 이러한 의미에서의 '다른 어떤 것'을 인정하지 않기 때문이다. 모든 존재는 브라흐만의 한 요소이며, 그밖에 제2의 것이란 있을 수 없다. 사실 『바가바드 기타』는 브라흐만이 인격적인가 아닌가, 속성을 지니는가 아닌가 하는 문제를 중요한 것으로 다루지 않는다. 브라흐만은 인격적인 것과 비인격적인 것의 구분을 초월한다. 그것은 인격성 자체의 토대요 원천이다. 그것은 무속성(nirguṇa)이지만, 그럼에도 무한한 속성(saguṇa)을 지닌다.(xiii) 그것은 두 가지 본질, 즉 물질계의 원천인 것과 개별적인 지바(Jiva)의 원천인 것을 지닌다. 이 둘은 힘 혹은 에너지(śakti)다. 그것은 마야(māyā, iv) 또는 요가마야(yogamāyā, xv)라 불리는 힘을 지니며, 이 힘을 통하여 세계를 창조한다. 마야는 실재적이고 영원하며, 그 존재의 주요 부분이다. 모든 것은 존재로부터 나오며, 이른바 파괴 혹은 소멸이라는 것은 단지 원래의 존재로 다시 돌아가는 것일 뿐이다. 그 어떤 존재도 비존재가 될 수 없으며 이런 점에서 『바가바드 기타』는 전통적인 인중유과설(因中有果說, satkāryavāda)을 따른다.

인격신과 세계의 관계로 보아 『바가바드 기타』는 범신론(汎神論, Pantheism)이라기보다는 범재신론(汎在神論, panentheism)적인 성격이 강하다. 다시 말하여, 『바가바드 기타』는 모든 것이 신이라는 주장으로 그치는 것이 아니라, 나아가서 모든 것이 신 속에 있다고 말한다. "어디서든 나를 보며 내속에서 모든 것을 보는 자, 그에게서 나는 잃어지지 않고 그도 나에게서 잃어지지 않는다."(vi. 30) 신은 세계와 개아의 토대요, 내적 통제자로 만유 속에 내재한다.(xviii. 61) 개아와 세계는 신의 몸과 같은 것이다. "보라, 움직이는 또 움직이지 않는 온 우주가, 그리고 네가 보기 원하는 그밖의 무엇이든, 오, 구다케샤여, 여기 오늘 내 몸속에 하나 되어 있음을 보라."(xi. 7) 세계는 신의 몸으로서 신의 자기 현현이며, 비실재적 환영이 아니다. 신은 내재적인 동시에 초월적이다. 그는 '불멸자, 존재, 비존재, 그리고 그 이상'이다.

아바타라(avatāra, 勸化) 크리슈나

『베다』혹은 다른 초기 문헌들에도 크리슈나라는 이름이 나타나지만, 신의 이미지와는 무관하다. 『찬도기야 우파니샤드』(iii. 17. 6)에 언급되는 데바키(Devakī)의 아들 크리슈나는 현자 고라 앙기라사(Ghora Āṅgirasa)의 제자다. 『리그 베다』의 크리슈나(viii. 96. 13~14)는 아수라(Asura), 즉 비아리아인이었으며, 코삼비에 따르면, 앙수마티(Aṇsumati) 강가에서 있었던 인드라와 크리슈나의 싸움은 역사적 사건이다. 『마하바라타』에서 체디(Chedi) 족장 쉬슈팔라(Śiṣupala)는 크리슈나를 가리켜 소 치는 천민이라고 말한다.

『바가바드 기타』에서 크리슈나는 드높은 신으로 고백된다. "당신은 신들 중 으뜸이며, 원인(原人)이며, 이 모든 세계의 궁극적인 쉴 곳입니다. 당신은 앎의 주체요 대상이며 지고의 목적입니다."(xi. 38) 여기서 그는 한때 이 세상에서 살다간 영웅이 아니라, 어디에나 있으며 우리 모두 속에 있다. 그는 과거의 인격이 아니라 우리 안에 살고 있는 영이며, 우리의 영적인 의식을 위한 대상이다. 그는 다양한 세계의 근저에 놓인 통일성이며, 모든 현상의 배후에 있는 불변의 진리다. 모든 것을 초월하며 또한 모든 것 안에 내재하는 신이다.

어떻게 역사적인 한 인간이 드높은 신과 동일시될 수 있는가. 신에게는 결코 일반적인 의미에서의 출생이란 있을 수 없다. 신이 어떤 특별한 때에 그 자신을 드러낸다고 하는 것은, 단지 그가 유한 존재와 관련하여 시공간을 띠었다는 것을 의미할 뿐이다. 이것이 곧 신의 권화(勸化, avatāra)다. 유한한 인간이 불멸의 브라흐만을 알 수 있도록 현상 세계에 그 모습을 드러낸 것이다. 『바가바드 기타』는 크리슈나를 신의 권화 혹은 인간 속 신의 하강이라 말한다. 비록 신에게는 출생이나 변화가 있을 수 없다 할지라도, 그는 권화를 통하여 수없이 태어난다. 크리슈나는 비슈누의 인간적인 구체화다. 그는 세상에 태어나고 체화되는 것처럼 보이는 지고자다. 한 개인으로서 크리슈나는 보편아가 스스로를 현현하는 수많은 형상 가운데 하나다. "브리슈니(Vṛṣṇi)족의 바수데바(Vāsudeva)요, 판다바 형제들 중 아르주나이며, 성자들 중 비야사(Vyāsa)요, 또한 시인들 중 우샤나(Uśana)다."(x. 37)

『바가바드 기타』에서 현저해지는 권화의 이론은 인간에 대한 신의 자비를 웅변적으로 말한다. 만일 신이 인간의 구제자라면, 그는 악의 힘이 인간의 가치를 말살하려 할 때면 언제나 스스로를 현현하지 않으면 안 된다. "의가 쇠하고 불의가 성할 때마다, 오, 바라타의 자손이여, 나는 자신을 나타낸다."(iv. 7) 권화는 인간 속에 신의 하강인 동시에 인간의 영적인 본성과 잠재된 신성의 증명이다. 궁극적인 의미로 볼 때, 모든 의식적 존재는 비록 그것이 가려지고 부분적이라 해도 신의 하강이라 할 수 있다. 이것은 『바가바드 기타』가 모든 인간 속에 신의 내재를 받아들이고 있음을 의미한다. 신은 모든 존재의 가슴속에 살고 있으며, 무지의 장막이 걷힐 때, 우리는 신의 음성을 듣고 신의 빛을 맞이하며, 신의 권능으로 행한다. 체화된 인간 의식은 불생 불멸의 영원자 속으로 들리어진다. "구다케샤여, 나는 모든 존재의 중심에 자리 잡은 자아이며, 나는 모든 존재의 시초요 중간이요 또 종말이다."(x. 20)

보편아와 동일시되는 개아의 현현은 인도 사유에 매우 익숙하다. 『우파니샤드』에서 우리는 완전한 깨달음을 얻은 영혼, 즉 절대자와의 참된 관계를 실현한 인간은 본질적으로 브라흐만과 동일하며, 그 자체가 브라흐만이 된다고 언명하는 것을 본다. 『바가바드 기타』의 저자는 말한다. "많은 이가 애욕과 공포와 분노를 떠나 나와 같이 되고, 나를 피난처로 삼아 지혜와 고행에 의해 정화되어 나의 상태에 이르렀노라."(4. 10)

이것은 신의 존엄이 인간 속으로 유한화되는 모순이라기보다는 신과 합일하여 인간의 본성이 신성의 차원으로 들리어 올려지는 것으로 보아야 한다. 이렇게 본다면, 크리슈나의 역사성과 그가 신의 화신으로 간주되는 것 간에는 아무런 모순이 없다. 아바타라에 대한 믿음과 인간 속에 영원히 자리하고 있는 신의식에 대한 믿음은 신의 초월과 내재의 두 측면을 반영하며, 이 두 견해가 상호 모순되지 않는다는 것을 나타낸다.

다수의 학자는 크리슈나가 드라비다족 계통에 속했을 것이라고 본다. 그의 외모를 묘사할 때 전통적으로 쉬얌(śyāma), 즉 '검다'는 표현이 일반적이며, 고대의 회화에도 그는 어김없이 푸르거나 검게 그려져 있다. 『베다』에서 검은 피부는 곧 아리아족이 아니라는 것을 의미한다.

레이차우두리(H. Raychaudhuri)에 따르면, 초기에 바수데바 크리슈나 숭배에 대한 바라문교의 견해가 부정적이었던 것은 크리슈나가 브라흐만이 아니었기 때문이다. 만일 크리슈나 숭배가 그 기원에서 비아리안적이라면, 사제들의 손에서 강한 반발을 샀을 것이다. 그러면 어떻게 그것이 오랫동안 번성할 수 있었겠는가. 오래지 않아 바수데바 크리슈나는 『베다』의 신 비슈누와 동일시되었기 때문이다. 비슈누는 아주 초기부터 고통 가운데 있는 인류를 위한 구세적 임무와 관련되어 있었다. 따라서 비슈누를 구세자로 받아들이는 사람들은 또한 크리슈나를 구세자로 받아들일 수 있었다. 오늘날 크리슈나는 인도 전역 모든 계층에서 사랑받는 신 가운데 하나다.

『바가바드 기타』와 불교

『바가바드 기타』의 사상은 여러 가지 점에서 불교와 공통점을 지닌다. 『바가바드 기타』 ii. 55~72에서 언급되는 아힝사(ahimsa)와 고행은 그것이 바라문교보다는 불교 혹은 자이나교와 유사한 정서를 지니고 있다는 것을 보여주며, 『바가바드기타』 xvii. 5~6에서 극단적인 자기 고행을 비난하는 것도 그렇다. 강도 차이는 있다 할지라도 『바가바드 기타』와 불교는 공히 베다의 절대적 권위를 부정하며, 경직된 카스트제도를 완화하려는 시도를 보인다. 『바가바드 기타』에서 강조하는 결과에 집착하지 않는 행위(niṣkāmakarma)도 궁극적으로는 불교의 무소유와 통한다. 『바가바드 기타』의 이상적인 인간 스티타프라갸(sthitaprajña)는 불교의 아라한이나 보살을 연상하게 한다.

이러한 유사성은 『바가바드 기타』에 대한 불교의 영향 혹은 불교에 대한 『바가바드 기타』의 영향으로 해석되기도 한다. 예를 들어 제네르(R.C. Zaehner)는 『바가바드 기타』의 어떤 개념들이 명백하게 불교의 영향을 반영하고 있다고 주장한다. 우파디야야는 『바가바드 기타』에 붓다 혹은 불교에 대한 어떤 직접적 언급이 없다는 것을 인정하면서도, 불교에 대한 간접적 시사가 있다고 믿는다. 그는 『우파니샤드』에는 없지만 불교에는 있는 용어들이 『바가바드 기타』에서 사용되고 있다는 것을 지적한다. 예를 들어 니르바나(nirvāṇa, ii. 72; v. 24), 니르바이라(nirvaira, xi. 55), 카루나(karuṇa, xii. 13)와 같은 『바가바드 기타』의 용어들은 『우파니샤드』가 아니라 불교 경전에서 쉽게 발견되는 용어들이라고 한다. 그러나 『바가바드 기타』 자체에 불교에 대한 직접적 언급은 없다. 한편 라다크리슈난은 대승불교의 주요 두 경전인 대승기신론과 묘법연화경이 『바가바드 기타』에 깊은 영향을 받았다고 본다.

『바가바드 기타』와 불교 간의 차이점 또한 적지 않다. 불교는 출가수행을 이상적인 것으로 보지만, 『바가바드 기타』는 바라문교의 아슈라마(āśrama) 전통을 받아들여 인생을 학생기(學生期, brahmacarya),

가주기(家住期, gr.hasta), 임서기(林棲期, vānaprastha), 유행기(遊行期, sannyāsa)의 네 과정을 따르는 것을 이상적인 삶으로 여긴다. 이런 점에서 『바가바드 기타』는 불교보다 과거와 연속성을 유지하며, 인도에서 더 번성할 수 있었다.

불교가 인간의 해탈에서 자력을 위주로 한다면, 『바가바드 기타』는 타력에 의한 구원 가능성을 믿는다. 흔히 『바가바드 기타』 7백 구절의 요약으로 일컬어지는 xviii. 66은 극단적인 형태의 귀의신앙을 강하게 시사하고 있다. "모든 의무를 다 버리고 오직 나에게 귀의하라. 내가 그대를 모든 악에서 건져주리니 슬퍼하지 말라." 이런 이유로 로런서는 『바가바드 기타』의 주요 개념들이 기독교의 신약성경에서 차용된 것이라고 주장한다. 심지어 막스 베버와 같은 학자는 크리슈나 박티가 기독교의 변형으로 생겨난 것이라고 주장하기도 했다. 그러나 오늘날 이러한 견해를 진지하게 받아들이는 사람은 거의 없다.

『바가바드 기타』에서 체계화되고 강조되는 박티는 확실히 기독교와 어떤 유사성을 지니지만, 이미 언급한 것처럼 『바가바드 기타』의 성립연대를 기독교 이전으로 잡는 것은 불가능하며, 그 기원을 인도 이외의 종교 전통에서 구하는 것 또한 불가능하다.

제네르의 지적처럼 니르바나라는 말이 『바가바드 기타』에 여러 차례 나오지만, 이것이 곧 『바가바드 기타』와 불교 간의 어떤 직접적 관련을 의미하는 것으로 보기에는 어려움이 있다. 우선 니르바나라는 말이 불교나 『바가바드 기타』에만 나오는 고유한 용어가 아니라는 것을 지적해야 할 것이다. 그뿐만 아니라 『바가바드 기타』에서 사용되는 니르바나의 의미는 불교의 그것과 상당히 다르다. 『바가바드 기타』에서 니르바나라는 말은 브라흐마(brahma) 혹은 파라맘(paramam)과 복합어로 쓰이며, 불교의 경우와 달리 '소멸'이라는 의미를 전혀 함축하지 않는다.

세 가지 요가

『바가바드 기타』 각 장의 말미에는 이 경전이 브라흐만, 즉 궁극적 실재에 대한 가르침(brahmavidyā)일 뿐 아니라, 요가를 설하는 경전(yogaśāstra)이라고 말한다. 궁극적 실재를 가르칠 뿐 아니라, 여기에 이르는 길(mārga), 즉 요가를 설한다는 것이다. 여기서 후자는 전자를 토대로 세워진다. 만일 어떤 윤리적 실천이 형이상학적 토대를 지니지 않는다면, 그것은 결코 유지될 수 없을 것이다. 그러므로 『바가바드 기타』의 요가 샤스트라는 브라흐마비드야, 즉 궁극자에 대한 지식에 뿌리를 두고 있다. 『바가바드 기타』는 삶의 규범일 뿐 아니라 사색의 체계이며, 진리가 인간의 영혼 속에 충만하게 하는 시도일 뿐 아니라 진리에 대한 지적 추구이기도 하다.

『바가바드 기타』에서 요가라는 말은 여러 가지 의미로 새겨지지만, 그것은 시종일관 실천적 측면과 관련을 지닌다. 요가는 신에게 닿는 것, 우주를 주관하는 힘에 자신을 잡아매는 것, 절대자와 인간의 접촉이다. 그것은 지·정·의의 모든 힘을 신에게 잡아매는 것이며, 좀더 심원한 본체와 하나가 되려는 인간의 노력이다. 우리는 영혼의 모든 측면을 절대적이고 확고한 어떤 것으로 전환하고 욕망과 쾌락을 물리칠 수 있는 힘을 길러야 한다. 이에 요가는 청정한 우리 영혼의 중심 존재로서 세계의 충격을 견뎌낼 수 있도록 스스로를 단련할 수 있는 수행을 의미하게 되었다. 그것은 목적을 성취할 수 있는 방법 혹은 도구(upāya)다.

요가는 우리의 지성을 명료하게 하고, 마음이 미혹에서 벗어나게 하며, 실재에 대한 직접적 지각을 얻게 하는 심리적 단련체계다. 그것은 우리가 감정을 다스리고 신에 대한 영혼의 복종으로 궁극자를 실현하는 길이며, 스스로 의지를 제어하여 우리의 전체 삶이 하나의 지속적이고 거룩한 봉사로 전환될 수 있도록 하는 것이며, 또한 자기 존재의 본성에서 신성을 감지할 수 있게 하는 길이다. 이 모든 것은 궁극자와의 합일로 통하는 다양한 요가 혹은 방법이다. 『바가바드 기타』에서 설해지는 요가는 크게 세 가지, 즉 지식의 길(jñāna yoga), 행위의 길(karma yoga) 그리고 믿음의 길(bhakti yoga)로 나뉜다.

지식의 길이라는 말은 이 길이 참된 지식을 요구한다는 것을 가리키며, 참된 지식은 영원한 것과 덧없는 것에 대한 분별에서 시작된다. 그러나 지식의 길은 이 지식이 인간 본성의 복귀로 간주되어야 한다는 것을 보여준다. 어떤 사람이 일단 자기 육체나 마음, 혹은 지성조차 참다운 자아가 아니라는 것을 알게 되면, 정확히 말하여 그것을 직관적으로 꿰뚫어보려면, 그는 아만(我慢)을 떨쳐버려야 한다. 그는 자기가 행위자이며 인식의 주관이라는 그릇된 생각을 버린다. 왜냐하면, 그의 참된 자아는 육체, 감각, 마음, 지성의 행위를 초월해 있기 때문이다. 이것이 구도자가 이해해야 할 요체다.

참다운 지식은 우리가 일상적인 집착에서 벗어나게 하며, 결과에 집착함이 없이 행위하게 한다. 지식의 길의 목표는 자아실현 혹은 범아일여(梵我一如)다. 자아의 초월적 본성에 대한 지식은 개아가 이기적 욕망에서 자유롭도록 하고 마음의 모든 오염을 제거한다. 이 지식을 가진 자는 무지에서 야기되는 행위의 모든 악한 결과에서 자유롭다. "그의 모든 일이 욕망과 이기적인 목적을 떠난 사람, 그의 행위가 지혜의 불로 타버린 사람, 지혜로운 자들은 그를 현자라 부른다."(4. 19) 그와 같은 사람은 비록 행위한다 할지라도 실상은 아무것도 하지 않는 것과 같다. 왜냐하면 그는 행위의 결과에 집착하지 않기 때문이다. 그와 같은 사람은 지식의 희생 제의(jñāna-yajña)를 수행하고 있다고 말해진다. 집착을 여의고 자유로우며 지식으로 확고하게 된 자, 그의 모든 행위는 녹아 없어진다. "타는 불이 나무를 재로 만들듯이, 아르주나여, 지혜의 불은 모든 행위를 재로 만든다. 세상에서 지혜만 한 정화 도구가 없기 때문이다."(iv. 37~38)

이처럼 지식의 길은 구도자가 영원한 자아와는 다른 경험적인 자아의 덧없음을 깨달음으로써 자기가 행위의 주체라는 생각, 혹은 자기가 인식의 주관이라는 생각을 떨쳐버리는 것에 요체가 있다. 그러나 이것이 곧 행위 자체의 부정을 의미하지는 않는다. 『바가바드 기타』는 오히려 지식의 길 못지않게 행위의 길을 강조한다. 실재에 대한 통찰이 역동적인 삶의 필요를 폐지하지 않는다. 만일 어떤 사람이 행위를 포기함으로써 혹은 의무를 저버림으로써 무위의 상태에 도달할 수 있다고 여긴다면, 이것은 미혹에 사로잡힌 것이며, 참된 길이라 할 수 없다. 단순히 행위를 포기하는 것은 결코 사람이 해탈을 얻게 할 수 없다. 사실 인간이 육체를 지니고 사는 한 한순간도 행위하지 않을 수 없다.(iii. 5) 일상적인 삶과 이에 따르는 의무를 행하는 것은 육체를 유지하기 위해서뿐 아니라, 점진적인 해탈(krama mukti)을 위해서도 불가피한 것이다.

『바가바드 기타』는 행위 자체를 포기하라는 게 아니라, 결과에 집착하지 않는 행위를 하라고 가르친다. 이것을 니스카마카르마 요가라고 한다. "그대가 할 일은 오직 행위 자체일 뿐 결코 그 결과가 아니다. 행위의 결과를 동기로 삼지 말며, 행위하지 않음에도 집착하지 말라."(ii. 47) 다시 말하여 카르마 요가는 '행위의 포기'(renunciation of action)가 아니라 '행위 속에서의 포기'(renunciation in action)를 의미한다.

그런데 이것이 어떤 행위에서 장차의 유익을 위한 어떤 동기도 지녀서는 안 되며, 행위의 좋고 나쁜 결과에 전혀 개의하지 말아야 한다는 것을 의미한다면, 그것은 인간의 심리를 왜곡하는 것이 아닌가. 만일 아무런 목적이나 동기가 없는 행위가 심리학적으로 불가능하다면, 문자적으로 욕망 없이 행위에 임하는 것을 의미하는 니스카마 카르마 요가는 전혀 아무런 의미도 없지 않은가.

사실 니스카마카르마는 칸트의 '아무것도 의지하지 않는 의지' (will that wills nothing)가 아니다. 그것은 단지 행위의 성패에 따라 흔들리지 않는다는 의미에서, 동기에 집착하는 것을 포기해야 한다는 것을 의미한다. 그것은 단순히 욕망의 억제 혹은 포기(tṛṣnanirodha)가 아니라, 행위의 결과에 대한 포기(phalatṛṣna-vairāgya)를 말한다. 목적을 잊어버리라는 것이지 목적을 잃어버리라는 것은 아니다. 이렇게 볼 때, 니스카마카르마 요가는—행위자가 의식하지 않는다 할지라도—궁극적으로 자아실현을 지향하고 있다.

믿음의 길 혹은 박티 마르가(bhakti mārga)는 인격신에 대한 믿음과 사랑이다. 『바가바드 기타』에서 이 길은 다른 모든 길을 포섭하는 최고의 길로 말해진다. "모든 의무를 다 버리고 오직 나에게 귀의하라. 내가 그대를 모든 악에서 건져주리니 슬퍼하지 말라."(xviii. 66) 인도의 여러 종교 전통 중 비인격적 원리에 대한 숭배의 예가 없는 것은 아니지만, 보통 사람에게 이것은 쉽지 않다. 이에 비하여 인격신에 대한 숭배는 사회적 계급이나 지식 수준의 고하를 막론하고 누구나 따를 수 있는 대중적인 구원의 길이다. 『바가바드 기타』에서 확립된 박티 마르가가 중세 인도 전역에서 대중적인 신앙운동으로 발전할 수 있었던 것도 바로 이런 이유다. 현생에서는 해탈 가능성이 배제되었던 불촉천민과 여자에 대한 구원의 희망이 제시된 것도 여기다.

지식의 길이나 행위의 길에 비하여 믿음의 길이 지니는 가장 큰 특징은 인간의 해탈에서 신의 은총이 강조된다는 점이다. 다시 말하여,

해탈의 원인은 궁극적으로 신의 은총에 있다. 헌신의 대상은 인격신(Puruṣottama)이며 신앙자는 그 자신을 완전히 그의 자비에 내맡긴다. 절대적 의존과 완전한 믿음이 필수적이다. 신앙자는 모든 것 속에서 신을 보고, 신 안에서 모든 것을 본다. 그렇다고 하여 인간의 노력이 완전히 부정되거나 불필요한 것으로 받아들여지는 것은 아니다. 자업자득을 요체로 하는 업설이 신의 은총과 조화될 수 있는 것은 카르마의 법칙을 신의 의지 표현으로 간주하기 때문이다. 신의 의지 표현으로서 카르마의 법칙은 오히려 신의 정의가 세상에 구현되고 있다는 증거로 받아들여진다.

비록 이 세 길은 『바가바드 기타』의 각각 다른 장에서 별개로 논의된다 할지라도, 이들이 상호 배타적이라고 생각하는 것은 옳지 않다. 지·정·의는 인간 본성의 근본이며 지식의 길, 헌신의 길, 행위의 길은 각각 이에 상응하는 실천행이라는 것을 알 때, 이 세 가지 요가가 상호보완적이며 불가분의 관계에 있다는 것은 당연하다. 행위의 길이라는 견지에서 볼 때 믿음의 길은 신에 대한 사심 없는 봉사다. 따라서 그것은 행위의 일종이다. 또한 앞에서 본 것처럼 사심 없는 행위는 지식 없이 불가능하다. 그러므로 박티는 오직 참된 지식을 지닌 자에 의해 완전히 행해질 수 있다고 해야 한다. 『바가바드 기타』는 부분적이 아니라 통전적 견지에서 인간의 자아실현을 도모한다.

함석헌 선생과 『바가바드 기타』

선생은 『바가바드 기타』를 접한 것이 '우연'이라 적고 있다.

마음에는 항상 기억하면서도 못 보고 있었는데 6·25전쟁에 쫓겨 부산에 가 있는 동안 하루는 헌책 집을 슬슬 돌아보고 있었는데 우연히 어느 집 책 틈에 에브리맨스 문고판의 『바가바드 기타』가 한 권 끼어 있는 것을 보았습니다. 그때 나의 놀람, 기쁨!

그러나 선생과 『바가바드 기타』의 만남은 단지 우연한 '우연'이 아닌 듯 싶다. 딱히 『바가바드 기타』를 사자고 그 헌책 집에 들른 것이 아니라고 본다면, 선생의 표현처럼 '우연히' 『바가바드 기타』를 발견한 것이라 하겠지만, 선생은 이미 그 이전부터 『바가바드 기타』를 들어 알고 있었고 내심으로는 그것을 찾고 있었으니, 그러다가 그것을 보게 되었으니, 이런 점에서는 그것이 단지 우연일 수 없다. 기다리던 우연이 아니라 단지 우연한 우연이었다면 선생에게 그때의 놀람, 기쁨이란 없었을 것이 분명하다.

짐작건대, 우리나라의 종교 사상 가운데 함석헌 선생의 사상만큼 『바가바드 기타』의 참정신에 닿아 있었던 사상은 없다. 이것은 선생이 『바가바드 기타』의 영향을 받아 그렇게 되었다는 뜻이 아니라, 그 이전부터 선생의 내면에 깃들어 싹트고 자라나던 생각이 이미 『바가바드 기타』의 사상을 닮아 있었고, 나중에 『바가바드 기타』와 마주하게 되었을 적에 그것이 더 굳어지고 살찌게 되었다는 말이다.

선생의 사유체계뿐 아니라, 온갖 사상을 끌어들여 제것으로 소화해내는 자세 또한 참으로 『바가바드 기타』의 정신 그대로다. 선생이 일찍이 기독교, 유교, 도교의 정수를 두루 섭렵하며 나아가서는 불교와 인도사상에까지 그 접촉의 폭을 넓혔던 것처럼, 그러고는 자기의 독자적 사상을 냈던 것처럼, 『바가바드 기타』는 인도의 모든 사상이 흘러들어 어우러졌다가 다시 강줄기를 이루어 신천지로 뻗어가는 사상의 원류이다. 단순한 절충이나 마구잡이 수입이 아니라 독자적 사유체계를 바탕으로 남의 것을 소화해내는 메커니즘을 보이는 점에서도 『바가바드 기타』와 선생은 한가지다. 『바가바드 기타』가 인도의 모든 종교 사상을 압축해놓은 힌두교의 결정판이듯이, 선생은 한국사상의 결정판이라 할 만하다.

함석헌 선생의 사상이 넓어지는 과정 또한 『바가바드 기타』와 흡사하다. 원래 비슈누교의 바가바타파에 속했던 『바가바드 기타』가 인격신을 바탕으로 우파니샤드의 형이상학적 원리인 브라흐만을 수용했던 것처럼, 선생의 출발 또한 인격신 여호와 하나님인 듯하지만, '하나님의 발길에 채어서' '한 배움'을 닦는 동안 오히려 우리나라 고유의 하나님, 도가의 도(道)에 이른다. 말하자면 『바가바드 기타』나 선생의 출발은 인격신이지만 결국에는 인격·비인격을 초월하는 궁극자에 닿는다는 것이다. 궁극적으로 선생의 하나님은 기독교의 여호와 하나님보다 힌두교의 브라흐만에 가깝다는 느낌이 든다.

함석헌 선생은 일찍부터 인도에 관심을 두었으며, "한때는 인도에 갔으면 하는 생각도 했다."(『죽을 때까지 이 걸음으로』, 91쪽) 도쿄에 있는 동안에 처음에는 『기탄잘리』를 읽은 것이 계기가 되어 주로 타고르의 책을 읽었으며, 이런 가운데 범신론조차도 자기 신앙에 아무 지장이 되지 않을 뿐 아니라 오히려 득이 된다는 생각을 하게 된다. 말하자면 기독교의 유일신론과 힌두교의 범신론이 만난 셈이다. 짐작건대, 선생은 타고르 사상 저변에 흐르는 존재의 통일성을 보았을 것이다. 타고르를 읽다가 간디를 읽게 되었다. 선생의 사상이 지니는 특징의 또 다른 한 면인 실천성, 행동주의는 간디의 사상과 많은 교감이 있었을 것이 분명하다.

그러나 선생이 본격적으로 인도사상의 대해에 뛰어든 것은 『바가바드 기타』를 접하면서부터다. 모든 종교는 하나라는 확신이 더욱 굳어진 것도 『바가바드 기타』를 통해서이며, 간디를 더 잘 알 수 있었던 것도 그렇다. 처음에는 간디를 통해서 『바가바드 기타』를 알았지만, 나중에는 역으로 『바가바드 기타』를 통하여 간디를 좀더 깊이 이해할 수 있었던 것이다. 간디의 비폭력 사상이 『바가바드 기타』의 '결과에 집착하지 않는 행위'에 그 뿌리가 닿아 있다는 것을 안다면, 이것은 당연한 이치다. 선생의 생각으로는 간디야말로 '그리스도의 정신을 가장 참되게 실천한 사람'이다.

함석헌 선생의 『바가바드 기타』 주석은 그가 끌어안아 결국에는 제것으로 삼은 사상의 폭과 깊이가 얼마라는 것을 알게 한다. 겉보기에 아무런 체계도 없이 그저 이런저런 주석가들의 생각을 나열해놓은 듯하고, 또 어떻게 보면 선생의 생각이 담긴 부분이라고는 극히 일부에 지나지 않은 듯하지만, 기실 따지고 보면 다른 사람들의 주석을 끌어다 쓰는 가운데 스스로가 하고 싶은 말, 해야 할 말을 다하는 주석을 내고 있다. 예를 들어 『바가바드 기타』가 "사람들이 어떤 방식으로 나에게 오든지 나는 이에 응하여 받아준다. 오 파르타의 아들이여, 모든 면에서 사람들은 나의 길을 따른다"(iv. 11)고 하여 종교의 보편성 혹은 종교의 다원성을 말할 때, 선생은 라다크리슈난의 주석을 끌어와서 자기 생각을 대신 말하고 있다.

'어떻게 오든지' 하나님은 어떤 사람의 희망도 꺾어버리지 않고 그것을 제 성격에 따라 자랄 수 있도록 도와주신다. 형이상학적 (paramārtha) 견지에서 한다면 어떤 나타남도 그것을 절대적으로 참이라 할 것은 하나도 없고, 반대로 체험적(vyāvahāra) 견지에서 한다면 그 모든 것이 다 어떤 가치를 가지고 있다. ……

모든 사람이 같은 하나님을 예배하고 있다. 그 생각과 태도의 다름은 그 지역의 특색, 그 사회의 적응에 따라 결정된다. 모든 나타남은 다 그와 같은 지고자에 속한 것이다. …… 하나님은, 그에 대한 관(觀)이야 어떤 것을 가졌거나 간에, 열심으로 찾는 자에 대한 갚아주심이다. 정신적으로 성숙하지 못한 사람은 제 신이 아닌 다른 신을 거부한다. 저들의 자기 신에 집착하는 마음이 눈을 어둡게 하여 신성(神性)의 좀더 큰 통일성을 못 보게 한다. 이는 종교적 생각 속에 남아 있는 이기주의의 결과로 오는 것이다.(함석헌,『바가바드 기타』, 171~172쪽)

사실 함석헌 선생의『바가바드 기타』주석에서 자주 인용되는 간디, 틸라크, 라다크리슈난 등은 인도의『바가바드 기타』주석가들 중 함석헌 선생과 사상적으로 가장 근접해 있는 사람들이다. 논서가 아니라 주석이라는 형식 자체가 스스로의 생각을 일목요연하게 체계적으로 기술하는 것을 어렵게 만드는 점이 있고, 또 한편으로는『바가바드 기타』라는 문헌 자체가 어떤 체계적인 철학서가 아니라는 점을 감안한다면, 선생의『바가바드 기타』주석이 백과사전식의 나열처럼 보이는 것이 오히려 당연한지도 모른다.

『바가바드 기타』는 사변적 논리보다는 오히려 단도직입인 체험을 전하며, 또한 우리에게도 그것을 요구하는 행동의 지침서다. 따라서 이를 주석할 때도 굳이 이런저런 논리에 맞추어 기교를 부려야 할 필요도 없었을 것이다. '나는 이렇게 생각한다'고 주장하기보다는 '이러저러한 경전들이 이러저러하게 말하고 있다'는 것을 보여주는 중에, 기실 자기 생각을 담아낸다. 진리는 하나이지만 여기에 이르는 길이 여럿 있을 수 있다는 것을 은연중에 전하는 것이다.

이런 점에서 볼 때, 선생의 나열식 인용은 결코 싸구려 절충주의가 아니다. 오히려 이것이야말로 참다운 의미의 회통(會通)이 아닐까 싶다. 좀 단순하고 투박하게 보일지는 모르지만, 여러 종교 경전을 나란히 인용하는 것만으로도 의미가 크다. 그것만으로도 각 종교가 서로 배척하지 않고 등을 기대고 있는 듯하여 실로 보기가 좋은 것이다.

함석헌 선생이『바가바드 기타』주석에서 끌어다 쓰는 종교와 경전의 종류는 실로 다양하다. 기독교『성서』의 마태복음, 누가복음, 요한복음, 히브리서, 요한1서, 유교의『대학』,『중용』,『맹자』,『주역』, 도가의『노자』,『장자』,『열자』, 불교의『법구경』, 이슬람교의『코란』, 그리고 조지 폭스의 퀘이커교에 이르기까지 종횡무진으로 동서의 경전들을 끌어다 쓴다. 이것은 무엇보다도 선생의 통종교적 시각을 적나라하게 드러내는 장면이다. 어느 한 종교의 사상은 그 종교 자체의 언어로 해석되기보다는 다른 종교의 언어로 풀어 밝혀질 때 더욱 선명하게 제모습을 드러내고, 나아가서는 보편성을 지니게 되는 것이다. 물론 이것은 자신의 선 자리가 확고할 때 가능한 이야기다.

『바가바드 기타』의 견해가 그렇듯이 선생은 전체성과 다면성에서 진리를 본다. 이 점에서는 오히려 선생이『바가바드 기타』보다 더 적극적인 듯싶다. 배타적인 종교관은 단호히 거부된다. "어떠한 신자가 신앙을 가지고 어떤 형태의 신을 예배하기를 원하더라도 나는 그의 신앙을 튼튼하게 해준다"(vii. 21)는『바가바드 기타』의 선언을 선생은 이렇게 새기고 있다.

"나 밖에 다른 신을 두지 말라"는 기독교 신관(神觀)을 가진 사람들에게는 이것이 아마 가장 이해하기 어려운 점일 것이다. 또 반대로 힌두적인 생각을 가진 사람에게는 유일신의 배타적 생각이 가장 견디기 어려울 것이다. 그러나 그러니 만큼 정말 긴요한 것은 그 사이에 이해가 어떻게 이루어지느냐 하는 데 있다. 기독교도는 사랑의 복음을 선포하는 자신들이 역사상 가장 잔혹한 전쟁을 일으켰으며, 가장 악랄한 제국주의를 행했다는 것을 반성해볼 필요가 있고, 아트만이 곧 브라흐만임을 믿는 인도 종교는 자기네가 세계에서 가장 부끄러운 계급주의를 유지해왔으며 가장 비겁한 식민지 백성 노릇을 최근까지 했다는 것을 생각할 필요가 있다. 이 대립은 사색과 행동이라는 쌍둥이 때문에 나오는 피치 못할 문제다. 그러나 그렇기 때문에 서로 부족을 보완해줌으로써만 온전을 향해 나아갈 수 있다.(함석헌, 『바가바드 기타』, 311~312쪽)

이례적으로 긴 이 주석은 유일신론과 범신론이라는, 어떻게 보면 가장 극명하게 대립되는 듯한 두 이론조차도 오히려 상호보완으로 꿰어질 수 있다는 것을 보여준다. 동색이 아니라 다양하기 때문에 조화의 아름다움을 얻을 수 있는 것과 마찬가지로, 서로 맞서 있기 때문에 서로 부족을 채울 수 있다고 보는 것이다. 실로 '회통'의 참정신은 획일이 아니라 상호보완이라는 것을 분명하게 보여주는 대목이라 하지 않을 수 없다. "진리는 하나라지만, 하나를 위해 모든 것을 배타적으로 내쫓아서는 성질상 도저히 불가능하고 다만 분별없이 옹근 채로 하는, 혼연일체하는, 통전하는 태도로만 가능하다. 그렇게 생각할 때는 큰 것보다 뵈지 않는 작은 것, 유익한 것보다 아무 소용없는 것, 나와 가까운 것보다 먼 것, 정반대에 선 듯이 보이는 것이 더 중요하고 고마운 것이다. 무한 작은 것을 받아들이는 데 무한 큼이 있고 지극히 미운 것을 이해하는 데 지극히 어짊이 있다."(함석헌, 『바가바드 기타』, 302쪽)

함석헌 선생의 『바가바드 기타』 주석은 『바가바드 기타』의 한국적 토착화라는 점에서도 중요하다. 혹 무리한 번역이나 주석이 있다 해도, 그보다는 오히려 선생의 솔직 담백한 기백이 먼저 들어오는 것도 바로 이 점 때문이다. 토박이 우리말로 풀어쓰는 것 자체가 우선 일차적으로 토착화가 이루어지고 있다는 것을 뜻하겠지만, 문자에 얽매이기보다는 뜻을 헤아려 새기는 가운데 우리의 고유 사상을 녹여 넣은 것은 선생의 더욱 돋보이는 일면이다. 진리는 오직 하나요 여기에 이르는 길은 여럿이라 할지라도, 우리는 우리 방식으로 접근하지 않을 수 없다고 볼 때, 선생이 보이는 『바가바드 기타』의 한국적 토착화는 더욱 값진 것으로 다가온다. 『바가바드 기타』에 대한 우리말 번역이 여럿 있음에도 유독 선생의 주석에 더욱 애착이 가는 것은 바로 이런 이유 때문이 아닐까 싶다.

『바가바드 기타』 독자들에게

『바가바드 기타』(이하『기타』)는 힌두교 경전 중 가장 중요한 것입니다. 간디는 그것을 늘 끊지 않고 읽었습니다. 그는 스스로 어떤 어려운 문제에 부딪힐 때마다『기타』를 읽노라고 했습니다. 그는 젊어서 공부할 때 이것을 외기 위해 아침마다 세수할 때는 그 한 절씩을 써 붙여놓고 칫솔질을 하는 동안 그것을 속으로 외웠다 합니다.

그런데 이렇게 좋은 글이 우리 사회에 많이 알려져 있지 않은 것은 참 아쉬운 일입니다. 나는 젊어서 서양 사람의 책을 읽노라면 그 속에『기타』소리가 자주 나오는 것을 보았습니다. 뭔지 내용은 모르지만 흔히 그것을 소개하기를 "기독교의『신약』같은 지위에 있다"라고 하는 것을 보면 아주 중요한 글인 것은 분명한데 어디서 찾을 길이 없었습니다. 물론 그것은 내 독서 범위가 좁고 열심이 적었던 때문이지만 또 어디서 곧 찾아볼 수 있을 만큼 소개해준 사람이 없던 탓도 있습니다. 불교와도 관계가 깊은데 몇천 년 불교 신앙의 역사를 가지면서 왜 그것을 몰랐는지, 알고도 귀한 것이기 때문에 가만 숨겨 두었던가? 확실히 그런 점도 있습니다. 하나님 소리를 그렇게 많이 하지 않았던들 사람들이 좀더 진지하게 그를 찾았을는지도 모릅니다. 그렇지만 하나님은 항상 더럽힘을 당해서 하나님입니다. 더럽혀도 더럽혀도, 수정에 흙물을 끼얹은 듯, 조금도 더럽혀지지 않는 데 하나님의 하나 된 점이 있습니다. 진리는 귀족적일 수 없습니다. 어떤 천하고 못나고 악한 것도 부르고 들어보고 만져볼 수 있는 것이 진리 아니겠습니까?

마음에는 항상 기억하면서도 못 보고 있었는데 6·25전쟁에 쫓겨 부산에 가 있는 동안 하루는 헌책 집을 슬슬 돌아보고 있었는데 우연히 어느 집 책 틈에 에브리맨스(Everyman's) 문고판의 『바가바드 기타』가 한 권 끼어 있는 것을 보았습니다. 그때 나의 놀람, 기쁨! 주도 설명도 하나 없으니 옳게 이해했을 리가 없습니다. 그래도 읽고 또 읽으니 좋았습니다. 그 이래 오늘까지 놓지 않고 읽습니다. 그런데 그러고도 그 꼴이냐? 하고 책망하겠지만 그런 줄 스스로도 알면서 나는 이것을 감히 권하고 싶습니다. 성자만 전도하란 법 없습니다. 망나니도 해야지. 그래서 바울이 한숨 쉬며 감사하지 않았습니까? 어떤 사람은 참으로 전도하고, 어떤 사람은 나를 더 괴롭히기 위해 하지만, 어쨌거나 그리스도의 이름이 전파되니 좋다고 그랬습니다. 꿀은 옥단지에 담아도 꿀이요, 깨진 바가지 쪽에 담아서 더럽고 다 흘러 빠져도, 그래서 단 한 방울이 남아도 꿀이 꿀인 데는 변동이 있을 수 없습니다. 그래서 아무리 둔하고 아무리 악독한 인간이라도 진리의 말씀을 완전히 변질, 말살, 왜곡, 은폐하리 만큼 타락할 수는 없습니다.

내가 경험해봤으니 설명 없이는 알기 어려울 줄을 압니다. 해제나 서론이 필요합니다. 그러나 서툰 내가 하는 것보다는 잘한 이의 것을 빌리는 것이 옳을 듯해 스와미 프라바바난다(Swami Prabhavananda)와 크리스토퍼 이셔우드(Christopher Isherwood)의 공동 번역에 실린 「『기타』와 『마하바라타』」, 「『기타』의 우주론」 두 장을 우선 실어서 앞으로 읽어가는 데 도움이 되게 할까 합니다.

책을 읽기 전에

『바가바드 기타』와 『마하바라타』

『마하바라타』(Mahabharata)는 세계에서 가장 긴 시라고 한다. 그 맨 처음의 원형대로는 2만 4천 절로 되어 있었는데 그것이 갈수록 차차 늘어서 나중에는 10만 절에 이르게 됐다. 『구약』과 마찬가지로 이것도 단일한 작품이 아니고 여러 개 이야기가 모여서 된 것이다. 그 중심 되는 제목은 그 이름이 보여주는 대로, 인도 옛날의 바라타 대왕 족 이야기다. 마하(maha)란 크다는 뜻이다.

『마하바라타』에 따르면 판두(Pandu) 왕이 죽은 다음 그 자리를 그 동생 되는 드리타라슈트라(Dhritarashtra)가 이어 들어서서 판두의 다섯 왕자, 즉 판다바스(Pandavas)들을 거두어 자기의 1백 왕자와 함께 양육하게 됐다. 그들이 차차 자라 어른이 되자 판다바스들은 그 경건심과 영웅적인 인격에서 두드러져 나타나게 되었다. 그러자 드리타라슈트라의 맏아들 두료다나(Duryodhana)는 샘을 일으켜 그들을 죽일 계획을 하게 됐다.

두료다나는 계책을 꾸며서, 한 멀리 있는 성에 궁궐을 짓고는 판다바스들을 초청해서 어떤 종교적 명절 동안을 그 안에서 지내게 했다.

그 궁궐은 아주 불붙기 쉬운 재료로 지어졌으므로 두료다나의 부하들은 손쉽게 거기에 불을 놓을 수 있었다. 그러나 궁궐은 다 타 재가 됐지만 판다바스들과 그들의 어머니 쿤티(Kunti) 왕비는 마침 알려주는 사람이 있어서 무사히 도망할 수 있었다. 두료다나는 그들이 다 죽은 줄로만 알고 있었다.

판다바스들은 산림 속에서 브라만(Brahman) 계층처럼 변장을 하고 지내는 동안 가지가지 고난을 겪었고 모험을 했다. 어느 날 그 근처의 국왕이 자기 딸을 위해 사위를 고르는 식을 한다는 말을 들었는데 거기 뽑히려면 굉장히 강한 활을 당겨 밟아서 아주 조그만 과녁을 맞혀야 한다고 했다. 판다바스들은 한번 해보기로 결심했다. 그래서 변장한 모습으로 그 성에 갔다.

지망자가 전 인도 사방에서 모여들었다. 두료다나도 그 속에 들어 있었다. 그 시험에서 모든 사람이 하나씩 하나씩 다 떨어져 나가고 맨 나중에 판다바스의 셋째인 아르주나(Arjuna)가 일어나서 조금도 힘들어하는 기색 없이 그 활을 구부려 밟아가지고 과녁을 맞혔다. 공주 드라우파디(Draupadi)는 그에게 승리의 화관을 씌웠다. 그러나 거기 모였던 왕자들은 겉보기에 미천하고 무사답지 못한 브라만 사람에게 그런 모욕을 당하고 그냥 있을 수 없었다. 마침 그 자리에 있던 크리슈나(Krishna)가 둘 사이에 들어 조정을 하고 아르주나가 신부를 차지할 권리가 있다는 것을 설득을 시키지 않았던들, 마치 율리시스 이야기 모양으로 큰 싸움이 일어날 형세였다. 크리슈나는 판다바스의 사촌이면서도 드리타라슈트라 왕의 아들은 아닌 사람이다.

다섯 형제는 드라우파디를 데리고 산림 속으로 돌아가 기다리는 쿤티에게로 나가서 큰 목소리로 "어머니, 우린 아주 놀라운 보배를 얻어왔어요" 했다. 쿤티는 "얘들아, 부디 똑같이 나눠가져야 해" 하고 대답했다. 그리고 보니 한 처녀가 아닌가. 그래 어쩔 줄을 모르며 부르짖었다. "아이구머니나, 내가 무슨 소리를 했지!" 그러나 이미 늦었다. 그 어머니의 말은 그 아들들에게는 거룩한 것이었다. 그래서 드라우파디는 그 다섯 형제들과 다 같이 결혼을 하게 됐다.

　드리타라슈트라와 그의 아들들은 이제 판다바스들이 살아 있을 뿐만 아니라 결혼을 통해 강한 임금과 결탁하게 된 것을 알았다. 두료다나는 그 국토를 다 차지하려고 했지만 드리타라슈트라가 어질게도 그 숙부 비슈마(Bhishma)의 조언을 들어 그 다섯 형제를 오라 청하여 왕국의 절반을 갈라주기로 했다. 그리해서 왕국을 둘로 갈랐는데 판다바스들은 자무나(Jamuna)강 유역에 있는 가장 나쁜 황무지를 가지게 됐다. 그들은 그것을 개척하여 훌륭한 도시를 건설하고 맏형 유디슈티라(Yudhisthira)를 세워 왕으로 삼았다.

　이제 다섯 형제는 승리와 영광의 시대를 맞게 되는 반면 두료다나는 그들을 점점 더 미워하게 됐다. 그는 샘 끝에 또 다른 흉계를 꾸며 그들을 해하려 했다. 유디슈티라 왕은 경건하고 점잖았지만 한 가지 위험한 약점이 있었는데, 바로 노름을 좋아했다. 그래 두료다나는 그를 보고 아주 꾀 많고 사기꾼인 사쿠니(Sakuni)와 같이 골패를 치자고 도전을 했다. 그러면 왕은 체면에 걸려 승낙을 아니하지는 못할 거라고 생각했기 때문이다. 그래서 골패를 쳤는데 사쿠니가 협잡을 했기 때문에 왕은 매번 져서 전 재산을 대다가, 왕국을 대다가, 나중엔 자기의 모든 형제, 드라우파디, 자기 자신까지 대서 다 졌다. 마침내 그들은 다 두료다나의 노예가 되어 원수 갚음으로 하는 갖은 모욕과 학대를 받게 됐다. 나중에 드리타라슈트라가 견디다 못해 나서서 중재를 해서 비로소 그들은 자유를 얻고 왕국을 돌려받게 됐다.

　그렇지만 두료다나는 끝내 그 아버지에게 졸라서 또다시 골패를 한 번 치는 허락을 얻었다. 지는 사람은 제 왕국을 내놓고 산림 속에 은거하여 12년을 지내야 하고 그다음 1년은 성안에서 살되 들키지 않아야 한다. 만일 들키면 그 유배의 기간을 다시 반복해야 한다. 그런데 유디슈티라는 이번 내기에도 졌다. 그래서 판다바스들은 산림 속으로 쫓겨났다. 그들은 그 불행을 복으로 살려 그동안에 정신적으로 수련을 하며 많은 영웅적 행동을 쌓았다.

한번은 그들이 방랑을 해서 다니는 동안 목이 말라 죽게 되는 지경을 당했다. 막냇동생 나쿨라(Nakula)를 시켜 물을 찾아보라 했다. 그는 호수를 하나 발견했는데 맑기가 수정 같았다. 엎드려 마시려 하자 소리가 하나 들려오는데 "가만있어, 얘야. 우선 내 질문에 대답을 해. 그런 다음 마셔라" 했다. 그러나 나쿨라는 너무 목이 타 죽을 지경이었으므로 그 소리를 들은 척도 않고 물을 마셨다. 그러자 곧 죽어버렸다. 그 손위 형인 사하데바(Sahadeva)가 그를 찾으러 나갔다가 역시 그 호수를 발견했고 같은 일이 벌어졌다. 그 모양으로 해서 사형제가 다 죽었다.

맨 나중 유디슈티라 차례가 왔다. 그는 그 시체들을 보고 울기 시작했는데 그때에 그 목소리가 말하기를 "얘야, 우선 내 질문에 먼저 대답해. 그러면 내가 네 슬픔과 목마름을 다 고쳐줄 것이다" 했다. 그가 얼굴을 돌이켰을 때 그는 의무와 덕의 화신인 다르마(Dharma)가 한 마리 학의 형상으로 자기 옆에 서 있는 것을 보았다.

그 학이 물었다.

"천당에 올라가는 길은 무엇이냐?"

"진실입니다."

"사람은 어떻게 하면 행복을 얻을 수 있느냐?"

"올바른 행실로입니다."

"슬픔을 이기기 위해 무엇을 정복해야 하느냐?"

"자기 마음입니다."

"사람은 언제 사랑을 받을 수 있느냐?"

"허영심이 없을 때입니다."

"세상에 놀라운 모든 것 중 가장 놀라운 것이 무엇이냐?"

"자기 둘레에서 모든 사람이 죽는 것을 보면서도, 한 사람도 제 죽을 것을 믿는 사람은 없는 일입니다."

"사람이 어떻게 하면 참 종교에 이를 수 있느냐?"

"토론에 의해서도 아닙니다. 경전에 의해서도, 교리에 의해서도 아닙니다. 그것은 유익이 없습니다. 종교에 이르는 길은 성인들이 밟아간 그 길입니다."

다르마는 흐뭇이 여겨 자신을 유디슈티라에게 나타낸 다음 사형제를 살려주었다.

유배의 기한이 다 된 다음 유디슈티라는 그의 왕국을 돌려달라고 했지만 두료다나는 거절했다. 유디슈티라는 자기를 위해서 다만 한 부락과 자기 형제들을 위해서 각각 한 부락씩이면 만족하겠다고 했지만 탐욕에 정신이 빠진 두료다나는 그것조차 동의하려 하지 않았다. 왕실의 장로들이 중재에 힘썼으나 소용이 없었다. 그리하여 전쟁은 불가피하게 됐다. 인근의 왕국들도 그 싸움에 말려들기 시작해 나중에는 전 인도에 미치게 되었다. 양쪽이 다 크리슈나의 도움을 원했지만, 크리슈나는 양쪽에 꼭 같은 조건을 내놓고 택하라고 했다. "내 친족 브리슈니스(Vrishnis) 사람들 모두의 도움을 받든지 그렇지 않으면 나 하나만이든지. 그러나 나는 싸움에는 어울리지 않는다." 두료다나는 브리슈니스를 택했고 아르주나는 크리슈나 자신을 자기 차부로 택했다.

싸움을 하게 된 곳은 유명한 순례지인 쿠루크셰트라(Kurukshetra) 들이었다. 『바가바드 기타』에 기록되어 있는 크리슈나와 아르주나 사이의 대화는 여기서 바로 전쟁이 맞붙기 직전에 이루어진 것이다.

전쟁은 18일 동안 계속됐고, 두료다나가 전사하고 승리가 온전히 판다바스에게 돌아가는 것으로 끝난다. 그 후 유디슈티라는 인도의 완전한 통치자가 되어 36년간을 다스렸다.

  이 얘기는 드라우파디와 판다바스가 하나님이 계신 히말라야에 순례를 가는 것으로 끝이 나는데, 그 도중에 왕비와 네 형제가 다 죽는다. 그들은 인간의 몸을 가진 채 천당에 올라가기에 넉넉하리만큼 온전히 순결치는 못했기 때문이다. 다만 성자 왕인 유디슈티라만이 자기의 충성스러운 개를 데리고 하늘로 올라간다. 그들이 천당에 다다랐을 때, 모든 신의 왕인 인드라(Indra)는 그를 보고 개는 들어갈 수 없다고 했다. 유디슈티라는 대답하기를, 만일 그렇다면 자기도 천당 밖에 머무르겠다고 했다. 그 이유는 자기는 자기를 믿어주었고 즐겨 자기를 보호해주었던 어떤 물건이라도 그것을 거친 들에 버릴 수는 없기 때문이라고 했다. 끈질긴 토론 끝에 마침내 개와 임금이 다 허락되어 함께 들어갔다. 그러자 그 개가 바로 다르마로 나타났다. 이것이 유디슈티라의 정신적 위대를 드러내는 또 하나의 시험이었다. 그다음 하나 더 있다. 왕이 사방을 돌아보니 하늘에는 그의 죽은 대적들로 가득 차 있었다. 그는 그의 형제들과 동무들은 어디 있느냐고 물었다. 인드라는 그를 데리고 한 음산하고 끔찍한 곳으로 갔다. 바로 지옥 구덩이였다. 유디슈티라는 "저도 여기 있을랍니다. 제게는 그들이 있는 여기가 곧 천당입니다" 했다. 그때 그 암흑과 끔찍한 것이 사라졌다. 유디슈티라와 다른 판다바스들은 그 나타나 뵈는 지옥과 천당을 지나 참 하나님의 사심 속으로 들어갔다. 그것이 곧 영생이다.

  『바가바드 기타』는 글자대로 하면 신의 노래라는 뜻인데 힌두교에서는 『슈루티』(Sruti, 천계서天啓書) 곧 신이 직접 인간에게 계시해준 경전으로는 알지 않고, 『스므리티』(Smriti, 성전서聖傳書) 곧 화신이나 성자, 예언자가 경전에 대해 주를 달아서 한 가르침으로 안다. 그렇지만 이것이 힌두 종교에서는 가장 널리 알려져 있는 책이다. 말하자면 인도의 복음서라고 할 수 있다. 이것은 예부터 긴 세월을 두고 인도의 정신적·문화적·지적·정치적 생활에 광범한 영향을 주어왔고 지금도 주고 있다. 인도의 사상가·지도자의 정신적 취사(趣舍)를 이해하려는 사람은 반드시 이것을 연구할 필요가 있다.

『기타』의 연대는 보통 학자들에 의해 기원전 4세기와 5세기 사이에 놓여 있는데, 그들의 의견은 대부분 이것이 본래는『마하바라타』의 한 부분이 아니었다는 데 일치한다. 그러나 그렇다고 반드시 이것이 편집된 것이 그 서사시보다 후라는 말은 되지 않을 것이다. 한동안 이것은 독립적으로 있었던 듯하다.『기타』안의 대화에서는 네 사람이 말을 하고 있다. 드리타라슈트라 왕, 산자야(Sanjaya), 아르주나, 크리슈나다.

드리타라슈트라는 앞을 보지 못했다. 전설로 전해 오는 말에『기타』의 저자라고 하는 성자 브야사(Vyasa)가 왕에게 쿠루크셰트라의 싸움을 볼 수 있도록 눈을 뜨게 해주마 했지만 왕이 거절했다고 한다. 그는 자기 친족의 죽음을 차마 볼 수 없어서 그랬다는 것이다. 그래서 브야사는 드리타라슈트라의 신하요 마부인 산자야에게 뚫어봄·뚫어들음의 능력을 주었다. 그래서 그들은 궁중에 앉아 있으면서 산자야가 저 멀리 전장에서 일어나는 것을 보고 듣는 대로 왕에게 알려주었다. 그의 입을 통해 크리슈나와 아르주나의 말은 영매적(靈媒的)으로 보도됐고 이따금 끊고 자기 자신의 설명을 첨부하기도 했다.

크리슈나는 인도의 그리스도라 부름 받는다. 사실『기타』와 그밖에 관계되어 있는 크리슈나의 생애와 나사렛 예수의 생애 사이에는 놀랄 만큼 비슷한 점이 있다. 양쪽이 다 전설과 사실이 섞여 있다. 그러나 역사적 문제는『기타』의 가르침을 맛보는 데는 아무 상관이 없다. 영적 진리를 찾기 위해『기타』나 산상수훈을 읽는 이들에게 역사적인 크리슈나 역사적인 예수가 정말 존재했든지 말았든지 그것은 그리 큰 문제가 아니다.

『기타』의 주된 문제는 크리슈나 개인에게는 있지 않다. 그러나 브라만으로서 그의 모습은 구경(究竟)의 실재 그것이다. 크리슈나가 아르주나에게 말할 때 어떤 때는 하나의 개인으로 말하기도 하지만 대개는 신 자신으로서 말한다.

> 나는 브라만이다
> 이 몸 안에 있으면서
> 영원히 죽지 않는 생명이니
> 꺼질 날이 없느니라
> 나는 진리요
> 영원한 즐거움이다

아르주나도 크리슈나를 대하는 자세에서 두 가지 관계를 나타내고 있다. 크리슈나는 아르주나가 택해서 섬기는 비슈누(Vishnu)의 거룩한 화신이다. 아르주나도 그것을 알고 있다. 그러면서도 때로는 자비로운 무지에 의해 그것을 잊어버린다. 사실 그로 하여금 잊어버리게 한 것은 크리슈나 자신이다. 왜냐하면 보통 사람으로서는 계속 하나님과 같이 있는 그 긴장을 견뎌낼 수 없기 때문이다. 제11장에 기록되어 있는 크리슈나의 거룩한 환상을 본 다음 아르주나는 우주의 주를 자기가 "친구요, 죽을 수밖에 없는 같은 동류로" 대접했다는 것을 깨닫고 두려워한다. 그는 크리슈나에게 엎디어 용서를 빈다. 그러나 그의 두려움은 곧 가셔버린다. 다시 그는 잊어버린다. 우리는 예수가 변화한 환상을 보고 난 다음 예수와 그 제자들 사이에도 같은 관계가 있을 것이라고 생각할 수 있다.

드리타라슈트라 왕은 오직 한 번 말할 뿐이다. 사실 『기타』 전편의 이야기는 다 그의 시작하는 한마디 질문에 산자야가 대답한 것이다.

『바가바드 기타』의 우주론

다른 모든 힌두교의 문헌과 마찬가지로 『기타』도 분명하게 짜인 체계적 우주론 위에 서 있다. 이 우주론의 홀로 하나인 중심적인 참 것을 브라만이라 부른다. 곧 실재자다. 브라만은 총체적인 신성(神性)이다. 그것은 도저히 정의할 수도 설명할 수도 없는 것이다. 『우파니샤드』(Upanisad)는 브라만을 존재요, 지식이요, 지극한 즐거움(existence, knowledge, bliss)이라고 한다. 그렇지만 그것은 속성(屬性)은 아니다. 브라만은 존재한다고 할 수 없다. 브라만은 존재 자체다. 브라만은 어진 것도 행복한 것도 아니다. 그보다도 절대적 지식이요, 절대적 즐거움이다. 아마 우리 인간의 마음에 가장 받아들이기 쉬운 표현 방법은 "브라만은 이런 것도 아니고, 저런 것도 아니다……" 해서 나중에 현상적인 우주 전체가 다 없어지고 오직 브라만이 홀로 남게 되는 일일 것이다.

브라만은 절대적으로 현존하는 것이기 때문에 모든 생체, 모든 물체 속에 다 있다. 신성은 사람 속에도, 쥐 속에도, 돌 속, 번개 속에도 나타나 있다. 그렇게 생각할 때의 브라만은 아트만(Atman)이라고 부른다. 다만 편의상 그렇게 부르는 것이지 조금도 어떤 다름이 있다는 뜻은 아니다. 아트만과 브라만은 하나다.

또 브라만을 이 우주와의 관계에서 생각할 때는 하나의 인격적인 신, 곧 이슈바라(Ishvara, 자재신自在神)라고 한다. 이슈바라는 속성을 가진 신이다. 그는 모든 거룩한 성격 곧 사랑, 자비, 정결, 정의, 지식, 참을 가지고 있다.

브라만은 절대이기 때문에 모든 행동을 초월한다. 그러므로 브라만이 창조했다거나 파괴했다고 할 수는 없다. 이 우주를 창조하고 지지하고 무너뜨리는 것은 이슈바라, 곧 브라만이 자기 능력과 하나가 된 분이다. 이렇게 말하는 것이 반드시 이원론(二元論)은 아니다. 브라만의 능력을 브라만에서 갈라낼 수 없는 것은 마치 불의 열을 불에서 갈라낼 수 없는 것과 한가지다. 그러나 철학적 분석이 우리를 그 놀라운 신비 속에 더 들어가게 하지는 못한다. 이슈바라란 생각은 인간의 지능이 신에 대해 알 수 있는 한계를 나타낼 뿐이다. 브라만은 절대적인 의미에서, 의식적인 마음으로는 도저히 알 수 없다. 브라만은 성자들에 의해 도달된 초의식적 지경에서 체험될 수 있을 뿐이다. 그 지경을 사마디(samadhi, 삼매三昧) 혹은 신과의 합일(合一)이라고 한다. 『바가바드 기타』 안에는 이 지경에 이르는 방법이 자세히 설명이 되어 있다. 식별(識別), 정신적 훈련, 명상에 의해서 바깥 세계와의 감관(感官)의 접촉이 온전히 끊어질 때 마음을 안으로 돌이켜 스스로 자신을 들여다볼 수 있게 되고, 그리하여 거기 아트만, 곧 속에 와 계시는 신성이 있음을 깨닫게 된다. 이것이 모든 신비로운 수양을 하는 방법이요, 이날까지 모든 진실한 종교에서 가르쳐온 것이다.

힌두교는 더 나가서 이슈바라의 세 기능 혹 세 모습을 인격화하여, 브라마(Brahma)와 비슈누와 시바(Shiva)라 부른다. 브라마는 거룩한 창조의 능력을 표시하고 비슈누는 지지(支持)를, 시바는 분해(分解)를 표시한다. 시바를 흔히 파괴자라고 하지만 그것은 오해다. 이 우주가 파괴되는 일은 없기 때문이다. 우주는 브라만의 영원한 능력 밑에 속해 있기 때문에 시작도 없고 끝도 없는 과정의 한 부분이다. 그 영원한 과정은 가능성과 나타남의 두 시대를 번갈아 되풀이한다. 그 돌아가는 바퀴의 끝 혹은 칼파(kalpa, 겁劫)가 오면 우주는 분해되어 풀어져 가능성의 시대, 곧 씨의 상태로 들어가서 다음 창조를 기다리게 된다. 『기타』 8장에는 이 과정이 설명되어 있다. 크리슈나는 이 나타남의 시대를 '브라마의 낮'이라 부르고 가능성의 시대를 '브라마의 밤'이라 불렀다. 이 세계에 살면서 이 바퀴에 속해 있는 모든 산 물건은 다음에 오는 우주 낮, 우주 밤에 따라 끊임없이 다시 나고 또다시 풀어진다. 그러나 이 풀어짐을 결코 신에게 돌아가는 것으로 생각해서는 안 된다. 그 산 물건은 다만 자기를 내보냈던 브라만의 능력으로 돌아가서 다시 나타나는 때가 올 때까지 나타나지 않는 상태로 남아 있을 뿐이다.

브라만의 능력은 모든 마음과 물질의 근본이다. 그것을 프라크리티(prakriti: 근본원질根本原質) 혹은 마야(maya: 환상幻想)라고 한다. 그 명칭은 서로 왔다 갔다 한다. 『기타』에 따르면 이슈바라는 언제나 그가 인간 속에 나고 싶을 때는 프라크리티에서 자기를 위한 몸을 만들어낸다고 한다. 그렇지만 그는 신이기 때문에 인간의 형상으로 있으면서도 여전히 프라크리티의 주로 남아 있다. 이것이 신의 화신이 보통 인간과 다른 점이다. 사람도 프라크리티와 연합한 아트만이다. 그러나 사람은 프라크리티에 눌려서 미혹되어서는 자기는 아트만이 아니라고 생각한다. 아트만과 연합한다는 것은 그 미혹에서 벗어버리는 일이며 살고 죽음의 길에서 해방되는 일이다. 해탈한 사람은 다시 날 수 없다. 그는 벌써 프라크리티의 세력 밑에 있지 않기 때문이다. 신의 화신은 절대 그 세력에 속하는 일이 없다. 그는 자유자재로 우주에 들고난다.

힌두교는 크리슈나, 부처, 예수를 포함해서 많은 화신을 믿는 것을 용납하고 또 앞으로도 많이 있을 것을 예상한다.

나는 언제나 다시 돌아온다.
거룩한 자를 건지기 위해

죄인의 죄를 멸하기 위해
정의를 일으켜 세우기 위해.

프라크리티는 구나(gunas)라는 세 가지 힘(性)으로 구성되었다고 한다. 사트바(sattva, 善性)와 라자스(rajas, 動性)와 타마스(tamas, 暗性)다. '브라마의 밤', 곧 가능성의 시대 동안은 이들 '성'은 온전히 균형을 이루어 있으므로 프라크리티는 아무 요동이 없이 가만있다. 창조는 이 균형이 깨지는 데서 나온다. 그때에 성들은 가지가지로 서로 다른 마음과 물체에 따라 이루 셀 수 없는 종류의 배합을 이루어 그 안으로 들어가기 시작한다. 그들의 성격은 심령적·물질적 세계에서 나오는 그들의 소산물에 따라 알 수 있을 것이다.

물질계에서는 선성은 모든 순수하고 고운 것을 나타내고, 동성은 날쌘 것을, 암성은 굳고 맞서는 것을 나타낸다. 어떤 것 속에나 세 성은 다 들어 있다. 그러나 언제나 그중 하나가 지배적이다. 예를 든다면 선성은 햇빛 속에서 우세하고, 동성은 폭발하는 화산 속에서, 암성은 화강암 덩이 속에서 우세하다.

성은 또 어떤 물건이 진화의 어느 단계에 있는지를 표시하기도 한다. 선성은 실현될 형태의 본질이고, 암성은 그 실현에 대해 속에 들어 있는 장애고, 동성은 그 장애를 물리치고 그 본질을 드러나게 하는 힘이다.

사람의 마음에서는 선성은 심리적으로 침착, 정결, 평온을 드러내고, 동성은 열정, 불안정, 도전적 활동을 나타내고, 암성은 우둔, 게으름, 타성적임을 나타낸다. 어떤 때는 이 성이, 어떤 때는 저 성이 우세해짐에 따라 그 사람의 기분과 성격이 달라진다. 그러나 사람은 그 행동, 사상, 생활양식에 따라 그중 어떤 성도 배양해낼 수 있다. 우리는 동성을 배양함에 따라 암성을 이겨낼 수 있고, 선성을 배양함에 따라 동성을 이겨낼 수 있다고 가르침을 받는다. 그렇지만 구경의 지경은, 선성까지도 초월해서 성의 위로, 성의 저쪽인 아트만에 이르는 일이다.

프라크리티에서 나와서 천차만별의 만물에 이르는 진화 과정을 더 듬으려면 우리는 개인 지성의 근본이 되는 마하트(mahat)에서 시작해야 한다. 그다음은 물체를 식별·분류하는 힘인 부디(buddhi: 사유기능, 각覺), 그다음은 아함카라(ahamkara: 자아의식) 곧 자기 감각이요, 아함카라는 세 가지 기능으로 갈린다. ① 마나스(manas: 의意), 이것은 감각에서 오는 인상을 받아 그것을 부디로 보낸다. ② 감각의 5관(五官)인 눈, 귀, 코, 혀, 몸과 행동의 5기(五器)인 손, 발, 혀, 생식기, 배설기, ③ 다섯 탄마트라(tanmatras: 미세 요소, 유唯) 즉 빛, 소리, 냄새, 맛, 촉각의 본질이 되는 것, 이 기묘한 탄마트라들이 서로 얽히고 다시 얽혀서 소위 5대(五大)라는 지(地), 수(水), 화(火), 풍(風), 공(空)을 낳는데 이 영원한 우주는 이것으로 이루어져 있다. 그 체계를 그림으로 그린다면 다음과 같다.

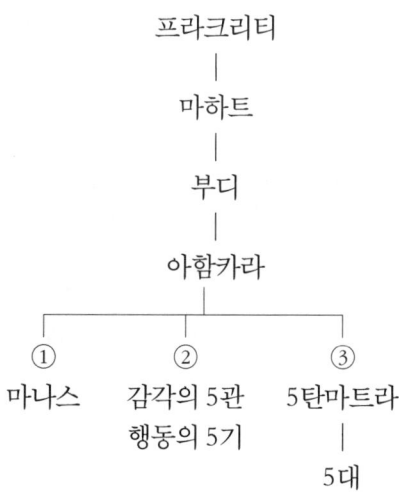

우리는 물론 현대 서양 과학의 가설을 인도의 세계 그림에다 억지로 맞추려 해서는 아니 될 것이다. 그러나 또 그 둘 사이에 어떤 서로 합하는 점이 있는 것을 몰라서도 아니 될 것이다.

현대 과학은 물론 절대적 실재의 관념에 대해서는 아무 관심이 없다. 그것은 브라만을 알아보려고 하지 않는다. 또 신비주의자들의 초의식에 대한 주장을 확인해주지도 않을 것이다. 그 하는 말은 결국 이런 것이다. "어쨌거나 현대로서는 그러한 종류의 체험을 조사해볼 만한 기술을 가진 것이 없다. 당신들이 브라만을 아노라고 할 때는 당신들은 과학 세계 밖의 말을 하고 있다."

그러나 우리가 만일 프라크리티와 성을 생각해본다면 과학과 베단타(Vedanta) 학파는 한가지 말을 하는 것을 알 수 있다. 과학도 역시 일원론적 우주를 분명한 것으로 말하고 있다. 모든 물질은 화학적 원소들의 각각 다른 결합으로 되어 있는데 그 원소들은 같은 단원의 결합으로 구성되어 있다. 사람은 시종일관 이 세계와 하나요, 가장 먼 별과도 하나다.

과학은 마음과 물질 사이에 근본적인 구별을 하지 않는다. 마음은 어디서나 가능성이 있다. 과학자는 아직은 돌 속에도 마음이 있다는 것을 밝혀내지는 못하더라도 그것은 아직 자신이 그렇게 할 수 있는 적당한 방법을 모르기 때문이라고 믿고 있다. 그는 진화의 어느 점에서 생명이 들어갔다는, 어느 점에서 인격이 갑자기 태어나 유아 속에 생기게 됐다는 그 점을 발견하지 못하고 있다. 그는 우리에게 말하기를 진화는 완전히 영속적인 것이요, 또 일반적인 방향을 가지고 있다고 한다.

사람의 이상이나 가치는 상대적인 것이요, 끊임없이 변천해가는 것이다. 목적지는 알려져 있지 않지만 그 방향은 분명하다. 그리고 인간의 진화적 사명은 마치 콜럼버스가 알 수 없는 서쪽을 향해 항해를 했듯이, 그것을 향해 끊임없이 나아가는 일이다. 과학적 견지에서 한다면 인간의 사명은 환경과 자기의 관계에 대한 좀더 큰 지식을 얻어서 그것을 점점 더 잘 통제해갈 수 있도록 하는 일이다. 그것은, 사실 그 환경이란 자신의 한 부분이기 때문이다. 그래서 아르주나와 과학자는 둘 다 같은 질문을 하는 것이다.

"나는 무엇이냐?"

바탈의 고요 속에 두려움을 버리고,
브라마차랴의 맹세에 굳게 서서, 마음을 정복하고,
생각을 내게 맡기고, 정신을 통일하고 앉아
나만을 지상으로 전념하라.

『바가바드 기타』 제6장 진정한 요가에서

제1장 아르주나의 고민

드리타라슈트라 말하기를

1. 산자야여, 올바름의 들, 쿠루 들에 내 사람들과 판두의 아들들은 싸움을 하려고 모였다. 그들은 어찌하고 있느냐?

산자야(Sanjaya) 드리타라슈트라(Dhritarashtra) 왕의 마부.

올바름의 들(Dharma-kshetra) 다르마(dharma)는 뜻이 매우 넓은 말이다. 불법(佛法)이라 할 때의 법(法)은 그것을 뜻으로 옮긴 것이고, 달마대사(達磨大師)라 할 때의 달마(達磨)는 음으로 옮긴 것으로 영어로는 법(law) 혹은 의무(duty)라 번역한다. 종교, 도덕에서 마땅히 그렇게 해야 하는 올바른 일이다.

쿠루 들(Kuru-kshetra) 본래 이것이 그 지명, 델리(Delhi) 부근의 넓은 평원, 옛날의 하스티나푸라(Hastinapura)다. 지금 여기서 전쟁을 하게 되는 쿠루족(Kauravas)과 판두족(Pandavas)의 조상인 쿠루가 그곳을 개척하고는 그 들을 쿠루 들이라 불렀다. 크셰트라(kshetra)는 들이라는 뜻과 행동의 무대, 거룩한 지역이라는 두 가지 뜻이 있다. 『샤타파다 브라마나경』(*Shatapatha Brahmana*)에는 태고 시대부터 거룩한 희생을 드리던 지역으로 나타나 있고, 『마하바라타』(*Mahabharata*)에서는 타파 크셰트라(Tapah-kshetra)라 해서 고행(苦行)을 하던 곳으로 되어 있다.

간디 인간의 몸은 선과 악의 영원한 대립의 전장이다. 그러므로 그것은 자유로 가는 문이 될 수 있다. 그것은 죄에서 왔으므로 죄의 밭이 된다. 그렇기 때문에 쿠루 들이라 한다. 쿠루족은 악의 힘을 나타내고, 판두족은 선의 힘을 나타낸다. 어떤 사람이 제 가슴속에서 날마다 선악의 두 힘이 싸우고 있는 것을 경험하지 않을 수 있을까?

라다크리슈난 이 세계가 곧 올바름의 들, 도덕적 싸움의 전쟁터다. 결정적 문제는 그 싸움이 날마다 시간마다 되어가고 있는 인간의 가슴속에 있다. 땅에서 하늘로, 고난에서 정신으로 올라가는 길은 다르마의 길에 있다. 이 세계는 다르마의 들이다. 성자의 훈련소다. 거기서는 거룩한 불길이 꺼질 날이 없다. 여기서 우리는 우리의 업(karma)을 다 치러 우리의 영(靈)을 닦아낸다.

간디 『기타』는 역사적 토론이 아니다. 그것은 형제들 사이의 싸움의 기록이 아니라 사람 속에 있는 두 성질, 곧 선과 악 사이의 싸움의 기록이다. 크리슈나는 우리 안에 계시어서 언제나 맑은 양심에 속삭여주시는 이다.

라다크리슈난 『기타』의 목적은 이론을 가르치자는 데 있는 것이 아니라, 실행의 힘을 주자는 데에 있다. 생활 속에 가를 수 없이 있는 것을 우리는 이론으로써 갈라놓을 수 없다. 정치적·사회적 생활의 여러 가지 의무는 우리의 종교에 대해 일거리와 기회를 마련해준다. 다르마는 세속적 번영과 정신적 자유를 다 준다. 『기타』는 인간의 내적 생활만을 생각하는 신비주의를 가르치는 것이 아니다. 의무나 생활 관계를 허망한 것이라고 물리치는 것이 아니라, 그것을 도리어 정신적 자유를 실현하는 기회로 받아들이고 있다. 생명이 우리에게 주어진 것은 우리로 하여금 그것을 온전히 영화(靈化)하게 하기 위해서다.

전장을 '다르마의 들' 혹은 '올바름의 들'이라고 한 까닭은, 거기에 다르마를 지켜주시는 주께서 사실로 와 계시기 때문이다. '올바름의 들, 곧 쿠루 들'이라는 말은 죽음에 의해서 생명의 법칙을 보여주는 말이다. 아르주나가 전장에서 보는 환상의 일면은 두려움의 하나님이다. 생명은 싸움이다. 악령에 대한 싸움이다. 창조 과정은 서로 적대해서 서는 힘의 영원한 긴장 속에 있다. 그 충돌로 발전은 이루어지고 우주적 목적이 달성된다. 이 세계에는 불완전한 원소 곧 죄악과 비합리적인 것이 있다. 그것을 우리는 행동, 곧 다르마로 변화시켜 아직은 이성(理性)에 대해 불투명한 그 원소를 뚫어 비치는 사상으로 만들어야 한다. 전쟁은 보응적인 심판인 동시에 또 하나의 훈련이다. 쿠루 크셰트라를 또 타파 크셰트라라고 하는 것은 이 때문이다. 전쟁은 벌인 동시에 인간의 정화다. 하나님은 심판자요 또 구주다. 그는 파괴하면서 또 창조하신다. 그는 시바(Shiva)요 또 비슈누(Vishnu)다.

내 사람이란 생각은 아함카라(ahamkara) 때문이다. 그것이 악의 근본이다. 바로 그 이기심 때문에 쿠루족은 권력을 탐하고 또한 지배하기를 좋아한다.

산자야 말하기를

2. 두료다나 왕은 판두족 무리가 전열(戰列)을 벌여 섬을 보고 그 스승에게로 나아가 말했습니다.

> 두료다나(Duryodhana) 드리타라슈트라 왕의 맏아들로 판다바스들이 쫓겨나 있는 동안 왕위에 올라 다스리고 있었는데, 그들이 돌아와 본래 약속대로 영토를 돌려줄 것을 요구했으나 왕이 그것을 거절했고, 화해시키려는 모든 노력도 다 헛되이 되었으므로 판다바스들은 부득이 전쟁을 하게 됐다.
>
> 스승 아차랴(acarya), 경전의 뜻을 통달해서 남을 가르치는 사람으로, 여기 드로나(Drona) 스승은 양쪽 군대에 전쟁하는 법 특히 활쏘기를 가르쳤다.

3. 스승님, 저 판두족의 큰 군대를 보십시오. 당신의 어진 제자 드루파다의 아들이 지휘하고 있습니다.

드루파다(Drupada) 드라우파디(Draupadi)의 아버지이므로 판다바스들의 장인이요, 그의 아들 드리슈타줌나(Dhrishtadyumna)는 판두 군의 총사령관이다.

4. 거기는 잘난 장수들, 전쟁에서 비마나 아르주나와 대등한 자리에 가는 유유다나, 비라타 그리고 큰 전차의 원수인 드루파다가 있습니다.

비마(Bhima) 판두 군의 사실상의 총사령관이다. 명의는 비록 드리슈타줌나가 가졌지만.
유유다나(Yuyudhana) 크리슈나의 전차를 모는 전사.
비라타(Virata) 마챠(Matsya)국의 임금. 판다바스들이 변장하고 떠돌아다닐 때 그들을 숨겨주고 보호했다.
원수 곧 마하라다(Maharatha)라는 칭호는 군인의 최고 지위를 가리키는 말로 한 번 싸움에 10만 활량을 지휘할 수 있는 사람에게 준다.

5. 드리슈타케투, 체키타나, 카시라자, 쿤티보자, 푸루지트, 그리고 사람 중 으뜸인 샤이뱌.

드리슈타케투(Dhrishtaketu) 체디스(Chedis)의 왕.
체키타나(Chekitana) 판다바스의 위대한 전사.
카시라자(Kashiraja) 위대한 전사.
쿤티보자(Kuntibhoja) 푸루지트의 형. 판다바스의 세 사람, 곧 유디슈티라와 비마, 아르주나의 어머니인 쿤티(Kunti) 부인을 양녀로 삼았다.
푸루지트(Purujit) 푸루지트와 쿤티보자는 형제이지만 가끔 푸루지트 쿤티보자라 하여 동일인으로 다루기도 한다.
샤이뱌(Shaibya) 시비(Shibi)족의 족장이요 그 나라 임금.

6. 강한 유다마뉴, 용감한 우타마우자, 그리고 또 수바드라의 아들, 드라우파디의 아들들, 그들은 다 큰 장수들입니다.

유다마뉴(Yudhamanyu) 위대한 전사.
우타마우자(Uttamauja) 위대한 전사.
수바드라(Subhadra) 아르주나의 둘째부인. 아들은 아비마뉴(Abhimanyu).
드라우파디 다섯 판다바스에게서 각각 한 아들을 낳았다.

7. 두 번 난 이 중의 가장 높으신 이여, 또 내 군대의 우두머리들,

곧 우리 중 가장 잘난 것들도 아셔야 합니다. 내가 그 이름들을 불러 드릴 것입니다.

> 두 번 난 이 중의 가장 높으신 이(dvijottama) 사람은 우선 자연의 아들로 나지만 참 사람이 되려면 다시 정신의 아들로 나야 한다. 교육의 목적은 거기에 있다. 자라서 정신적으로 어른이 됐다 인정되면 그 표적으로 거룩한 실(sacred thread)을 받는다. 그것은 배꼽줄을 의미한다.

8. 어르신부터 시작해서 비슈마와 카르나와 싸움을 하면 언제나 이기는 크리파, 아슈바타만과 비카르나와 그리고 소마다타의 아들.

> 어르신 드로나를 가리킴.
> 비슈마(Bhishma) 글자 그대로는 무섭다는 뜻. 일생 독신을 지키겠다는 무서운 맹세를 하고 자기의 배다른 동생의 아들들과 또 그들의 아들들을, 곧 판다바스와 카우라바스들을 길러낸 늙은 성자 장수다.
> 카르나(Karna) 쿤티 부인이 결혼하기 전에 낳은, 판다바스 중 세 사람, 유디슈티라, 비마, 아르주나와 배다른 형제가 된 사람.
> 크리파(Kripa) 드로나의 이종사촌.
> 아슈바타만(Ashvattaman) 드로나의 아들.
> 비카르나(Vikarna) 두료다나의 동생.
> 소마다타(Somadatta) 바히카스(Bahikas) 왕. 그 아들 이름은 소마다티(Somadatti).
> * 이 모든 이름을 부른 것은 이것이 동족 사이의 싸움일 뿐 아니라 또 전 인도의 싸움임을 보여주기 위해서다.

9. 그리고 그밖에도 많은 용사가 가지가지 무기로 몸을 갖추고 싸움에 능숙한 사람들인데 이제 바야흐로 나를 위해 목숨을 바치려 하고 있습니다.

10. 비슈마가 이끌고 있는 우리의 이 군대는 한이 없습니다. 그러나 비마가 이끄는 저들의 저 군대는 한이 있습니다.

> **함석헌** '한이 없다'(aparyaptam)와 절 끝에 오는 '한이 있다'(paryaptam)를 라다크리슈난과 간디는 각각 다르게 번역하는데(라다크리슈난은 unlimited, limited로, 간디는 inadequate, adequate로 번역한

다), 그러면 뜻이 서로 반대가 된다. 그밖의 번역들도 역자에 따라 서로 반대되는 두 가지로 갈려 있다. 즉 어느 군대를 강하다고, 어느 군대를 약하다고 보느냐가 서로 반대가 된다. 라다크리슈난같이 하면 카우라바스가 강하고 판다바스가 약한 것이 되고, 간디처럼 하면 판다바스가 강하고 카우라바스가 약한 것이 된다. 그런데 그때의 사실로 하면 두료다나 편이 훨씬 강했으니 라다크리슈난의 번역이 옳다 해야 할 것이다. 그러나 그러면 두료다나 왕이 자기 부하들보고 다음 절에서 하는 말, 주의해서 잘 지키라고 하는 말과 잘 맞지 않는다. 하여간 뜻은 이렇게도 저렇게도 취할 수 있다. 한이 있다 한이 없다로도 할 수 있고, 부족하다 족하다로도, 당해낼 수 없다 당해낼 수 있다로도, 할 수 없다 할 수 있다로도도 할 수 있다.

11. 그러니 너희 모두는 다 제자리에 굳게 서서 제 직분을 지켜 오직 비슈마를 지키라.

12. 그의 기분을 돋우기 위해 쿠루족의 늙은이, 곧 그의 영웅적인 할아버지는 사자같이 크게 부르짖고 그의 소라 나팔을 불었습니다.

쿠루족의 늙은이 비슈마를 가리킴.

13. 그러자 소라 나팔과 큰북과 심벌즈와 트럼펫이 일시에 울려 무서운 소리를 냈습니다.

14. 그때에 마다바와 판다바는 흰말을 메운 큰 전차 위에 서서 그 하늘 나팔을 불었습니다.

마다바(Madhava) 크리슈나를 가리키는 말.
판다바(Pandava) 곧 아르주나.

라다크리슈난 힌두교나 불교 문헌에서 전차는 언제나 정신적·물리적 탈 물건을 의미한다. 그 말은 감각이고 고삐는 그것을 부림이지만 차부, 곧 그것을 이끌어가는 이는 영 혹은 자아 곧 아트만(atman)이다. 차부인 크리슈나는 우리 속에 계시는 영이시다.

15. 크리슈나는 그의 판차야냐를 불고, 아르주나는 그의 데바다타를 불고, 승냥의 밥집을 가지는 사나운 비바는 그의 큰 나팔 파운드라를 불었습니다.

> 판차야냐(panchajanya) 소라 나팔의 일종.
> 데바다타(devadatta) 소라 나팔의 일종.
> 파운드라(paundra) 큰 나팔.
> * 이것은 싸움을 곧 붙을 것을 의미한다.

16. 쿤티의 아들 유디슈티라 왕은 그의 아난타비자야를 불고 나쿨라와 사하데바는 그들의 수호샤와 마니푸슈파카를 불고,

> 아난타비자야(anantavijava) 소라 나팔.
> 수호샤(sughosha) 소라 나팔.
> 마니푸슈파카(manipushpaka) 소라 나팔.
> * 유디슈티라, 비마, 아르주나는 판두 왕의 첫째 왕비인 쿤티 부인이 낳은 아들들이고, 나쿨라(Nakula), 사하데바(Sahadeva)는 둘째 왕비 마드리(Madri)의 소생이다.

17. 큰 활을 쏘는 카시 왕과 큰 장수 시칸디와 드리슈타줌나와 비라타와 이길 자 없는 사챠키.

> 카시(Kashi) 바라나시의 왕.
> 시칸디(Shikhandi) 위대한 전사.
> 사챠키(Satyaki) 유유다나.

18. 드라우파디의 아들 드루파다, 그리고 억센 팔을 가진 수바드라의 아들, 이 모든 이가 다 제 나팔을 불었습니다. 오, 대왕이시여.

19. 그 넋을 잃게 하는 소리가 하늘과 땅을 뒤흔들고 드리타라슈트라의 아들들의 간담이 떨어지게 했습니다.

20. 그러자 저 잔나비 기를 세우는 판두의 아들은 드리타라슈트라

의 아들들이 싸움의 진을 벌이고 서서 화살이 바야흐로 날려 하는 것을 보자 그 활을 든 다음,

> 잔나비 기 아르주나의 기에는 잔나비 신을 섬기는 하누만(Hanuman)의 형상이 그려 있다. 그것은 몸바쳐 섬김, 정결, 용맹의 화신이다.
> 판두의 아들 아르주나.

21. 오, 대왕이시여, 그는 흐리시케샤를 향하여 이렇게 말했습니다. "오, 아츄타여, 내 차를 두 군대 사이에 세웁소서!"

> 흐리시케샤(Hrishikesha) 머리털 그슬린 주님이란 뜻, 곧 크리슈나.
> 아츄타(Acyuta) 움직임 없으심의 님이여 하는 뜻, 현재 차부로 있는 크리슈나.
> * 그밖에 크리슈나의 이름으로 마두수다나(Madhusudana, 악마 마두를 죽이시는 이), 아리수다나(Arisudana, 대적을 죽이시는 이), 고빈다(Govinda, 목자, 혹은 깨달음을 주시는 이), 바수데바(Vasudeva, 바수스의 아들), 야다바(Yadava, 야두의 자손), 케샤바(Keshava, 아름다운 머리털을 가진 이), 마다바(라크슈미의 남편), 흐리시케샤(감각의 주), 자나르다나(인간 해방자)가 있다.

22. 그리하여 나로 하여금 싸움을 하려고 섰는 그 사람들을 볼 수 있게, 이 싸움에서 나는 누구와 싸워야 하는지를 알 수 있게 하옵소서!

23. 나는 저 모진 마음먹은 드리타라슈트라의 아들이 바라는 것을 성취해주려고 싸움에 열이 나서 모여 있는 저 사람들을 좀 똑똑히 보고 싶습니다.

라다크리슈난 싸움을 이제 붙으려는 바로 그날 아침 유디슈티라는 비슈마가 쌓아놓은, 도저히 뚫고 들어갈 수 없는 진지를 보고 겁이 나서 떨며 아르주나를 보고 말했다. "이러한 군대에 맞서서 우리는 어떻게 승리를 얻을 수 있을까?" 아르주나는 그 형에게 용기를 주기 위해 옛날 시를 인용해서 대답했다. "승리를 바라는 사람이 대적을 정복하는 것은 힘이나 재주로 되는 것이 아니라, 참과 자비와 경건과

덕으로야만 된다. 승리는 크리슈나가 있는 곳에야 있을 수 있다. 승리는 그의 한 속성이다. 또 마찬가지로 겸비도 그렇다." 크리슈나는 아르주나를 보고 재계하고 두르가(Durga) 앞에 승리를 간구하라고 가르쳐주었다.

아르주나는 전차에서 내려 노래를 부르면서 여신을 찬양했다. 그 믿음을 가상히 여겨 여신은 아르주나를 축복해주었다. "오, 판두의 아들아, 너는 네 대적을 즉시로 부술 것이다. 너는 나라야나(Narayana) 자신의 도움을 얻을 것이다." 그렇지만 행동의 사람인 아르주나는 자기 할 일의 뜻을 미처 생각지 못했다. 그의 스승이 옆에 계심과 그 거룩한 생각이 그를 도와 그로 하여금 자기가 맞서 싸우려는 대적은 자기의 사랑하는 자요, 거룩한 존재라는 것을 깨닫게 했다. 그는 정의를 지키고 무법한 포악을 누르기 위해 사회의 유대를 끊어야만 했다. 하나님의 나라를 땅 위에 세우는 것은 하나님과 인간 사이의 합작으로야 된다. 인간은 창조의 협력자다.

24. 그렇게 구다케샤가 말하는 것을 듣고, 오 바라타시여, 흐리시케샤는 이 세상에 그 이상 없는 전차를 두 군대 사이에 세우고,

구다케샤(Gudakesha) 머리카락이 많으신 이, 아르주나를 가리킴.
바라타(Bharata) 드리타라슈트라를 가리킴.

25. 비슈마와 드로나와 모든 높은 이 앞에서 말했습니다. "보십시오, 파르다여, 쿠루족들이 여기 모여 있습니다."

파르다(Partha) 프리다 부인의 아들, 곧 아르주나.

26. 아르주나는 거기 양쪽의 아버지들과 할아버지들과 스승들과 백숙부들과 형제들, 아들들, 손자들, 동무들이 다 있는 것을 보았습니다.

27. 그리고 장인들과 친구들이 있었습니다. 이 모든 사람이 줄을 지어 서 있는 것을 보았을 때,

28. 쿤티의 아들은 불쌍히 여기는 마음에 사로잡혀 슬픔으로 부르짖었습니다.

아르주나 말하기를

내 사람들이 진을 벌이고 서서 서로 싸우려는 것을 보았을 때, 오, 크리슈나여,

29. 내 사지는 맥이 풀리고, 입은 타 마르고, 몸서리치고 머리털이 곤두섰습니다.

30. 간디바는 내 손에서 떨어지고 내 살갗에는 불이 일고 몸을 버티고 섰을 수 없고, 내 마음은 비틀거렸습니다.

간디바(Gandiva) 인드라 신의 하늘에서 아르주나에게 선물로 내려준 활의 이름.

31. 불길한 징조가 내다뵈고 오, 케샤바여, 아무리 생각해봐도 내 친족과 싸워 죽이고 좋은 일이 있을 수 없습니다.

케샤바(Keshava) 크리슈나를 가리킴.

라다크리슈난 '징조' 생각을 하게 되는 것은 아르주나의 정신이 약해지고 흔들리는 것을 말하는 것이다.

32. 크리슈나님, 나는 승리도 왕국도 쾌락도 다 원치 않습니다. 나라가 무슨 소용이 있습니까? 오, 크리슈나여, 즐거움인들 생명인들 무엇이겠습니까?

33. 우리가 권세를 원하는 것도, 향락과 쾌락을 원하는 것도 그들 때문인데, 그 사람들이 여기 생명과 재산을 내던지고 싸움을 하겠다

고 섰습니다.

34. 스승들, 아버지들, 할아버지들, 아들들, 손자들까지 그리고 백숙부들, 장인들, 내외종형제들, 그밖의 여러 친척.

35. 그들을 내가 죽일 수는 없습니다. 차라리 내가 그들 손에 죽을지언정. 오, 마두를 멸하시는 이여, 삼계의 왕권을 준다 해도 나는 못합니다. 하물며 이 티끌 세상의 나라를 위해서겠습니까?

> 마두를 멸하시는 이 크리슈나.
> 삼계 『베다』에서 말하는 천계(天界), 지계(地界), 기계(氣界) 혹은 천계, 지계, 음부(陰府), 또 혹은 인계(人界), 신계(神界), 반신계(半神界).

36. 오, 자나르다나, 이들 드리타라슈트라의 아들들을 죽이고 무슨 쾌락이 있을 수 있습니까? 그들이 비록 흉악범이기는 하더라도 그들을 죽인다면 우리는 오직 죄를 지을 뿐입니다.

> 자나르다나(Janardana) 크리슈나의 명칭의 하나, 사람을 괴롭히시는 이.

라다크리슈난 아르주나는 사회 일반적으로 하는 도덕이나 풍속에 따라 할 뿐이지 자기 개인적인 참에 대한 확신으로 하는 것이 못 된다. 그는 이러한 외적 도덕의 상징을 죽이고 내적인 힘을 발휘해야 한다. 그가 혼의 지혜를 얻기 위해서는 이때까지 그의 인생을 지도해 주었던 전날의 스승들을 죽여버려야 한다. 아르주나는 아직 깨우친 이기주의(enlightened selfishness)의 테두리 안에서 말하고 있다.

우리 대적이 아무리 침략자라 하더라도 우리는 그를 죽여서는 아니 된다. 죄를 앙갚음하기 위해 또 하나의 죄를 지어서는 아니 된다. "다른 사람의 노(怒)를 노하지 않음으로써 정복하라. 악을 행하는 자를 성스러움으로써 정복하라. 구두쇠를 선물로 정복하라. 그리고 거짓을 참으로 정복하라."

37. 그러므로 우리의 친족인 드리타라슈트라의 아들들을 죽이는 것은 옳지 않습니다. 오, 마다바여, 우리가 제 친족들을 죽이면서 참말 어떻게 행복할 수 있습니까?

38. 비록 그들의 마음이 탐욕에 미치고, 가족을 멸망시키는 것이 잘못인 줄 모르고, 친구를 배반하는 것을 죄로 생각지 않았다 하더라도,

39. 어찌 우리가 이 죄에서 돌이킬 줄을 몰라서 되겠습니까? 오, 자나르다나, 가족을 파괴하는 것이 잘못임을 아는 이 우리가 말입니다.

마하데브 데자이 아르주나가 걱정하는 것은 '한 가족' 혹은 여러 가족의 멸망이 아니라 동족이 서로 죽임으로써 오는 '가족제도'의 멸망이다. 헨리 드럼먼드(Henry Drummond)는 "생리적으로 심리적으로 도덕적으로 가족이란 진화의 한 걸작이다"라고 말했다. "이것은 세계의 도덕과 사회 발달을 가능케 하는 유일한 힘의 발전소요, 저장의 보고다. 가족은 몇 세기만이 아니라 수천 년을 살아온 것이다. 시간이 이것을 퇴색시키지 못했고 최근의 예술이 그 위에 개량을 더한 것도 없다. 그리고 어떤 천재도 이보다 더 아름다운 것을 발견하지 못했고, 어떤 종교도 이보다 더 성스러운 것을 찾아내지 못했다."

『기타』의 저자에게도 가족은 분명히 이러한 모든 것을 의미했던 것이다.

40. 가족이 파괴되면 예부터 항상 있어온 가족 도덕이 없어지고, 그 도덕이 쇠퇴하면 가족의 전 규범이 무법에 빠지게 됩니다.

라다크리슈난 전쟁은 우리를 가정환경에서 뺏어가 버리고, 인간의 성숙된 의지와 경험의 올짬인 사회 전통에서 우리를 뿌리 뽑아 버

린다.

41. 그리고 무법이 판을 치게 될 때, 오, 크리슈나여, 가족의 여자들은 타락하고, 여자가 타락되면 계급은 혼란에 빠집니다.

> 계급(varna) 보통 영어로 카스트(caste)라 하는 것. 후대에 와서는 그것이 너무 고정되어 사회 발달을 방해하게 됐고 피해가 많아서 간디도 그 제도 타파에 힘을 썼지만, 본래 그때 사회로서는 안전과 발전을 유지해가기 위한 가장 어진 제도로 알고 그것을 지켰다. 그러므로 지금에 와서 타락한 계급 제도와 『기타』에서 생각하는 이상적인 계급 사이에는 차이가 많다.

42. 이 혼란은 그 가족의 파괴자와 가족을 다 같이 지옥에 떨어뜨릴 것입니다. 왜냐하면 그들의 조상의 혼은 떡과 물의 제사가 끊어짐으로써 망할 수밖에 없기 때문입니다.

> 떡과 물 제사를 말한다. 옛날 사람은 사람이 죽은 후에도 그 혼이 살아 있기 위해 먹을 것이 필요하다고 믿었기 때문에 때때로 그것을 바쳤다. 그것이 제사다. 당시에 일반적으로 지켜졌던 의식이다.

43. 이 가족 파괴자들의 죄로 인해 바르나가 혼란에 빠져 부족 가족의 영원한 법이 사라져버리고 맙니다.

44. 우리는 전해 오는 말을 듣습니다. 오, 자나르다나, 가족 도덕이 망해버린 집 사람은 지옥에 빠집니다.

45. 아, 왕권의 복락을 탐해서 동족을 죽이려고 했을 때 우리는 얼마나 큰 죄를 지으려고 결심한 것입니까?

46. 차라리 드리타라슈트라의 아들들이 손에 무기를 들고 나를 전쟁 마당에서 때려서 내가 아무 반항함도 없이 무기를 든 것도 없이 죽을 수 있다면 그것이 얼마나 더 행복한 일입니까?

산자야 말하기를

47. 그렇게 말하면서 아르주나는 전쟁 마당에서 활과 살을 손에서 떨어뜨리고 전차 안에 주저앉아 슬픔에 빠졌습니다.

라다크리슈난 아르주나의 말은 고뇌와 사랑에서 나온다. 그의 마음은 두 세계의 경계선에 서 있다. 그는 태고부터 사람이 분투해온 것처럼 자기도 무엇을 해야 한다고 분투하고 있다. 그러나 그러면서도 그는 아직 자기가 무엇이며 자기 동료는 무엇이며 자기가 놓여 있는 이 우주의 참 성격은 무엇인지를 이해할 능력이 없기 때문에 결정을 내리지 못하고 있다. 그는 전쟁 때문에 오는 육체적 고통과 물질적 불행을 크게 걱정하고 있다. 인생의 주 목적은 물질적 행복의 추구에 있지 않다. 우리는 생애의 마지막에 가까워질수록 거기 일어나는 늙음, 쇠약, 죽음, 이런 것 때문에 그 구경의 목적을 잃어버리기 쉽다. 이상을 위하고 정의와 사랑을 위해서는 우리는 압박자와 고통과 죽음에 직면하여 일어서지 않으면 아니 된다. 아르주나는 전쟁의 턱밑에 다가선 때에 용기를 잃고 세속적인 생각에 쏠려 전쟁을 회피할 생각을 했다. 그는 아직도 제자나 스승, 친척은 그들 자체 때문에 소중한 것이 아니고 자아 때문에 소중한 것이라는 사실을 깨닫지 못하고 있다. 아르주나는 아직도 스승의 말에 귀를 기울여야 한다. 그는 가르치기를 행동의 뿌리를 욕망에 두지 않는 살림을 해야 한다 하고, 니슈카마 카르마(nishkama-karma) 곧 욕망 없는 행동이란 것이 있다고 한다.

아르주나의 어려움은 영원히 반복되는 고난을 연극화해 생각하는 데 있다. 인간은 고상한 생활의 문턱에서 속세의 소란한 소리를 듣고 실망을 하게 되는 것이고, 그러면서도 환상이 떠나지 않고 매달려 있어 놓지 못하는 법이다. 그는 자기의 근본이 거룩한 조상에게서 나온 것을 잊고 자기 개체에 집착해서 서로 얼크러지는 세상 힘에 흔들리고 있다. 그는 정신 세계에 눈이 뜨여 그로부터 자기에게 주어지는 의무를 받아들이기 전에 이기심, 어리석음의 대적과 싸우지 않으면 아니 된다. 그리하여 자기 중심의 에고(ego)의 깜깜한 무지를 정복해야 한다. 영성(靈性)을 떠난 인간은 그것을 도로 찾지 않으면 아니 된다. 여기 그려진 것은 인간 영혼이 진화한 모습이다. 거기는 시간, 공간의 제한이 없다. 그 싸움은 인간의 혼 속에서 시시각각으로 벌어진다.

이것이 절대의 학문이자 요가의 경전인 『바가바드 기타』라는 『우파니샤드』에서 크리슈나와 아르주나가 나눈 대화, 제1장 아르주나의 고민이니라.

제2장 상캬 요가

상캬(samkhya 혹은 sankhya) 이론이란 뜻.
요가(yoga) 한자로는 유가(瑜伽).

『세계성전전집』 요가는 통일의 뜻으로 쓰이는 말로서 가장 넓은 의미로는 마음과 몸의 통일, 즉 의근(意根)과 작업근(作業根)의 통일을 말하는 것이고, 보통은 마음의 통일을 말한다. 그래서 객관에 중점을 두면 오감(五感)의 통일이어서 숨을 고르게 하고 의지를 집중시켜 오감으로 하여금 외계에 붙어버리지 않도록 해서 마음 하나인 지경에 이르게 되는 것을 통일이라고 한다. 주관에 중점을 둘 때는 나의 통일이 되는데, 나에 대하여는 두 가지 견해가 있다.

넓게 볼 때는 오감, 오기(五氣), 의지(意志), 이성(理性), 즉 자아를 만들어 가지고 있는 전부를 가리키게 된다. 그때 나의 통일(atma-yoga)이란 자아의 통일이다. 그러나 좁게 볼 때 나는 몸 마음을 차지하는 주되는 중심 나만을 가리키기 때문에, 그때 나의 통일은 나에 의하여 내근(內根)을 통일한다는 뜻으로 나를 주로 한 통일이 된다. 거기서 가장 가까운 것은 이성을 주로 하는 부디 요가(buddhi-yoga), 선정(禪定)에 의한 쟈나 요가(dhyana-yoga), 지식에 의한 즈나나 요가(jnana-yoga), 신념에 의한 박티 요가(bhakti-yoga), 이욕(離欲)을 주로 하는 산야사 요가(sannyasa-yoga), 실수(實修)를 주로 하는 아뱌사 요가(abhyasa-yoga), 이론을 주로 하는 상캬 요가(sankhya-yoga), 실행을 주로 하는 카르마 요가(karma-yoga)가 된다. 안퐈 어디로 보든지 다 마음의 통일 아닌 것이 없기 때문에 일반으로 요가라면 마음의 통일로 번역함이 적당하다.

  마음의 통일이라는 뜻을 주로 하게 될 때는 마음이 한 방면으로 집중되는 것이므로 경향(傾向), 주의(主義), 신앙(信仰), 교의(教義) 하는 뜻이 된다. 각 장의 제목에 쓰인 요가는 대개 그런 뜻이다. ① 마음의 통일이 향하는 상태를 주로 하게 될 때는 수행(修行), 수양(修養), 실수, 상유가(常瑜伽) 하는 말로 번역할 수 있다. 제5장에서 말하는 요가는 그런 것이다. ② 마음 통일의 방법을 주로 하게 될 때는 행법(行法), 관법(觀法), 상응법(相應法), 유가법(瑜伽法) 하는 말로 할 수 있다. 이것은 ②, ④와 서로 통하기 때문에 쓰인 예는 적지만 제8장 12 같은 것은 여기에 속한다. ③ 마음 통일의 결과, 즉 실지(悉地 곧 成滿位)를 얻은 과상위(果上位)를 또 요가란 말로 표시할 수도 있다. ④ 제2장, 4장에 그 예가 많다. 마음의 통일로 얻은 힘, 즉 실지를 얻은 사람의 현력(現力)을 자재력(自在力), 환력(幻力), 유가력(瑜伽力)이라고 하기도 한다. 제11장, 18장에 그 예가 있다. ⑤ 마음의 통일을 향하는 사람 혹은 그것을 이미 얻은 사람을 요기(yogi)라고 하는데, 그것을 행자(行者) 혹은 유가행자(瑜伽行者)라고 번역한다. 제6장에 거기에 대한 자세한 설명이 있다. ⑥ 마음 통일이 된 사람을 특히 육타(yukta) 혹은 요가 육타(yoga-yukta)라 하고 그 현재동사를 요감 유지(yogam yuj)라고 해서 '마음을 통일한다' 혹은 '요가를 닦는다' 하는 뜻으로 쓴다. 제5장, 6장에 가장 많이 쓰인다. ⑦ 전체 18장 700절 중에 요가란 말이 쓰인 것이 157개나 되고 보면 이 책이 스스로를 요가 교전(yoga-shastra)이라고 한 것은 과연 적합한 것을 알 수 있다.

간디 그릇된 생각으로 인해 사람은 비(非)를 시(是)로 알게 된다. 그릇된 생각으로 인해 아르주나는 친족과 친족 아닌 사람을 차별하게 됐다. 이것이 쓸데없는 차별이란 것을 밝히기 위해 크리슈나는 몸(자아 아닌 것)과 아트만(자아)을 구별하고, 몸은 항구하지 못하고 여럿인 데 대해 아트만은 항구하고 하나인 것을 알려준다. 힘씀은 사람이 다스려 가는 속에 있지 거기서 나오는 결과에 있지 않다. 그렇기 때문에 그가 해야 할 것은 오직 그 결과에는 관심 말고 제 행동의 방향 혹은 의무를 결정하는 데 있다. 집착 없는, 혹은 무사한 정신으로 제 의무를 다하는 것이 자유에 이르는 길이다.

산자야 말하기를

1. 그와 같이 불쌍히 여김에 잡혀 눈에 눈물이 가득 차 어쩔 줄을 몰라 하며 낙망하는 그를 보고 마두 귀신을 죽여버리시는 이(크리슈나)는 이렇게 말씀하셨습니다.

라다크리슈난 아르주나의 '불쌍히 여김'은 '거룩한 자비'와는 상관이 없는 것이다. 이것은 하나의 자기 아첨이다. 제 사람을 죽여야 하는 행동에 신경이 쭈그러들어서 하는 것뿐이다. 아르주나는 제가 해야 할 일에서 감상적인 자기 불쌍히 여김 때문에 꽁무니를 뺀다. 그렇기 때문에 그의 스승은 그를 책망한다. 아르주나는 카우라바스가 제 친족인 것을 전에도 벌써 알고 있었다.

거룩하신 주 말씀하시기를

2. 오, 아르주나야, 이 위급한 때에 네게 그러한 망령된 생각이 일

어남은 웬일이냐? 이는 마음이 높으신 이들이 품지 않으셨던 바요, 하늘에 이르게 할 수도 없고, 더러운 이름을 가져올 뿐이니라.

> 마음이 높으신 이들 직역하면 '아리안적'이란 말이다. 인도 사람의 선조는 아리안 인종이라는데 그 아리안의 뜻은 용맹과 고상(高尙)과 강직(剛直)과 겸양(謙讓)을 강조하는 것이라고 한다.

3. 푸리다 부인의 아들아, 사내답지 못함에 빠지지 마라. 이것은 네게 합당치 않다. 오, 대적을 억누르는 자야, 가엾은 비겁을 떨어버려라. 그리고 일어나라!

아르주나 말하기를

4. 오, 마두 귀신을 죽이시는 이여, 제가 어찌 싸움터에서 공경할 만한 비슈마와 드로나에게 화살을 겨눌 수 있사오리까?

5. 이들 존경할 스승들을 죽이기보다는 차라리 이 세상에서 빌어먹는 것이 제 소원입니다. 비록 그들이 자기네 이익을 원한다 하더라도 그들은 제 스승입니다. 저는 그들을 죽임으로써 이 세상에서 피에 물든 복락을 누릴 뿐이옵니다.

> 피에 물든 동서고금을 막론하고, 독립 해방의 전쟁이란 것까지도 넣어서, 전쟁치고 피와 원망으로 물들지 않은 것이 있을까?

6. 또 우리가 그들을 정복하든 그들이 우리를 정복하든, 그 어느 것이 과연 나은지를 알 수 없습니다. 우리가 그들을 죽인다면 살고 싶은 마음이 있을 수 없는 드리타라슈트라 왕의 아들들이 저기 진을 벌이고 서 있습니다.

7. 제 목숨은 슬픈 심정에 오금이 저리고, 제 마음은 어지러워 제 할 의무를 가려낼 수 없습니다. 당신께 묻자옵니다. 확실한 말씀으로

일러주옵소서. 어느 것이 합당하옵니까? 저는 당신의 제자이옵니다. 당신께로 피하여 돌아왔사오니 가르쳐주옵소서.

　　확실한 아르주나는 절망하고 걱정하고 의심할 뿐 아니라 또 확실한 것을 간절히 찾고 있다.

라다크리슈난　스스로 무리인 줄 아는 것은 이성으로 향해 나아가는 발걸음이다. 불완전을 의식하는 것은 혼이 살아 있는 증거다. 살아 있는 한 상하거나 병신 된 점이 있다 하더라도 하나의 산 몸으로 나아갈 수 있다. 인간의 목숨은 위기를 통하여서 좀더 높은 지경으로 나아갈 수 있다.

구도자(求道者)가 다 같이 경험하는 것은 빛의 문턱에 가서도 의혹과 어려운 문제의 엄습을 받는다는 사실이다. 어떤 혼도 그 속에 빛이 비치기 시작하면 그것이 어둠을 자극해서 맞서 일어나게 한다. 아르주나는 친척, 친구의 반항이니, 의심이니, 두려움이니, 애욕이니, 욕망이니 하는 안팎의 어려운 문제에 직면하고 있다. 그것을 다 제단 위에 바쳐 지혜의 불로 태워버려야 한다. 어둠과의 싸움은 빛이 그 사람의 전체를 채울 때까지 계속된다.

아르주나는 불행의 습격을 받고 정의와 사악을 분별할 수 없는 혼란에 빠져 제 스승, 자기와 같이 계시는 거룩한 이로부터 오는 빛과 인도를 자기 자아 속에서 찾는다. 사람은 제 하는 방법에만 내맡겨두어서는 아니 된다. 제 세계가 온통 파멸된 담에는 사람은 다만 안으로 돌이켜 하나님의 무한한 자비의 은혜 속에서 밝혀주심을 찾는 수밖에 없다. 아르주나는 지식의 탐구자가 아니기 때문에 어떤 형이상학적인 것을 찾는 것이 아니다. 행동인으로 행동의 법칙, 자기의 다르마, 곤란 속에서 자기가 해야 할 것을 찾는다. "주여, 당신은 제가 무엇을 하기를 원하십니까?" 아르주나와 같이 제 약함을 알고 제 무지를 알아야 하며, 하나님의 뜻을 행하기를 열심히 바라서 그것이 무엇임을 깨닫게 되어야 한다.

8. 저는 비록 이 땅 위에서 비길 수 없이 부요(富饒)한 왕국을 얻으며 천신(天神)들까지도 다스릴 수 있는 권세를 얻는다 할지라도 제 오감을 다 말리어버리고야 말 이 고뇌를 무엇으로 몰아낼 수 있는지를 알 수 없습니다.

산자야 말하기를

9. 구다케샤, 파란타파는 흐리시케샤, 고빈다에게 그렇게 말한 다음 다시 "저는 싸우지 않겠습니다" 하고는 잠잠해버렸습니다.

파란타파(Parantapa) 대적을 억누르는 이, 아르주나.
고빈다(Govinda) 모든 것을 아시는 주(全知), 크리슈나.

라다크리슈난 아르주나는 스승의 말씀을 기다리지도 않고 저 나름대로 결심을 했다. 스승의 가르침을 구하기는 하면서 마음은 열리지 않았다. 그러니 스승의 일은 더 어려워졌다.

10. 오, 바라타시여, 흐리시케샤는 두 군대 사이에서 그와 같이 낙망하는 그를 보고 도리어 빙긋이 웃으시면서 다음과 같이 말씀하셨습니다.

웃으심 아르주나의 속을 뚫어보기 때문이다.

거룩하신 주 말씀하시기를

11. 너는 슬퍼할 수 없는 자를 위하여 슬퍼하고 있다. 그러면서도 지혜의 말을 했다. 어진 이는 죽은 자를 위해서도 슬퍼 않고 산 자를 위해서도 슬퍼 않는다.

함석헌 '지혜의 말'을 라다크리슈난은 "카시미르(Kashimir) 번역에는 '너는 분별 있는 사람처럼 말하지 못했다'로 되어 있다"고 했으며 간디는 "그러면서 너는 지혜의 빈말을 했다"로 번역했다.

이 아래 30절까지의 말이 곧 상캬의 이론이다.

12. 나는 일찍이 있지 않았던 때가 없으며, 너도 저 왕들도, 또 이 앞으로도 우리가 있지 않게 될 때는 없을 것이다.

라다크리슈난 주석가 샹카라(Shankara)는, 여기에 복수를 쓴 것은 그 말하는 것이 서로 다른 우리 육신을 두고 하는 것이요 보편적이며 하나인 대아(大我, Self)를 두고 하는 것이 아님을 나타내는 것이라 했고, 라마누자(Ramanuja)가 크리슈나와 아르주나와 왕들을 구별해 말한 것은 각 개인의 혼은 불가멸의 것이므로 전 우주와 한가지로 영원한 것임을 말하는 것이라 했다. 여기서 가리키는 것은 절대적인 영(靈)의 영원성이 아니고 경험적인 자아의 전생(pre-existence)과 후생(post-existence)에 대해서다. 자아가 복수인 것은 경험적 우주 안의 사실이다. 각 개인은 처음의 비존재에서 완전 존재로 올라가는 운동 곧 비유(非有, asat)에서 유(有, sat)로 올라가는 운동이다. 상캬론에서는 혼(soul)의 복수를 가정하는 데 반해『기타』에서는 절충해서 우리는 하나인 크세트라즈나(ksetrajna) 안에 살며, 움직이며, 존재를 가진다고 본다. 브라만은 만물의 근본이지만 그 자신 하나의 물건은 아니다. 브라만은 시간 안에 존재하지는 않지만 그 안에 시간이 있다. 이러한 의미에서 역시 자아는 시(始)도 종(終)도 없다. 혼들도 브라만과 같다. 왜냐하면 원인과 결과는 본질적으로 하나이기 때문이다. "내가 브라만이다" "네가 곧 그것이다(That art thou)" 하는 말들 그대로다. 수소(Suso)의 말대로 하면, "모든 피조물은 거룩한 본질 속에 그 모형으로 영원 전부터 있었다. 거룩한 이상과 일치하는 한 그것들은 창조 전부터 있는 것이요 하나님의 본질과 하나다." "인격신 곧 창조주는 경험적인 우주와 한가지로 영원히 있다. 어떤 의미로는 그는 경험적인 존재의 총체다. 생명의 주는 자궁(子宮)들 속을 다니신다. 그는 나시는 일이 없으시지만 가지가지 모양으로 나신다."

샹카라는 말한다. "하나님이야말로 참으로 유일의 전생자(轉生者, transmigrant)시다." 파스칼이 그리스도는 세계 마지막 날까지 고난을 겪으실 것이라고 했던 말과 비교해보라. 그는 인류가 주는 모든 상처를 다 받으신다. 그는 창조된 모든 존재의 상황을 다 견디어 보신다. 해방된 혼들은 현재의 생활에서 이미 하나님의 생명에 참여하기는 하지만 시간 안에서는 고난을 당하다가 끝날에 가서야 평화에 들어간다. 다만 인격적 지존자(至尊者)는 자유로 제한을 당하시는데 우리는 할 수 없이 제한을 당하는 것뿐이다. 그가 만일 프라크리티(prakriti: 근본원질)가 벌이는 연극의 주인이시라면 우리는 그 연극에 속한 것들이다. 무지는 개인 영혼은 괴롭힐 수 있지만 저 보편적 영은 어떻게 못한다. 우주의 끝이 올 때까지 개인 영혼들은 서로 다른 질의 내용을 가지고 복수로 계속되어 나갈 것이다. 그 다수성(多數性)을 이 우주에서 뗄 수는 없다. 해방된 혼은 참을 알고 그 안에 살 수 있는데 해방되지 못한 것들은 업(業)의 끈에 붙들려 매여 생(生)에서 생으로 굴러간다."

13. 이 몸의 주인은 여기서 어린이와 청년과 어른의 시대를 지내듯이, 그렇듯이 또 다른 몸을 가지는 날이 온다. 어진 이는 그 때문에 당혹하지 않는다.

14. 쿤티의 아들아, 감관이 대상과 접촉하면 차고 덥고 즐겁고 괴로움이 일어난다. 그것은 오고 가는 것이어서 덧이 없다. 그것을 견디어라. 오, 바라타의 족속아.

감관 감각을 차지하는 기관, 관(官)은 차지한다는 뜻. 우리 몸에 그것이 다섯이 있다. 안(眼), 이(耳), 비(鼻), 설(舌), 신(身), 그래서 보통 오감(五感) 혹 오관(五官)이라고 한다. 그것이 작용함으로써 감각이 생긴다. 빛, 소리, 냄새, 맛, 살갗에 닿는 느낌이다. 그러면 이에 따른 쾌, 불쾌의 감정이 생기고, 마음이 갈라지고 평안이 깨진다.

라다크리슈난 이 서로 대립되는 것들은 모두 유한하고 일시적인 원인으로 일어나는 것들이다. 그러나 브라만에서 오는 즐거움은 보편적인 것이요, 자존하여서 모든 특수한 원인이나 대상에서 독립하여 있는 것이다. 이러한 불가분체(不可分體, 떼어놓을 수 없는 몸)가 있어서 복잡한 우주와 접촉함으로써 일어나는 이기적인 존재의 기쁨, 슬픔의 변화를 가능할 수도 있도록 붙들어준다. 그 쾌락, 고통의 태도는 습관의 힘에 의해 결정된다. 그렇기 때문에 성공을 반드시 기뻐해야 하고 실패를 반드시 슬퍼해야 하는 까닭은 없다. 우리는 충분히 그것을 꼭 같이 평온한 마음으로 대할 수가 있다. 기쁨, 슬픔을 당하는 것은 사아(私我) 곧 의식 때문에 그것이 생의 습관과 몸에 달려 있으면서 거기 붙어서 지식과 행동을 하는 이상은 언제까지라도 계속될 수 있다. 그러나 마음이 한번 자유를 얻어 거기에 대한 관심을 내버리고 신비의 가라앉음 밑에 빠져들게 되면, 즉 그 의식이 밝아짐을 얻으면 그런 것들은 오고 가는 것이지 그 자신이 아님을 잘 알기 때문에 그다음에 어떤 것이 와도 즐거운 마음으로 받아들이게 된다.

15. 오, 사람 중에 으뜸인 사람아, 그런 것들을 견디어내고 쾌락과 고통을 꼭 같이 보는 사람, 그런 어진 이는 영원한 생명에 합당한 이다.

라다크리슈난 영원한 생명은 죽지 않음과 다르다. 몸을 가진 자는 다 죽게 되어 있다. 그것은 생사를 초월하는 일이다. 우리가 아직도 슬픔(悲歡), 아픔(哀痛)의 지배를 받고, 물질적인 사건의 시달림을 받으며, 마땅히 들고 나가야 하는 의무의 길에서 떨어져 나가는 일이 있는 것을 생각하면 아직도 우리가 아비쟈(avidya) 곧 무지에 잡혀 있음을 알 수 있다.

16. 비유(非有) 아닌 것이 존재할 수 없고 존재하는 것이 유(有) 아닐 수 없다. 이 둘의 궁극은 참다움을 본 이에 의해서만 보일 수 있다.

* 원어를 모르고 다른 말로 옮겨진 것들만을 보는 사람으로서는 도저히 번역할 수 없다. 영어로 하면 existence와 being을 어떤 뜻으로 쓰느냐 하는 문제요 한문으로 하면 유(有)와 존재(存在)의 문제다.
  참고로 간디 번역에 있는 마하데브 데자이의 보주(補註)를 여기 인용한다. 이것은 모든 것의 불변의 기초가 되는 것(being)과 사라지기 쉬운 것(becoming)의 차이를 강조하는 것이다. 블라바츠키(H.P. Blavatsky)는 그 being이라는 말 자체부터 잊고 있었으며 장차 있을 그것을 표시하기에는 부적당하다고 했다. 그래서 그 대신 beness라 하면 어떠냐고 하기까지 했다. 모든 becoming, 모든 existence(out-being이란 뜻)는 항구불변으로 있는 것에서 솟아나온다.
  한문의 유와 재(在)는 비교하면 좀 서로 다른 것을 알 수 있다. 가령 "유부형재"(有父兄在)라는 말을 보면, 처음의 '유'는 좀더 근본적이고 '재'는 좀더 현실적·구체적이다. "유부형"이라 하면 때와 곳의 제한 없이 내게 부형 되는 이가 있을 것을 말하는 것이고, '재'라 하면 여기 집에 지금 있는 것을 말한다. 그러나 많은 경우에 그것은 서로 바꾸어 쓰이기도 한다. 우리말로는 다 '있음'이니, '참'이라는 말이나 붙여서 구별할까? 그때그때의 어감 문제다. 그런 때는 실재라 하면 그만이었는데 그것이 꼭 맞는 것 같지 않아 실존이라 해봤지만 '존'과 '재'에는 그 구별이 될 아무 근거도 없다. existence가 더 깊은 것일까, being이 더 깊은 것일까? 그러나 그 절 전체의 의미는 그렇게 생각하며 보면 짐작할 만하다. 참과 참 아닌 것에 대해서.

라다크리슈난 샹카라는 사실적(real, sat)인 것은 그것에 대해 우리 의식이 잘못하는 일이 없는 것이고, 비사실적(unreal, asat)인 것은 거기에 대해 우리 의식이 잘못하는 일이 있을 수 있는 것이라고 했다. 물체에 대한 우리 의식은 다르지만 그 존재에 대한 의식은 다를 수 없다. 비사실적인 것 즉 이 세계의 지나가는 모습들이 언제나 분명한 실재의 모습을 가리고 있다. 라마누자는 비사실적인 것은 몸이고 사실적인 것은 영혼이라고 했다.

17. 너는 알라. 이 모든 것 속에 속속들이 들어 있는 것(遍滿)이 영원히 꺼지지 않는 물건이다. 그 변할 수 없는 것을 아무도 꺼버릴 수 없을 것이다.

<small>편만(遍滿, tatam) 속속들이 들어 있다(pervade). 삼투(滲透)라 하는 편이 나을 것 같아 속속들이라고 했다. 마하데브 데자이(stretched, spread out)는 「이사야서」 42장 5절의 "하늘을 창조하시며 펴시고" 하는 말로 자기 번역을 뒷받침했다.</small>

18. 영원불멸이요 헤아려 생각할 수 없는 이가 몸을 쓰고 와 계시는 이 몸들은 끝이 있다고 했다. 그러므로 바라타의 족속아, 싸워라.

<small>영원불멸 이 말을 쓴 것은 변경시킬 수도 멸망시킬 수도 없는 것을 밝히기 위해서요, 헤아릴 수 없다고 한 것은 또 설명할 수 없다는 뜻으로 해도 좋다. 그러면 두 가지 뜻이 다 맞는다. 우리 참 자아는 자명한 것이어서 증거도 증명도 소용이 없고, 측량할 수도 없다. 자아는 모든 증명과 측량의 기본이 된다.</small>

19. 이것을 죽이는 자로 생각하는 이도, 이것을 죽임을 당하는 자로 생각하는 이도, 다 같이 참을 모르는 이다. 이는 죽이지도 않고 죽지도 않느니라.

<small>이것 아트만, 자아, 현신자(現身者), 몸의 주인. 이것은 상캬에서 프라크리티와 푸루샤를 구별해서 하는 말이다.</small>

20. 그는 나는 일도 없고 죽는 일도 없으며, 일찍이 나타난 일이 없으므로 다시 나타나지 않는 일도 없을 것이다. 그는 불생(不生)이요 상주(常住)요 항구(恒久)요 태극(太極)이다. 몸이 죽임을 당하는 때에도 그는 죽임을 당하는 일이 없다.

21. 프리다의 아들아, 사람이 만일 이것은 무너뜨릴 수도 없고 영원이요 불생이요 불멸인 줄을 안다면, 누구를 능히 죽이며 누구를 능히 죽일 수 있게 하겠느냐?

이것을 안다면 어진 이는 천하에 적대하는 사람이 없다(仁者無敵於天下). 살신성인(殺身成仁)이라 할 때의 인(仁)이 이것 아닐까?

22. 사람이 마치 낡은 옷을 버리고 새것을 입는 것과 같이, 그와 같이 이 몸으로 사시는 혼도 낡아버린 몸들을 버리고 다른 새것으로 옮겨가신다.

옮겨간다 영원한 것은 이곳에서 저곳으로 옮겨가는 일이 없지만 몸을 가지고 사는 혼은 한 곳에서 다른 곳으로 옮겨간다. 그럴 때마다 출생하고, 그 과거의 진화와 미래의 필요에 응하여서 자연 속의 물질로부터 마음과 숨과 몸을 꺼내어 자신에 모아 가진다. 그 영적인 것(psychic being)은 비즈나나(vijnana)요, 그것이 몸(anna), 숨(prana), 마음(manas)의 세 겹으로 나타남(三重顯現)을 지지해준다. 이 거친 육신이 떨어져 나간 때에도 생기적(生氣的, vital) 또는 심정적(心情的, mental) 껍질은 아직도 영혼의 탈 물건으로 남아 있다. 다시 태어남은 자연의 한 법칙이다. 생의 가지가지 형식 사이에는 한 객관적인 관련이 있다. 『카타 우파니샤드』(Katha Upanisad)에는 "마치 곡식알처럼 이 유한한 것(mortal)은 익는 것이고, 또 곡식알과 한가지로 그것은 난다" 했다.

라다크리슈난 몸으로 삶은 영혼을 위해서 근본적으로 필요하다. 그렇다면 그 몸을 죽이는 것이 어찌 옳을 수 있을까? 이 구체적인 존재의 세계는 한 의미를 가진다.

23. 칼이 그것을 찍을 수 없고, 불이 그것을 태울 수 없고, 물도 그것을 적실 수 없으며, 바람도 그것을 말릴 수 없다.

24. 찍을 수 없는 것이 이것이요, 태울 수 없고 적실 수도 없으며 말릴 수도 없는 것이 이것이다. 그것은 영원이요 두루 차 있음(遍滿)이요 불변이요 부동이다. 그는 언제나 하나다.

25. 그는 나타나 뵈지 않는 이요 생각조차 할 수 없는 이요 변함이 없는 이라고 했다. 그러므로 그러한 그이인 줄 알진대 너는 근심하지 마라.

라다크리슈난 여기 말한 것은 온전히 상캬에서 말하는 푸루샤지, 『우파니샤드』에서 말하는 브라만은 아니다. 푸루샤는 모든 형상과 생각과 변화를 뛰어넘은 지경이다. 마음이나 숨이나 몸은 달라질 수 있지만 이것은 그렇지 않다.

크레토(Creto)가 "소크라테스여, 우리가 어떤 방식으로 당신을 장사하랍니까?" 했을 때 소크라테스는 대답하기를 "어떤 방식이거나 너희 하고 싶은 대로다. 그러나 너희는 우선 나를, 참 나를 붙잡아야지. 걱정 마라, 내 사랑하는 크레토야. 그리고 너희는 내 몸만을 장사한다는 것을 알고, 그리고 그것을 위해서는 무엇이거나 보통 하는 대로 너희 생각에 좋은 대로 하여라" 했다.

26. 네가 설혹 그것이 끊임없이 나고 끊임없이 죽는다 생각하더라도 너는 걱정해서는 안 된다. 이 억센 팔 가진 자야.

27. 난 자는 반드시 죽는 것이요, 죽은 자는 반드시 나기 때문이다. 그러므로 피할 수 없는 것에 대해 너는 근심하지 마라.

함석헌 『리어 왕』에서 에드거는 다음과 같이 말했다.

사람은 견딜 줄을 알아야 한다
세상 올 때에 그러했던 것같이, 갈 때에도 또한

Men must endure
Their going hence, even as their coming here

비구니 포타카라(Potacara)가 자식 잃은 어머니들을 위로하기 위해 한 말.

울지 마라, 인생이란 그런 것이다
오고 싶어 온 것도 아니요, 가고 싶어 가는 것도 아니다
생각해보라, 네 아들은 이 땅 위에 살려고
어디로부터 온 것이냐, 이 짤막한 생을 살려고
한 길로 왔다가 또 다른 길로 가는 것을……
이 생이 그러하면 저 생도 그러하다. 울 것이 무엇이냐

Weep not, for such is here the life of man.
Unasked he came, unbidden went he hence
Lo! ask thyself again whence came thy son
To bide on earth this little breathing space
By one way come and by another gone……
So hither and so hence-why should ye weep

노자 나는 들으니 섭생을 잘하는 사람은 뭍으로 다녀도 호랑이나 물소를 만나는 일이 없고, 군(軍)에 들어도 칼날이나 갑옷을 피하는 일이 없다 하더라. 물소도 그 뿔을 내댈 곳이 없고 호랑이도 그 발톱을 박을 데가 없으며 칼도 그 날을 들이밀 데가 없기 때문이다. 어째 그러하냐, 그 죽을 자리가 없기 때문이다.(蓋聞善攝生者 陵行不遇兕虎 入軍不避兵甲 兕無所投其角 虎無所措其爪 兵無所容其刃夫何故 以其無死地)

장자 지극한 속울이 있는 이는 불로 뜨겁게 할 수 없고 물에 빠지게 할 수 없으며 춥고 더운 것이 해할 수도 없고 날짐승·들짐승도 상처를 낼 수 없기 때문이다.(至德者 火弗能熱 水弗能溺 寒暑弗能害 禽獸弗能賊 弗謂其薄之也 言察乎安危寧於禍福 謹於去就 莫之能害也)

28. 모든 산 것의 모양이 그 처음에는 나타나 뵈지 않고, 그 중간에는 보이고, 그 끝에 가서는 다시 뵈지 않는다. 오, 바라타의 아들아, 거기 무엇이 한탄할 것이 있느냐?

29. 한 사람은 그것을 보고 놀라고, 또 한 사람은 그것을 놀랍다 말을 하고, 또 다른 사람은 그것을 듣고 놀라워한다. 그러나 듣고 나서도 아무도 그것을 참으로 안 자는 없다.

라다크리슈난 자아의 진리는 만인이 누구나 다 찾을 수 있지만, 거기에 도달하는 것은 극히 소수다. 즐겨서 어떤 대가라도 내며 자기 단련을 해서 흔들림과 애착이 없는 지경에 가야 하기 때문이다. 진리는 누구에게나 무차별이지만 대개는 그것을 찾으려는 열심이 없고, 그 열심은 가지면서도 의혹과 우유부단 때문에 떨어지는 사람이 많고, 또 의심치 않아도 난관에 부딪혀 나가버린다.

30. 모든 몸속에 들어 계시는 그이는 영원하고 상함을 입는 일이 없으신 이다. 그러므로 바라타의 아들아, 너는 산 물건에 대해서도 걱정할 것이 아니니라.

간디 그와 같이 해서 크리슈나는 순전히 이성에 터잡는 강론으로 육신은 연약한 것이지만 자아 곧 아트만은 영원한 것으로, 설혹 어떤 사정으로 육신이 죽을 수밖에 없다고 생각되는 수가 있더라도 카우라바스들은 내 친척이기 때문에 죽여서는 아니 된다는 생각은 잘못된 망상이란 것을 설명해주었다. 그다음은 아르주나의 크샤트리아(Kshatriya)족으로서 할 의무를 설명한다.

31. 또한 너의 마땅히 할 의무를 생각해서도 네가 겁을 내는 것은 옳지 않다. 왜 그러냐 하면 크샤트리아족으로서는 의무인 싸움을 하는 것에서 더한 선행은 있을 수 없기 때문이다.

크샤트리아 왕족이라 번역한다. 네 계급 중 하나. 사회 질서를 유지하는 것이 그들의 책임이며, 필요하면 전쟁을 해서라도 그것을 지켜야 한다.

32. 오, 파르다(아르주나)야, 그러한 싸움이 구함 없이 오는 것을 만난 크샤트리아는 행복하다. 하늘 가는 문이 열렸다.

하늘 가는 문 『마하바라타』에는 이런 구절이 있다. "오, 사람 중에 으뜸인 자야. 태양의 성좌를 뚫고 브라만의 지경에 이르는 데는 오직 두 종류의 사람이 있을 뿐이다. 그 하나는 요가에 정통한 출가승이요 또 하나는 싸움을 하다 쓰러지는 무사다."

33. 그러나 네가 만일 이 정당한 싸움을 하지 않는다면 너는 네 의무와 명예를 저버리는 것이요 죄를 얻게 될 것이다.

34. 그뿐 아니라 세상 사람은 언제나 네 불명예를 말할 것인데, 지위 있는 사람에게 불명예는 죽음보다 더 나쁜 것이다.

35. 큰 장수들은 네가 겁이 나서 싸움을 피한 것으로 생각할 것이니 그러면 너는 전에 존경을 받던 모든 이에게서 업신여김을 받을 것이다.

35. 네 원수들은 가지가지의 더러운 말로 너를 평하며 너를 능력 없는 자라 할 것이다. 그보다 더 아픈 일이 또 어디 있겠느냐?

36. 네가 죽으면 천당을 얻을 것이요, 네가 이기면 이 땅의 즐거움을 누린다. 그러므로 일어나라, 쿤티의 아들아, 싸우기를 결심하여라.

간디 크리슈나는 먼저 가장 높은 진리, 곧 아트만은 영원한 불멸체라는 것과 육신은 지나가버리는 것임을 일러주고, 다음 아르주나에게 원하지 않고 닥쳐오는 싸움에서 물러서는 것은 크샤트리아로서는 할 수 없는 일이라는 것을 일깨워주었다. 그러고는 그 가장 높은 진리와 의무의 실행은 또 저절로 좋은 것이 따라오기도 한다는 것을 말해주었다. 이제 그다음 『기타』의 중심적인 교훈을 비치기 시작한다.

라다크리슈난 형이상적 진리를 보거나 사회적 의무를 보거나 우리의 길은 분명하다. 더 높은 지경은 우리의 의무를 바른 정신으로 다함으로써 올라갈 수 있게 된다. 다음 절에서 크리슈나는 그 정신을 말한다.

38. 쾌락·고통을, 이득·손실을, 승리·패배를 하나로 보고 싸울 태세를 갖추어라. 그리하면 죄를 범함이 없을 것이다.

라다크리슈난 그렇지만 앞의 절들에서 크리슈나는 불명예와 하늘의 상과 땅의 통치를 생각하라고 강조했다. 세상적인 고려를 하라고 그와 같이 가르치고 나서는 평등관(平等觀)을 가지고 전쟁을 하라고 명령한다. 달라지기를 바라는 걷잡을 수 없는 욕망에 지지 말고, 떴다 가라앉았다 하는 감정의 희생이 되지 말고, 우리의 놓인 상황에 의해서 우리에게 지워진 일을 하지 않으면 안 된다. 우리가 영원한 것에 신앙을 얻고 그 실재를 체험하게 될 때, 이 세상의 괴로움은 우리를 방해하지 못하게 된다. 루터는 말했다. "저들이 내 생명과 재물과 명예와 자녀와 아내를 다 뺏어간들, 그들에게 그것이 무슨 소용이 있느냐. 이 모든 것은 다 사라질 것이나, 하나님의 나라는 영원할 것이다." 제 참 목적이 무엇임을 알고 거기다가 자기를 온전히 바치는 사람, 그는 위대한 사람이다. 비록 그가 다른 모든 것을 빼앗겨버리고 헐벗고 주린 몸으로 홀로 거리를 걸을지라도, 비록 하나도 아는 사람이 없고 그 눈동자 속에서 이해해주는 빛을 찾아볼 수 있는 눈이 전혀 없을지라도, 그는 입가에 미소를 띠고 제 길을 걸어갈 수 있을 것이다. 그는 속의 자유를 얻었기 때문이다.

맹자 모든 몬(物)이 내게 갖추어져 있으니 스스로 돌이켜서 정성되면 즐거움이 이에서 더할 것이 없다(萬物皆備於我 反身而誠樂莫大焉).

39. 이것은 상캬에 의해서 너에게 주어진 깨달음이다. 이제 요가에 의한 그것을 들어보라. 오, 파르다야. 네가 만일 이것으로 네 마음을 닦는다면 너는 카르마의 얽맴을 벗어버릴 것이다.

- 상캬 한문으로는 승법(僧法), 혹은 수론(數論), 이론. 간디는 여기서는 지식(knowledge)이라 번역했다.
- 요가 에브리맨스 문고판에는 규칙(rule)이라 번역했고 『세계성전전집』에는 실수(實修)라 했다.
- 깨달음 지혜(wisdom), 이해(understanding).
- 마음을 닦는다면 간디는 '마음가짐에 의지함'(resorting to this attitude)으로, 라다크리슈난은 '지성으로 받아들임'(intelligence accepts it)으로, 일본어 역에는 '이 각오로 마음을 통일하면'으로 되어 있다.
- 카르마 업(業, work, action). 『노자』 『장자』에서 하는 말로 한다면 유위(有爲)에 해당할 것이다.

L.D. 바넷 『바가바드 기타』는 개인을 초인간적인 능력의 외로운 나라 속에 두어 고립시키자는 것이 그 목적이 아니고, 그것을 사뭇 거룩한 사랑의 가슴속으로 이끌어 들이자는 것이다. 대체로 말해서 그리 잘됐다고는 할 수 없으나, 두 가지의 요가 혹은 규칙을 구별해 말한다. 즉 지식의 요가(jnana-yoga)와 실수(實修)의 요가(karma-yoga)다.

마하데브 데자이 아트만이 불멸체임을 아는 지식은 한탄이 쓸데없음을 알려주었다. 그러나 행동은 지식이 그것을 풀지 못하는 한 얽어매고 있다. 아르주나는 취하라고 가르침을 받은 그 무서운 행동의 달림 길에서 어떻게 하면 해방이 될 수 있을까? 이제 행동에서 자유하게 되는 것과 자유하게 하는 지식에 이르는 두 가지를 다 하게 하는 열쇠를 아르주나 앞에 보여준다. 그것이 요가다. 무집착(無執着) 혹은 무사(無私)의 태도(attitude)다. 요가는 태도라는 뜻으로도 행동이라는 뜻으로도 쓰여 있다.

라다크리슈난 『기타』에서 상캬는 보통 그 이름으로 알려져 있는 철학의 체계를 의미하는 것은 아니다. 또 요가도 파탄잘리 요가(patanjali-yoga)를 의미하는 것이 아니다. 상캬의 설명은 분명한 푸루샤(自我)와 프라크리티(非我)의 이원론인데, 『기타』에서는 만유의 주인 '지극히 높으신 자아'의 실재를 인정함으로써 그것을 초월하고 있다.

상캬는 불변하는 '하나이신 이'에 대한 직관을 지적으로 설명해준다. 그것은 지식의 요가다. 행동의 요가는 카르마 요가다. 지금까지 말해온 지식은 말로 하거나 학문적으로 토론할 것이 아니다. 내적인 체험이 되지 않으면 안 된다. 『기타』에서는 상캬는 지식과 욕망의 포기를 강조하고 있고, 요가는 실행을 강조하고 있다.

자아와 몸은 서로 다른 것이고, 자아는 이 세계에서 되는 일로는 불가멸이요 부동이란 것을 아는 사람은 어떻게 행할 것인가? 스승은 부디 요가(buddhi-yoga) 혹은 부디의 통일, 즉 이해의 통일을 설명해준다. 부디는 단순히 개념을 만들어내는 능력만이 아니다. 그것은 또 인지와 분별의 작용도 한다. 이해 혹은 부디는 달관, 불역(不易), 지관(止觀, samata)에까지 훈련되지 않으면 안 된다. 마음은 감관에 연결될 것이 아니라 마음보다는 높은 부디에 의해서 인도되지 않으면 안 된다. 그것은 부디와 연합돼야 한다(buddhi-yukta).

『기타』의 시대에 형성되고 있었던 상캬론의 영향이 여기 있는 것은 분명하다. 거기에 따른다면 푸루샤는 비활동적이요 그러므로 얽매임이나 해방됨이 실지로 거기서 오는 것은 아니다. 그것은 순전히

24우주 원리의 하나인 부디에서 오는 것이다. 프라크리티에서는 물질의 5요소인 지(地), 수(水), 화(火), 풍(風), 공(空)과 물질의 5근(根)인 색(色), 성(聲), 향(香), 미(味), 촉(觸)과 부디 혹은 지(知)와 의(意)의 분별 원리인 마하트와 아함카라 혹은 자기 감각, 마음과 그 열 개의 감각 능력, 다섯 지식, 다섯 행동이 차례차례로 나온다. 해방은 부디가 푸루샤와 프라크리티를 분별하게 될 때에 이루어진다.

  이 견해가 『기타』 유신론 속에 받아들여져 있다. 부디는 차부고, 몸이 차고, 감관이 그것을 이끄는 말인데, 그 말을 어거(馭車)하는 것이 마음이다. 자아는 부디 위에 있지만 그것은 수동적인 증인이다. 『카타 우파니샤드』에는 부디가 차부로서 마음을 통해 감관을 통제하여서 자아를 알 수 있게 한다. 부디가 만일 자아의 의식에 의하여 비춰줌을 입어서 그것을 제 일생의 빛과 주가 되게 하면 그 인도가 우주 목적과 조화를 이루게 될 것이다. 만일 아트만의 빛이 부디 위에 적당하게 반사된다면, 다시 말해서 부디가 만일 모두 어둡게 하는 경향을 깨끗이 벗어버린다면, 그 빛이 일그러지는 일이 없을 것이고 따라서 부디는 영과 연합이 될 것이다. 사아(私我)의 생각과 분리가 조화의 비전에 의해 사라져버리고 개개가 전체요, 전체가 개개이게 될 것이다. 상캬와 요가는 『기타』 안에서는 서로 갈라진 것이 아니라, 같은 목적을 가지면서 서로 다른 방법을 가질 뿐이다.

  40. 여기는 힘써서 헛된 법이 없고 잘못에 빠짐도 없다. 이 법(다르마)을 조금 지킴으로써만도 너를 큰 두려움에서 건져줄 것이다.

  41. 쿠루의 아들아, 여기서는 결정적인 태도가 오직 하나 있을 뿐이다. 결정적이 되지 못하는 생각이란 가지가 많고 끝이 없는 법이다.

    여기서 이 요가에서는, 혹은 이 일에서는. 참고로, 『세계성전전집』에서는 '현세에서는'이라고 했다.

라다크리슈난 인생의 실현은 거룩한 계명이 지시해주는 목적에 대해 자기를 온전히 바침으로 되는 것이지 결코 무한한 가능성들을 무턱대고 추구함으로써 되는 것이 아니다. 한 점에만 집중하는 것은 수양해서만 가능하다.

이리저리 헤매는 것은 자연적으로 그럴 수밖에 없는 상태이지만, 거기서 벗어나서 자유로워지려면 그것은 자연 혹은 성, 인종 혹은 민족적 신비주의로 될 것이 아니라 참(reality)에 대한 순수한 체험에 의해서만 될 수 있다. 그런 체험을 기초로 하는 전심(專心)이야말로 최고의 덕이요, 그것은 결코 광신으로 빗나가는 일이 없다.

함석헌 중용(中庸)의 중(中)이 곧 이것일 것이요, 공자의 오도(吾道) 일이관지(一以貫之)도 이것일 것이다. 그러나 그저 집중하기만 하면 되는 것이 아니요, 하나이기만 하면 되는 것이 아니라, 그 중(中)이 어디냐, 그 일(一)이 뭐냐가 문제다. 그것은 어디도 아니요 무엇도 아닌 데 있다.

그렇기 때문에 노자, 장자는 허무, 적막, 염담(恬淡), 무위를 강조했고, 불교에서는 불사선(不思善), 불사악(不思惡)을 말한다. 유대교·기독교의 여호와 하나님은 자기만을 섬기라고 하면서 자기는 이름이 없다 했고, 자기를 위해 어떤 형상이라도 만들어서는 아니 된다고 했다.

42, 43. 프리다의 아들아, 알지 못하는 것들은 『베다』만을 좋아하면서 그것밖에는 아무것도 없다 했고, 애욕을 자기로 삼고 천당을 최고의 목적으로 삼는 그들이 가지가지의 꽃다운 말을 하며, 향락과 권력을 위해 가지가지의 특별한 의식을 보여주었으나, 그 말은 결국 행동의 결과에는 전생(轉生)에 이를 뿐이요,

44. 향락과 권력에 집착하는 사람은 그 말에 미혹되어 시비 판단의

지혜를 잃어버리고 확고한 결정이 없기 때문에 최고의 통일지경에 이를 수가 없느니라.

라다크리슈난 스승은 여기서 진정한 행동과 의식적인 경건을 구별해서 말하고 있다. 『베다』의 제사의 목적은 물질적인 갚아주심을 얻는 데 있지만 『기타』는 모든 이기적인 욕망과 행동을 다 버리라고 한다. 그래서 생활 전체를 제물로 삼아서 진정으로 바치라고 한다.

간디 『베다』 의식과 『기타』가 가리키는 요가를 대립시켜서 하는 말이다. 『베다』 의식은 천당과 거기 이르는 공덕을 얻기 위해 수많은 예식 의식을 명한다. 그런 것은 『베다』의 올 짬에서는 먼 것이요, 그 공덕은 오래가지도 못하는 것이므로 쓸데없다.

『문다카 우파니샤드』(*Mundaka Upanishad*)에는 이런 말이 있다. "희생을 바치는 의식만이 효력이 있고 그밖의 것은 아무것도 효력이 없다는 이들 어리석은 자들은 천당에서 행복을 다 누리고 난 다음에는 이 세상으로 다시 돌아와야 한다."

라다크리슈난 『베다』 시대의 아리안들은 마치 천진난만한 어린이들같이 인생을 진지하게 받아들였다. 그들은 인류의 청년시대를 나타낸다. 그들의 생활은 아직도 가지가지의 미혹시키는 꿈으로 더러워지지 않은 청신하고 매력 있는 것이었다. 그들은 또 성년의 균형 잡힌 지혜를 가지기도 했다. 그러나 『기타』의 저자는 그 주의를 『베다』의 카르마칸다(Karmakanda)에 국한하고 있다. 그러나 그것이 『베다』 교훈의 전부는 아니다. 『베다』는 갚아주심(그것이 일시적인 천당의 것이었거나 또는 새 몸을 타가지고 나는 생활의 것이었거나 간에)을 바라고 행동하라고 가르치는데 부디 요가는 우리를 해방으로 이끌어준다.

45. 『베다』는 3성을 그 주제로 삼는다. 그러나 아르주나야, 너는 3성을 초월하라. (대립하는 두 반대의) 쌍에서 빠져나오라. 영원한 참에 굳게 서라. 얻음 지킴을 생각지 마라. 자아를 가져라.

> 3성(三性) 선성(善性, sattva), 동성(動性, rajas), 암성(暗性, tamas).
> 성(性) 구나(gunas).
> 자아 보통 우리의 의식이 나다 하는 것은 소아(小我) 혹은 거짓 나(self)로 쓰고, 거기에 대해 참 깨달음에 의해서 발견하게 되는 것은 참 나 혹은 대아(大我, Self)로 쓴다.
> 자아 가짐 아트마반(atmavan).

아파스탐바 자아를 가짐보다 더 높은 것은 없다.

『우파니샤드』 출생도 사멸도 없는 영, 곧 불멸의 영을 깨닫는 일, 우리가 알 수 없는 '그이'를 알게 되는 일이 인생의 진정한 목적이다.

46. 홍수가 났을 때에 우물이 사람에게 소용이 되느니 만큼, 깨달은 브라만에게 모든 『베다』가 소용되는 것은 바로 그만큼하다.

> 브라만(brahman) 두 가지로 번역할 수 있다. 브라만은 깨달은 사람, 혹은 자아의 실현을 한 사람.

마하데브 데자이 이 절에 대해서는 주석자 사이에 논쟁이 많다. 어떤 이는 깨달은 사람에게는 『베다』는 조금도 소용이 없다 하고, 어떤 이는 홍수가 났다 하더라도 우물이 어떤 한정된 소용이 있을 수 있듯이 『베다』도 깨달은 자에게 소용이 되기도 한다고 한다. 그러나 『베다』의 의식을 『베다』의 의미로 받아들이는 순간 존재의 필요는 없어진다.

『마하바라타』 강에서 물을 길어 쓰는 사람은 우물을 그리 가깝게 알지 않듯이 어진 이는 의식 행함에 아무런 애착을 가지지 않는다. 깨달은 사람에게는 의식을 지킴이 아무 가치가 없다.

47. 네 할 일은 오직 행동에만 있지, 결코 그 결과에 있지 않다. 행동의 결과를 네 동기가 되게 하지 마라. 그러나 또 행동 아니함에도 집착하지 마라.

라다크리슈난 이 유명한 절 안에는 무사(無私) 원리의 올짬이 들어 있다. 우리가 만일 우리 일을 할 때, 가령 밭을 갈거나 그림을 그리거나 노래를 부를 때에, 명예나 이득이나 그런 딴생각을 한다면 우리는 무사에서 떠난 것이다. 하나님의 뜻을 이룬다는 그 선한 뜻 외에는 아무것도 있을 수 없다. 성공, 실패는 그 개인만이 아니고 다른 여러 가지 요소에도 달려 있다. 브루노(Giordano Bruno)는 말했다. "나는 싸웠다. 그거면 다다. 승리는 운명의 손에 달렸다."(I have fought, that is much, victory is in the hands of fate.)

함석헌 제갈량(諸葛亮)의 후출사표(後出師表), "제 몸을 굽혀 다 지치고 부스러질 때까지 하다가 죽은 담에 말뿐이지, 지고 이기고, 날카롭고 무디고(利鈍) 하는 데 이르러서는 제 지혜를 가지고 능히 미리 알 바가 아닙니다."(臣鞠躬盡瘁 死而後己 至於成敗利鈍 非臣之明 所能逆覩也)

이것을 목적 생각은 도무지 하지 않는다는 뜻으로 생각할 필요는 없고 또 해서도 아니 된다. 기독교 신자라면 곧 그런 반대를 할 것이다. 최고의 목적은 인간 앞에 벌써 놓여 있다. 자아의 실현, 또는 자유다. 모든 행동의 결과를 생각지 말라는 것도 이 목적을 위해서 하는 말이다.

우리는 위에서 살펴본 바와 같은 뜻이 톨스토이의 신앙 고백 속에 아름답게 그려져 있는 것을 본다. "결과 포기의 신앙은 …… 우리는 어떤 요구를 가지고 있다는 가정 위에 놓여 있다. 그러나 사람이 그럴 권리는 없다. 그렇기 때문에 해서는 아니 된다. 그는 자기가 누리고 있는 평안 때문에 언제나 빚을 지고 있다. 그렇기 때문에 누구에게 어떤 요구도 할 수 없다. 이 봉사나 자기 생활의 진정한 행복을 위해서도 다 같이 필요한 조건이다. 그러나 또 그렇다고 결과를 바라서는 아니 되기 때문에 결과를 가지지 못한다는 의미는 아니다. 반대로 결과를 포기하기 때문에 궁극의 결과는 더욱더 확고해진다."

간디 우리 행동 뒤에 사욕적인 목적이 있어서는 아니 된다. 그러나 행동의 결과 생각에서 떠난다는 것을 모른다는 말도, 생각하지 않는다는 말도, 내버린다는 말도 아니다. 떠난다는 것은 미리 생각한 결과가 오지 않을 수 있기 때문에 하는 것이 아니다. 반대로 미리 생각한 결과가 적당한 시기에 가면 틀림없이 온다는 신앙이 확실하다는 증거다.

48. 부의 정복자야, 너는 집착을 내버리고, 요가에 굳게 머물러 서서 되고 안 되고를 평등으로 보는 마음을 가지고 행동하라. 평등으로 보는 마음을 요가라 하느니라.

<small>부(富)의 정복자 아르주나를 가리킴.
요가에 굳게 머물러(yogasthah) 굳게 속이 가라앉은 마음.
평등으로 보는 마음(samatvam) 속에 균형 잡힌 마음.</small>

라다크리슈난 평등으로 보는 마음은, 이것은 자기 극복이다. 노여움, 고민, 자랑, 야심을 극복한 것이다. 속의 법칙의 힘에 의해서 행동하는 사람이 기분에 따라 행동하는 사람보다 높은 자리에 선다.

49. 부의 정복자야, 단순한 행동은 이성의 요가보다는 훨씬 떨어진 지경이다. 이성 속으로 피하라. 가엾은 것은 결과를 동기로 삼는 자들이니라.

<small>단순한 행동 자기를 위한 행동, 결과만 보는 행동.
이성(理性)의 요가 부디 요가.</small>

이성 속으로 부디 요가를 닦음으로써.

50. 이성의 요가를 닦은 사람은 이 세상에 있어서도 능히 선행과 악행을 다 버릴 수 있다. 그러므로 일어나 요가에 힘을 쓰라. 요가는 행동의 훈련이다.

51. 어진 이는 이성에 의한 요가를 닦음으로써 행동에서 오는 결과를 버리고 생의 얽맴에서 벗어나 모든 고통이 없는 지경에 이른다.

모든 고통이 없는 지경 해탈, 혹은 모크샤.

52. 네 이성이, 미망에서 오는 혼란을 넘어설 때 너는 이미 들은 것과 장차 들을 것에 대하여 마찬가지로 관계하지 않게 될 것이다.

53. 네 이성이, 비록 많은 들음으로 인해 미혹되면서도 부동 불변으로 사마디에 머무른다면, 그때 너는 요가에 도달하게 될 것이다.

들음 『베다』로 해석하는 이도 있으나, 그렇게 하지 않는 이도 있다.
사마디(samadhi) 한문으로는 삼매(三昧), 의식을 잃어버리는 것이 아니고 가장 높은 종류의 의식을 갖는 지경이다.

라다크리슈난 정신이 통일되는 그 대상은 거룩한 자아(Divine Self)다. 부디 요가는 『베다』의식(儀式)을 뛰어넘어서 우리 의무를 행동의 결과에 대한 아무런 집착도 없이 할 수 있게 되는 지경에 이르는 방법이다. 행동을 아니할 수는 없다. 그러나 평등한 마음으로 해야 한다. 그것이 어떤 행동보다도 더 중요한 것이다. 무엇을 하느냐가 문제가 아니라 어떻게 하느냐, 어떤 정신으로 행동하느냐가 문제다.

함석헌 노자의 "함 없는 행위이며, 말씀 아닌 가르침"(無爲之行 不言之敎)이라든가 예수의 "오른손이 하는 것을 왼손이 모르게 한다"는 것도, 행동 아니하고 말 아니하는 것이 아니라 하되 '나'라는 의식을 초월해서 도(道) 자체, 성령 자체가 하게 되는 것이다.

아르주나 말하기를

54. 케샤바시여, 이 튼튼한 지혜의 사람, 삼매에 머무는 사람의 정의는 무엇입니까? 생각이 결정된 사람은 어떻게 말을 하며 어떻게 앉으며 어떻게 걷습니까?

케샤바(Keshava) 크리슈나를 가리킴.

거룩하신 주 말씀하시기를

55. 프리다 부인의 아들아, 사람이 마음속에 일어나는 일체의 애욕을 버리고 자아에 의하여 자아에만 만족할 때에, 그 사람을 일컬어 지혜(般若)가 결정됐다고 하느니라.

간디 자기를 위해서 자아(아트만)에서만 만족을 찾는다는 말은 정신적인 만족을 위해 속에 있는 정신을 들여다볼 뿐이요 밖에 있는 물건들을 보지 않는다는 뜻이다. 밖의 물건은 그 성질상 쾌락·고통을 줄 수밖에 없다. 정신적 만족 혹은 축복은 쾌락이나 행복과는 다른 것을 알지 않으면 안 된다. 예를 든다면, 부를 가짐으로써 올 수 있는 쾌락이란 나를 속이는 물건일 뿐이다. 정신적인 진정한 만족 혹은 복은 내가 모든 유혹을 이기고 비록 가난과 주림의 고통이 있을지라도 견디어낼 때에만 가능한 것이다.

에케르트 어떤 물건도 그에게 만족을 줄 수는 없다. 다만 그가 그것 속에서 순수한 선(善) 곧 하나님을 보는 때에만 그럴 수가 있다.(No creature is to him a comfort save so far as he may apprehend therein pure Good which is God.)

56. 고통 속에서도 마음이 흔들리지 않고, 쾌락 속에서도 애착이 없으며, 애욕도 공포도 분노도 다 벗어버린 사람, 그 사람을 일컬어

생각이 결정된 성자(牟尼)라고 하느니라.

57. 어떤 방면에도 애착이 없고 좋은 것을 얻거나 언짢은 것을 얻거나 기뻐도 아니하고 원망도 아니하는 사람, 그 사람은 지혜가 흔들림이 없느니라.

58. 마치 거북이 그 사지를 끌어들이듯이, 그러한 사람은 제 감관을 감각의 대상(境)으로부터 온전히 끌어들인다. 그런 사람은 지혜가 튼튼히 섰느니라.

59. 감각의 대상은 거기에 대해 단식을 하는 사람 앞에서는 사라진다. 그러나 그 맛은 사라지지 않는다. 지극히 높은 이를 보게 될 때는 그 맛도 사라진다.

간디 이것은 단식 또는 그밖에 자기 억제의 방법이 소용없다는 말은 아니다. 다만 거기는 한계가 있다는 말이다. 감각의 대상에 대한 욕망을 극복하는 데는 그러한 억제 방법이 필요하다. 다만 그 뿌리가 뽑히려면 지극히 높은 이에 대한 체험이 있고서야 된다. 고상한 갈망은 저속한 갈망을 정복한다.

십자가의 성 요한 내가 여기서 말하는 것은 물건이 없음을 가리키는 것이 아니다. 만일 욕망이 남아 있으면 물건이 없는 것만으로는 떼어버림이 되지 못한다. 욕망까지 눌러버려야 떼어버림이 된다. 그래야 영혼이 자유한다. 그때는 소유가 아직 남아 있다 해도 관계없다.

라다크리슈난 저자는 겉으로 피하는 것과 속으로 끊어버리는 것의 차이를 말하고 있다. 몸의 폭군으로부터의 해방만으로는 아니 된다. 욕망의 폭군에서까지 해방되어야 한다.

60. 왜냐하면 쿤티 부인의 아들아, 어진 자가 아무리 노력하고 잘 알고 있더라도, 욕망이란 억제할 수 없는 것이어서 그의 마음을 억지로 끌고 가기 때문이다.

61. 일체의 감각을 억누르고, 요가로 자리 잡고 앉아 나에게 전심(專心)하여라. 감각을 완전히 다스리는 사람이어야만 그 지혜가 흔들림이 없기 때문이다.

간디 정성된 믿음과 그 결과로 오는 하나님의 은총이 아니고는 사람의 노력은 소용이 없다.

라다크리슈난 자기 단련은 지식의 문제가 아니다. 의지와 감정 문제다. 자기 단련은 지고자(至高者)에 대한 환상이 있을 때 쉽게 된다.

루크레티우스 종교는 끊임없이 가려진 돌을 향하는 데 있는 것도 아니요, 모든 제단에 나아감에 있는 것도, 땅에 엎드리는 데 있는 것도, 신이 계신 곳을 향해 손을 드는 데 있는 것도, 짐승의 피로 성전을 물들이는 데 있는 것도, 맹세에 맹세를 거듭하는 데 있는 것도 아니다. 다만 모든 것을 화평한 영혼으로 보는 데 있다.

62. 사람이 감각의 대상(境)을 골똘히 들여다보면 거기에 대한 집착이 생긴다. 집착에서 애욕이 일어나고 애욕에서 분노가 나온다.

애욕(kama) 욕망(desire, craving).

간디 애욕은 종국에는 분노에 이를 수밖에 없다. 그것은 끝이 없고 만족할 줄도 모른다.

『**바가바타 푸라나**』 감각의 대상을 골똘히 들여다보면(brooding) 마음이 거기 얽혀버리고, 주를 골똘히 생각하면 그이 안에 나를 잃게 된다.

63. 분노는 미망을 낳고, 미망에서 기억의 상실이 오고, 기억의 상실에서 이성의 파멸이 온다. 이성이 파멸되면 그 사람은 완전히 망해 버린다.

라다크리슈난 이성이 파멸되면 시비 판단을 못하게 된다.

64. 그러나 훈련된 자아는 아트만으로 감각을 잘 다스리고, 곱고 밉고를 떠나 있으므로 대상 가운데 걸으면서도 평화에 도달할 수 있다.

65. 마음의 평화에서 일체 고통의 소멸이 온다. 마음이 평화하면 그의 이성은 곧 확실해지기 때문이다.

66. 마음의 통일 없는 사람에게 이성 없고, 마음의 통일 없는 사람에게 영감도 없다. 영감이 없는 사람에게는 평화가 없고 평화가 없는 사람에게 어디서 즐거움이 있겠느냐?

> 영감(bhavana) 간디는 헌신(devotion)이라 했고, 라다크리슈난은 집중력(power of concentration)이라 했고, 『세계성전전집』에는 정려(靜慮)라 했고, 데이비스(Davis)는 올바른 상태(right condition)라고 했으며, 힐(Hill)은 반성(reflection) 이라 했고, 텔랑(Telang)은 지식 추구의 유지(perseverance in the pursuit of knowledge)라 했고, 에브리맨스 문고판에는 신령 감응(inspiration)이라 해서 가지가지로 번역이 되어 있다.

함석헌 『대학』허두에 있는 "멎을 줄을 안 다음에야 정(定)할 수 있고, 정하고 난 뒤에야 고요히 할 수 있고, 고요히 한 후에야 편안할 수 있고, 편안히 한 후에야 깊이 생각할 수 있고, 깊이 생각한 후에야 얻을 수 있느니라"(知止而後有定 定而後能靜 靜而後能安 安而後能慮 慮而後能得)란 말이 잘 참고될 듯하다.

67. 사람의 마음이 날뛰는 감각을 따라가면 그것이 그 사람의 지혜를 휩쓸어가기를 마치 바람이 물 위의 배를 휩쓸듯 한다.

68. 그렇기 때문에 오, 억센 팔을 가진 자야, 감관을 그 대상으로부터 온전히 물러나게 한 사람이 그 지혜에 흔들림이 없느니라.

69. 모든 산 물건에게 밤인 때가 다듬어진 혼에게는 깨는 때요, 모든 산 물건에게 깨는 때는 깨달은 성자에게는 밤이다.

라다크리슈난 모든 것이 감각의 대상의 번쩍거리는 빛에 끌릴 때에 성자는 실재를 깨달으려고 열중한다.

함석헌 니콜슨(Nicholson)은 『이슬람의 신비가』(*Mystics of Islam*) 안에서 수피(sufi, 靈知主義者)에 관해 이렇게 말했다.

> 밤이 오면 죄수는 감옥을 잊어버리고
> 밤이 오면 임금은 권세를 잊어버린다.
> 슬픔도 없고, 득실에 맘을 쓰는 일도 없으며,
> 이 사람 저 사람이란 생각조차 없다.
> 이것은 영지자(gnostic)의 모습, 그가 깼을 때의 모습이다.
> 하나님이 말씀하셨다. "너는 그들이 잠이 들거든 깬 줄로 알아라."
> 그는 세상 일에 대해 잠을 자고 있다. 낮에도 밤에도, 하나님의 다스리시는 손에 드신 펜인 듯.

70. 그는, 모든 물이 바다로 흘러들어 가득 차면서도 넘치는 일 없듯이, 모든 애욕이 속으로 흘러들어도 평화를 지킨다. 그러나 애욕을 즐기는 사람은 그렇지 못하다.

71. 일체의 애욕을 버리고 갈구하는 것도 없이, 나란 생각도 내 것이란 생각도 아니하는 사람은 평화에 이른다.

72. 프리다 부인의 아들아, 이것이 브라만 안에 머무는 사람의 상태다. 거기 도달한 사람은 다시 미혹하는 일이 없으며, 비록 임종하는 순간에라도 거기 결정하고 서면 브라만의 니르바나에 들어갈 것이다.

<small>브라만 안에 머무는(brahmisthiti) 영원한 생명.
브라만의 니르바나(brahmanirvana) 범열반(梵涅槃). 영원한 평화, 브라만과 하나 됨. 브라만과의 합일이라 한 데 대해 간다는 말하기를 니르바나는 완전한 소멸(extinction)이 아니다. 내가 이해하는 한으로는 붓다의 생활의 중심인 니르바나는 우리 속에 있는 모든 더러운 것의 완전한 소멸이다. 즉 모든 악독한 것, 모든 썩었고 썩을 수 있는 것들이다. 니르바나는 무덤 속에 있는 캄캄한 죽음의 평화 같은 것이 아니라, 산 평화, 자기 자신을 알고 영원의 가슴팍에 자기 있을 곳을 발견한 줄을 아는 영원의 산 행복이다. 이 영원의 가슴팍이 있을 곳이 브라만의 니르바나다.
니르바나 불교에서는 완전한 상태의 뜻으로 쓰인다. 담마파다(Dhammapada, 법구경)는 말하기를 "건강은 최대의 소득이요, 자족은 최대의 부요, 신앙은 최선의 벗이요, 열반은 최고의 행복이다"(Health is the greatest gain, contentment is the greatest wealth, fait is the best friend and nirvana is the highest happiness)라 했다.(라다크리슈난)</small>

라다크리슈난 이러한 성자들은 니체의 초인, 알렉산더의 신성소유자(神性所有者, deity-bearer)와 공통점이 있다. 즐거움, 정염(情恬), 내적인 힘과 해방의 의식, 용기, 끈질긴 목적의식, 신 안에서의 단절 없는 생활, 이런 것들이 그들의 특성이다. 그들은 인간 성장의 첨단을 표시한다. 그들은 바로 그 존재와 성격과 의식으로 스스로 인정하는 결점을 넘어설 수 있고 진화의 물결은 좀더 높은 새 수준으로 올라가고 있다는 것을 선포하고 있다. 그들은 우리에게 표본을 보여줄 것을 허하고 현재의 이기적이고 부패적인 데서 높이 올라갈 것을 우리에게 기대하고 있다.

지혜는 해방의 최고 방법이다. 그러나 이 지혜는 하나님에 대한 헌신과 욕심 없는 작업을 〔배〕제해버리는 것은 아니다. 성자들은 살아 있는 동안에도 이미 브라만 안에 머물고 있으며 이 세상의 불안에서 놓여나 있다. 견고한 지혜의 성자는 무사한 봉사의 생활을 산다.

에케르트 어떤 사람이 성자를 보고 묻기를 "어떻게 해서 당신은 완전에 도달했습니까" 했더니 그 성자는 대답하기를 "내가 하나님과 합일됨으로써다. 하나님 이하의 어떤 것에도 나는 안주할 수 없기 때문이다" 했다(에블린 언더힐Evelyn Underhill의 신비주의).

이것이 『바가바드 기타』라 일컫는 『우파니샤드』 안에 있는 브라만의 지식 속에서 요가의 학문에 관해 크리슈나와 아르주나가 서로 문답하는 제2장 상캬 요가의 끝이니라.

제3장 카르마 요가

카르마(karma) 행동 혹은 행작(行作).

간디 이 장은 『기타』의 올짬 되는 가르침의 열쇠라고도 할 수 있다. 이것은 올바른 행동의 정신과 성격을 남김없이 온전히 밝혀서, 참된 지식이란 어떻게 그 자체를 무사(無私)한 봉사의 행동으로 나타내지 않으면 안 된다는 것을 가르쳐준다.

아르주나 말하기를

1. 오, 자나르다나시여. 이해함이 만일 행동함보다도 더 뛰어난 것이라면 저에게 이 끔찍한 행동을 하라 명하심은 무슨 뜻이시옵니까? 오, 케샤바시여.

자나르다나(Janardana) 크리슈나의 명칭의 하나. '사람을 괴롭히시는 이'라는 뜻을 가짐.
케샤바(Keshava) 크리슈나의 이름의 하나. '긴 머리털을 가지신 이'라는 뜻.

라다크리슈난 아르주나는 결과를 바라고 하는 행동은 집착이나 욕망을 떠나서 하는 행동보다는 못하다는 가르침을 오해하고 크리슈나의 생각은 행동하지 않는 지식을 일하는 것보다 더 높이 보는 것이라 믿었기 때문에, 그럼 지식을 행동보다 높다고 하신다면 나더러 이 무서운 행동을 하라시는 것은 무슨 뜻입니까 하고 물은 것이다.

2. 당신께서는 보기에 혼란된 말씀을 가지시고 저의 이성을 미혹게 하시는 듯합니다. 그렇기 때문에 제가 지선(至善)에 이를 수 있는 길을 하나로 결정하여 가르쳐주시기 바랍니다.

함석헌 한편으로는 아르주나보고 마음이 약해졌다고 책망하면서 또 한편으로는 행동하지 말라고 가르쳐주는 것같이 보였기 때문에 (2: 49~50) 아르주나는 크게 미혹했다. 그러나 사실 그런 의미가 아닌 것은 아래로 내려가면서 보면 분명해진다.

거룩하신 주 말씀하시기를

3. 죄 없는 자야, 내가 일찍이 말했듯이 이 세계에는 두 가지 길이 있느니라. 생각하는 사람을 위한 지식의 길과 행동하는 사람을 위한 행함의 길.

<small>생각하는 사람(sankhyanam) 이론파 사람들.
행동하는 사람(yoginnam) 요가 곧 무사(無私)한 행(行)함의 길을 닦는 사람들.</small>

라다크리슈난 스승은, 현대의 심리학자가 하는 것과 마찬가지로, 구도자를 두 종류로 구별하고 있다. 즉 내향적인 사람(introvert), 곧 정신적인 내적 생활의 길을 찾으려는 경향을 태어나면서부터 가지는 사람과 외향적인 사람(extrovert), 곧 활동적으로 외적 생활을 따르는 경향을 가지는 사람이다. 거기에 따라서 깊은 정신적 사색을 찾는 사람에게는 지식의 요가의 길이 있고, 활발하게 사랑의 활동을 원하는 성격에는 행동의 요가의 길이 있다. 그러나 이 구별이 궁극적인 것은 아니다. 모든 사람은 다 정도 차이가 있을 뿐이지, 내향·외향의 두 가지 경향을 다 가지고 있는 법이다.

『기타』의 자리에서 보면 행동의 길은 해탈을 위해서는 지식이나 마찬가지로 유효한 방법이다. 둘은 서로 반대되는 것이 아니라 도움이 되는 것이다. 『마하바라타』에는 "그와 같이 두 가지 방식의 생활이 있다. 둘 다 『베다』에서 가르치는 길이다. 하나는 능동적인 길이요, 또 하나는 내버림의 길이다"라고 했다. 두 방식의 생활은 꼭 같이 값어치 있는 것이다. 스승은 즈나나(jnana) 곧 지혜는 카르마, 행동과 서로 같이 서지 못하는 것이 아니라는 것을 지적하고 있다. 샹카라는 행작(行作)은 깨달음(enlightenment)과 서로 양립되는 것이라고 인정했다. 행작을 지혜에 이르는 하나의 방법으로 취하는 것이 아니라, 보통 사람에 대한 하나의 표본으로 취하는 것이다. 깨달은 이의 행함 안에는 『기타』의 스승에서와 마찬가지로 자기라는 의식이나 보수를 기대하는 생각이 들어 있지 않다.

4. 사람이 무위에 이르는 것은 행동하지 않음으로써 되는 것이 아니요, 또 단순히 그것을 내버림으로써 완전의 지경(成滿位)에 이르는 것도 아니다.

<small>행동의 얽어맴 생사의 바퀴(sansara).</small>

라다크리슈난 니슈카르마(nishkarma)는 행동의 영향을 입지 않는 지경이다. 제가 한 행동의 결과로 얽어맴을 당하는 것이 자연의 법칙이다. 모든 행동은 필연적으로 거기에 대한 반동을 받는 법이요, 그렇기 때문에 영혼을 변천하는 세계에 내주어서 얽매임을 당하게 하는 근원이 된다. 그리하여 영혼이 이 세계를 초월해서 지고자와 결합하는 것을 방해하게 된다. 필요한 것은 행작의 포기가 아니라 이기적인 욕망의 포기다.

간디 '행동에서 해방되는 것'은 행동의 얽맴에서 해방된다는 말이다. 이 자유는 모든 행동을 내버림으로써 되는 것이 아니다. 또 사물의 성질상 그것이 불가능한 것은 말할 것도 없다. 그러면 어떻게 하면 거기에 이를 수 있을까? 다음 절이 그것을 설명해준다.

5. 어떤 사람도 비록 한순간이라도 무위로 있을 수는 없다. 누구나 다 천성에서 나오는 충동에 의해 어쩔 수 없이 일을 하도록 되어 있기 때문이다.

천성 프라크리티 혹은 자연.
충동 글자대로 하면 구나(gunas), 곧 3성.

라다크리슈난 사람이 육체를 가지고 사는 이상 일함에서 벗어날 수는 없다. 일하지 않으면 생을 유지할 수 없다. 아난다기리는, 자아를 깨달은 사람은 3성의 지배를 받지 않지만 몸과 감각을 다스리지 못하는 사람은 3성에 몰려서 행동을 하게 된다고 했다.

그러한 말 속에는 자연히 해방된 혼은 일하지 않는다는, 모든 일은 지고의 지경에서는 떨어진 것이라는, 그것은 무지에 돌아감이라는 견해를 물리치는 뜻이 있다. 생명이 있는 한 행동은 불가피하다. 생각함은 하나의 행동이다. 삶은 하나의 행동이다. 그리고 이 행동들이 갖가지 결과를 가져온다. 욕망의 지배를 받지 않음이, 개인적인 이해관계에서 오는 망상의 지배를 받지 않음이 진정한 무위지, 결코 육체적으로 활동을 피하는 것이 그것은 아니다. 해탈한 사람에게서는 일이 떨어져 나간다 할 때 그 참 의미는 그는 이 이상 더 개인적인 일의 필요를 가지지 않는다는 말이다. 그 의미는 그가 행동에서 도망가서 복된 무위 속에 피해 있다는 말이 아니다. 그는 하나님이 일하시는 것같이 일한다. 어떤 필요에 얽매임 없이, 무지의 강요를 당함도 없이, 그리고 일을 하는 가운데도 거기에 빠져듦이 없이 한다. 그의 이기심이 없어졌을 때 행동은 깊은 속에서 솟아나오는 것이요, 그 심령 속에 그윽히 자리 잡고 있는 지고자의 지시에 의해서 된다. 욕망과 집착을 내버리고 모든 생명체와 하나 되어, 그는 자기 속생명의 무한한 깊음에서부터 행동하고 그의 영원하고 거룩하고 지극히 높은 자아의 주재 밑에서 하게 된다.

장자 성인은 제 마음이 없이 씨올의 마음을 가지고 제 마음을 삼는다.(聖人無己心 以百姓心爲心)

6. 행동의 감각 기관을 억제하면서도 그 마음은 감각의 대상을 생각하는 사람은 미혹된 혼이니 그런 사람을 위선자라 부르느니라.

간디 혀에는 재갈을 물리면서도 마음으로는 딴소리를 하는 사람이 위선자다. 그러나 그것은 마음을 제어하지 못하는 이상 신체는 자유대로 내버려두라는 말은 아니다. 스스로 세우는 육체의 통제는 정신적 통제의 선행 조건이다. 신체의 통제는 온전히 스스로 세운 것이어야지 밖에서 가져다 씌운 것이어서는 아니 된다. 다시 말한다면 무서운 생각으로 해서는 안 된다. 여기서 업신여겨 마땅하다 하는 위선자란 자제를 하기 위해 애쓰는 겸손한 사람을 두고 하는 말이 아니다. 이 절이 말하는 것은 마음으로는 하고 싶은 대로 하면서 몸으로는 부득이 그럴 수밖에 없어서 재갈을 물리는 사람, 그리고 할 수만 있다면 몸으로도 하고 싶은 대로 하려고 하는 사람을 두고 하는 말이다. 다음 절은 그것을 뒤집어서 하는 말이다.

7. 그러나 아르주나야, 마음으로 모든 감각 기관을 통제하고 집착을 떠나, 감각 기관들을 카르마 요가에 쓰는 사람은 뛰어났느니라.

간디 마음과 몸이 잘 일치되어야 한다. 마음을 아무리 통제한다 하더라도 몸은 이 길로도 나가고 저 길로도 나갈 수 있다. 그러나 마음을 참으로 잘 다스린 사람은, 예를 든다면 나쁜 소리에는 귀를 막고 다만 하나님이나 선한 사람의 찬양을 듣기 위해서만 연다. 그는 감성적인 쾌락에 대하여는 아무 맛을 가지지 않고 혼을 빛나게 하는 일에만 전념할 것이다. 그것이 행동의 깊이다. 카르마 요가는 자아를 몸의 얽맴에서 건져내는 요가(방법)다. 그러므로 그 안에는 방탕의 여지가 없다.

라다크리슈난 인간의 의지는 법의 딱딱함을 이길 수 있다. 우리는 이 세상의 모든 것을 우리의 만족을 위한 수단으로 보아서는 아니 될 것이다. 우리가 만일 우리의 잃어진 안정, 우리의 잃어진 지성, 우리의 잃어진 순진을 도로 찾으려 한다면 우리는 모든 사물을 참(real)의 나타남으로 보아야지 붙잡고 가져버릴 물체(對象)로 보아서는 아니 될 것이다. 이러한 물건에 대한 무집착의 태도를 기르려면 명상이 반드시 필요하다. 6절에서 크리슈나는 외적인 포기를 말했고, 이 절에서는 진정한 내적 떼버림의 정신을 가르친다.

8. 너는 네 명함을 받은 일을 행하여라. 행(行)은 비행(非行)보다 나으니라. 행함 없이는 네 육신의 부지조차 얻을 수 없을 것이다.

9. 쿤티의 아들아, 희생을 위한 행동을 내놓고는, 이 세상은 모든 행동으로 얽매여 있다. 집착을 떠나 이 희생을 위한 행동을 하라.

간디 '희생을 위한 행동'이란 하나님께 바치는 무사(無私)한 봉사다.

라다크리슈난 모든 일은 하나님을 위해 봉사 정신으로 해야 한다. 미맘사(Mimamsa: 글자의 뜻으로는 '깊은 생각' 혹은 '해석.' 6파 철학의 하나)가 행동은 희생을 목적으로 하여야만 한다고 주장하는 것을 인정하면서, 『기타』는 우리더러 그러한 행동을 어떠한 갚아줌을 바라는 마음 없이 하라고 가르쳐준다. 그러한 경우 그 불가피한 행동은 아무런 구속력도 가지지 않는다. 희생(sacrifice) 자체가 좀더 넓은 의미로 해석되고 있다. 우리는 낮은 마음을 높은 마음에다 희생(바쳐)해야 한다. 『베다』의 신(神)들에 대해 행해지는 종교 의식은 여기서는 지극히 높으신 이의 이름으로 하는 창조의 봉사가 된다.

10. 맨 첨에 조물주께서 사람을 희생과 함께 지으시면서 말씀하셨다. "이로써 너희는 번성할지어다. 이것이 너희 모든 소원의 카마두크가 될지어다."

> 조물주(Prajapati) 창조주(The Lord of Creatures), 이것은 『구약』의 하나님 모양으로 순 영의 절대적인 신이라기보다는 모든 생명질(生命質) 생명력을 포함하는 것이 인격화된 것이다. 그것은 두 가지 충동 때문에 창조를 했다고 한다. 하나는 외롭고 가난하고 무서워서, 또 하나는 제 본체가 넘치고 싶은 갈망에, 그래서 "내가 번성할까, 내가 만물을 낳아놓을까?"(May I give increase, may I bring forth creatures?) 했다고 한다.
>
> 카마두크(kamadhuk, 如意牛) 무엇이나 원하는 것은 모두 이루어주었다는 인드라 신의 신비스러운 암소.

11. 이로써 너희는 신들을 공양하라. 신들 또한 너희를 공양할 것이다. 그와 같이 서로서로 공양함으로써 너희는 가장 높은 선에 이를 것이다.

> 신들 여기와 다음 12절에 있는 '신들'이란 말은 하나님의 전(全) 창조를 의미하는 것으로 해석해야 할 것이다.

간디 모든 창조에 봉사함이 곧 하나님께 봉사함이요, 또 그것이 곧 희생이다.

함석헌 사람은 공양드린다 하여도 아무것도 제 것으로 할 수가 없다. 하나님 혹은 신들에게 속하는 것을 가지고 바친다. 이 희생이란 우리가 자연과 하나님께 진 빚을 갚는 것뿐이다.

12. 희생으로 공양을 받으면 신들은 네게 바라는 바 복락을 줄 것이다. 그 선물을 받아 쓰면서 그들께 아무것도 주는 것이 없는 사람은 참으로 도둑이다.

> 희생(yajna) 아름다움과 힘이 넘치는 말이다. 그렇기 때문에 지식과 경험이 자람에 따라, 또 시대의 변천에 따라 그 뜻은 자라고 변하기 쉽다.

『청년 인도』[간디] 야즈나(yajna)는 글자 그대로는 예배(worship)란 뜻이다. 거기서 희생이란 뜻이 되고, 거기서 희생적인 행동 혹은 봉사적인 행동을 뜻하게 된다. 그런 의미에서 모든 시대는 제 독특한 야즈나를 가질 수 있고 또 가져야 한다.

『에라브다 망디르』 또 야즈나는 남의 행복을 위해서, 그것이 일시적이었거나 또는 정신적인 성질의 것이었거나 간에, 아무 보수를 받음도 없이 또 바람도 없이 행해진 행동을 의미한다. '행동'이란 말은 가장 넓은 의미에서 하지 않으면 아니 되는 것이다. 그래서 사상과 말까지도 포함되어야 하고, '남'이란 말은 인류뿐 아니라 모든 생명을 포함해야 한다. 그렇기 때문에 비록 인류에게 봉사할 목적으로라도 하등 동물을 희생했다면 그것은 야즈나가 될 수 없다.

이 세계는 이런 의미의 야즈나 없이는 한순간도 존재할 수 없다. 그렇기 때문에 『기타』는 제2장에서 참 지식에 관해 말을 한 다음 제3장에서 거기에 도달하는 방법에 관한 것을 끄집어내서, 많은 말로 야즈나는 창조 자체와 더불어 왔다는 것을 선포한다. 그렇기 때문에 이 몸이 우리에게 주어진 것은 다만 우리가 그것으로 모든 일에 봉사하기 위해서다. 그렇기 때문에 또 『기타』는 야즈나를 바침이 없이 먹는 자는 도둑한 음식을 먹는 것이라고 한다. 정결한 생애를 살려는 사람은 그 하나하나의 행동이 야즈나의 성격으로 되어야 한다. 야즈나는 우리의 출생과 더불어 우리에게 왔기 때문에 우리는 일생을 빚진 자요, 그렇기 때문에 언제나 우주에 대해 봉사를 해야 한다. 그래서 마치 씨종이 제 섬기는 주인에게서 밥과 옷과 그밖의 모든 것을 받듯이 우리도 이 우주의 주에 의해 우리에게 주어지는 선물을 감사함으로 받아야 할 것이다.

『하리잔』[간디] "네 이마의 땀으로 네 먹을 것을 벌라"고 『성경』은 말했다. 희생에는 여러 가지가 있겠지만 그중 하나는 밥 버는 노동일 것이다. 만일 모든 사람이 제 빵을 위해 일하고 그 이상 더 하지 않는다면 모든 사람을 위해 넉넉한 빵과 넉넉한 여가가 있을 것이다. 그렇다면 과잉 인구의 소리도 병 소리도 우리 주위에서 보는 그런 비참의 소리도 없을 것이다. 그러한 노동은 가장 높은 형태의 희생일 것이다. 사람은 제 몸이나 마음을 가지고 물론 그밖에도 여러 가지 일을 하겠지만 그것은 다 전체의 행복을 위한 사랑의 노동이 될 것이다. 사람은 제 밥을 지식적인 노동으로도 빌 수 있지 않느냐고? 아니다. 육체의 필요는 육체로 공급하여야 한다. "가이사의 것은 가이사에게로 돌려라" 하는 말은 아마도 이러한 경우에 꼭 맞는 말일 것이다.

13. 선한 사람은 희생에서 남은 것을 먹고 모든 죄에서 해방되지만 악한 자는 자기를 위해 밥을 짓고 그 죄를 먹는다.

『베다』 손님을 대접하지 않고 저만 먹는 사람은 죄를 먹는다.
자기만을 위해 밥을 짓는 자는 죄를 먹고, 희생을 바친 후에 남는 음식은 선한 사람을 위해 마련된 음식이다.

「고린도전서」(11: 29) 그의 몸인 것을 분명히 인식하지 않은 채 먹고 마시는 사람은 그렇게 먹고 마심으로써 자기 자신을 단죄하는 것입니다.

14. 모든 산 것은 밥에서 나오고, 밥은 비에서 나오고, 비는 희생에

서 나오고, 희생은 일함에서 나온다.

『에라브다 망디르』 이 가르침은 톨스토이가 빵 노동(bread-labour)이라고 했던 육체노동을 주장하는 것이다. 그것을 남을 위해 무사(無私)한 마음으로 할 때 야즈나 곧 희생이 된다. 비는 지식의 잔치로는 오는 법이 없다. 다만 육체노동으로만 온다. 산에 나무가 없어 헐벗으면 비가 아니 오고, 나무를 심으면 비를 끌어 식물이 느는 것에 따라 강우량이 올라간다는 것은 누구나 잘 아는 과학적 사실 아닌가? 육체노동을 그만두었기 때문에 일어나는 도덕적·신체적 모든 나쁜 결과를 다 알 사람이 누군가?

『열자』, 「천서」(天瑞) 같은 뜻을 열자(列子)는 도둑질이라는 말을 가지고 재미있는 이야기를 했다. 국씨(國氏)는 큰 부자고 향씨(向氏)는 큰 가난뱅이인데 향씨가 국씨보고 부자 되는 방법을 물었더니 국씨가 대답하기를 도둑질을 해서 됐노라고 했다. 향씨가 들은 대로 도둑질을 하다가 잡혀 죄를 짓고, 있던 것까지 뺏기고 분해 국씨한테 가서 질문을 했더니, 국씨가 말하기를 "너 어떻게 도둑질을 했느냐"했다. 향씨는 제 한 대로 대답했더니 국씨는 듣고 말하기를 "도둑질하는 도를 그렇게도 모른단 말이야? 내 일러줄 터이니 들어보아라. 하늘에 시(時)가 있고 땅에 이(利)가 있다. 나는 천지의 시, 이, 구름, 비, 산과 못의 나고 자라는 것을 도둑질해서 내 곡식을 키우고 내 집을 짓고, 뭍에서는 새, 짐승을 도둑하고 물에서는 고기를 도둑해서 산다. 도둑질 아닌 것이 없지. 그것이 다 하늘이 낸 것이지 내 것이 아니다. 네가 도둑했다는 금은옥백(金銀玉帛)은 사람이 모아놓은 것이지 하늘이 준 것이 아니다. 죄 얻어 마땅하지 않느냐?" 했다. 향씨가 그 말을 듣고도 알 수 없어 동곽(東郭) 선생한테 가서 호소했다. 동곽 선생은 대답했다. "네 한 몸부터 도둑질한 것 아니냐? 음양의 화(和)

를 도둑해서 네 생을 이루고 네 몸을 담았는데 하물며 그밖엣 것이겠느냐? …… 국씨의 도둑질은 공도(公道)다. 그러므로 재앙이 없고, 네 도둑질은 사심이다. 그렇기 때문에 죄를 진 것이다. 공사(公私)가 있다는 놈도 도둑이요, 공사가 없다는 놈도 도둑이다. 공(公)을 공으로 하고 사(私)를 사로 하는 것이 천지의 덕이다. 천지의 덕을 아는 사람을 누가 도둑이라 하겠느냐? 누가 도둑 아니라 하겠느냐?

15. 알지어다. 행동은 브라마에서 나오고, 브라마는 불멸에서 나온다. 그러므로 모든 것 속에 두루 들어 있는 브라마는 언제나 희생 위에 안주해 있다.

마하데브 데자이 브라마라는 말이 좀 불편하게 쓰인 탓으로 제15절을 해석하는 데 많은 불필요한 곤란이 생긴다. 첨의 두 브라마는 프라크리티를 의미하는 것이고, 셋째와 넷째의 것은 창조 전체에 편만하는 불멸자, 무한을 의미한다. 그 뜻은 희생은 창조의 원인이요 또 결과라는 말이다. 톨스토이는 같은 말을 희생의 원형의 사슬에서 그 연결하는 고리를 빼버리고 더 간단한 말로 해버렸다. "일은 밥을 낳고 밥은 일을 낳는다. 그것은 끝없는 원이다. 서로가 저쪽의 원인인 동시에 또 결과다." 이것은 브라우닝으로 하여금 "죄와 고통의 이 무서운 기계"(This dread machinery of sin and sorrow)라고 노래하게 했던 희생의 영원한 과정이다.

>서로서로 사랑하며 사랑받으며
>창조적이면서 또 자기희생적이면서
>그리하여 마침내는 하나님 같음에

>Love in turn and be loved

Creative and self-sacrificing too

And thus eventually God-like

라다크리슈난 행동은 불멸자 안에 뿌리박고 있다. 지극히 높으신 이의 행동이 아니면 세계는 망해버리고 만다. 세계는 하나의 큰 희생이다.『리그 베다』에는 이렇게 쓰여 있다. 한 푸루샤가 희생으로 바침이 되어 그의 사지가 허공 사방으로 흩어졌다.

이 큰 희생으로 세계의 구조는 유지되어 간다. 행동은 모든 생명 가진 것의 도덕적 또는 육체적 요소다.

16. 오, 프리다의 아들아, 이 세상에서 죄를 짓고 살며 감각의 쾌락에 빠져, 이와 같이 돌아가는 바퀴를 따르려 하지 않는 자는 쓸데없이 사는 것이니라.

라다크리슈난 이 절들에서는 희생을 신과 사람 사이에 서로 주고받음 하는 것이라는『베다』의 사상을 더 큰 규모로 펴서 우주적으로 모든 생명이 서로 의존하는 관계라 하고 있다. 희생의 정신으로 하는 행동은 하나님을 기쁘시게 한다. 하나님은 모든 희생을 누려 받으시는 이다. 희생의 최고자다. 또 그것은 생명의 법칙이다. 개인과 우주는 서로 의존한다. 인간 생명과 우주 생명 사이에는 끊임없는 교류가 되고 있다. 자기만을 위해 일하는 사람은 쓸데없이 산다. 세계는 이 하나님과 사람 사이에 있는 협동 때문에 돌아가고 있다. 희생은 신들에게 바쳐질 뿐만 아니라 또 지고자에게도 바쳐진다. 신들은 그이의 가지가지의 나타남이다. 제4장 제24절에는 행동과 희생의 자로서, 주는 자와 받는 자, 희생의 목적과 대상이 다 브라만이라고 하고 있다.

17. 그러나 즐거움을 아트만에만 구하고, 아트만에만 만족하며, 아

트만으로만 좋다 하는 사람에게는 하지 않아서 아니 될 일이 없다.

라다크리슈난 그는 의무[감]에서 해방이 된 것이다. 그가 일하는 것은 의무라는 생각에서 하는 것도 아니요, 자기 존재를 점진적으로 변화시키기 위해 하는 것도 아니다. 그것은 오직 그의 완전한 천성이 저절로 그렇게 행동으로 나오기 때문이다.

마하데브 데자이 이 간단한 한 절 속에 여러 가지 의미가 들어 있다. 이것은 불멸의 즐거움의 변함없는 근본을 보여주는 것이요, 앞의 절에 있는 육욕적인 생각의 사람과 정신적인 생각의 사람이 어떻게 다른 것을 말하느냐는 것이다. 성 아우구스티누스는 "그 즐거움이 어디서 오느냐에 따라 사람은 달라진다"고 했다. 육욕적으로 된 사람은 희생을 바치는 것도 없이 감각에만 빠져들면서 헛된 생을 보내므로 그 하는 활동은 갈수록 더 죄와 얽매임에만 빠져들게 하지만, 정신적으로 된 사람은 그 눈을 안으로 돌려 모든 즐거움의 불멸의 근원, 곧 아트만을 찾는다. 그래서 그러는 동안에 행동에서 해방됨을 얻는다.

이 절의 뜻은 그에게는 모든 행동이 끊어지게 됐다는 것이 아니다. 다만 그는 얽어매는 행동에서 해방됐다는 말이다. 자주(自主)함으로써 자기를 우주와 하나 되게 했기 때문에 그는 소아를 위해 사는 것이 아니라 아트만 곧 대아를 위해 산다. 그 대아는 곧 우주의 대아와 한 대아다. 『우파니샤드』에는 이렇게 되어 있다. "진실로 위에도 아트만, 아래에도 아트만, 앞에도 아트만, 뒤에도 아트만, 오른편에도 아트만, 왼편에도 아트만이다. 그는 이것을 보고, 이것을 믿고, 이것을 깨달았으므로 아트만을 배불리 먹고, 아트만으로 더불어 놀고, 아트만의 동무가 되고, 그의 모든 기쁨을 아트만 안에서 찾아, 스와라쟈(swaraja, 自治)를 얻었다. 그는 삼계(三界)에 자유자재함을 얻었다."

18. 그는 이 세상에서 제가 한 어떤 일에 대해서도 이(利)라 생각하는 것이 없고, 하지 않는 일에 대해서도 그러한 것이 없다. 일체의 산 것 중 어느 것에도 그의 이가 달렸다고 생각하는 것은 없다.

19. 그러므로 집착을 떠나 언제나 마땅히 행하여야 할 것을 하라. 집착 없이 행하는 자가 가장 높은 데 이르기 때문이다.

20. 자나카나 그밖의 다른 사람들이 완전에 이른 것도 행함에 의해서 된 것이다. 너도 이 세계의 유지를 위해서 일하지 않으면 아니 된다.

>자나카(janaka) 미틸라(Mithila) 나라의 어진 임금. 그 이름은 인도에서는 언제나 자기실현을 완전히 하고, 쉬지 않고 무사한 활동을 한 대표적인 사람으로 사람들의 입에 오르내린다. 그는 '내 것'이란 생각을 완전히 없이 했기 때문에 그 왕성에 불이 붙는다는 말을 듣자 "미틸라가 다 탄다 해도 내 것이 탈 것은 하나도 없다" 했다고 한다.
>세계의 유지(lokasamgraha) 세계의 하나됨, 사회의 서로 연결됨을 목적해서 하는 말이다.

라다크리슈난 세계가 만일 물질적 불행, 도덕적 타락에 빠지지 않기를 원한다면, 사람의 공동 살림이 정당하고 품위 있는 것이 되기를 원한다면 종교적인 도덕이 사회 활동을 다스려 가지 않으면 안 된다. 종교의 목적은 사회를 정신화하고 지구 위에 동포 관계를 수립하는 데 있다. 우리는 이상을 현실 제도 속에 구현할 수 있다는 희망의 영감을 갖지 않으면 안 된다. 인도 세계가 그 젊음을 잃었을 때 그것은 저 세상적으로 기울어버렸다. 늙어 지치게 되면 포기와 인내의 복음을 취하는 법이다. 희망과 정력이 넘치는 때에는 현실 속에서 봉사의 활동을 하고 문명을 구원할 것을 강조하게 된다. 보에티우스(Boethius)는 "혼자서 가는 것으로 만족하는 사람은 절대로 하늘에

못 간다"고 잘라서 말했다.

21. 무엇이거나 어진 사람이 한 것이면 다른 사람들이 따라 하는 법이다. 그가 모범을 세우면 세상은 그것을 따른다.

『맹자』, 「등문공 상」(滕文公 上) 위에 좋아하는 이가 있으면 아래는 반드시 더하는 사람이 있는 법이다. 군자의 덕은 바람이요, 소인의 덕은 풀이다. 풀 위에 바람이 오면 풀은 반드시 눕게 마련이다.(上有好者 不必有甚焉者矣 君子之德風也 小之德草也 草尙之風必偃)

라다크리슈난 보통 사람은 잘난 이가 세운 표준을 배워서 한다. 데모크라시(democracy)는 위인에 대한 불신임 때문에 당황하고 있다. 『기타』는 위대한 사람이란 뒤엣 사람을 위해 길을 열어주는 개척자란 것을 지적해주고 있다. 빛은 대개 일반 사람보다 한 걸음 앞선 개인을 통해서 온다. 그들은 뒤따라오는 사람들이 아직 아래 골짜기에서 잠을 자고 있는 동안 산꼭대기에서 빛나는 불빛을 벌써 보고 있다. 그들은, 예수의 말씀대로 한다면, 인간 세상의 소금이요 누룩이요 빛이다. 그들이 그 빛나는 불빛을 보고 외칠 때에 알아듣는 사람은 극히 적은 수요, 대다수 사람들은 뒤늦게야 차차 깨닫고 그를 따라간다.

함석헌 그러나 데모크라시의 약점이 위인에 대한 불신임에 있다고 할 때 그 잘못의 책임은 누구에게 있다고 할까? 물론 씨올 자체에도 있겠지만 그보다는 도리어 그 위인이란 사람들이 높이 외로이 서서 씨올 속에 뛰어들지 않는 데와, 또 그 두 사이에 서서 일부러 계획적으로 막고, 왜곡하고, 이간시키는 중간 지식인들의 장난에 있지 않을까? 실지로 사회 밑바닥의 씨올들은 예수를 잘 받아들이지 않았던가? 간디의 경우도 마찬가지다. 위에 말한 맹자의 가르침도 이것과 합한다. 군자의 덕은 바람이요 소인의 □□□□□ 풀과 바람은 하나다. 초상지풍(草尙之風)이라, □□□□□을 더한다. 풀 속으로 내려가는 바람이 풀을 눕게 하지, 하늘 공중에 부는 바람 혹은 짓대기는 폭풍이 무슨 의미가 있겠나?

그렇기 때문에 노자의 말이 참이다. "성인은 제 마음이란 것이 없다. 씨올의 마음으로 제 마음을 삼는다"(聖人無己心 以百姓心爲心). 또 "스스로 보는 이는 밝지 못하다"(自見者不明) 했다. 정말 어진 이는 전체의 눈으로 보고 전체의 귀로 듣고 전체의 마음으로 생각하는 사람이다. 그 사람이 하는 일을 씨올이 어찌 따르지 않을 리가 있는가.

22. 오, 프리다의 아들아, 내게는 이 삼계 속에서 꼭 하지 않으면 아니 된다는 아무 일도 없고, 또 아직도 얻지 못해서 꼭 얻어야 한다는 어떤 물건도 없다. 그렇지만 나는 언제나 일을 하고 있다.

삼계(三界) 천(天), 공(空), 지(地).

간디 혹시 이런 반대를 듣는 수가 있다. 하나님은 인격적이 아니시니 물리적으로 일을 하신다 할 수는 없고, 썩 잘한다 해도 정신적으로 일하신다고 생각할 수밖에 없지 않느냐 하는 말이다. 그러나 그것은 옳지 못하다. 왜냐하면 쉴 새 없이 돌아가는 해, 달, 별 등등의 운동은 곧 하나님이 일하심을 나타내기 때문이다. 이것은 정신적 활동이 아니고 물리적 활동이다. 하나님은 비록 형상도 없고 사람 같은 인격은 아니지만 마치 형상이 있고 몸을 가지신 것처럼 일하고 계신다. 그렇기 때문에 항상 일하고 계시면서도 일에 얽매이심이 없다. 그 영향을 입지도 않으신다. 반드시 알아야 할 것은 마치 자연의 모든 운동이나 변천이 기계적이기는 하면서도 하나님의 지혜 혹은 뜻에 따라 되어가는 것처럼, 사람도 제 하는 날마다의 행동을 기계적으로 규칙적이고 정확한 데까지 내려가도록 해야지만 또 그것을 깨달음으로써 하지 않으면 아니 된다는 일이다. 사람에게 중요한 것은 그 기계적인 성격을 강조하여 자기 자신을 하나의 자동 기계에까지 내려가게 하는 데 있는 것이 아니라, 그러한 과정 뒤에 하나님의 지도가 있는 것을 알아 자기도 깨달음으로 따라 하는 데 있다. 누구나 다만 자기를, 그리고 행동의 결과에 대한 집착을 버리기만 하면, 기계적인 정확뿐 아니라 어떠한 닳아짐도 떨어짐도 없는 안전에까지 이르게 될 것이다. 이와 같이 행동함으로써 사람은 제 마지막 날까지 씩씩하고 꿋꿋하게 살아 있을 수 있다. 그 몸은 때가 이르면 떨어져 나가겠지만 그 혼은 주름살 하나 없이 흠집 하나 없이 늘 푸름으로 남아 있을 것이다.

라다크리슈난 하나님의 삶과 이 세상 삶은 서로 반대되지 않는다.

『마하바라타』 나의 만유(萬有)의 주 되는 이름 안에서 나는 온 세상을 위해서 종처럼 일한다.(In the name of my lordship, I slave for the whole world.)

『요한복음』(5: 17) 내 아버지께서 늘 일하고 계시니 나도 일하는 것입니다.

23. 내가 만일 피곤한 줄 모르고 일하지 않는다면, 오, 프리다의 아들아, 사람은 언제나 나 하는 대로 했을 것이다.

『마태복음』(11: 23~30) 크리슈나가 어떤 집착도 없이 일하는 것을 볼 때 우리는 교훈을 얻을 수 있다. 그는 마치 이러는 것 같다. "어려운 일을 하고 무거운 짐에 허덕이는 사람은 다 내게로 오시오. 내가 여러분을 편히 쉬게 하겠습니다. 나는 마음이 온유하고 겸손하니 내 멍에를 메고 내 제자가 되시오. 그러면 여러분의 영혼이 안식을 얻을 것입니다. 내 멍에는 편하고 내 짐은 가볍습니다."

마하데브 데자이 사람이 애착의 맛에서 물러설 때 모든 일의 멍에는 편하고 모든 짐은 가벼운 것이 돼버린다. 마치 지구의 인력이 없어질 때 몸이 그 무게를 잃는 것과 같다.

『청년 인도』 크리슈나의 생일에 간디는 이런 말을 했다. "크리슈나는 일생을 씨올에 봉사했습니다. 그야말로 진정한 씨올의 종이었습니다. 그는 쿠루크셰트라에서 군대를 지휘할 수 있었지만 그것보다 아르주나의 차부가 되는 것을 택했습니다. 그의 전 생애는 하나의 끊임없는 카르마의 『기타』였습니다. …… 그는 어릴 때 소 치는 목동이었습니다. 우리는 아직도 그의 이름을 고팔라(Gopala)라고 부릅니다만 그것은 소몰이꾼이란 뜻입니다. 크리슈나는 잘 줄을 몰랐고 게으름을 피우는 일도 없었습니다. 그는 뜬눈으로 세상을 지켰습니다."

24. 내가 만일 일하기를 그친다면 이 세계는 망해버릴 것이다. 나는 혼란을 일으킨 자가 될 것이요, 인류는 멸망하고 말 것이다.

라다크리슈난 하나님의 끊어짐 없는 일하심으로 이 세계는 유지되고 비존재에 떨어짐을 면한다. 성 토마스는 말하기를 "어떤 것이나 그것이 존재 속에 나온 것이 하나님 뜻에 달린 것같이, 그것이 보존되어가는 것도 그의 뜻에 달렸다. 그렇기 때문에 그가 만일 자기 활동을 만물에서 거둬가신다면 만물은 무에 떨어지고 말 것이다" 했다.

25. 바라타의 아들아, 지혜 없는 자가 제 하는 일에 집착함으로써 일을 하듯이 지혜 있는 자는 마땅히 집착함이 없이 세계의 질서를 붙들어가기 위해 그와 같이 일해야 하느니라.

라다크리슈난 광명에 집중되는 혼은 이미 자기를 위해서 할 일은 아무것도 없지만, 그는 거룩하신 이가 하듯이 자기도 우주적인 활동에 더불어 참여하여야 한다. 그때 그의 행동은 지고자의 광명과 희열에 감동되어서 하는 것일 게다.

『중용』 중화를 이루면 하늘 땅이 제자리를 얻고 만물이 길러지느 니라.(致中和 天地位焉 萬物育焉)

오직 천하에 지극한 정성이어야 능히 그 바탈을 다할 수 있는데 그 바탈을 능히 다하면 사람의 바탈을 능히 다할 수 있고, 사람의 바탈을 능히 다하면 몬의 바탈을 능히 다할 수 있고, 몬의 바탈을 능히 다 하면 하늘 땅의 치고 기르는 일을 능히 도울 수 있고, 하늘 땅의 치고 기르는 일을 능히 도울 수 있으면 하늘 땅으로 더불어 셋일 수 있느 니라.(唯天下至誠 爲能盡其性 能盡其性 則能人之性 能盡人之性 則能盡物 之性 能盡物之性 則可以贊天地之化育 可以贊天地之化育 則可以與天地參 矣)

26. 깨달은 자는 깨닫지 못하여 행동에 집착하는 자의 마음을 뒤흔 들어서는 아니 된다. 깨달은 사람은 도리어 모든 일을 요가의 정신으 로 함으로써 다른 사람도 그렇게 할 수 있도록 해주어야 한다.

라다크리슈난 무식한 사람들이 자연의 힘에 대해 절을 하는 것을 볼 때 우리는 그들이 잘못된 것을 숭배하고 있으며 신성(神性)의 좀 더 큰 통일을 모르고 있는 것을 안다. 그렇지만 그들은 자기의 자그 만 자아는 아닌 어떤 것에 대해 절을 하는 것이다. 아무리 조잡한 생 각이라도 그 속에는 바르게 살기를 원하는 지아비·지어미들에게 도 움이 되는 어떤 무엇이 들어 있다. 역사적 의미를 갖는 전통적 의식 속에는, 잘 이해되어 있지는 않지만 무언중에 하는 확신이 담겨 있 다. 그 근본이 종교적인 것이냐 아니냐는 그 대상이 아니라 그 하는 마음이 어떤 것이냐에 따라 결정된다.

모든 사람이 다 가장 높은 지경에까지 이르러야 하지만, 그것은 언 제나 대단히 느린 걸음으로 되는 것이지 갑자기 일약(一躍)해서 되는 것이 아니다. 그뿐 아니라 우리의 종교 견해는 우리 힘으로 선택해서 된 것이 아니다. 그것은 우리의 조상과 자라남과 전체적인 환경에 의해서 결정되는 것이다. 우리가 그것을 업신여겨서는 아니 된다. 우리는 단순한 신앙을 가지는 사람들을 존경하는 마음으로 대해야지 결코 허투루 해서 방해가 되게 해서는 아니 된다. 왜냐하면 단순한 신앙은 실천의 값어치와 영적 호소력을 가지기 때문이다.

근래의 인류학은 우리가 토착민들을 발달시키자는 욕심에 그들의 무해한 오락, 그들의 노래와 춤, 그들의 잔치와 축제를 없애버려서는 아니 된다고 경고해준다. 그들을 위해서 우리가 무엇을 하든 간에 우리는 그것을 사랑과 존경으로 하지 않으면 아니 된다. 우리는 그들의 제한된 이해를 좀더 큰 관점에 이르는 계단으로 삼지 않으면 아니 된다.

맑은 물을 얻기 전에는 더러운 물을 버리지 말라는 가르침에 따라, 인도의 만신당(萬神堂) 안에는 군중이 섬기던 가지가지의 신들이 다 모시어져 있다. 하늘의 신, 바다의 신, 시내와 숲의 신, 먼 옛날의 전설의 신, 부락 수호의 남신·여신. 시대가 지나가는 동안 어떤 것도 잃어서는 아니 된다는 두려움에, 모든 진실된 확신을 어느 것 하나 버리지 말고 조화시켜보자는 생각에, 그것은 자신 속에 형형색색의 요소와 동기를 다 포함하는 하나의 엄청난 종합에 도달하게 됐다. 종교 안에 깜깜하고 원시적인 미신이 시글거리는 것은 결코 놀랄 일이 아니다.

조지 폭스 하나님 동산의 연한 풀을 짓밟지 마라.

27. 모든 행동은 자연의 성(性)에 의하여 이루어지는 것인데 나라는 생각에 자아를 어지럽힌 사람은 "그것을 하는 것은 나다"라고 생각한다.

자연 프라크리티.
성 구나.

라다크리슈난 우리의 의식적인 존재는 여러 가지 면을 가지는데, 이기적인 자아는 행동이 자연에 의해 필연적으로 결정되는 것임을 잊어버리고 그 힘이 자기에게 있는 것처럼 생각한다.『기타』에 따르면, 이기적인 자아가 완전히 자연의 지배 밑에 있을 때 그것은 자유로 행동할 수가 없어진다. 몸과 목숨과 마음은 환경에 속해 있는 것이다.

28. 그러나 오, 마하바후야, 이 성(性)과 그 활동의 진상을 아는 사람은 성이 성에 대해 작용하는 것으로 알기 때문에 거기에 집착하지 않는다.

마하바후(Mahabahu) 큰 팔을 가진 이, 곧 아르주나.

간디 숨 쉼이나 눈 깜짝임은 자동으로 되는 것이기 때문에 아무도 그것을 제가 한다고는 생각 않는다. 다만, 병이나 그밖의 어떤 방해로 그것을 할 수 없어진 때에만 그것을 의식하게 된다. 그와 마찬가지로 우리 모든 행동은 그 능력을 우리 자신의 것인 듯 가로챔 없이 자동으로 하는 지경에 이르러야 한다. 자비로운 사람은 자기가 자비를 행하는 줄 알지도 못한다. 그것은 그의 성격이다. 그는 그렇게 하지 않을 수 없다. 이러한 무집착은 꾸준한 노력과 하나님의 은총으로만 된다.

라다크리슈난 프라크리티와 성은 인간의 자유의 한계를 표시하는 것이다. 예를 든다면 유전이나 환경의 압력같이 경험적인 자아는, 마치 모든 우주적인 힘들이 다 원인의 결과인 것같이 여러 가지 활동의 결과다.

『**명심보감**』 모든 일의 몫이 결정되어 있으니 생각해보면 명(命)으로 되는 것이지 사람으로 말미암는 것이 아니다.(萬事分已定 算來由命不由人)

『**여숙간**』 지혜 있는 이는 명으로 더불어 싸우지 않으며 법(法)으로 더불어 싸우지 않으며 이(理)로 더불어 싸우지 않으며 세(勢)와 더불어 싸우지 않는다.(智者不與命鬪 不與法鬪 不與理鬪 不與勢鬪)

『**축덕록**』 이 말을 받아서 석계도(席啓圖)가 뒤집어서 말했다. "명을 알지 못하는 사람과 싸우지 않으며, 법을 알지 못하는 사람과 싸우지 않으며, 무리한 사람과 싸우지 않으며, 세력 없는 사람과 싸우지 않는다."(不與不知命者鬪 不與不知法者鬪 不與無理之人鬪 不與無勢之人鬪)

29. 자연의 성에 미혹하는 사람은 성의 작용에 집착한다. 그러나 전체를 아는 사람은 전체를 모르는 둔한 사람을 흔들어주어서는 안 된다.

라다크리슈난 우리가 자연의 충동에 따라 행하는 사람을 흔들어주어서는 아니 된다. 그들은 자아와 자연에 속해 있는 이기적인 자기를 혼동하는 그 잘못에서 서서히 건져나옴을 입어야 한다. 참 자아는 거룩한 것이요 온전히 자유하고 스스로를 안다. 거짓 자아는 자연의 한 부분인 이기적인 나다. 그것은 프라크리티의 작용을 드러내는 것이다. 상캬의 설명으로 한다면 프라크리티가 능동적인 대신 참 자아는 비행동적이요, 푸루샤가 프라크리티의 작용과 일치할 때에 능동적인 인격이라는 생각이 일어나게 된다. 『기타』는 완전한 비행동(非行動)에 의하여 푸루샤는 프라크리티에서 물러나게 된다는 상캬론의 주장을 지지하지 않는다. 알아봄(識別)은 비행동을 의미하는 것이 아니라 행동하되 해방에 이르는 것을 방해하지 않도록 하는 것이다. 우리가 만일 아트만 곧 참 자아는 공명정대한 한 증인이란 것을 안다면 우리가 비록 불완전한 고통에 대해서, 그리고 세계가 하나 되기 위해서 하는 큰 싸움에 참여한다 하더라도 어떤 행동도 우리를 얽어맬 수는 없을 것이다.

「로마서」(14: 1~3) 믿음이 약한 사람이 있거든 그의 잘못을 가리지 말고 그를 반가이 맞으십시오. 어떤 사람은 믿음이 있어서 무엇이든지 먹을 수 있다고 생각하지만 믿음이 약한 사람은 채소밖에는 먹지 않습니다. 아무것이나 먹는 사람은 가려서 먹는 사람을 업신여기지 말고, 그 반대로 가려서 먹는 사람은 아무것이나 먹는 사람을 비난하지 마십시오.

30. 네 모든 일을 내게 맡기고, 네 생각을 가장 높은 자아에 모으고, 바라는 것도 없이, 나란 생각도 없이, 속탐을 내버리고 싸워라.

<small>가장 높은 자아 아쟈트마(adhyatma), 개인 자아의 근본이 되는 보편적인 영혼의 지경. ―바넷</small>

라다크리슈난 우주의 존재와 그 모든 활동의 주재가 되시는 주에게 우리 자신을 바쳐버리고 우리는 일하지 않으면 아니 된다. "당신 뜻대로 되어지이다"가 모든 일에서 우리의 태도여야 한다. 우리는 주의 종이라는 생각으로 일하여야 한다.

『장자』, 「소요유」(逍遙遊) 지극한 사람은 저가 없고, 검스러운 사람은 제 공이란 것이 없으며, 거룩한 이는 이름이 없다.(至人無己 神人無功 聖人無名)

31. 나의 이 가르침을 믿는 마음을 가지고 불평함 없이 지켜 행하는 사람도 또한 일함의 얽매임에서 벗어나느니라.

32. 그러나 나의 이 가르침을 트집하고 따르려 하지 않는 자는 모든 지식에서 어둡고 생각이 없는 자다. 알지어다, 그는 망했느니라.

33. 비록 지식이 있는 사람이라도 제 성에 따라서 하는 것이다. 모든 산 물건은 각각 제 성에 따라 한다. 무엇으로 그것을 누를 수 있느냐?

간디 이것은 제2장 제61절과 제63절에 있는 가르침과 반대되는 것이 아니다. 스스로 억제함은 구원에 가는 길이다(6: 35, 13: 6). 사람은 마지막 순간까지 모든 힘을 기울여서 스스로 온전한 억제에 이르려 힘써야 한다. 그러나 성공하지 못했다 하더라도, 또 강제로 되는 것도 아니다. 이 절의 말씀은 스스로 억제함을 제해버리는 말이 아니라, 다만 성을 이길 수 없음을 말하는 것이다. 자기 변명을 하기 위해 "이것은 나는 할 수 없다. 내 천성에는 그것은 없다" 하는 사람은 그 절을 잘못 읽은 것이다. 사실 우리는 우리 천성을 모른다. 그러나 습관이 천성은 아니다. 나아가고 물러서지 않는 것, 올라가고 내려가지 않는 것이 영혼의 천성이다. 그렇기 때문에 어려워서 물러서지 않고는, 내려가지 않고는 못 견딜 것 같아도 버티어나가야 한다. 다음 절은 그것을 잘 가르쳐준다.

베이컨 자연은 혹시는 숨는다. 이따금은 저버린다. 아주 없어지는 일은 별로 없다. 무리로 하면 그 값으로 더 사나워진다.(Nature is often hidden, sometimes overcome, seldom extinguished. Force makes the nature more violent in the return.)

마하데브 데자이 사람의 성질은 선천적 조건(과거의 행동과 유전을 포함해서)과 후천적 조건(물리적 또는 문화적 환경을 포함해서)에 의해서 결정된다. 이렇게 의미된 것들의 일부는 불가피한 것이고 그것을 눌러버릴 수 없다. 그러나 그 대부분은 통제할 수가 있다. 사람의 할 일은 자기를 잘 살펴서 그 불가피한 것과 고칠 수 있는 것, 에픽테토스(Epictetos)의 말을 빌려 한다면, "분내(分內)의 일과 분외(分外)의 일(The things in his power and the things not in his power)"을 아는 것이다.

라다크리슈난 프라크리티는 과거 행동의 결과로 우리가 날 때에 타가지고 나온 정신적 준비다. 그것은 제 갈 길을 간다. 샹카라는 하나님조차도 그 하는 것을 멈추지는 못한다고 한다. 과거의 행동으로 하여금 그 자연적인 결과를 내게 한 것은 바로 그의 명령이다. 행동은 프라크리티의 작용으로 인해서 필연적으로 흘러나오는 것이고, 자아는 다만 치우침 없는 증인이기 때문에 누름으로는 어떻게 할 수가 없다.

이 절의 뜻은 영혼에 대해 성(性)은 전능적인 힘을 가지는 것을 알려주고 우리에게는 우리의 성 곧 우리 존재의 원리에 따라 행할 것을 가르쳐주는 듯하다. 그러나 그것은 온갖 충동대로 맘대로 하란 말은 아니다. 우리의 생명, 참을 찾아 그것을 나타내야만 하는 것이 우리의 사명이다. 그것은 설혹 우리가 억누르려 한다 해도 그렇게 할 수 없는 것이다. 무시당한 자연은 복수하는 법이다.

34. 모든 감관에는 그 대상에 대한 좋아함과 싫어함이 붙어 있다. 누구나 그 지배 아래 들어서는 아니 된다. 그 둘은 가는 길의 방해꾼들이니라.

라다크리슈난 사람은 반드시 부디(buddhi) 혹은 이성에 따라 행동해야 한다. 우리가 충동이 하자는 대로만 한다면 우리 살림은 동물과 한가지로 목적도 없고 뜻도 없이 되어버린다. 우리가 만일 그냥 내버려둔다면 좋고 언짢고가 우리 행동을 결정해버릴 것이다. 어떤 것이 좋기 때문에 이렇게 하고 언짢기 때문에 저렇게 하는 한 우리는 우리 행동에 얽매이고 만다. 그러나 그 충동을 이기고 우리가 만일 의무감 밑에 행동한다면 우리는 프라크리티의 장난에 희생되지 않을 것이다. 인간 자유의 실행은 자연의 필연에 의해 조건이 붙는 것이지 말살되는 것은 아니다.

35. 잘하지 못하면서라도 제 의무를 하는 것이 남의 의무를 잘하는 것보다 낫다. 제 의무를 다하다 죽는 것이 좋으니라. 남의 의무는 무섭기만 할 뿐이다.

의무 다르마, 불교 경전에서 번역할 때 '법'이라고 하는 말이다. 대단히 넓게 쓰이는 말로서 모든 종교적·도덕적 의무를 다 포함한다.

함석헌 옛날 인도 사람은 인생에 네 가지 목적이 있다고 생각했다. 그 첫째는 아르타(artha)요, 둘째는 카마(kama)요, 셋째가 이 다르마(dharma)요, 마지막은 모크샤(moksha)다.

아르타는 번역하기 어렵지만 아마 우리말로 한다면 세간살이라 할 때에 세간에 해당하는 것일 것이다. 본래 글자 뜻으로는 아르타는 물건이란 말이라는데, 인생 목적의 첫째로 꼽을 때는 어려운 이 세상에서 살아가기 위해 필요한 모든 물질적 소유를 말한다. 그것을 얻기 위해 경제도 있고 정치도 있고 기술도 필요하다.

카마는 즐거움, 사랑의 뜻이다. 서양의 큐피드(Cupid) 모양으로 카마는 꽃활에 꽃살을 메워 가슴을 향해 쏜다. 그래서 사람의 가슴속에 사랑과 가지가지의 욕망을 일으킨다고 믿었다. 그 지배를 받지 않는 인생은 없을 것이다. 그는 사랑의 신, 쾌락의 신이었다.

모크샤는 또 아파바르가(apavarga) 니르브르티(nirvrtti, nivrtti)라고도 하는데 그 뜻은 다 떠난다, 버린다, 놔준다, 구원한다 하는 뜻이다. 보통 열반(涅槃)이라 하는 말은 물론 니르브르티의 음역(音譯)에서 온 것이다. 사람은 행복한 세간 살림도 하고 사랑도 하고 쾌락도 누리고, 또 올바른 사회인으로 도덕 종교의 의무도 다하며 살아야 하지만 나중에 가서는 그 모든 것을 버리고 나서 완전히 정신적으로 자유하는 지경에 가야 한다는 것이 그들의 인생관이었다.

여기서 다르마라는 것은 그런 의미에서 하는 말이다. 사람은 다 제 다르마가 있다. 제 의무, 제 법, 쉽게 말해서 제 종교가 있다. 그 제 일을 하는 것이 종교다. 그렇기 때문에 여기서는 그 '제 것'이라는 것을 강조한다. 그렇기 때문에 종교 도덕에서 가장 중요한 것은 자득(自得), 체험이다. 아무리 진리라도 제가 몸소 해서 얻지 못하고 남의 한 것을 모방만 해서는 참 자유하는 즐거운 지경에 이를 수 없다. 내가 참 하고 싶어서 하면 십자가를 져도 즐겁지만, 좋다고 하기 때문에 남을 따라서 하려면 마침내는 천당엘 간다고 해도 무섭고 괴로울 것이다. 확신이 없으므로, 무엇이 어떻게 되나, 어디로 가는 건가, 그러다 잘못되면, 하는 불안이 늘 있기 때문이다.

『맹자』,「이루 하」(離婁 下) 군자가 깊이 이르기를 도로써 하는 것은 그 스스로 얻고자 하기 때문이다. 스스로 얻으면 있는 것이 평안하고, 있는 것이 평안하면 무엇이나 자료하기를 깊이 할 수 있고, 자료하기를 깊이 하면 좌에 취하거나 우에 취하거나 그 원(근본 되는 참)을 만날 수 있기 때문이다.(君子深造之以道 欲其自得之 自得之 則居之安 居之安 則資之深 資之深 則取之左右逢其原)

라다크리슈난 우리는 다 꼭 같은 선물을 받는 것이 아니다. 그렇지만 중요한 것은 내가 다섯 달란트를 받았느냐 다만 한 달란트냐 하는 데 있는 것이 아니고, 내게 맡겨진 것을 어느만큼 충성되게 했느냐 하는 데 있다. 나는 크든 작든 간에 사내답게 내 노릇을 해야 한다. 선(善)은 순전(純全)함에 있다. 내 의무가 아무리 맛이 없다 하더라도 나는 죽을 때까지라도 거기에 충성하여야 한다.

간디 하나님 앞에서는 그것을 어떤 정신으로 했느냐 하는 데 따라 심판을 받지, 그 일의 성질에 따라 되지 않는다. 일은 그것이 무슨 일이거나 간에 거기 차별이 있을 수 없다. 누구나 온전히 바친 마음으로 행한 사람에게 구원의 자격이 있다.

제 이웃에 대한 순수한 봉사가 먼 데 있는 사람에 대하여 봉사하지 않음이 되지는 않는다. 도리어 반대일 것이다. 먼 데 뵈는 모양 사리에 눈이 어리워서 봉사하기 위해 땅 끝을 헤매는 사람은 제 욕심을 채우지 못할 뿐 아니라 이웃에 대한 의무를 다하지 못하게 된다. 스와데시는 스와다르마를 직접 자기 신변의 환경에 적용한 것이다.

아르주나 말하기를

36. 그러나 바르슈네야시여, 사람이 제가 하고자 하는 것도 아니면서 죄를 범하는 것은 무엇 때문입니까? 마치 폭력에 강요라도 당하듯이 말입니다.

> 바르슈네야(Varshneya) 크리슈나의 또 하나의 부르는 이름. 브리슈니족의 자손이라는 뜻.
> 하고자 하는 것도 아니면서 제 뜻에 거슬러서(even against his will). 그것이 아르주나의 느낌이었다.

라다크리슈난 사람은 강요당해서 제 뜻에 거슬리면서도 어떤 일을 하는 수가 있다고 한다. 그러나 사실은 그렇지 않다. 다음 절에서 선생이 카마, 즉 애욕이란 말을 쓴 것을 보면 알 수 있듯이 사람은 말하지 않으면서 승낙을 해주는 것이다. 샹카라는 우리가 말하는 이른바 프라크리티 혹은 그 사람의 성질이라고 하는 것이 사람을 제 길로 끌어넣는 것은 다만 집착이나 싫어함을 통해서 되는 것이라고 말했다.

거룩하신 주 말씀하시기를

37. 그것은 애욕이다. 분노다. 동성에서 일어나는 무섭게 잡아 먹는 놈이요 무섭게 죄짓는 놈이다. 그것이 이 현세에서 대적인 줄 알아야 한다.

> 동성(動性) 라자스(rajas). 사트바(sattva, 善性)와 타마스(tamas, 暗性)와 함께 프라크리티를 이룬다.

38. 불이 연기에 싸여 있듯이, 거울이 티끌에 싸여 있듯이, 태 안의 아기가 탯집에 싸여 있듯이, 이것은 거기 싸여 있느니라.

> 탯집(ulba) 태아를 싸고 있는 얇은 막이다. 아기가 난 다음에는 없애버린다. 거의 모든 영어 번역이 그것을 "태아가 자궁에 싸여 있듯이"라고 했지만 ulba는 자궁이 아니라 탯집이다. 태아를 감싸는 것은 이 탯집이지 자궁이 아니다. 자궁은 아기를 보호한다. 탯집은 없애지만 자궁을 없애는 사람은 없다. —마하데브 데자이
> 이것 이 지혜라는 말이다. —샹카라
> 거기 그 애욕.

39. 지혜는 여기 쌔워 있다. 쿤티의 아들아, 이 어진 이의 영원한 대적, 애욕의 형상을 쓰고 있으면서 영원히 배부를 줄 모르는 불에 말이다.

> 애욕의 형상을 쓰고(kamarupa) 힐의 번역과 같이 형상을 마음대로 바꾸면서라고 할 수 있다.
> 마누 욕망은 욕망의 대상을 즐김으로써 만족되는 법이 없다. 불에 장작을 더하면 더 할수록 불길이 더 서듯이 점점 더해갈 뿐이다.

『담마파다』(『법구경』) 세상에 애욕 같은 불은 다시 없고, 미움 같은 괴물은 다시 없고, 어리석음 같은 올무는 다시 없으며, 탐욕 같은 급류는 다시 없다.(There is no fire like lust, there is no monster like hatred, there is no snare like folly, there is no torrent like greed.)

40. 감각과 의식과 이성이 그 있는 곳이라고 한다. 그것들로 지혜

를 가려 몸속에 있는 이를 미혹시킨다.

> 몸속에 있는 이 영혼, 자아.

41. 그러므로 오, 바라타르샤바야. 먼저 네 감관을 제어하고 이 악한 것을 끊어버려라. 그것은 지혜와 분별의 파괴자니라.

> 바라타르샤바(Bharatarshabha) 바라타족의 우왕(牛王, 잘난 이).
> 지혜 즈나나(jnana).
> 분별 비즈나나(vijnana).

함석헌 『베다』에서 말하는 지혜, 『상캬』에서 말하는 자세한 지식이라는 것이 아마 여기 있는 즈나나와 비즈나나일 것이다. 샹카라는 즈나나를 설명하여 "경전과 스승에게서 얻는 자아와 사물에 대한 지식"이라 했고, 비즈나나는 "그렇게 해서 배운 것에 대한 몸속의 체험"(anubhava)이라고 했다.

라마누자는, 즈나나는 자아의 성격에 관한 것이고 비즈나나는 자아에 대한 분별적인 지식이라고 생각했다.

슈피다는 두 해석을 다 지지했다.

42. 사람들은 말하기를 "감각은 위대하다. 그러나 의식은 감각보다도 위대하고 이성은 의식보다도 더 위대하다"고 한다. 그러나 그는 이성보다도 더 위대하다.

> 그 자아.

라다크리슈난 의식은 한 단 한 단 높아져야 한다. 높아지면 높아질수록 우리는 자유로워진다. 우리가 감각의 지배 밑에서만 행동한다면 우리에게는 거의 자유가 없다. 우리가 마나스(manas)의 지시를 받을 때에 좀 자유를 얻고, 우리 마나스가 부디와 결합할 때 좀더 자유롭고, 우리 행동이 저쪽에서 오는 빛에 뚫림을 받는 부디에 의해서 결정될 때 우리는 마침내 최대의 자유에 이른다.

43. 아, 마하바후야, 그와 같이 그는 이성보다 더 위대함을 깨닫고, 자아에 의하여 자아를 제어함으로써 애욕의 형상을 쓰는 저 정복하기 어려운 대적을 쳐부술지어다.

이것이 절대의 학문이자 요가의 경전인 『바가바드 기타』라 일컫는 『우파니샤드』 안에 있는 크리슈나와 아르주나가 나눈 대화, 제3장 카르마 요가의 끝이니라.

제4장 즈나나 카르마 산야사 요가

마하리시 마헤슈 요기 제2장은 해탈에 대한 가르침을 말해준다. 그것을 하기 위하여 거기서는 생활을 상대와 절대의 두 모습으로 분석했고, 그것을 깨닫는 지식으로 인하여 해탈에 도달할 수 있다고 했다.

지식은 그 완전한 지경에서는 이해와 체험의 두 가지를 다 포함하고 있다. 그러므로 사람이 완전한 지경에 이르려면, 그 가는 길이 세속 생활이거나 출가 생활이거나를 말할 것 없이, 상대계와 절대계 둘 다에 대한 이해와 체험이 있어야 한다. 따라서 상대계와 절대계에 대한 깨달음으로 해탈을 얻게 하는 상캬의 지혜나, 존재의 그 두 영역에 대한 체험을 할 수 있게 함으로써 해탈을 얻게 하는 요가의 실천은 도(道)를 통달하는 두 길이라 해야 할 것이다. 이 모든 가르침을 말해주는 것이 제2장이다.

제3장은 제2장 제45절에서 처음으로 말해주는 절대에 대한 체험을 항구불변한 것이 될 수 있도록 해주는 행동의 방법을 가르쳐준다.

이 절대에 대한 체험이 항구불변하는 지경에 이르면 참 나(self)를 아는 앎이 자연히 깰 때, 꿈꿀 때, 꿈 없이 잘 때의 의식 전체를 통해서 그대로 계속해 있을 수 있다. 자아를 자아의 행동을 떠나서 체험할 수 있게 된다. 사람이 이러한 얽혀듦 없는(non-involvement) 즉 자연적인 무집착의 생활을 하게 될 때 사람의 지성(知性)은 묻게 된다. "이것이 인생의 진리인가? 이 분리감 혹은 무집착은 참 생활과 어떤 관계가 있을까? 그렇지 않으면 이것은 인생에서 하나의 도피일까? 삶의 실재는 이원적, 체(體)와 용(用)의 이원(duality of being and activity)적인 것일까? 그러한 의문이 이 제4장에서 주는 지식에 의해 풀어지게 된다.

이 장은 내버림(renunciation)을 목적으로 하는 것이므로 행동 및 행동자의 성격을 개인적인 것과 우주적인 두 한계, 즉 인간적인 한계와 신적인 한계에서 우선 분석하고, 그런 다음 이 조직적이고 합리적인 분석의 결과를 선포한다. 곧 행동과 행동자는 서로 독립한 것이다. 그 둘 사이에는 그 한계에 하나의 자연적인 분리 상태가 존재한다고 한다. 이 무집착의 상태 혹은 내버림은 한편으로는 행동자를 위해 영원한 자유의 확고한 기반을 마련해주고, 다른 한편으로는 행동에서 최대한으로 성공할 수 있도록 하여 지극한 영광의 열매를 안겨준다. 이 내버림 상태야말로 거룩한 자와 인간을 위해 영원한 놀이터를 마련해주는 자리다. 이러한 삶의 자연적인 기초에 대한 무지가 얽매임과 모든 고통의 원인이다. 이것을 아는 지식의 결과는 영원한 자유다. 이 지식을 펴 보여주자는 것이 바로 제4장의 목적이다.

이 장의 가장 감탄하지 않을 수 없는 점은 그 행동 내버림의 지식을 밝히려 하는 과정에서 그것이 행동의 전 범역을 설명해주는 모습이다. 거기서 그것은 생명의 흐름이 어떻게 존재의 좀더 높은 지경을 향해(제10절) 또는 자연 속에서 더 강한 힘을 향해(제12절) 치달아서, 마침내는 신의식(神意識) 안에 있는 영원한 자유의 큰 바다에 한통쳐 이르는가 하는 것을 보여준다(제9절).

이 지식의 장은 구도자에게는 그 이상 없이 요긴하다. 그 이유는 도를 깨닫는 데 이르자는 길에서 가장 중요한 체험, 곧 참 나와 행동은 서로 별개의 것이라는 체험을 설명해주기 때문이다. 구도자는 누구나 실천을 닦아나감에 따라 필연적으로 이 체험에 이르지 않을 수 없을 것이고, 의심으로 인해 장애를 받음 없이 무사히 나가기만 한다면 그는 반드시 이 지식을 얻고야 말 것이다.

이 멀리함의 완전한 지식 혹은 참 자아와 행동 사이에 있는 내버림의 지경을 분명히 하기 위하여, 이 장에서는 삶의 상대와 절대의 두 범역을 설명해준다. 그렇게 하는 가운데서, 그것은 『우파니샤드』 속에 나오는 두 개의 충만의 철학을 선포한다. 즉 '이것'도 충만하고 '저것'도 충만하다. '푸르나마다 푸르나미담'(purnamadah purnamidam) 곧 저 초월적인 나타나 뵈지 않는 절대적인 영원의 본체(being)가 충만하니, 또 이 나타나 뵈는 상대적이고 그래서 늘 변하는 현상적 존재의 세계도 충만하다. 저 절대는 언제나 변함없는 그 성격 안에서 영원하고, 이 상대는 언제나 변하는 그 성격 안에서 영원하다.

이 우주적 의식 안에서 두 개의 충만한 살아 있는 실재는 신의식의 엄청난 하나됨(grand unity) 속에서 그 절정에 달한다. 이 두 개의 충만의 하나 되는 철학을 설명하는 데서 이 장은 요가 경전 속에 담겨 있는 지혜의 을쨤을 보여준다. 이 이유로 주님은 아르주나에게 요가의 전승(傳承)을 말해줌으로써 말씀을 시작한다.

거룩하신 주 말씀하시기를

1. 나는 이 불멸의 요가를 비바스바트에게 펴 보여주었고, 비바스바트는 그것을 마누에게 전해주었고, 마누는 또 그것을 이크슈바쿠

에게 말하여주었느니라.

> 비바스바트(Vivasvat) 어떤 책에는 비바스반(Vivasvan)으로 나오기도 한다. 일신(日神).
> 마누(Manu) 비바스바트의 아들 인왕(人王), 그는 맨 처음으로 인간에게 법을 주었다. 그것을 『마누법전』이라 한다.
> 이크슈바쿠(Ikshvaku) 마누의 아들, 감자왕(甘蔗王).

2. 그렇듯이 차례차례로 서로 이어주며 거룩한 족속의 왕들은 이것을 배웠느니라. 오랜 세월이 흐름에 따라 이 요가는 마침내 이 세상에서 사라져버렸더니라, 오, 파란타파야.

> 파란타파(Parantapa) 대적을 괴롭히는 용사라는 뜻, 아르주나의 칭호.

마하데브 데자이 1, 2절의 말은 『마하바라타』의 나라야니야(Narayaniya) 부분에 나오는 카르마 요가에 대한 긴 정신적 계보를 간단히 요약한 것이다. 그 원전은 주의할 만한 기록이다. 거기는 카르마 요가가 브라만과 크샤트리아의 성자들에 의하여 대대로 전하여 내려왔다고 한다. 거기에 따르면 카르마 요가를 맨 처음에 나라야나(Narayana)가 브라만의 조상에게 가르쳐주었고, 그담 여러 대를 거쳐 다크샤 왕 때 이르러 비바스바트에게 전해졌고, 비바스바트는 그 아들 마누에게 전했고, 마누는 또 그 아들 이크슈바쿠에게, "백성들의 행복을 위해" 전해주었다고 되어 있다.

그 뜻은 이런 것이다. 즉 이 가르침은 어려운 시기를 당하여 아르주나에게 새삼 전하는 것이 아니라, "백성들의 행복을 위해" 아득한 옛날부터 이어온 널리 알려져 있는 법이라는 것이다.

마하리시 마헤슈 요기 이 앞에 있는 장들에서 요가를 말해왔다. 상캬 요가 또 카르마 요가, 그런데 크리슈나는 그것을 하나로 말하고 있다. 그 의미는 아르주나에게 그 요가들이 서로 다르게 선포되었지만 근본은 하나요 또 그 결과도 같다는 사실을 알려주기 위해서다. 그 근본은 "세 구나(gunas)가 없이"라는 데 있다. 그러므로 상캬의 지혜도 얻을 수 있고 카르마 요가의 결과도 얻을 수 있다.

그 요가가 불멸인 까닭은 그것이 절대의 지혜도 상대의 지혜도 다 밝혀주기 때문이다. 그 둘 다 영원한 것이기 때문에 그 요가도 영원할 수밖에 없다. …… 『바가바드 기타』의 역사적 의미를 파악하려면 인도의 역사관과 시간관을 알아야 한다. 역사 교육의 목적은 사건의 연대순으로 된 지식을 주는 데 있지 않다. 중요한 것은 사건의 의미다. …… 시간은 무한을 헤아리는 사고방식이다. 인도 역사가의 시간 관념은 무한한 존재자 위에 놓여 있다.

영원이라는 관념에 도달하는 가장 좋은 방법은 창조의 상대적 분야에서 가장 오랜 수명을 지녔던 어떤 물건의 생애를 생각해보는 일이다. 그것을 브야사(Vyasa)는 거룩한 어머니(the divine mother) 혹은 우주적 어머니(the universal mother)라고 했다.

절대적인 존재자의 영원한 생명의 영원성을 거룩한 어머니의 이루 헬 수 없는 생명의 길이로써 헤아려본다. 그런데 그 거룩한 어머니의 단 한 생애의 길이는 시바 신의 수명의 천 배요, 시바 신의 한 생애의 길이는 비슈누 신의 수명의 천 배요, 비슈누 신의 한 생애의 길이는 브라마 창조주의 수명의 천 배다. 그런데 브라마의 한 생애의 길이는 100브라마 년(年)에 해당하고, 1브라마 년은 12브라마 월(月)을 포함하고, 1브라마 월은 30브라마 일(日)을 포함한다. 그런데 1브라마 일을 1칼파(kalpa)라 하고 1칼파는 14마누의 시간에 해당하고, 1마누의 시를 만반트라(manvantra)라 하는데, 1만반트라는 71차투르유기(chaturyugi)와 같고 1차투르유기는 4유가, 즉 사트 유가(sat yuga), 트레타 유가(treta yuga), 드바파라 유가(dvapara yuga), 그리고 칼리 유가(kali yuga)의 총연한과 같다. 유가의 길이는 사트 유가의 길이로 헤아리게 되는데 트레타 유가는 사트 유가의 4분의 3이고, 드바파라 유가는 사트 유가의 반이며, 칼리 유가는 사트 유가의 4분의 1이다. 그리고 칼리 유가의 길이는 사람 생애의 43만 2천 년에 해당한다.

현대의 역사가는 이 모든 것을 명심할 필요가 없다. 그들은 어떤 계열들의 사건도 거기에 대한 연대순을 밝힐 수가 없으면 곧 역사가 아니라고 내버리고 만다. 고대 인도의 지극히 높은 정도의 인간들의 이야기를 모두 신화라고 해서 내버리는 것은 실로 기막힌 일이다. 이는 도리어 일찍이 지상에 있었던 어떤 문명보다도 높았던 가장 존귀한 역사로 인정을 받아야 할 것이다.

『장자』,「대종사」(大宗師) 남백자규(南伯子葵)가 여우(女偊)에게 묻기를 "그대 나이 많은데 살갗이 어린이 같음은 웬 까닭인가?" 하니, 대답하기를 "내가 도를 들었다" 했다. 남백자규가 "'도'를 배울 수 있는가?" 하고 묻자 여우가 대답한다. "아이구, 아니 될 말이다. 그대는 그럴 만한 사람이 못 된다. 보라, 복량기(卜梁倚)란 사람은 성인의 재주는 있으나 성인의 도는 없고, 나는 성인의 도는 있으나 성인의 재주는 없다. 내가 가르쳐주고 싶은데 그러면 그가 성인이 될 수 있을까? 그렇지 않다. 성인의 도를 가지고 성인의 재주에 대해 말해주는 것은 또 쉬운 일이다. 그보다는 내가 오히려 지켜가며 일러주어야 할 것이다. 그렇게 하여 3일이 지나면 능히 천하를 잊을 것이고, 이미 천하를 잊었거든 내가 또한 지키기를 7일을 한 후면 능히 물건을 잊을 것이고, 이미 물건을 잊었거든 내가 또 9일을 한 후면 능히 삶을 잊을 것이다. 이미 삶을 잊으면 능히 아침처럼 환해질 것이고, 아침같이 환한 후면 능히 홀로를 볼 것이고, 홀로를 본 후면 능히 예와 이제가 없을 것이고, 예와 이제가 없은 후면 능히 죽지도 않고 살지도 않는 데 들어갈 수 있을 것이다. 삶을 죽이는 자는 죽지 않을 것이고, 삶을 낳는 자는 나지 않을 것이니, 그 됨됨이 보내지 않는 것이 없고, 맞지 않는 것이 없으며, 헐지 않는 것이 없고, 이루지 않는 것이 없을 것이다. 그 이름을 영녕(攖寧)이라 한다. 영녕이란 끌어당긴 후에 이룬다는 말이다." 남백자규가 "그대는 홀로 어디서 들었는가?" 묻자 여우는 대답하길 "부묵(副墨)의 아들에게서 들었는데, 부묵의 아들은 낙송(洛誦)의 손자에게서 들었고, 낙송의 손자는 첨명(瞻明)에게서 들었고, 첨명은 섭허(聶許)에게서 들었고, 섭허는 수역(需役)에게서 들었고, 수역은 오구(於謳)에게서 들었고, 오구는 현명(玄冥)에게서 들었고, 현명은 참요(參寥)에게서 들었으며, 참요는 의시(疑始)에게서 들었다."(南伯子葵問爭女偶曰 子之年長矣 而色若孺子何也 曰吾聞道矣 南伯子葵曰 道可得學邪 曰惡惡可 子非其人也 夫卜梁倚有聖人之才 而無聖人之道 我有聖人之道 而無聖人之才吾欲以敎之 庶幾其果爲聖人乎 不然以聖人之道告聖人之才 赤易矣 吾猶守而告之參日 而後能外天下 已外天下矣 吾又守之七日 而後能外物 已外物矣 吾又守之九日 而後能外生 已外生矣 而後能朝徹 朝徹而後能見獨 見獨而後能無古今 無古今而後能入於不死不生 殺生者不死 生生者不生 其爲物無不將也 無不迎也 無不毀也 無不成也 其名爲攖寧 攖寧也者 攖而後成者也 南伯子葵曰 子獨惡乎聞之 曰聞諸副墨之子 副墨之子聞諸洛誦之孫 洛誦之孫 聞之瞻明 瞻明聞之聶許 聶許聞之需役 需役聞之於謳 於謳聞之玄冥 玄冥聞之參寥 參寥聞之疑始)

3. 이 태고의 요가를 내 오늘 네게 전하노니 너는 나의 신자요 친구이기 때문이다. 이것은 가장 지극한 비밀이니라.

라다크리슈난 스승은 자기가 어떤 새 가르침을 준다 하지 않고 옛날부터 있어서 스승에게 제자로 전해 내려오는 오랜 전통, 곧 영원한 진리를 다시 회복하는 것이라고 한다. 가르침이란 오랫동안 잊어버려진 지식을 다시 새롭게 함이요, 재발견함이요, 다시 찾음이다. 고

타마 붓다, 마하비라, 샹카라, 라마누자 같은 모든 위대한 스승은 다 자기네는 다만 자기 전의 스승들이 가르친 것을 다시 선포하는 것이라고 함으로써 만족했다. 『밀린다판하』(Milindapanha, 『왕문경王問經』)에는 불타가 다시 열어준 길은 예부터 있는 것이 잃어졌던 것이라고 적혀 있다. 부처님이 고행자의 옷을 입고 손에 밥을 비는 바리를 들고 그 아버지 왕의 도성에 돌아온 것을 보고 그의 아버지가 "이것이 어쩐 일이냐?"고 물었을 때 그는 대답하기를 "아버지시여, 이것이 우리 족속의 습관입니다" 했다. 왕이 장작 놀라 "어떤 족속 말이냐?" 하니 부처는 대답하기를 이렇게 했다.

> 과거에 계셨던 모든 부처 또 미래에 있을 모든 부처
> 거기서 저는 왔사옵고, 그들의 한 바를 저도 또한 합니다.
> 지금 여기서 이루어지는 이 일은 전에도 그렇게 있었사오니
> 한 왕이 갑옷을 입고 자기 문에서
> 은자의 풀옷을 두른 태자 곧 자기 아들을 보옵니다.

위대한 스승들은 자기가 창시자라고 주장하는 일이 없이 자기네는 모든 가르침을 판단하는 구경의 표준이 되는 태고의 진리를 조술(祖述)할 뿐이라고 했다. 그 태고의 진리가 곧 모든 종교와 철학의 영원한 근원인 불멸의 철학(philosophia perennis, sanatana dharma)이다. 그것을 아우구스티누스는 불러서 "만든 것이 아닌 지혜, 이 현재에 있으며 과거에 언제나 있었던 것같이 미래에도 언제나 있을 지혜"(wisdom that was not made, but is at this present, as it hath ever been and so shall ever be)라고 이름 지었다.

함석헌 공자는 "조술할 뿐이지 짓지 않는다"(述而不作) 했고, "대

학(大學)의 길은 밝은 덕을 밝히는 데 있으며, 씨올을 새롭게 함에 있으며, 지극한 선에 머무는 데 있다"고 했다. 예수도 내가 너희에게 새 계명을 준다. 그러나 그것은 또 예부터 있는 계명이라 했고, 율법은 한 점 한 획도 없어지지 않을 것이라 했으며, 자기 말씀은 하나도 땅에 떨어지지 않고 그대로 다 이루어질 것이라 했다.

마하리시 마헤슈 요기 스승은 아르주나를 보고 이 '지극한 비밀'을 전해 받을 수 있는 자격을 두 가지로 말했다. "신자요, 내 친구"라고 했다. 또 요가도 두 가지 성격으로 설명했다. "지극하고 비밀인 것", 비밀인 것은 친구에게만 줄 수 있다. 그러나 지극한 것은 오직 신자에게만 줄 수 있다. 신자는 스승에게 묻는 법이 없다. 크리슈나는 아르주나에게 물을 수 있는 자격을 주기 위해 자기 친구라고 불렀다.

함석헌 하나님이 아브라함을 보고 자기 친구라 했고, 예수가 마지막이 가까웠을 때 제자들을 보고 "너희가 나를 주(主)요 스승이라 하지만 이제부터 내가 너희를 친구라 한다" 한 것을 기억할 필요가 있다.

아르주나 말하기를

4. 당신께서 나신 것은 후요, 비바스바트가 난 것은 전입니다. 그러면 당신께서 이것을 태초에 그에게 전하셨다는 것을 제가 어떻게 알아들어야 할 것이옵니까?

함석헌 부처는 자기가 전생에 무수한 보살의 스승이었다고 했고, 예수는 "내가 아브라함이 있기 전에 있었다"고 했다.

거룩하신 주 말씀하시기를

5. 아르주나야, 나도 너도 무수한 생을 거쳐서 왔느니라. 나는 그 모든 것을 다 알고 있으나, 너는 그것을 알지 못하는도다, 오, 파란타파야.

마하리시 마헤슈 요기 "나는 그 모든 것을 알고 있으나 너는 그것을 모른다"는 말은 인간의 생명과 신의 화신의 차이를 말해주는 것이다. 인간은 자기의 과거 행동의 결과, 즉 선과 악의 결과로 난 것이므로 그 보는 힘이 그런 것들의 영향으로 물이 들어 있다. 혹은 장애를 받고 있다. 그러나 거룩한 화신의 성격은 지성에 의해 얽매임 없이 언제나 정결한 대로 있다. 그러므로 그의 보는 힘은 절대로 분명하다. 그것이 그의 앎은 시간의 요소에 의해 어두워짐 없이 영원히 밝은 그대로 있는 이유다.

6. 나는 비록 불생(不生)이요 또 불멸의 성(性)을 가지고 있으며, 또 만유의 주재로되, 나 자신의 바탈 속에 머물러 있으면서, 나의 신비로운 능력으로 이 생 속에 나타난다.

함석헌 사람이 몸으로 태어나는 것은 제 뜻으로 되는 것이 아니다. 무지로 인해 프라크리티에 몰려 다시 나고 다시 나는 것이다. 크리슈나는 프라크리티를 제어하고 자기의 자유의지에 의해 몸을 가지고 나타난다. 보통의 생은 프라크리티에 의해 결정되는 것인데, 크리슈나는 자기 힘으로 나온다.

"나 자신의 바탈 속에 머물러 있으면서"(remaining in my own nature)라는 구절은 카르마 곧 업의 지배를 받지 않는, 자기 성격을 잃음 없이(establishing in my own nature)라고 풀 수 있다.

7. 오, 바라타야, 언제나 올바른 것이 무너지고 그릇된 것이 성하는

때면, 나는 곧 나 자신을 나타내느니라.

올바른 것(dharma) 법(法).
그릇된 것(adharma) 비법(非法).

『바가바타』 언제나 올바름이 기울어지고 올바르지 못함이 일어나는 때면 전능하신 주 하리(the almighty Lord Hari)는 자기를 만들어 내신다.

마하리시 마헤슈 요기 다르마는 드리(dhri)라는 어원에서 나온 말인데, 드리는 지지하는 것(that which upholds)이라는 뜻이다. 다르마는 존재하는 모든 것을 붙드는 혹은 지지하는 건강법을 가르치는 인도 고대의 『아유르베다』(*Ayurveda*)의 주석자 차라카(Charaka)와 수슈르타(Sushrta)는, 만물을 지지하는 힘은 3성 곧 사트바, 라자스, 타마스의 균형된 조화에 있다고 했다. 마치 정부가 있으면 법과 질서가 자동으로 유지되는 것과 마찬가지다. 그러나 어떤 위기가 올 때는 나라의 원수가 비상권을 사용한다. 언제나 다르마가 무너지면 3성의 균형은 깨진다. 그러면 조화를 잃는다. 그리하면 진화의 길이 어지러워지고 혼란이 뒤덮인다. 그런 비상한 때면 크리슈나는 화신을 이루어 나타난다. 크리슈나의 화신은 곧 영원 무결(無缺)의 본체인 브라만의 특별한 나타남이다.

생명에는 상대와 절대의 두 범역이 있다. 둘 다 충만하다. 절대는 그 영원 불변의 성격으로 충만하고 상대는 그 부단히 변하는 성격으로 충만하다. 상대의 이 부단한 변화의 성격은 창조와 진화의 갖가지 모습에서 다르마라 불리는 자연의 거대한 힘에 의해 지지되고 있다. 그것이 3성의 평화로운 작용의 근거다. 마치 큰 흐름이 그 안에 들어오는 모든 것을 운반해감과 같다.

다르마가 진화를 지지해가지만 땅 위 인간 다수의 잘못으로 그 다르마의 힘이 크게 어두워지는 때면 자연의 진화의 힘은 약화된다. 그렇게 되면 상대적인 존재 속에 있는 자연의 질서가 깨진다. 그러면 상대계의 충만을 해하게 된다. 그리하면 상대와 절대를 다 같이 충만하게 다스리는 권능의 힘이 움직이기 시작한다. 그리하여 그 전능의 힘이 화신으로 나타난다.

라다크리슈난 아바타라(化身)라는 낱말의 뜻은 내려왔다는 의미다. 즉 강림하신이라는 뜻이다. 거룩하신 이가 땅을 높은 지위로 올리기 위해 거기 내려오신 것이다. 사람이 올라갈 때 하나님은 내려오신다. 아바타라의 목적은 하나의 새 세계, 새 다르마를 일으키는 데 있다. 이 가르침과 모범으로 인간이 어떻게 자기를 생명의 좀더 높은 단계로 올릴 수 있는지를 보여주는 것이다. 시(是)냐 비(非)냐 하는 문제는 결정적인 의미의 것이다. 하나님은 선한 자의 편에서 일하신다. 사랑과 자비는 궁극에서 미워함과 잔혹함보다 강하다. 다르마는 아다르마를 정복하고야 말 것이요, 참은 거짓을 정복하고야 말 것이다. 죽음과 병과 죄 뒤에 숨어 있는 힘은 삶과 앎과 복됨인 실재에 의하여 부스러지고야 말 것이다.

다르마는 글자대로 한다면 존재의 방식을 의미한다. 그것은 존재의 본질적 성격이다. 그것이 행동 방식을 결정한다. 우리 행동이 우리의 본질적 성격과 일치하는 한 우리는 올바른 방향으로 가게 된다. 아다르마는 우리 천성에 배치되는 것이다. 만일 이 세계의 조화가 모든 생명체가 스스로의 천성과 일치하는 데서 나오는 것이라면, 세계의 부조화는 그 본성과 일치하지 못하는 데서 나오는 것이다. 우리가 우리 자유를 잘못 써서 부조화를 일으킬 때 하나님은 멍청히 서 계시지는 않는다. 하나님은 그저 단순히 이 세계를 틀어놓기만 하는 것이 아니라, 바른 궤도에 올려놓아 스스로 그것을 따라가게 한다. 그의 사랑의 손은 끊임없이 노를 젓고 있다.

8. 선한 자를 보호하기 위하여, 악한 자를 멸하기 위하여, 그리하여 정의를 다시 세우기 위하여, 나는 시대에서 시대로 태어난다.

간디 여기에 믿는 자의 위로가 있고 옳은 것이 이기고야 만다는 확증이 있다. 정의와 사악 사이의 싸움은 영원히 계속된다. 어떤 때는 후자가 전자를 덮어 누르는 듯이 보이는 때도 있으나 결국 이기는 것은 정의다. 선은 절대로 망하는 법이 없다. 올바른 것은 곧 참이므로 절대로 망해버릴 수 없다. 악한 자는 멸망하고야 만다. 그릇된 것은 독립된 존재를 가질 수 없기 때문이다. 사람은 이러한 사실을 알아서 참람하게 마음대로 하며 비진리와 폭력과 사악의 편에 서는 일이 있지 않도록 해야 할 것이다. 측량할 수 없는 섭리, 곧 하나님의 특별하신 능력은 언제나 일하고 계신다. 이것이 사실 아바타라, 곧 화신이다. 엄정하게 말한다면 하나님에게는 출생이 있을 수 없다.

함석헌 어떤 질문자가 간디에게 묻기를 "만일 크리슈나가 악한 자를 멸망시키기 위해 세상에 오시는 것을 믿는다면 유럽인으로 나타났으리라고 생각하느냐" 한 데 대하여 간디는 이렇게 대답했다. "나는 크리슈나를 믿는 데서 아마 당신보다 더할 것입니다. 그러나 나의 크리슈나는 우리 모두를 위해 창조하시고 보호하시고 멸망시키는 우주의 주이십니다. 그는 창조하시기 때문에 멸망시킬 수도 있습니다." 이렇게도 말했다. "나는 이 구절을 전쟁을 찬성하는 것으로는 보지 않습니다. 이 절의 말씀에 따르면 악한 자를 위해 벌하러 세상에 내려오시는 것은 전지전능한 하나님이십니다. 내가 모든 혁명가가 다 전능한 하나님 혹은 그의 화신이라고는 하지 않는다 해도 용서하실 줄 압니다."

9. 오, 아르주나야, 그와 같이 나의 신적으로 탄생함과 일함을 진정한 뜻으로 깨달아 아는 자는 이 몸을 떠날 때에도 다시 태어남이 없이 내게로 오느니라.

라다크리슈난 크리슈나를 하나의 화신으로, 혹은 신이 인간의 세상에 오신 것으로 믿는 것은 사람의 영혼이 구경에 도달해야 하는 그 상태를 보여주는 것이다. 불생(不生)이신 이가 생 속에 난다는 것은 인간의 영혼 속에 신비가 계시되는 것을 의미한다.

화신이란 생각은 영적 생활과 현세 속의 생활과는 서로 반대되는 것이 아님을 의미한다. 이 세상이 아무리 불완전하고 육과 악의 지배 밑에 있다 하더라도, 영을 위해 그것을 건져내는 것이 우리 의무다. 화신은 사람이 동물적인 살림에서 나와서 영적인 존재에까지 이를 수 있는 길을 실지 정신적 생활의 모범으로 보여주는 일이다. 신성이 화신 속에 육안으로 볼 수 있도록 나타나 있는 것은 아니지만 인간적인 것을 기구로 삼아 소개되어 있다. 하나님의 위대하심이 그러한 개인 속에 또는 그들을 통해서 나타나 있다. 그들의 생애는 우리 인간이 구경에 도달해야 하는 목적을 위해 우리 속에 본질적으로 들어 있는 요소를 극적으로 만들어서 보여주고 있다.

크리슈나는 주리고 목마름을 알고, 슬픔과 괴로움을 알고, 외롭고 버림당함을 안다. 그는 그 모든 것을 이기고 우리더러 용기를 가지고 자기의 모범을 따르라고 한다. 그는 우리에게 이 분리되고 일시적인 이기주의를 버리고 시간을 초월한 영적 생활에 들어갈 수 있는 진리의 가르침을 줄 뿐만 아니라, 또한 자신을 우리에게 내주어 은총의 길이 되시기까지 한다. 영혼을 불러 자기를 신뢰하고 사랑하게 함으로써 그는 우리를 이끌어 저 절대자를 아는 데까지 이르게 할 것을 약속해주신다. 역사의 사실은 인간의 심정 속에서 언제나 전개되고 있는 것의 실증이다. 화신은 우리가 가능성으로 가지고 있는 것을 성취할 수 있도록 한다.

10. 애욕과 공포와 분노를 떠나 나를 진심으로 생각하고, 나를 의지함으로써 많은 사람이 지혜의 극기〔올곧음〕로 정결해짐을 얻어 나의 진성(眞性)에 이르렀느니라.

<small>나의 진성(madbhavam) 내가 가지고 있는 초월적인 바탈.</small>

11. 사람이 어떻게 오든지 내가 거기 응하여 받아준다. 오, 파르다야, 사람은 일체의 방면에서 내 길을 따르고 있는 것이니라.

라다크리슈난 '어떻게 오든지' 하나님은 어떤 사람의 희망도 꺾어버리지 않고 그것을 제 성격에 따라 자랄 수 있도록 도와주신다. 형이상적(paramartha) 견지에서 한다면 어떤 나타남도 그것을 절대적으로 참이라 할 것은 하나도 없고, 반대로 체험적(vyavahara) 견지에서 한다면 그 모든 것이 다 어떤 가치를 가지고 있다. 우리가 예배하는 그 형상은 우리를 도와서 우리 속 깊이 있는 자아를 깨닫게 하는데 도움이 된다. 그 형상의 중요성은 그것이 나타내는 구경의 의미의 정도에 따라 결정된다. 『기타』는 종교의 이 형태 저 형태로 나타나는 요구, 즉 하나님을 발견하고 우리가 그와 어떤 관계에 있는가를 알자는 그 요구에 대해 말하는 것이다.

모든 사람이 같은 하나님을 예배하고 있다. 그 생각과 태도의 다름은 그 지역의 특색, 그 사회의 적응에 따라 결정된다. 모든 나타남은 다 그와 같은 지고자에 속한 것이다. "비슈누가 시바고, 시바가 비슈누다. 그것을 서로 다른 것으로 생각하는 자는 다 지옥으로 간다. 비슈누로 알려진 이가 사실은 루드라(Rudra)고, 루드라이신 이가 브라마다. 세 신으로 작용하는 그 하나인 참이 곧 루드라요, 비슈누요, 브라마다."

이렇게 말하는 그가 오늘에 있었다면 거기다가 "크리스천들이 그리스도라 믿고 회교도들이 알라라고 믿는 그이"라고 덧붙였을 것이다. 하나님은, 그에 대한 관(觀)이야 어떤 것을 가졌거나 간에, 열심으로 찾는 자에 대한 갚아주심이다. 정신적으로 성숙하지 못한 사람은 제 신이 아닌 다른 신을 거부한다. 저들의 자기 신에 집착하는 마음이 눈을 어둡게 하여 신성(神性)의 좀더 큰 통일성을 못 보게 한다. 이는 종교적 생각 속에 남아 있는 이기주의의 결과로 오는 것이다.

간디 그것은 온 세계가 다 하나님의 경륜 속에 있다는 뜻이다. 아무도 벌을 받음 없이 하나님의 법을 깨뜨릴 수는 없다. 심은 대로 거두는 법이다. 그 법은 미워함, 고와함 없이 냉철히 실현된다.

12. 제 하는 일의 결과를 보기 원하는 사람들이 현세에서 여러 신 앞에 희생을 바친다. 왜냐하면 현세에서는 일의 결과가 속히 오기 때문이다.

간디 신이란 일반에서 옛날부터 생각하듯이 하늘 위에 있는 분이 아니다. 무엇이나 거룩한 신성을 나타내는 것이면 다 그것이라 알아야 할 것이다. 그런 의미에서 사람도 하나의 신이다. 증기도, 전기도, 그밖의 여러 가지 자연계의 위대한 힘도 다 신이다. 그런 힘에 구하면, 우리가 잘 알듯이, 곧 이루어진다. 그러나 잠깐뿐이다. 그것은 영혼을 즐겁게는 못한다. 구원에 대하여는 한 발짝도 나아가게 하는 것이 없다.

13. 네 가지 계급은 특성과 업에 의하여 내가 만들어낸 것이니라. 그러나 알지어다. 나는 비록 그 창조자라도 무위요 불멸이니라.

네 가지 계급(caturvarnyam) 4종송(四種性), 혹은 4계급(四階級)이라 번역하는 것.

아리안 인종이 인도 대륙에 들어와 선주 민족을 정복하고 베다 문화를 건설했을 때 사회를 네 바르나(varna)로 나누었다. 바르나란 질서를 말한다. 즉 사회적 계급이다. 그 네 계급은 ① 브라만(brahmans) ② 크샤트리아(kshatriyas) ③ 바이샤(vaisyas) ④ 수드라(sudras)다. 브라만이 가장 높은 계급으로서 종교와 모든 신성한 전통을 지켜가는 것이 그 책임이므로 혹 승족(僧族)이라고도 번역한다. 크샤트리아는 왕족 혹은 무사족. 바이샤는 평민, 농민, 장수, 여러 가지 바치.

위의 세 계급은 다 아리안이지만 넷째의 수드라는 아리안이 오기 전부터 살던 사람들로서 아리안에게 정복된 인종이다. 그러므로 이들은 심한 차별 밑에 있었다. 아주 오래된 경전 속에는 이 수드라가 어떻게 해서 『베다』의 거룩한 노래를 들었을 경우는 그 귀에다가 납을 녹여 부어서 죽이라는 말이 있다. 아리안들은 선주민과 싸워 이기고 인도에 왕국을 세울 수 있었던 것은 자기네가 가지고 있는 그 거룩한 종교의 힘이라고 믿었기 때문에, 그것을 지켜나가기 위해서는 피정복자에게는 그들이 들음으로써 이를 더럽히게 해서는 아니 된다고 믿었다.

이 네 계급의 제도는 여러 가지 변천은 있었지만 사실상 현재까지 내려왔다. 인도의 새로운 헌법은 적어도 공식적으로는 이 제도를 철폐했다. 그러나 인도 사회에는 아직도 그 관습이 많이 남아 있다. 인도 특유의 종교, 철학, 사상, 문화를 보존해오는 데 이 계급 제도의 공헌이 많은 것도 사실이지만 그것이 여러 가지 해를 끼친 것은 가릴 수 없는 사실이다.

특성 3성 곧 구나, 혹은 덕이라고 번역한다.

업 카르마, 전생에 행동했던 결과가 인과법칙에 의해 오늘에 오는 것.

무위(akartaram) 무작(無作). 사실에서 그는 모든 작위(作爲)의 보이지 않는 근본이지만 아무런 집착도 없이 하기 때문에 함이 없다고 한다. 노자가 말하는 "무위란 작위가 없는 경지"(無爲而無不爲)다. 「창세기」에는 "하나님이 영원한 안식에 드셨다"고 되어 있는데, 예수는 "내 아버지께서 언제나 일하고 계신다"고 했다.

간디 『기타』는 바르나가 구나와 업에 의해 온다고 말하지만, 구나와 업은 출생에 의해서 유전된다. 출생이 아니라면 바르나의 법칙은 있을 수 없다. 그러나 그렇다고 그 출생 안에 어떤 우월성이 있는 것은 아니다. 브라만은 4계급 중 최고지만 그것은 마치 머리가 몸에서 최고인 것과 마찬가지다. 그 의미는 봉사할 수 있는 역량에 있는 것이지, 신분에 있지 않다. 최고 신분에 있노라고 교만해지는 순간 그것은 발 밑에 밟혀 마땅한 것이 되어버린다.

라다크리슈난 여기서 구나와 카르마가 강조되고 있다. 출신(jati)을 말하지 않는다. 우리가 속해 있는 바르나, 곧 질서는 남녀 성이나 출생이나 양육과는 상관이 없다. 그 특성이나 직업에 따라 결정되는 계급은 출신이나 유전에 의해 되는 계급은 아니다.

『마하바라타』에 따르면 이 세계는 본래는 한 계급뿐이었는데 후에 와서 넷으로 갈렸다. 이유는 각각 해야 하는 의무 때문이었다. 계급과 계급 외의 구별조차도 인위적으로 된 것이요 비정신적인 것이다. 어떤 옛날의 경전 구절은 브라만과 계급 외의 것들은 본래 한 형제라고 한다. 『마하바라타』 안에서 유디슈티라는 말하기를 "계급이 서로 혼동되어서 구별할 수 없다"고 했다. 남자는 어떤 여자와도 교접하여 자손을 낳을 수 있다. 그러므로 옛날의 성현들은 행동만이 오직 계급을 결정한다고 했다.

4종 계급은 인간의 진화를 위해 고안해낸 제도였다. 계급 제도는 결코 절대적인 것이 아니었고 시대에 따라 늘 변했다. 오늘에 와서 그것은 사회적인 목적을 달성하기 위해서 취하는 가지가지의 길이라고밖에 생각할 것이 없다. …… 계급 밑에 또 계급으로 갈라져 있는 오늘날 인도의 불건전한 현상은 『기타』 정신에 반대되는 것이다. 『기타』 정신은 사회를 원자식으로 생각하는 데 반대하여 유기적인 통일을 갖게 하자는 데 있었다.

마하리시 마헤슈 요기 무위를 하나의 실례를 들어서 증명할 수 있다. 산소와 수소 이온이 결합하면 물의 특성을 드러낸다. 물이 얼면 얼음의 특성을 일으킨다. 이러한 기체, 액체, 고체의 세 가지 서로 다른 상태에서도 그 근본적 요소인 산소와 수소는 여전히 그대로 있다. 수증기도 물도 얼음도 다 근본에서는 산소와 수소로 이루어진 것이니, 그런 의미에서는 산소와 수소가 이 세 형태의 물질을 만들어냈다고 할 수 있다. 그러나 그 어느 상태에서도 산소·수소는 그대로 있었으니 그 의미에서는 아무것도 한 것이 없다 할 수 있다. 궁극의 실재자의 모양도 그런 것 아닐까? 모든 창조의 밑바닥에 있으니 창조주라 할 것이고, 변함없이 남아 있으니 무위자요 불변자라 할 것이다.

크리슈나가 아르주나에게 "알지어다, 나는 무위자다" 할 때에 그는 아르주나로 하여금 초월적인 의식의 자리에 서서, 3성의 세계를 떠나 창조의 근원에 대한 직접적 지식을 얻게 하기 위해서 한 것이었다. 절대 침묵이야말로 영원한 실재자의 창조적 능력이며 지혜인 것, 즉 상대계에서의 모든 창조적 능력과 지혜의 원천임을 직관하도록 하게 하기 위해서였다.

14. 유위(有爲)가 나를 더럽히지 못하고, 그 결과를 원하는 마음도 내게는 있지 않다. 나를 그와 같이 아는 자는 유위에 얽매임이 없느니라.

15. 그러한 깨달음을 가지고 해탈을 찾는 옛사람들도 일했느니라. 그러므로 옛사람이 옛날에 일했듯이 너도 또한 일할지어다.

16. 무엇이 유위요, 무엇이 무위냐? 여기서는 지혜 있는 자도 미혹했느니라. 내 이제 유위가 무엇임을 너에게 일러주리라. 그것을 앎으로써 네가 악한 것에서 건져짐을 얻으리라.

마하리시 마헤슈 요기 이것을 다시 한번 생각해볼 필요가 있다. 제2장 제38절에서 크리슈나는 아르주나에게 가르쳐주면서 "쾌락·고통을, 이득·손실을, 승리·패배를 하나로 보고 싸울 태세를 갖추어라. 그러면 죄를 범함이 없을 것이다" 했다. 그런데 지금 이 절에서는 "내 이제 유위가 무엇임을 너에게 일러주리라. 그것을 앎으로써 네가 악한 것에서 건져짐을 얻으리라" 한다. 이것을 자세히 살펴보면 거기 크리슈나의 가르침 속에 하나의 올라가는 순서가 있음을 알 수 있다. 이해력이 올라가면 올라갈수록 가르침은 한층 더 오묘하면서도 한층 더 단순한 형식으로 주어진다.

먼저 말한 절들에서는 죄에서 해방됨을 얻게 하는 평등관(하나로 봄)에 도달하려면 어떤 무엇을 하지 않으면 안 된다는 뜻이 들어 있는데, 지금 이 절에서는 크리슈나는 아무것도 할 것이 없다. 다만 유위(행함)가 무엇임을 앎으로써 아르주나는 악한 것에서 건져짐을 얻는다고 한다. 가르침은 행동의 정도에서 지식의 정도로 옮겨졌다. 그러고 보면, 가르침이 나아감에 따라서는 지식조차도 아니고 좀더 단순한, 보통의 감각적인 듣고 봄으로 바뀔 것이다.

이것이 상캬의 교육 방식이다. 즉 여러 가지로 하는 토론은 결국 최종 절정에서는 간단한 한마디 말로 되어버리고 마는데, 그 말 한마디가 인생 이해의 전부를 뒤집어엎어서 사람을 단번에, 아주 완전히, 모든 얽매임을 다 벗은 영원한 해탈의 지경에 올라가게 한다.

이것을 또한 주의할 필요가 있다. 이 절보다 앞에 있는 두 절에서는 초월적인 주님의 말려들지 않는 성격을 앎으로써 해탈이 된다고 했는데, 이 절에서는 상대적인 세계에 대한 지식 곧 유위, 무위에 관한 지식을 가지고조차도 해탈을 얻는다고 한다. 그 지식을 다음의 다섯 절에서 말해준다.

17. 행위가 무엇임을 반드시 이해하여야 하며, 비행위가 무엇인지도 이해하여야 하고, 또 무행위가 무엇임도 이해하여야 한다. 업의 길은 참으로 헤아릴 수 없다.

> 행위(karma) 행함(action 혹은 work) 특히 전세(前世)에 행한 행위가 인과관계로 내세에 작용한다는 뜻으로 강조될 때는 이를 업(業)이라고 번역한다.
> 비행위(vikarma) 해서는 아니 되는 행위(wrong action, ill-work). 그 자체의 성질상 집착 없이는 할 수 없는 행위. 예를 든다면 사람을 죽임, 도둑질, 음행 같은 것.
> 무행위(akarma) 집착 없이 하는 행위(inaction, no-work).

마하리시 마헤슈 요기 행위를 이해하려면 행위하는 사람의 가지가지의 의식 상태를 알지 않으면 아니 된다. 행위의 가치는 주로 행위자의 의식 정도에 달려 있기 때문이다. 의식의 상태는 대략 이렇게 구별할 수 있다.

깨어 있는 의식(waking consciousness), 꿈꾸는 의식(dreaming consciousness), 꿈 없이 자는 의식(sleeping consciousness), 초월적 의식(transcendental consciousness), 우주의식(cosmic consciousness), 신의식(god-consciousness).

여기서 행위라 할 때는 행위자 자신과 전 창조물을 위해 생명을 지지해주는 결과를 낼 수 있는 행위, 즉 개인의 진화를 돕고 우주의 목적에 공헌할 수 있는 정당한 행위를 뜻한다. 그런 행위는 개인의 마음이 모든 존재의 밑바닥에서 모든 생명과 자연법칙의 기초가 되는 초월적 존재와 온전히 조화를 이루고 있을 때에만 가능하다. 그것이 우주의식의 상태다. 신의식이라는 것은 그러한 행위가 자동으로 되는 또 다른 상태의 의식이다. 우주의식에서는 인간은 우주적인 생활 속에 있으면서 하나의 개인으로 행동한다. 신의식 상태에서는 개인의 행동은 신의 빛 속에 있으면서 우주적인 행동 정도의 활동을 하게 된다. 그는 모든 행동에서 영원한 통일의 생활을 살고 있다.

그 길을 헤아릴 수 없다는 것은, 사람의 세 가지 의식 상태, 곧 깰 때, 꿈꿀 때, 잘 때의 의식 속에서 하는 자연적 행위는 그 사람의 진화 정도에 해당하는 다르마의 지배를 받게 되는데, 그 다르마는 진화 계층에 따라 서로 다르다. 그뿐 아니라 같은 계층에서도 또 서로 다른 사정과 생활 범역에 따라 다르마는 서로 다르다. 그리고 그런 차이 속에서도 다르마는 그 개인만이 아니라 가정, 사회, 민족, 세계에 상응해서 또 다르므로 그 복잡함이 더해진다. 개개의 생각과 말과 행동이 대기 속에 영향의 파동을 일으킨다. 그 파동이 허공을 타고 번져

나가서 창조 안에 있는 모든 것을 흔든다. 흔들면서 영향을 미친다. 어떤 생각이 어떤 물체에 가서 어떤 영향을 미쳤는지는 도저히 알 수 없다. 이는 너무도 여러 가지이고 창조물은 너무도 광막하기 때문이다. 이것은 도저히 이해할 수 없다. 그렇기 때문에 헤아릴 수 없다는 것이다.

18. 행위 속에 무행위를 보며 무행위 속에 행위를 보는 자는 사람 중에서 깨달음을 얻는 자니라. 그러한 사람이 요가를 닦는 사람이요 모든 행위를 완성했느니라.

> 요가를 닦는 자 요기(yogi). 뜻을 말한다면 통일된 사람, 정신 통일을 이룬 사람, 혹은 하나 된 사람. 하나님과 하나 된 사람(He is united).

라다크리슈난 일을 하되 집착하지 않는 마음으로 하면 조금도 정신의 평형을 잃지 않는다. 욕심에서 나오는 행동을 피하고 하나님과 연결되어 있는 혼으로 제 할 의무를 다하는 것이다. 그러므로 참으로 하는 무행위는 속의 평안을 가지고 있기 때문에 집착되는 일이 없다. 아카르마 곧 무행위란 행위의 결과로 오는 얽매임이 없다는 뜻인데 어째서 그럴 수 있느냐 하면 집착함이 없이 하기 때문이다. 우리가 밖으로는 어떤 행동도 하지 않고 가만히 앉아 있는 때도 우리는 행동하고 있다. 어리석은 사람이 행위를 피하는 이유는 억지와 무지로 그렇게 하는 것인데, 그것이 바로 행위다. 어진 자의 행위, 즉 욕심 없이 하는 행위는 내버림(拋棄, renunciation)과 같은 결과를 얻는다.

샹카라는 설명하기를 아트만(참 자아, 혼) 안에는 행위가 없다고 했고, 몸 안에는 외양으로 가만있는 듯한 때에도 평안이 없다고 했다.

라마누자는 무행위, 아카르마는 곧 혼(자아)의 지식(atmajnana)이라고 했다. 깨달은 사람이란 참 의미의 행동을 하는 가운데서 지식을 보는 사람이다. 그런 사람에게는 즈나나와 카르마가 함께하고 있다.

마드바(Madhva)에 따르면 무행위는 자아에는 행위 아니함이요 비슈누 신에게는 행동함이다. 그러므로 깨달은 자는, 개인은 행동을 하거나 아니하거나 간에 하나님의 활동을 보는 사람이다.

간디 항상 일하면서도 자기가 일하는 자라는 주장을 아니하는 사람의 '행위'는 무행위요, 외양으로는 행동을 피하면서도 마음속에는 천만 칸 기와집을 짓고 있는 사람의 무행위는 행이다. 행위의 비밀을 파악한 깨달은 자는 어떤 행위도 제게서 나가는 것이 없고, 모든 것이 하나님께로서 나오는 것을 알기 때문에 그는 무사(無私)한 마음으로 행위 속에 몰두하고 있다. 그가 참 요가 닦는 자다. 자기주장 속에 행동하는 사람은 행위의 비밀을 모르기 때문에 옳고 그름을 구별하지 못한다. 혼의 천성대로 하는 발달은 무사와 정결을 향하므로, 정결을 잃은 사람은 무사도 잃었다고 할 수 있다. 무사한 사람의 모든 행위는 자연히 정결하다.

마하리시 마헤슈 요기 '행위 속에 무행위를 본다'는 것은 마음이 감각과 관계하여 행동을 하는 동안에도 속의 바탈의 침묵(the silence of the inner being)에 깊이 뿌리를 박고 있다는 뜻이다. 이 뿌리박음(닻 줌)이 한창 행동하고 있는 동안에도 침묵을 체험할 수 있게 해준다.

그렇게 "행위 속에 무행위를 보고" 있는 사람에게는 행동의 전 분야가 그 무행위로 언제나 잠잠하신 분(non-active ever-silent being)의 스며들어 오심(permeation)을 입는다는 것이 살아 있는 사실이다. 그에게는 행위가 감히 무행위의 지경, 혹은 그 밑에 있는 그 본체를 가려 덮지 못한다.

여기에 "성(性)이 성에 대해 작용한다"(3: 28)는 지식으로 얻은 해방을 더 분명하게 해주는 가르침이 있다. 그것은 이 3성의 활동 세계와 본체의 잠잠함을 연결해서 그침의 지대 위에 무상과 영원을 공존할 수 있게 세워준다. 이는 『우파니샤드』의 궁극의 가르침을 확실하게 해준다. 즉 푸르나마다 푸르나미담, 이 행위의 나타나 보이는 세계도 완전하다. 저 절대 본체의 사심도 완전하시다.

'그는 모든 행위를 완성했다'는 것은 그는 행동의 전 범역, 즉 극대와 극소를 다 했다는 뜻도 되고, 또 그 생활을 우주적 단계에서 한다는 뜻도 된다. 개인적 행위 안에는 평상의 정신적·육체적 활동만이 아니라 가장 미묘한 초월적 행동, 신인(神人) 합일의 행동도 포함된다. 우주적인 정도의 활동에는 두 가지가 있다. 하나는 우주적 의식에서 하는 활동 곧 진화 과정에 온전히 일치되는 활동이고, 또 하나는 신의식에서 하는 활동, 그것은 궁극의 통일된 하나됨의 살림이다.

또 모든 행위를 완성했다는 것은 완전에 도달했다는 뜻도 있다. 행위는 욕망 실현의 수단이다. 행동을 완성했다는 말은 모든 욕망을 완성했다는 말이다. 즉 완전히 실현했다는 말이다. 행동을 완성하는 것은 행동의 결과를 얻을 뿐만 아니라, 행동과 행동의 결과를 가져오는 얽매임에서 완전히 벗어남도 포함한다는 것을 잊어서는 아니 된다.

맹자 큰사람은 저를 바르게 하여 일이 바르게 된다.(大人者正己而物正)

노자 도는 늘 함이 없이 하지 않는 것이 없다. 제후니 임금이니 하는 사람들이 만일 잘 지키기만 한다면 모든 것이 저절로 될 것이다. 되어 일어나려고 한다면 나는 장차 이름 없는 등걸로써 눌러줄 것이다. 이름 없는 등걸조차도 또한 하고자 아니 한다. 하고자 하지 않아 고요히 한다면 천하는 저절로 바르게 될 것이다.(道常無爲 而無不爲 侯王若能守 萬物將自化 化而欲作 吾將鎭之以無名之樸 無名之樸 亦將不欲 不欲以靜 天下將自正)

19. 그 모든 경영은 욕망과 야욕을 떠났으며, 그 모든 행위는 지혜의 불로 살라져버린 바 된 그 사람을 지혜 있는 자들은 어진 이라 불렀느니라.

마하데브 데자이 어진 이 곧 판디타(pandita)는 어원적으로는 자아실현에 이른 사람, 그러나 지금은 그 본래의 높은 뜻을 잃고 있다.

20. 행위의 결과에 집착함이 없이 언제나 족한 줄을 알고, 어떤 것에도 의뢰하지 않으면, 아무리 행위 속에 빠져 있어도 그는 아무것도 하는 것이 없느니라.

마하리시 마헤슈 요기 진짜 꿀이 혀에 와 닿으면 그 무엇에도 비할 수 없는 단맛이 이때까지 맛봤던 모든 단맛을 다 이기게 된다. 혀가 만일 그 참 꿀맛을 잊지 않고 가지고 있다면 전에 먹었던 단것들의 생각이 일어날 기회가 없을 것이다. 사람 마음이 우주의식 속에서 체험했던 초월적인 축복의 맛을 언제나 마음속에 가지고 살아간다면 마찬가지 결과가 일어날 것이다. 지나간 날에 얻었던 기억이 다시 작용할 기회가 없을 것이다. 그것이 도를 깨달은 이들이 과거에 했던 행동의 결과에 집착하는 버릇을 벗어버리기 위해 취한 길이었다.

21. 아무 바람 없이 자아와 마음을 제어하고, 모든 소유를 내버리고, 다만 몸으로만 행동하는 자는 죄를 범함이 없느니라.

바람 기대(expecting), 욕망(desire).

장자 형상을 깎아 껍데기를 버리고 마음을 씻어 욕심을 버리고 사람 없는 들에서 노닌다.(刳形去皮 洒心去欲 而遊於無人之野)

마하리시 마헤슈 요기 "모든 소유를 내버리고", 이것은 앞 절에서 말한 "아무것도 의뢰하지 않는다"는 것과 평행되는 말이다. '소유'란 사람이 자기 주위에 모아놓은 모든 것을 의미한다. 자기 자아(아트만)를 내놓은 그밖의 일체의 것이다. 자아 밖의 모든 것을 내버린다는 것은 상대적 존재의 세계 전부를 내버리는 일이다. 3성이 없어지는 일이다.

라다크리슈난 샹카라나 마두수다나(Madhusudana)는 육체를 지지해가기 위해 필요한 일이라고 해석했고, 베단타 데시카(Vedanta Desika)에 따르면 몸으로만 하는 행동이다. 덕행이나 죄악은 바깥 행동에는 달려 있지 않다. 사람이 애욕과 자기 의지를 떠날 때 그는 하나님의 뜻을 반사하는 거울일 뿐이다. 인간의 혼이 거룩한 의지의 순수한 통로가 돼버린다.

간디 가장 순결한 행위도 '자기'에 의해 물이 들 때 얽어맴이 된다. 그러나 그것이 온전히 비치는 정신으로 이루어질 때 그 얽어매는 힘이 없어진다. 자기가 완전히 가라앉을 때 일하는 것은 오직 몸일 뿐이다. 예를 든다면 사람이 잘 때는 몸만이 일을 한다. 죄수가 징역을 살 때는 자기 몸을 형무관에게 아주 내맡긴 것이므로 그의 몸만이 일을 한다. 마찬가지로 스스로 자기를 하나님의 죄수로 내맡긴 사람은 자기가 하는 것이 아무것도 없다. 그의 몸은 기계적으로 움직일 뿐이고 행동자는 하나님이지 그 자신이 아니다. 그는 자기를 무(無)에까지 낮춘 것이다.

22. 우연히 오는 것으로 만족하고, 상대로 보기를 넘어서서, 미워하는 마음이 없이, 성공·실패를 하나로 보는 사람은 아무리 행동하여도 얽매임이 없느니라.

> 우연히 내가 찾음 없이. 이 우주는 자연, 스스로 그런 것이다. 하나님을 믿는 자에게 우연은 있을 수 없다. 우연히 오는 것으로 만족하는 것은 자기중심의 사고방식을 떠났기 때문이다.

마하리시 마헤슈 요기 그는 우주적인 목적을 실현하기 위해 일하기 때문에 그의 행동은 자연에 따라 지도된다. 그것이 그에게 근심·걱정이 없는 이유다. 그의 필요는 우주의 필요다. 우주는 스스로 그것을 하므로 그 자신이 하나님의 기구일 뿐이다.

함석헌 "상대로 보기를 넘어서서"란 상대 세계에 대한 것이다. 우리는 상대 없이는 감각하고 인식하고 생각할 수 없다. 서로 반대되는 것이 서로 저쪽이 없이는 존재할 수 없기 때문에 참이 아니다. 그렇기 때문에 노자는 "천하가 다 아름다움의 아름다움 됨을 아나 그것은 미운 것뿐, 다 착함의 착함 됨을 아나 그것은 착하지 않은 것뿐"(天下皆知美之爲美 斯惡已 皆知善之爲善 斯不善已)이라고 한다. 그래서 장자는 "지극한 즐거움은 즐거움 없음"(至樂無樂)이라고 한다.

라다크리슈난 이 우주는 지고자의 나타냄이다. 그러므로 얽매는 것은 행위가 아니고 행위를 대하는 마음의 태도다. 그것은 무지에서 나온다. 그 무지 때문에 우리는 우리를 제각기 좋고 언짢고를 가리고 택하는 서로 떨어진 개인들로 망상하고 있다. 스승은 여기서 행하는 자와 일과 행동이 어떻게 한 지고자의 서로 다른 나타냄인 것과 지고자에게 희생으로 바쳐진 행위는 얽어맴이 없다는 것을 지적해준다.

23. 집착을 떠나 해탈하여, 그 마음은 지혜 위에 굳게 서고, 그 행동, 희생을 위하는 사람의 행위(業)는 온전히 소멸되어버리느니라.

간디 제19절에서부터 제23절까지는 자유로운 행위의 모든 조건을 묶어서 설명하는 말이다. 제3장 제9절에서는 희생을 위한 행위는 얽어맴이 없다고 했는데, 이 절에서는 희생은 카르마 곧 업까지도 소멸시킨다고 한다. 업이란 이제 앞으로 열매를 맺을 행위다. 희생은 그와 같이 얽어맴을 예방도 하고 고칠 수도 있는 두 가지 일을 할 수 있다.

구자라트의 신비가 나라신하 메타(Narasinha Metha)는 무지한 사람을, "굴러가는 차 밑을 걸어가면서 자기가 그 차를 끌고 가거니 하고 믿는 개와 같다"고 말했다. 판디트 살타발레카르(Saltavalekar)는 지혜 있는 사람을 설명하기 위해 이런 아름다운 비유를 했다. "차를 타고 앉아 있는 사람이 차가 움직이는 대로 움직이지만, 정말 움직이는 것은 차뿐이다. 그와 마찬가지로 어진 사람은 지극히 높으신 이를 찾아 제 몸이라는 차를 타고 나가는데, 그 몸은 움직이나 자신은 가만히 앉아 있다."

마하리시 마헤슈 요기 이 절의 네 가지 표현은 앞의 다섯 절에서 각각 설명하는 네 가지 표현의 발전을 결론짓는 것이다. 이 발전을 아래와 같이 표할 수 있다.

1. 행위에서 무행위를 보는 사람(18)
   그 모든 경영이 욕심을 떠난 사람(19)
   행위의 결과에 집착함이 없이(20)
   아무 바람 없이(21)
   우연히 오는 것으로 만족하고(22)
   집착을 떠난 사람(23)
2. 무행위 속에 행위를 보고(18)
   (그의 모든 경영은) 야욕을 떠나(19)
   언제나 족한 줄을 알고(20)
   자아와 마음을 제어하고(21)
   상대로 보기를 넘어서서, 미워하는 마음이 없이(22)
   해탈하여(23)

3. 사람 중에서 깨달은 이요, 요가를 닦는 이(18)

   그 모든 행위는 지혜의 불로 살라져버린 바 되고(19)

   어떤 것에도 의뢰하지 않고(20)

   모든 소유를 내버리고(21)

   성공·실패를 하나로 보는(22)

   그 마음은 지혜 위에 굳게 서고(23)

4. 모든 행위를 완성했느니라(18)

   그 사람을 지혜 있는 자들은 어진 이라 불렀느니라(19)

   아무리 행위 속에 빠져 있어도 그는 아무것도 하는 것이 없느니라(20)

   다만 몸으로만 행동하는 자는 죄를 범함이 없느니라(21)

   아무리 행동하여도 얽매임이 없느니라(22)

   희생을 위하여 하는 사람의 행동은 온전히 소멸되어버리느니라(23)

24. 희생을 바치는 행동도 브라만이요, 바치는 물건도 브라만이다. 브라만에 의하여 브라만이 불속에 바치어진다. 그와 같이 브라만에 바쳐진 행위에 마음을 집중하는 이는 결단코 브라만에 도달하고야 말 것이니라.

> 희생(yajna) 공희(供犧), 불교에서 공양(供養)이라고 하는 데 해당한다. 베다 종교에서는 짐승을 잡아 제물로 바쳤는데 불교에서는 불살생을 강조하기 때문에 동물을 바치는 것을 폐지하고 그 대신 의복, 음식, 눕는 기구, 탕약 같은 것을 바치게 됐다. 이는 원주민들이 하는 기름 바르기, 향 피우기, 꽃이나 물을 드리는 것, 등불을 켜는 것 등을 채용한 것이라고 한다.

라다크리슈난 여기서는 『베다』의 야즈나를 더 넓게 정신적으로 해석하고 있다. 야즈나를 바치는 자는 행동을 하고 있기는 하지만 거기에 얽매이지는 않는다. 그는 땅 위의 생활을 영원의 입장에서 보기 때문이다. 『망티크 테르』(*Mantiqu't Tair*)에는 이런 구절이 있다.

> 네가 이때껏 살아오고, 보고, 하고, 생각했지만
> 네가 아니고 나다, 내가 보고, 살고, 했다
> 순례자도, 순례도, 길도,
> 나 자신이 나 자신에게 한 것이요,
> 내 문간에서 나를 만난 것일 뿐이니라
> 오라, 너 잃어진 분자야, 네 중심으로 오라
> 먼 곳을 헤매었던 광선아
> 돌아오라, 넘어간 네 태양으로 다시 돌아오라

> All you have been, and seen, and done and thought,
> Not you but I, have seen and been and wrought……
> Pilgrim, pilgrimage and road,
> Was but myself toward myself; and your,
> Arrival but Myself at my own door……
> Come, you lost atoms, to your centre draw……
> Rays that have wandered into darkness wide,
> Return, and back into your sun subside

25. 어떤 수행자들은 다만 신들을 예배함으로써 희생을 바치고 또 다른 이들은 희생 그것을 희생으로 브라만 불속에 바친다.

라다크리슈난 샹카라는 후반 절의 야즈나를 아트만의 의미로 해석해서 "다른 이들은 자아를 자아로 브라만 불속에 바친다"라고 한다.

마하데브 데자이 제24절의 수행자는 그 행동이 무한과 서로 가락이 맞는 사람이다. 이는 성 아우구스티누스의 말을 생각나게 한다. 그리고 이것이 행복한 생활이다. 즉 당신에 대해 기뻐하고 당신을 기뻐하고 당신을 위해 기뻐함이다. 여기 보여주는 수행자는 희생을 그에게 바치고, 그를 희생으로 바치고, 그를 위해 바친다.(Makes a sacrifice to Him, of Him, for Him.)

제25절의 후반은 『베다』를 본떠 한 것이다. "신들은 희생의 희생을 바쳤다."(The gods offered sacrifice of sacrifice.) 또 샹카라는 야즈나를 자아로 해석해서 "제한된 자아가 그 자신이 곧 무제한의 자아(unconditioned self)와 하나임을 깨닫는 것이 곧 희생이다"라고 했다. 그러나 그것이 곧 그것만이 지식·희생 곧 즈나나·야즈나(jnana·yajna)라는 뜻은 아니다. 자아가 지고자에 도달하여 그와 하나 되려고 끊임없이 노력하는 모든 과정이 하나의 희생이다. 혹은 무수한 지식의 희생이다. 다른 주석자는 이런 의견을 말하는 이도 있다. 즉 제25절 후반에서 말하는 희생은 자기가 희생을 바친다는 그 생각을 희생으로 바치는 희생이다. 즉 자기를 궁극의 무로 축소함이다.

마하리시 마헤슈 요기 크리슈나의 말은 신들을 예배하는 일을 브라만에게 희생으로 바친다면 그러한 바침도 또한 하나의 희생이라는 뜻이다. 신들을 예배하는 일을 어떻게 브라만에게 바치느냐, 또 브라만에게 바치는 것이 어떻게 야즈나가 되느냐를 분석해보면 뜻이 자연 분명해진다.

우주의식이 브라만의 상태다. 우주의식으로 발전하는 것은 초월적인 자의의식이기 때문에, 예배에 의해 우주의식을 성취하려면 우리는 예배를 통해서 초월하지 않으면 아니 된다. 이것은 필연적으로 예배의 행동이 오묘한 지경에 이르기를 요구하게 된다. 그리고 이것은 아주 조직적인 방법으로만 가장 성공적으로 할 수 있다. 즉 신의 이름이나 형상을 취하여 그것을 오묘한 지경에서 체험하면 마침내 그 지경을 초월하여 초월적인 의식에 도달하게 된다. 그러나 아주 강하게 감정적으로 된 사람은 신에 대한 사랑의 감정을 올림에 의하여 희생을 바치는 과정에서도 초월을 이룰 수 있다.

예배의 행동을 초월하는 것을 예배를 브라만에게 희생으로 바치는 것이라고 했다. 이것은 신의 축복을 받는 동시에 또 우주의식의 발전을 돕는 이로운 점이 있다. 초월에 의해서 예배자는 야즈나의 궁극의 완성에 이를 수 있고 우주의식을 발전시킬 수 있다. 그 지경에 가면 모든 행동이 다 야즈나가 된다.

26. 어떤 이는 들음 또는 그밖의 감각들을 제어의 불들로 바치고, 또 다른 이는 소리 또는 그밖의 감각의 대상들을 감각의 불들로 바친다.

> 감각 감각을 일으키는 다섯 기관, 즉 안(眼), 이(耳), 비(鼻), 설(舌), 신(身)을 오관(五官)이라 혹은 오근(五根)이라 한다. 오근은 인도 말의 판차 인드리야(panca indriya)의 번역이다. 그래서 안근(眼根, caksur-i), 이근(耳根, srotra-i), 비근(鼻根, ghrana-i), 설근(舌根, jihva-i), 신근(身根, kaya-i)이라 부르고, 또 오근에 대하여 오경(五境)이 있다. 경(境)이란 '대상'이란 뜻이다. 오경은 또 오욕(五欲)이라 하기도 한다. 욕망을 일으키기 때문이다. 오경(panca visaya)은 색(色, rupa), 성(聲, sabda), 향(香, gandha), 미(味, rasa), 촉(觸, sprastavya)이다.
> 불들 '불들'이라고 복수를 쓴 이유는 감각을 제어하는 요가의 방법이 서로 다르기 때문이다. 즉 다라나(dharana, 집중·통일), 쟈나(dhyana, 명상·참선), 사마디(samadhi, 삼매·몰입), 이 모든 것을 다 합해서 자제(自制, sanyama)라고 한다.
> ──마하데브 데자이

마하리시 마헤슈 요기 세상에는 두 가지 형의 사람이 있다. 감각을 자꾸 활동시켜 대상을 즐기는 사람과, 가지가지 방법을 써서 그것을 억제하는 사람이 그것이다. 크리슈나가 감각을 제어의 불로 바친다 할 때는 바로 이 둘째 형의 사람을 말한 것이다.

27. 또 어떤 이는 모든 감각작용과 생기의 활동을 지식으로 살라 일으키는 자제의 요가 불로 바친다.

생기(生氣) 숨 쉼, 호흡.

간디 이것은 다시 말하면 지고자를 명상하는 가운데 자기를 잃어 버린다는 말이다.

마하리시 마헤슈 요기 일반이 알기로는, 깨달음에 이르려면 반드시 자제(혹은 극기)를 하여야 한다. 그런데 그것은 분명히 크리슈나가 여기서 말하는 것과는 정반대다. 그는 특별히 자제는 깨달음에 이른 결과라고 하고 있다.

초월적인 명상 중에 마음이 체험의 오묘한 지경에 이르면 모든 감각의 활동이 점점 약화되어 나중에는 멎게 되고, 호흡도 점점 고르게 되어 결국에 가서는 멎는 상태에 간다. 이것이 "모든 감각작용과 생기의 숨 쉼을 요가의 불로 바치"는 일이다.

자제는 자아가 바깥으로 헤매나감 없이 자기 안에 안주함을 의미한다. 마음의 통제를 완전히 한다는 것은 마음이 바깥으로 헤매나가지 않고 제 속에 가만히 있다는 뜻이다. 마음의 통제가 덜 되면 바깥 어디 지시하는 데로 나갈 것이다. 마찬가지로 감각의 제어도 완전히 하면 감각의 밖을 헤매임 없이 제 안에 가만있을 것이고, 통제가 덜 되면 바깥 어디나 원하는 방향으로 나갈 것이다.

깨달음(지식)에 의하여 불살라진 자제란 자아를 즉 마음과 감각을 완전히 통제하는 상태. 그 의미는 즉 깨달음의 지경 혹은 순수한 의식의 지경, 본체의 지경에서는 마음과 감각은 제 속으로 향해 밖으로 헤매나가지 않는다는 말이다. 이것은 아무 활동도 없는 초월적인 상태에서 일어난다. 그렇지만 이 초월적인 의식 상태가 부동 지경에 들어가서 우주의식으로 변형하게 되면 그때는 마음이 본체 속에 닿을 내리고 가만있으면서 밖의 세계에 대해 제원하는 방향으로 활동을 하게 된다.

이것이, 어떻게 해서 마음이 활동을 하면서도 자제의 범위 안에 머물러 있을 수 있느냐 하는 것이다. 감각은 언제나 마음의 구조에 따라가는 것이다. 그렇기 때문에 마음이 자체의 이러한 자제 상태에 있을 때는 감각의 활동도 자제의 지경 안에 자동으로 남아 있게 된다. 그것은 곧 감각이 자동으로 올바른 방향으로 작용한다는 말이다.

이것이, 어떻게 해서 깨달음으로 지경에 이름으로 인해서 감각의 활동과 호흡 작용을 요가의 불로 바치게 되느냐 하는 경로다. 그렇기 때문에 요가의 불이 먼저 켜져야, 그런 다음에야 통제가 따를 수 있다는 것은 분명하다.

이것을 주의해야 한다. 즉 이 자제를 우주적 수준에서 성취함으로써 우주적 생활의 창조와 진화의 활동이 우주의 본체 곧 하나님은 활동에 버물리움 없이 가만히 있는데도, 3성에 의해 자발적으로 이루어지게 된다는 말이다. 그것이 우주적 생활의 내면적 활동 양상이다. 그것을 보면 자제에 기초를 두는 자발성과 정밀성에 의해 이 우주적 생활 활동은 되어가고 있음을 알 수 있다.

여기서 요가는 깨달음에 의해 초월적 의식 안에서, 그렇기 때문에 또 우주적 의식 상태 안에서 이루어지는 자아의 실현에 의해 자연적으로 일어나는 자제의 상태라고 설명되었다. 신의식은 깨달음의 최고 지경이다. 이 지경이 얻어짐에 따라 개인 생명의 수준에서 하던 자제도 우주적 생명의 수준에서 하는 자제로 올라가게 된다.

28. 어떤 이는 재산을 희생으로 바치고, 어떤 이는 고행을 바치고, 어떤 이는 요가를 바치고, 또 맹세를 굳게 지키는 다른 수행자들은 경문 읽기와 지식을 희생으로 바치기도 한다.

29. 또 다른 이들은 숨쉬기를 희생으로 바치어서 날숨을 들숨에 바치기도 하고, 들숨을 날숨에 바치기도 하며, 날숨·들숨을 다 막아버리기도 한다.

날숨 프라나(prana).
들숨 아파나(apana).

30. 또 다른 이들은 음식을 억제하기도 하고, 숨을 숨에 바치기도 하나니, 이들은 다 희생을 아는 이들이요, 그로써 그 죄는 소멸되느니라.

마하데브 데자이 신체의 기능은 호흡을 통하여서 되는 것으로 믿었는데 거기는 다섯 가지 종류가 있다. 제29절에서는 그 두 가지를 말했고 제30절에서는 그 전부를 다 말했다.

푸라카(puraka)는 숨을 들여쉰 다음 내쉬기를 그치는 것인데, 제29절에서 날숨을 들숨에 바친다 한 것이다. 레차카(rechaka)는 숨을 내쉰 다음 들이쉬기를 그치는 것인데, 제29절에서 들숨을 날숨에 바친다 한 것이다. 쿰바카(kumbhaka)는 날숨, 들숨을 다 내쉬고 들이쉰 다음 한참씩 그치고 있는 것이다.

이름이 서로 다른 까닭은 그것으로 이루어지는 생리적 기능이 서로 다른 데서 오는 것이다. 그 작용이 호흡인 경우는 그것을 프라나(날숨)라 하고 결장(結腸)이나 방광(膀胱)에 있을 때는 아파나(들숨)라 하고, 그것이 소화와 하나로 될 때는 사마나(samana)라 하고, 그것이 피의 순환으로 나타나 모든 기계적인 힘을 다스릴 때는 브야나(vyana)라 하고, 그것이 후두(喉頭)를 통해서 작용할 때는 우다나(udana)라 한다.

프라나와 아파나가 아닌 다른 세 가지 숨, 브야나는 전신에 퍼져서 모든 기계적 작용을 통제한다고 생각됐고, 우다나는 죽을 때에 빠져

나간다 했고, 사마나는 음식의 정수(精粹)를 전신에 돌려서 소화를 돕는다고 생각됐다.

마하리시 마헤슈 요기 사람이 음식을 억제하면 신진대사(新陳代謝)를 위한 산소의 필요량이 적어지기 때문에, 따라서 호흡도 옅어진다.

음식을 절제한다는 것은 대상을 가지고 감각을 길러주지 않는다는 뜻이 되며, 행동이나 생각함에 관계하지 않는다는 뜻이 된다. 이렇게 활동에 관계 아니하려면 신진대사를 줄여야 하며, 그것을 위하여는 또다시 호흡을 줄여야 한다. 이 앞의 절에서 크리슈나가 호흡을 호흡에 바친다고 한 이유다.

위에 든 것은 모두 다 몸을 정결하게 하는 방법이다. 그렇기 때문에 야즈나라고 한다. 그것을 통해서 죄가 소멸된다. 『브라마빈두 우파니샤드』(*Brahmabindu Upanisad*)에는 죄의 태산이 초월적인 명상으로 도달되는 하나됨(union)에 의해 부스러져 없어진다고 했다. 그것 아니고는 길이 없다.

라다크리슈난 모든 희생의 올 짬은 억제다. 그러므로 모든 희생은 영적 성장의 방법이다.

31. 희생에 바치고 남은 음식은 감로이니, 그것을 받아먹는 자는 영원한 브라만에 이르느니라. 쿠루 사타마야, 이 세상도 희생을 바치지 않는 자를 위하여는 있지 않거든, 하물며 이 다음의 세계겠느냐.

감로 아므리타(amrita).
쿠루 사타마(Kuru-sattama) 쿠루족 가운데서 가장 탁월한 자. 곧 아르주나를 가리킴.

마하리시 마헤슈 요기 희생은 정화(淨化)의 길이다. 희생은 한 걸음 한 걸음 마음을 깨끗하게 하여 마침내 초월에까지 이르게 한다. 희생이 바쳐지면 마음이 정화되어 일단 높은 의식에 들어간다. 그것이 결국은 복된 의식에 이르게 하는데 이를 크리슈나는 '감로'라 했다. 그 복스러움은 희생이 지나간 후에도 남아 있을 수 있다. 그것을 누리는 사람을 크리슈나는 "영원한 브라만에 이른다"고 했다. 그 이유는 희생을 끊지 않음으로써 이 초월적인 복된 의식이 차차 자라 우주의식에 이르고, 마침내는 신의식에 이르기 때문이다.

크리슈나는 희생을 바치지 않으면 이 세상에서도, 장차 오는 세상에서도 성공할 수 없다고 했다. 활을 양껏 당기지 않고는 살이 힘 있게 나갈 수 없고, 마음을 속으로 당기어 그 밑바닥에까지 이르게 하지 않고는 힘이 날 수 없다. 마음이 활발하며 강하지 않고는 세상에서 성공할 수 없다. 그러므로 크리슈나는 이 세상에서도, 저 세상에서도 성공하려면 정화, 즉 희생을 계속함이 필요한 것을 말해준다.

모든 희생 중 가장 힘 있는 것은 초월적 명상이다. 그 이유는 이것은 직접 마음을 절대적 정결에 이르게 하여 무진장의 생명력과 지혜에 접촉할 수 있게 해주기 때문이다.

32. 그렇듯 가지가지의 희생이 『베다』 속에 기록되어 있으니 이 모든 것이 다 행위에서 나온 것을 알지어다. 이것을 아는 자는 해탈하리라.

『베다』 속에 이 말은 다른 곳에서는 "브라만의 얼굴 앞에 벌여놓여 있다"로 번역되어 있기도 하다.

마하리시 마헤슈 요기 희생을 바치기 위하여는 행동이 필요하다. 희생을 실지로 바치지 않으면 결과가 나올 수 없다. 이론도 필요하지만, 이론이 직접 결과가 되지는 못한다. 그러므로 행동을 강조하는 것이다.

간디 여기서 행위라 한 것은 정신적·신체적·영적 활동을 의미한다. 이 세 겹의 행위 아니고는 희생은 있을 수 없고, 희생 없이는 구원은 없다. 이것을 알고, 그 앎을 실행하는 것이 희생의 비밀을 아는 일이다. 사람이 제 신체적·정신적·영적인 모든 선물을 인류를 위한 봉사에 바치지 않는다면 그는 자유를 누릴 자격이 없는 도둑일 뿐이다. 지능만을 쓰고 육체를 아끼는 사람은 완전히 희생을 바친 것이 못 된다. 마음과 몸과 영혼을 합해서 쓰지 않으면 그것들은 인류를 위해 옳게 봉사할 수 없다. 그런 조화된 활동을 하려면 신체적·정신적·영적 정결은 필요불가결하다. 그렇기 때문에 사랑은 제 모든 기능을 발달시키고, 정화하고, 최선을 이용하기 위해 전심해야 한다.

33. 재물의 희생보다 지식의 희생이 더 낫다. 대적을 뇌쇄시키는 자야, 오, 프리다의 아들아, 모든 행위는 예외 없이 지식에서야만 그 절정에 이른다.

간디 무식하게 하는 사랑이 도리어 큰 해가 되는 일이 많음을 모를 사람이 누구일까?

34. 겸손한 공경으로, 거듭하는 질문으로, 받들어 섬김으로써 스승에게서 그것을 배울지어다. 참을 본 지혜자는 네게 지식을 주리라.

참을 본 지혜자 성인

간디 지식을 위한 이 세 가지 조건을 명심하라.

라다크리슈난 이 절은 정신생활에서 믿음이 먼저고 그담에 지식, 그담에 체험이 오는 것을 보여준다.

35. 판두의 아들아, 이것을 앎으로써 너는 다시 미혹에 떨어짐이 없으리라. 또한 이로 인하여 너는 만유를 남김없이 자아 안에 볼 것이요, 또 내게서 볼 것이니라.

36. 설혹 네가 모든 악인 중에서 극악의 죄인이라 할지라도 너는

다만 이 지식의 배에 의하여 모든 죄악을 건너갈 수 있을 것이니라.

37. 마치 타는 불길이 그 연료를 재로 만들어버리듯이, 오, 아르주나야. 지식은 모든 행위를 재로 만드느니라.

38. 이 세상에 지식처럼 정결케 하는 힘이 있는 것은 없느니라. 요가에 의하여 완전한 지경에 이른 이는 때가 이르면 스스로 자아 안에서 이것을 발견하리라.

39. 믿음이 있고, 감각을 제어하여 전심으로 구하는 자는 지식을 얻을 것이니, 지식이 있으면 머지않아 최고의 정화에 도달할 것이니라.

40. 그러나 지식이 없고, 믿음이 없고, 의심하는 성질의 사람은 망하느니라. 의심하는 자에게는 이 세상도 없고 저 세상도 없고 안락도 있을 수 없느니라.

41. 부를 차지하는 자야, 요가에 의하여 모든 행위를 내버리고 지식에 의하여 의혹을 헤쳐버리고, 제 자아를 소유하고 있는 자는 행위가 얽어매지 못하느니라.

42. 그러므로 지혜의 검으로 무지에서 나와 네 가슴속에 박여 있는 의혹을 잘라버리고, 요가에 머물라. 일어나라, 오, 바라타의 아들아.

이것이 절대의 학문이자 요가의 경전인 『바가바드 기타』라 일컫는 『우파니샤드』 안에서 크리슈나와 아르주나가 나누는 대화, 제4장 즈나나 카르마 산야사 요가의 끝이니라.

제5장 내버림의 요가

마하리시 마헤슈 요기 제2장에서 크리슈나는 아르주나에게 상캬와 요가에 대해서 가르쳐주었다. 그것은 그로 하여금 생의 가멸성(可滅性)과 불가멸성(不可滅性)을 분명히 깨달음으로 인하여서 그가 생의 본성과 그 행위에 대한 관계에 대해 가지고 있는 무지를 극복하고 자기의 영원한 자유의 거룩한 본성을 깨닫게 하기 위해서였다.

제3장에서는 카르마 요가를 가르쳐주었다. 즉 하나님과 하나 된 상태에서 하는 행위, 혹은 하나님과 하나됨을 영원히 흔들림 없이 하게 하는 행위, 그리하여 행하는 자와 행위의 존엄성을 더불어 높이게 하는 행위를 가르쳐주었다.

제4장에서는 그 가르침을 계속하여 크리슈나는 아르주나에게 자아와 행위의 관계를 더 깊이 가르쳐서 그로 하여금 내적 본성과 외적 활동의 생활 사이에 자연적으로 존재하는 단절을 분명히 인식하게 했다. 그 결과 아르주나는 생명의 실상(實相)과 행동에 대하여 깊은 통찰을 갖게 되었고, 자기의 본체는 행위와는 완전히 독립해 있는 것임을 알게 되었다. 그리하여 그는 행동이 생명의 본질, 곧 영원한 자유의 본체에 속해 있는 것이 아님을 깨달았다.

제4장의 제목을 '즈나나 카르마 산야사 요가'(지식, 행동, 내버림의 요가)라고 했는데 그것은 의미 있는 말이다. 그 가르침에 따른다면 요가 곧 하나됨은 내버림의 지식, 즉 자아는 완전히 행위에서는 떠나 있다는 지식에 의해 얻어진다는 것을 우리에게 가르쳐준다. 그것은 내버림의 상태는 우주적인 지경에서나 개인적인 생활에서는 자연적인 것이라는 가르침을 정립시킨다. 우주적인 지경에서는 하나님은 창조와 진화에서 버물리지 않고 계시고, 개인적인 생명의 지경에서는 자아는 행위에 버물리지 않은 채로 남아 있다. 내버림의 자연적 상태가 모든 생명의 참된 기초요, 그것을 아는 지식이 해탈을 가져온다. 그것이 제4장의 올 짬이다.

제4장이 얼핏 제3장 행동의 요가(karma-yoga)의 가르침에 반대되는 듯이 보일 수 있다. 그러나 사실은 그렇지 않다. 그것이 만일 행위를 내버리라고 했다면 카르마 요가의 원리에 반대될 것이다. 그러나 그것은 행위 내버림의 지식에 의한 깨달음을 주장하는 것이다. 그것은 내버림은 이해할 것이지 실행할 것이 아님을 알려준다. 내버림의 지경은 행위의 요가로써만 이루어진다. 내버림을 실행할 수는 없다. 여기서 강조하는 것은 내버림의 지식이지 내버림의 실행이 아니다.

우리가 내버림은 실행을 할 수 없다 하지만, 우리는 은둔 생활을 잘 알고 있다. 그러나 은둔자의 내버림의 생활은 외적 물건의 내버림이므로 그것은 어떤 특정한 생활양식에만 관한 것이다. 그 자체가 곧 하나님에 이르는 길이 될 수는 없다. 하나님에게로 가는 데 도움이 되는 것은 내버림의 행동이 아니고 내버림의 지식이다.

제4장에서 말하는 내버림의 지식은 카르마 요가를 하는 사람에게도 필요하고 상캬의 길을 걷는 사람에게도 필요하다. 내버림의 지경은 두 길에서 다 경험하는 것이요, 그 의미를 분명히 깨닫지 못한다면 의심이 남아 있어서 앞으로 더 나아가지 못하고 말 것이다.

카르마 요가도 상캬도 다 같은 공통된 기반인 초월적 명상에서 시작된다. 그것은 직접 초월적 자의의식으로 들어간다. 거기서는 아무리 세련된 사색조차도 내버리게 되는 것이고, 자아는 순수한 본성만으로 홀로 선다. 이것이 완전한 내버림의 지경이다. 그러나 이것은 다만 명상 속에서만 있을 수 있다. 그것은 항구하지 못하다. 다만 규칙적이고 계속적인 명상을 행동(상캬 노선에서 한다면 정신적인 행동, 카르마 요가 노선에서 한다면 육체적인 행동)과 번갈아 함으로써만 초월적 자아의식이 우주적 의식으로 발전할 수 있고, 그 우주의식 속에서만 자아는 행위에서 독립하여 일상생활에서 자연적인 내버림의 상태를 체험할 수 있다. 그러면 내버림이 항구적인 지경에 이른 것이다. 우주적인 의식 상태가 더 발전해서야만 내버림의 완전한 상태에서는 언제나 있는 자아와 행위의 분리된 상태가 녹아 없어지고 궁극의 하나 된 신의식에 이를 수 있다.

제5장은 이 제4장에서 얻은 지식의 뒤를 이어서 아주 분명히 상캬와 카르마 요가를 한데 놓고 모든 행동에서 영원한 해방에 이르는 데 둘 다 똑같이 유효하다는 것을 말해준다.

그것은 행위를 내버림에 의하여 요가 혹은 통일에 도달한다는 하나의 가르침을 내세운다. 이는 카르마 요가에 반대될 것같이 생각되는데 크리슈나는 반대가 되지 않을 뿐 아니라 카르마 요가와 상캬를 같은 선 위에 놓고 하나의 새 철학을 짜낸다. 그것이 곧 내버림의 요가다.

내버림이란 쉽게 말하면 없어짐이다. 그러므로 내버림의 요가는 잃어버림의 요가다. 잃어버림에 의한 통일(하나됨)이다. 잃어버림이 완전에 이르는 길이 된다는 것은 놀라운 말이다.

내버림의 철학 없이는 행위의 철학은 언제나 불완전한 것으로 남아 있을 수밖에 없다. 그 이유는 행위를 한다는 그 반대의 극에는 행위를 내버린다는 것이 언제나 들어 있기 때문이다. 분리와 통일이 서로 대립하듯이, 행위의 내버림은 행동의 요가와 대립한다. 이 통일과 내버림의 두 극을 다 생각하지 않고는 그 철학은 완전할 수 없다.

　내버림의 철학은 단순히 행위의 철학에 보조적인 것만도 아니요, 그 철학의 한 본질적인 부분만도 아니다. 사실 그것은 행위 자체의 한 완전한 철학이라고 하는 편이 옳을 것이다. 내버림의 철학은 아주 완전한 것이기 때문에 엄정하게 내버림의 한계 안에 남아 있으면서도 능히 행위의 철학을 지지해줄 수 있다. 카르마 요가의 기반은 초월적 의식에 있기 때문에, 카르마 요가의 철학 전체는 이 내버림의 철학을 통해서 설명할 수 있다. 그리고 초월적인 의식에 이르는 길은 마음을 외계에 대한 경험의 분야에서 물러나게 함으로써 되는 것이기 때문에, 우리가 어떻게 초월적 의식을 가지게 되느냐 함을 초월적인 것을 향한 행동으로 설명하든지 외계에 대한 경험에서 벗어나는 행동으로 설명하든지 그것은 문제가 되지 않는다.

　그 처음 것으로 한다면 그것은 그 원리를 카르마 요가의 말로 설명할 것이고, 그 둘째 것으로 한다면 그것은 그것을 내버림의 말로써 할 것이다. 그러나 잊어서는 아니 될 것은 내버림은 결코 어떤 실제의 행동으로는 할 수 없다는 사실이다. 내버림의 철학의 실제적 모습은 샹캬와 카르마 요가의 방법 속에서 볼 수 있다. 내버림의 교리는 어떤 독립된 실천 방법을 마련해주지는 않는다. 그렇기 때문에 내버림이란 것 자체가 어떤 길은 아니다. 그것은 다른 길들의 실천 밑에 들어 있는 하나의 이론을 보여주는 것이다.

　제3장에서는 행위의 원리가 설명되었고, 제4장에서는 내버림의 지식이 설명되었는데 이제 제5장에서는 그들이 서로 같이 서서 간다는 것을 설명해준다. 그런데 탄복할 만한 것은 구체적인 행동의 입장에서가 아니고, 추상적인 내버림의 입장에서 해준다는 것이다. 그것은

서로 반대되는 두 극인 행동과 내버림을 하나로 연결하는 가운데서 서로 다른 두 길인 요가와 샹캬를 연결해주고 있고, 그렇게 함으로써 하나로 통일된 생활의 완전한 철학을 설명해준다.

여기에 모든 사람을 부르는 한 부름이 있다. 어떤 길로 오든지, 해방은 네 것이 될 수 있다. …… 이것은 내버림의 기초 위에서 하는 행위의 높은 수준에서 가지는 신령한 의식 속에 있는 영원한 자유의 상태를 보여준다. 그럴 뿐 아니라 이것은 또 일상생활에서 모든 행동을 올바르게 하려면 신령한 의식이 필요하다는 것을 말하는 동시에 신령한 의식에 이르려면 행동이 필요하다는 것을 가르쳐준다. 생명의 물질적인 면과 영적인 면을 조화시킴으로써 사람이 어떤 시대에 있어서나, 하나의 가정을 가진 사람이거나 출가한 사람이거나 간에, 성공적으로 사는 동시에 또한 구원을 얻을 수 있는 한 길을 드러내어 보여준다.

간디 이 장은 행위를 내버림은 무사(無私)한 행위의 훈련 없이는 도저히 불가능한 것이며, 그들은 결국에는 하나라는 것을 가르쳐준다.

아르주나 말하기를

1. 크리슈나시여, 당신께서는 저에게 행위를 내버릴 것을 찬양하여 말씀해주시고 또 (행위의) 요가를 닦으라고 하셨습니다. 둘 가운데서 어느 것이 더 나은지를 결정지어 말씀해주시기 바랍니다.

내버림 산야사(sannyasa), 포기, 원리(遠離).
행위 카르마, 작위(作爲), 업(業).

라다크리슈난 샹카라는 말하기를 아르주나의 질문은 자아를 발견하지 못한 사람에게만 관계되는 것이라고 했다. 왜냐하면 무지한(자아를 모르는) 사람에게는 행위(有爲)는 내버림(無爲)보다 좋기 때문이다.

『기타』가 목적하는 것을 간단하게 말하면, 행동을 버리라고 하는 것은 사람을 업의 사슬에 얽어매려는 이기적인 행동이요, 어떤 행동이건 도무지 하지 말라는 말은 아니다. 우리는 행동만으로 구원을 얻을 수는 없지만 행동이 구원되는 지혜에 반대되는 것은 아니다.

마하리시 마헤슈 요기 아르주나가 미혹에 빠져서 이런 질문을 했다고 생각하는 사람은 거의 깊은 이해를 모르고서 하는 말이다. 아르주나가 여러 가지 질문을 거듭거듭 하는 것은 풍부한 지성을 가진 실행의 인물이었기 때문이다. 그는 어떤 것이거나 무조건 그런 것으로 받아들일 수는 없었다. 그는 자기의 지극히 작은 실수가 후에 오는 몇 세대에게 큰 잘못을 끼칠 수도 있다는 것을 알기 때문에 모든 것을 그저 무조건 받아들일 수는 없었다. 그는 크리슈나가 자기에게서 하려는 모든 것을 세밀히 알지 않고는 그냥 있을 수 없었다.

크리슈나 말씀하시기를

2. 내버림도 행위의 요가도 다 구원에 이르게 할 수 있느니라. 그러나 그 둘 중 행위의 요가는 내버림보다 더 좋으니라.

마하리시 마헤슈 요기 내버림은 네 가지로 해석할 수 있다. 첫째로 가장 흔히 있는 해석으로는 모든 세속 살림을 떠난 사람. 둘째는 마음속의 세밀한 생각까지를 버리기 위해 초월적인 명상을 하는 사람. 이것은 산야사의 전 관심사다. 상대계의 모든 것을 다 내버리고 인생의 나타나 뵈는 것과 뵈지 않는 모든 일에서 떠나는 것. 셋째는 초월적인 의식에 들어간 후, 행동을 통하여 그는 우주적 의식에 들어가 자아가 완전히 행동에서 떠난 것을 체험한다. 그리하여 완전한 내버림의 생활에 이른다. 넷째는 지극히 오묘한 활동에 의해 그는 신의식에 들어간다. 거기서는 우주의식에서 서로 분리된 것으로 체험되었던 자아와 행위가 다시 하나로 연결된 것으로 변화하게 된다.

라다크리슈난 상캬에서는 지식 혹은 깨달음을 강조하고, 요가에서는 의지적인 노력을 강조한다. 하나에서는 우리는 나의 본질적이 아닌 요소를 생각하여 내버림으로써 자아를 알게 되고, 또 하나에서는 그것을 버리기를 결단하는 것이다.

노자 학문을 하면 날마다 더하는 것이 있고, 도를 하면 날마다 덜어버리는 것이 있다. 덜어버리고 또 덜어버려 하는 것이 없는 데까지 이르면, 하는 것 없으면서 하지 않는 것이 없게 된다.(爲學日益 爲道日損 損之又損之 以至於無爲 無爲而無不爲矣)

3. 싫어하는 것도 좋아하는 것도 없는 그 사람을 영원한 내버림의 사람으로 알라. 억센 팔을 가진 자야, 상대를 떠난 사람은 얽매임에서 놓여남을 얻기가 쉬우니라.

간디 행위가 아니라, 좋고 언짢고의 상대에 집착하지 않음이 참 의미의 내버림을 결정한다. 끊임없이 일하면서도 훌륭한 내버림의 사람이 될 수 있고, 아무것도 아니하면서도 위선자일 수가 있다.

공자 선비가 도에 뜻을 두었다고 하면서 나쁜 옷, 나쁜 밥을 부끄럽게 여긴다면, 족히 더불어 말할 나위가 못 되느니라.(士志於道 而恥惡衣惡食者 未足與議也)

아, 어질도다, 안회(顔回)야. 한 주발의 밥, 한 표주박의 물로 외진 시골 구석에 있는 것을 사람이면 누구나 그 걱정을 견디기 어려울 터인데, 회는 그 즐거워함(樂)을 변치 않으니, 참 어질구나, 회야.(子曰 賢哉回也 一簞食 一瓢其飮 在陋巷人不堪其憂 回也不改其樂 賢哉回也)

나윤, 「성오시」(醒悟詩) 이 몸의 목숨이란 거품처럼 뜬 것이니 이리 저리 헤치고서 지나가면 그만이다. 일을 내 욕심에다 맞추려면 언제든지 족한 줄을 모르는 법이다. 반대로 한 발짝 물러설 줄만 안다면 근심할 일이 무엇이 있겠나? 잘산다 못산다 하는 것은 비유해 말한다면 꽃이 피었다가는 떨어지는 것 같은 것이요, 모이고 흩어짐은 마치 구름이 가다가 멎었다 하는 것과 마찬가지다. 그러나 그렇기 때문에 나는 티끌 세상의 생각을 잊은 지 오래고 날마다 재 위의 다락에 올라 취한 듯 자연을 바라보며 한가히 서 있다.

결코 화를 내서도 아니 되고 수심을 해도 아니 된다. 타고난 본분에 따라 우주의 대법칙에 일치한 살림을 할 것이지 조금도 억지로 구하려 해서는 못쓴다. 쓸데없는 말 입 밖에 낼 것 없고, 내게 관계없는 일에 머리 내밀 것 없다. 인간의 부귀란 꽃잎 사이의 이슬같이 잠깐인 것, 소위 피를 흘리며 다투는 공명이란 종이 위에 써놓은 것인데 그것은 마치 물 위에 뜬 거품인 듯 맥없는 것이다. 그러니 그러한 옅은 인정의 요구와 영원한 하늘 이치를 비교해 어느 것이 귀하고 어느 것이 쓸데없는 것인지를 분명히 알고 난 다음에 사람이 무엇 때문에 근심 걱정을 해가며 사업을 한답시고 분주히 돌아다니겠느냐?

어리석은 일이다. 세상일이란 "어지러운 세상"(紛紛世事)이라 하는 한 글귀에 다 그려진 것이다. 혹할 것이 없고 한적한 숲과 샘의 깊은 자연 속에서 조용히 지내는 것이 가장 어진 일이다. 간소한 생활이야말로 행복의 샘이다. 간단한 한 칸 초막을 짓는 데 억새 베어다가 송낙으로 엮어 이엉 이으면 그만이요, 도둑 근심이 있겠나, 권세 있는 사람이 찾아올 걱정이 있겠나, 나뭇가지 엮어 싸리문을 하나 내고 보면 그 앞으로는 흘러가는 맑고 노래하는 시내뿐이니 얼마나 좋은가? 거기서 마음이 평안하니 한껏 잠을 잘 수 있지, 실컷 자고 깨어나면 그에서 더 즐거움이 어디 있겠나, 살진 것을 먹을 필요도 없이 밥을 조금 먹으면 시장한 줄을 모르고 저절로 근심 걱정이 없다. 그런데 무엇을 한답시고 이른바 세상의 크고 작은 영웅들이라는 것이 분주히 왔다갔다하며 떠들어대기로서니 그 무엇 때문이냐 하는 호기심인들 어찌 내게 있으며, 누구요 무슨 일이오, 묻기는 고사하고 머리를 돌려볼 필요인들 있겠느냐?(此身壽命若浮漚 只好捱排過了休 事欲稱情常不足 人能退步便無憂 衰榮可喩花開落 聚散還同雲去留 我已久忘塵世念 頹然終日倚岑樓 要無煩惱要無愁 本分隨緣莫強求 無益語言不著口 不干己事少當頭 人間富貴花間露 紙上功名水上漚 勘破世情天理處 人生何用苦營謀 塵世紛紛一筆句 林泉深處任優遊 蓋間茅屋牽蘿補 開箇柴門對水流 得覺開眼眞可樂 吃些淡飯自忘憂 眼前多少英雄輩 爲甚來由不轉頭)

마하리시 마헤슈 요기 그러한 근심 걱정 아니하는 자유의 생활은 자족할 줄을 안 후에야 될 수 있는데, 그러한 만족할 줄 아는 살림은 마음이 은총 의식 속에 굳게 서지 않고는 있을 수 없다. 그것은 초월·절대의 지경이다. 마음의 갈망을 완전히 만족시켜 즐거움이 솟게 하는 행복이란 이 상태계에서는 있을 수 없다.

이 초월적인 의식에 확고히 서서 변함이 없게 된 후에야 모든 얽매임을 벗고, 우주의식 속에서 영원한 자유의 생활을 할 수 있다. 이 상태에서 그는 완전히 행위의 범역에서 독립하여 영원한 본체의 살림을 살 수 있다. 이것이 완전한 떠남 혹은 내버림 곧 산야사다. 크리슈나가 "상대를 떠나서"라고 한 말이 이것이다.

'쉽다'고 한 말이 매우 의미 있는 말이다. 얽매임에서 자유로워짐을 '쉽게' 얻는 것은 상대의 대립에서 본체의 지경으로 올라갔기 때문이다. 즉 본체와 행동 사이에 자연적으로 존재하는 분리의 상태에서 산야사(내버림)의 상태 곧 본체의 상태로 올라간 것이다.

4. 상캬와 요가를 서로 다르다고 하는 것은 무지한 자의 말이다. 어진 이는 그러지 않는다. 그 하나에만 올바르게 서도 양쪽의 결과를 다 얻을 수 있느니라.

상캬 이론 혹은 지식, 혹은 음역으로 승겁(僧怯), 행위를 내버림.
요가 곧 유가(瑜伽), 통일, 행위의 실수(實修).
올바르게 섬 안주(安住), 지(止), 머무름.

『대학』 앎이 멎은 뒤에 바르게 되고 바른 뒤에 고요할 수 있고 고요한 뒤에 평안할 수 있고 평안한 뒤에 생각할 수 있고 생각한 뒤에 얻을 수 있느니라.(知止而後有定 定而後能靜 靜而後能安 安而後能慮 慮而後能得)

마하리시 마헤슈 요기 상캬는 생의 가멸과 불가멸의 두 양상, 즉 본체와 작용 사이에 있는 단절을 밝혀주고, 요가는 실수(實修)에 의해서 본체를 직접 경험할 수 있는 지경 안에 끌어들임으로써 역시 본체와 작용 사이에 있는 단절을 밝혀준다. 이러하기 때문에 상캬와 요가가 다 우리를 얽매임에서 해탈로 이끌어준다.

"올바르게 선다"는 말이 중요하다. 상캬나 요가의 가르침 속에 올바르게 서려면 이해와 체험이 반드시 필요하다. 상캬나 요가나 다 그 자체만으로 해탈시키는 데 충분한 능력이 있다. 그렇기 때문에 그중 어느 것을 먼저 말해도 문제되지 않는다.

5. 상캬에 의하여 도달하게 되는 지경을 요가를 닦는 자도 도달할 수 있다. 내버림과 요가를 하나로 보는 이가 참으로 보는 이이니라.

마하리시 마헤슈 요기 이것은 가정을 지키는 사람과 출가를 한 사람에게 다 같이 해탈의 길을 약속하는 말이다. 이것은 상캬와 요가를 근본에서 하나로 연결해주고 있다. 영원한 해탈은 가정을 지키는 사람과 출가를 한 사람에게 공통된 목적이다. 참을 본 자는 그것을 안다.

　가정을 가진 사람에게 샹캬의 길이 맞지 않는 것은 분명한 일이고, 카르마 요가만이 될 수 있다. 그러나 크리슈나는 여기서 말하기를 목적에 도달하면 그 차이는 없어진다고 했다. 아직 채 자라지 못한 지성만이 그 둘 사이의 차이점만을 생각하고 있다. 지혜 있는 사람은 그중 어느 것이나 하나를 잡고 시작하여 목적에 도달한다. 그는 차이점을 파고드는 데 시간과 힘을 허비하지 않는다.

　한 걸음 나가서 지식과 행동의 두 가지 길을 자세히 연구해보면 그 길들 자체가 본래 하나임을 알게 된다. 오직 하나 초월적인 명상의 길만이 양쪽 모두에 완성을 가져다준다. 둘을 하나로 보는 자만이 참으로 보는 자라는 것은 이 때문이다.

　두 길이 다 같이 초월적인 명상에서 나와서, 나가는 동안에 다 같이 우주적 의식 속에서 내버림의 체험에 이르게 된다. 그러나 두 길이 모두 이 본체와 작용의 별립(別立)이라는, 직접적 깨달음이라는 중간 이정표에 도달하면서도 아직도 구경의 목적에 온 것은 아니다. 완전한 완성에 이르려면 아직도 더 나아가 신의식 속에서 이루어지는 대통일이라는 최종의 한 목적에 빠져들어야 한다.

　6. 그러나 마하바후야, 요가가 아니고는 내버림에는 참으로 도달하기 어렵다. 요가에 전심하는 성자는 오래지 않아 브라만에 이르느니라.

　마하바후(Mahabahu) 억센 팔을 가진 자, 곧 아르주나.

　마하데브 데자이　샹카라는 말하기를 "여기서 브라만이라고 하는 것은 바로 산야사를 의미하는 것"이라고 했다. 왜냐하면 절대자를 깨닫도록 이끌어가는 것은 그것이기 때문이다. 문맥을 보면 요가 아니고는 도달할 수 없던 것을 쉽게 도달하게 하는 것은 요가일 터이기 때문에 그 해석은 그럴듯하다고 인정이 된다.

마하리시 마헤슈 요기 여기서 요가라는 것은 카르마 요가도 아니요, 초월적인 의식을 얻기 위해서 하는 연습도 아니다. 그것은 통일된 상태 그것, 즉 초월적인 의식을 의미하는 것이다.

브라만이란 상대적인 면, 절대적인 면의 양면이 하나로 다 충족된 상태이므로, 그 상태를 가장 잘 맛볼 수 있는 것은 통일이 항구적인 지경에 이른 때 즉 초월적 의식이 항구적으로 이루어진 때다. 이 우주의식의 상태가 산야사의 체험, 곧 자아와 행동의 분리를 이루어준다. 상대와 절대의 분리가 여기서 산 사실이 된다.

크리슈나가 "오래지 않아서"라고 한 것은 이러한 통일의 항구화 과정에 관해서 한 말이다. 통일의 상태, 곧 초월적 의식은 그 자체가 복스러운 성질의 것이므로 우리 마음은 항상 그것을 기다리는 것이다. 마음은 저 자신의 천성에 끌려 여기에 도달하게 되는 것이요, 항상 그것을 더 누리고 싶어 하는 것이다. 그래서 통일에 도달하는 것은 쉽게, 반항 없이 이루어진다.

7. 요가에 전심하여 영혼을 정결케 하며, 자기를 정복하고 감각을 통제하며, 자기의 자아로써 만물의 자아가 되는 자는 비록 행동한다 하여도 물듦이 없느니라.

<small>요가에 전심 정신이 통일된 상태, 하나됨에 이른 상태, 자아에 떠남이 없는 상태, 노자가 말하는 "빔을 이루기를 다시없이 하고 고요를 지키기를 두터이한다"(致虛極 守靜篤)는 지경.</small>

<small>정결 마음이 정결한 자는 복이 있다. 그가 하나님을 볼 것이다.</small>

맹자 자기의 자아로 만물의 자아가 됨.(有大人者 正己而物正)

노자 내 함 없어서 백성은 저절로 되고, 내 고요를 좋아하여 백성은 저절로 바르게 되며, 내 일 없어서 백성은 저절로 가멸고, 내 하고자 함 없어서 백성은 저절로 등걸이니라.(我無爲而民自化 我好靜而民自正 我無事而民自富 我無欲而民自樸)

장자 거룩한 이는 제 마음이란 것이 없이 백성의 마음으로 제 마음을 삼느니라.(聖人無己心 以百姓心爲心)

참 사람은 저가 없다.(眞人無己)

예수 아버지께서 만물을 다 내게 주셨다.

8. 거룩하신 이와 하나 되어 참을 아는 자는 생각하기를 "나는 아무 것도 하는 것이 없다" 한다. 비록 보고, 듣고, 만지고, 냄새 맡고, 먹고, 움직이고, 숨쉬고, 자고,

참을 아는 자 타트바비트(tattvavit).

9. 말하며, 주며, 취하며, 눈을 뜨고 감을지라도 그는 생각하기를 "다만 감각이 그 대상 속에 일하고 있을 뿐이다" 하느니라.

공자 마음이 있지 않으면 보아도 보지 못하고 들어도 듣지 못하며 먹어도 그 맛을 알지 못한다.(心不在焉 視而不見 聽而不聞 食而不知其味)

예수 네 오른손이 하는 것을 왼손이 모르게 하라.

마하리시 마헤슈 요기 "거룩하신 이와 하나 되어"란 신성(神性)이 행동에서 완전히 분리된 것이다. 이것이 이루어졌을 때 자아는 행위에서 완전히 독립된 것으로 체험된다.

간디 '자기'가 버티고 있는 한은 이러한 떠남(내버림)은 이루어질 수 없다. 그렇기 때문에 감성적인 인간이 이것은 자기가 아니고 자기

의 감각이 하는 것이라고 하는 그늘 밑에 자기를 숨겨서는 아니 된다. 그러한 잘못된 해석은 『기타』가 뭔지 올바른 행동이 뭔지도 모르는 무지를 스스로 나타내는 것이다. 다음 절이 그것을 밝혀준다.

함석헌 맹자가 당시의 정치를 비판하면서 사람을 죽이고도 "내가 죽였나, 칼이 죽였지"(非我也 兵也) 한다고 한 것도 이와 같은 뜻에서다.

예수께서 "남을 판단하지 마라" 한 것을 반대할 양심은 하나도 없을 것이다. 그런데 실지로는 꼭 같은 도둑, 강도가 앉아서 남을 능히 재판하여 징역을 시키고 사형에 처하는 것은 무엇으로써 능히 그렇게 할까? 제도와 법의 그늘에 숨어서다. 제도와 법을 만드는 것은 이성(理性)인데, 이성이 스스로 절대의 영(靈)의 다스림 받기를 거부하고, 자기 홀로 서는 것을 자유요 독립이요 인간의 존엄으로 거짓 해석을 붙이기 시작했을 때 현대의 횡포와 혼란은 벌써 시작된 것이다.

그러나 절대의 영을 세상 밖에다가 두고 무조건 복종을 강조하는 정통주의적 종교에서도 위에서와 마찬가지의 협잡이 일어난다. 우리를 정말 자유롭게 하는 진리의 신은 초월적으로 계시는 동시에 반드시 또 내재하시는 이여야 한다. 무조건 복종을 강요하는 정치주의는 무조건 복종을 찬양하는 종교에서 나온다.

10. 자기의 모든 행위를 브라만에게 바치고 집착을 떠나 행동하는 자는 죄에 물듦이 없나니, 마치 연잎이 물에 젖지 않음 같으니라.

브라만 범천(梵天), 하나님, 지고자, 절대자, 보편적인 본체(Universal Being).

라다크리슈난 『기타』는 우리에게 행위를 버리기를 요구하는 것이 아니고 그것을 하나님께 바치기를 요구한다. 우리가 유한한 이기적인 자기와 자기의 좋아하고 싫어하는 것에 대한 집착을 다 내버리고,

우리의 행동을 영원에다 바칠 때 우리는 진정한 내버림을 얻게 된다. 그러면 그 안에서 현세에서의 자유도 찾게 된다.

함석헌 "죄에 물듦이 없다"란 어떤 사람들이 오해하듯이 믿는 자는 죄를 지어도 죄가 되지 않는다는 뜻이 아니다. 그것은 망언이다. 차라리 "마음이 하고자 하는 데 따라 하여도 규칙에 어그러짐이 없다"는 공자의 말이 그 뜻에 가까울 것이다. "아버지의 완전하심같이 완전한 데 가자"는 것이 우리 속에 있는 하나님 모습인데, "사람인 이상 죄는 아니 지을 수 없다"며 스스로 면허권을 내리고 그담은 그저 무조건 사죄만을 바라는 것은 교리의 말을 빌린 하나의 욕심에 지나지 않는다. 인간의 연약함을 안다는 것과 그것을 당연한 것으로 여기고 그저 주는 복만을 바라는 것은 결코 같은 말이 아니다.

불쌍히 여기신다는 것은 죄 속에 있으면서도 거기서 빠져나오려고 애를 쓰는 그 마음을 불쌍히 여기시는 것이지 결코 덮어놓고 무조건 그러시는 것은 아니다. 연잎이 물에 젖지 않는 것은 젖지 않는 성질을 제 속에 길러내어 가지고 있기 때문이지, 누가 거기 무슨 칠을 해주어서는 아니다. 하나님은 결코 뺑끼칠장이가 아니다. 그런 따위 그릇된 신앙이야말로 이 세상의 권세자와 야합하여 역사를 언제까지라도 구정물 속에 썩게 하는 것이다. 그런 일을 가리켜 예수는 "거룩한 것을 돼지에게 주는 것"이라 했다.

스스로 죄지은 줄을 알면서도 감히 '인간의 연약'으로 방패를 삼으려 하지 않고 심중에 아파하고 슬퍼하는 자는, 회개와 죄짓기를 번갈아 하는 데서 그 무조건 은혜 줌과 다름이 없는 듯하지만, 다르다. 그 아파하는 마음, 슬퍼하는 눈물이 그 영혼을 지켜 죄의 물이 들지 않게 한다. 그런 마음을 하나님은 불쌍히 여겨서 마침내는 그 더러움이 와 닿을 수 없는 자리로 올려놓아 주신다.

11. 요가를 닦는 자는, 다만 몸으로, 마음으로, 이성으로, 혹은 정말 단순히 감관으로만, 자아의 정화를 위하여, 집착을 떠나 행동하느니라.

함석헌 "다만"이란 나라는 생각이 없이라는 뜻. 그러나 일상생활에서는 잠깐 잊든지, 혹은 술 같은 것에 취해서 혹은 병으로, 혹은 기계적으로 무의식 상태에서 나라는 생각 없이 행동을 할 수 있지만, 요가 닦는 사람이 하는 것은 의식적으로 힘써서 자아 혹은 영혼을 빼고 행동한다. 비유를 쓰기는 하면서도 그 점이 다르다.

참 의미에서 하나님의 모습대로인 나의 자아가 그런 짓을 할 리 없지만 보통 믿음 없는 사람이 잘못하는 것은 '내'가 그럴 수 없는 것을 '내가' 하는 줄로 망상을 하는 데 있다. 한다면 몸이 했고 마음이 했고 이성이 했고 감각이 한 것인데 그것을 '나'로 아는 것이 망상이다. 무지다. 그러므로 자아 혹은 영혼, 즉 나의 참, 나의 불염성(不染性), 불멸성(不滅性), 불변성(不變性)을 믿는 것이 곧 하나님을 믿음이요 도(道)를 믿음이요 브라만을 믿음이다. 그럴 때 무한의 힘이 온다. 어디서? 저기서라면 저기요 이 속에서라면 이 속이다. 어디가 없다. 그것이 그때에 은총으로 복스러움으로 기쁨으로 느껴진다. 순간적으로 이런 명상에 들어가는 것은 조금 믿는 사람은 체험하는 일이지만, 그렇게 죄와 은혜가 번갈아 출입을 해서는 참으로 구원된 상태가 아니다. 물론 구원을 바라는 마음 그 일념 속에 이미 구원이 있지만, 그렇게 들고나고 함이 있어서는 아니 된다. 풍랑 없는 배질은 있을 수 없지만 배가 대기권 밖으로 나가서는 안 되는 것과 같다. 그것이 신앙의 인생에서 항상 부동의 자세를 말하는 까닭이다.

"자아의 정화를 위하여"란 모든 행동의 목적은 자아의 정화에 있기 때문이다. 초월적인 하나님의 은총에만 매달리려는 마음은 자아의 정화란 생각을 깊이 하지 않는 경향이 있고, 심하면 그것을 율법주의적인 교만이라고 배척하기까지 하려는 사람이 있지만 이 점은 모든 문제를 자아(아트만)를 중심으로 생각하려는 인도식 사고 방식에서 배울 필요가 있다. 십계명은 말할 것도 없고 하늘나라의 헌법이라 할 만한 산상수훈(山上垂訓)에서 예수도 분명히 마음의 정결을 강조했는데, 십자가의 은혜를 강조한 나머지 자아의 정화를 원수처럼 아는 열심당이 생긴 것은 참 이상한 일이다.

그런데 한 가지 익살스러운 것은, 자기 경우에는 자기는 버리지만도 못하다면서 겸손한 듯한 사람이 다른 사람의 죄에 대하여는 예수의 비유에 나오는 빚진 종같이 저쪽의 멱살을 거머쥐고 가차없이 냉혹한 심판을 한다. 그러나 이것은 이상할 것이 없다. 자기 자아에 대한 자세한 살핌이 없기 때문에 남의 죄에 같이 아파할 줄을 모른다. 그들은 철저한 개인주의다. 가라지 비유에서 예수가 당장에 가라지 뽑으려는 것을 금하는 뜻을 깊이 생각해본 일도 없는 사람이요, 탕자 비유의 맏아들을 지독히 나무라는 또 하나의 맏아들일 뿐이다.

하나님의 모습대로 지음을 받았다 하고, 전능한 하나님이라 하면 하나님도 인간 영혼도 기성품으로 되어 있는 것같이 생각하기 쉽지만 그런 식의 의식 작용이 변화되지 못하는 한 "울어도 못하네, 참아도 못하네"다. 우리 자아가 기성품이 아님은 조금 참되게 반성해보면 알 수 있고, 자아가 기성품일 수 없다면 하나님도 다 되어서 석상처럼 서 있는 하나님이 아닐 것이다. 우리 자아는 흙속에 묻힌 골동품처럼 찾아만 내면 하루아침에 부자가 되는 그런 것이 아니다. 영원한 역사를 두고 실현해내야 하는 자아다.

창조적 활동이야말로 자아의 본질적 모습이다. 그리고 그 자체의 지혜로 인해 이것은 영원한 하나님의 모습인 것을 안다. 자아의 정화란 다른 것 아니고 자아를 통해 실현해내는 하나님의 모습이다. 그렇기 때문에 처음부터 행위의 요가를 닦는 자는 자기의 모든 행위를 하나님께 바친다고 했다. 잘되고 못 되고가 문제가 아니라, 온통 다 하나님 앞에 바친 것이다. 그러한 태도에 의해서만 깨진 질그릇 같은 나를 가지고 하나님을 실현해낼 수 있다. 실현해낸다는 말을 예수식으로 하면 "그들이 여러분의 착한 행실을 보고 하늘에 계신 여러분의 아버지를 찬양케 하시오"라는 말이 될 것이다.

이렇게 죄와 의를 구별할 것 없이 일체의 행동이 번제단(燔祭壇)에서 타는 동물의 각 부분인 모양, 다 의미가 있어진다. 이것이 곧 행위 내버림의 지식이다.

12. 정신이 통일된 사람은 행동의 결과를 버리고 궁극의 평화를 얻으나, 정신이 통일되지 못한 사람은 애욕에 몰리어 행동의 결과에 집착함으로써 항상 얽매여 있느니라.

> 정신이 통일된 사람 원어로는 육타(yukta)라는 말인데, 요가를 닦은 사람, 브라만과 하나됨을 얻은 사람, 진실히 믿는 영혼 등으로 번역한다.

『장자』,「전자방」(田子方) 지극한 아름다움을 얻어 지극한 즐거움에 노니는 이를 일러 지극한 사람이라 한다 …… 풀 먹는 짐승은 숲을 바꾸기를 싫어하지 않고, 물에 사는 벌레는 물을 바꾸기를 싫어하지 않는다. 조그만 변동을 행하더라도 그 큰 떳떳을 잃음이 없으면 희로애락이 가슴속에 들어오지 않는다(마음을 어지럽히지 않는다).(得至美而遊乎至樂 謂之至人 …… 草食至獸不疾易藪 水生之蟲 不疾易水 行小變而不失其大常也 喜怒哀樂不入於胸次)

13. 우리 몸 안에 주인으로 계시어 스스로를 주장하시는 이는 마음으로 모든 행동을 내버리시고 평안히 아홉 문의 성안에 거하신다. 그는 하시는 일도, 시키시는 일도 없다.

아홉 문의 성 사람의 몸.

간디 몸의 큰 문들은 두 눈, 두 콧구멍, 두 귀와, 입과 두 배설기관이지만 자세히 말한다면, 피부에 있는 수많은 구멍도 역시 다름없는 문들이다. 만일 그 문들의 문지기들이 자기 직책을 부지런히 하여 정말 나가고 들어올 만한 물건들만을 나가고 들어오게 한다면, 그 사람은 사실로 그 나가고 들어오는 일에 관계하는 것이 없고 다만 피동적인 증인일 뿐이라고 말할 수 있다. 그러하다면 그는 정말 하는 것도 시키는 것도 없는 자다.

14. 주께서는 세상을 위해 행동하는 힘을 지어내시지도 않고 행동하시지도 않으며, 또 행동과 그 결과를 연결하시지도 않는다. 그것은 저 스스로 그렇게 되는 것이다.

행동하는 힘 능작(能作).
저 스스로 자연, 자성(自性).

간디 하나님은 행하는 이는 아니다. 카르마의 냉철한 법칙이 모든 것을 주장한다. 그리하여 각 사람이 제 심은 것을 거두게 함으로써 제 보응을 받게 한다. 그런데 바로 이 법칙의 이루어짐 속에 하나님의 넘치는 자비와 정의가 있다. 추호도 가차없는 정의 속에 자비가 있다(In undiluted justice is mercy). 정의와 아울러 서지 못하는 자비는 자비가 아니라 도리어 그 반대다. 그러나 사람은 과거와 현재와 미래를 다 알아서 하는 재판자일 수는 없다. 그러므로 그 법은 그에게는 보류가 되고, 자비 혹은 용서가 순수한 정의다. 저 자신이 언제든지 재판을 받을 수 있는 물건이기 때문에 사람은 자기에게 원하는 것, 곧 용서를 다른 사람에게 해주지 않으면 아니 된다. 오직 용서의 정신을 길러냄에 의하여서만 사람은 요가의 지경 곧 어떤 행동에도 얽매임이 없고, 마음이 항상 평온하고, 행동을 민첩하게 할 수 있는 데 이를 수 있다.

15. 전능하신 이는 어떤 사람의 악도 받으심이 없고 선도 받으심이 없다. 무지에 의하여 지혜가 가리어졌을 뿐이니, 그러므로 중생이 헤매느니라.

> 전능하신 이 비부(vibhuh), 편재자(遍在者), 무소부재하고 무소불능하신 이. 개개의 영혼은 영원히 변함없이 갈라져 있는 분자(分子)가 아니다. 비부는 지자(智者)의 자아로 생각할 수도 절대적인 자아로 생각할 수도 있다. 아드바이타(advaita, 일원론) 베단타(vedanta)에서 그것은 하나다.
> 무지에 의하여 아즈나네나(ajnanena). 우리로 하여금 다수적인 것을 영원한 것으로 믿게 하는 것은 무지다.
> 지혜 즈나나. 모든 차별적인 것의 유일한 기본은 지혜다. ―라다크리슈난

간디 미혹의 근본은 인간이 오만하게도 행동을 제가 하는 것처럼 생각하고, 그 행동의 결과는 상이었든 벌이었든 간에 하나님이 한다고 하는 데 있다.

마하데브 데자이 제14, 15절은 상캬론에서, 푸루샤는 행함이 없고 행하는 것은 오직 프라크리티라는 데 맞추어서 하는 말인데, 베단타에서는 푸루샤 혹은 아트만을 지고자와 하나로 보기 때문에 프라부(prabhuh)와 비부라는 말을 주(Lord) 혹은 편재하시는 원리라는 뜻으로 여기다 썼다. 간디는 두 말을 다 지고자라는 뜻으로 취했지만 어떤 이들은 개인의 자아로 취하기도 한다. 그 어느 편이거나 간에 뜻은 마찬가지다. 그러나 그렇다고 해서 『기타』에서 말하는 지고자를 아리스토텔레스식의 신, 즉 명상적·추상적 관념의 신으로, 행동하는 일도 없고 우주에 대해 아무런 관심을 가지려고도 아니하는, 군림할 뿐 다스리는 일은 없는 임금으로 착각을 해서는 아니 된다. 이 절들에서 강조하는 것은 바로 그 법의 통치다.

물론 모든 법의 궁극의 본원은 모든 것에 편재하고 모든 것을 주재

하는 지고의 본체이기는 하지만, 상캬나 즈나나 요가를 닦는 이들에게는 지고자는 보편적인 법으로 활동하는 이이기만 하면 그만이지만, 카르마 요가 혹은 박티(bhakti) 요가를 닦는 이들에게는, 다음의 제29절에서 보는 대로, 그는 자기 예배를 즐거이 받아주시고, 언제나 기꺼이 응해주시는 친구요 위로자이신 하나님이 아니어서는 아니 된다.

간디 우리는 모두 생각할 수 없는 것을 생각해보려고, 설명할 수 없는 것을 설명해보려고, 알 수 없는 이를 알아보려고 애를 쓰고 있다. 우리말이 더듬더듬하고, 확실치 못하고, 서로 모순이 되는 것은 이 때문이다. 그렇기 때문에 『베다』가 브라만을 그려서 말할 때에 "이것도 아니" "이것도 아니"라고 했다. 우리가 만일 존재한다면 우리의 어버이들과 또 그들의 어버이들이 존재했을 것이요, 그렇다면 창조 전체의 어버이를 믿는 것은 당연한 일이다. 그가 만일 없다면 우리도 없다. 우리가 모두 한 하나님을 서로 여러 가지로 부르게 된 원인은 이 때문이다. 그이는 원자보다도 더 작고, 히말라야보다도 더 크다. 그이는 대양의 한 방울 물속에도 들어 있으시지만, 또 7대양을 다 가지고도 그를 둘러쌀 수는 없다. 이성은 그이를 알 능력이 없다. 그는 이성을 초월하신 이요 그것으로는 붙잡을 수 없는 이다.〔『청년 인도』, 1926. 1. 26〕

마하리시 마헤슈 요기 '만물에 편재하는 지혜'는 절대의 본체다. 편재하기 때문에 초월적인 성격을 가지고, 초월적이기 때문에 행동의 영향권 밖에 선다. 이는 상대적 생명 전체의 무언의 증인이다.

16. 그러나 그 무지를 자아의 지혜로 깨치는 자에게는 그 지혜가 태양처럼 그 지극히 높으신 이를 드러내 보여주리라.

마하리시 마헤슈 요기 이 절을 보면 지혜에 의하여 무지가 깨쳐지지, 무지를 깨쳐서 지혜가 얻어지는 것이 아님을 분명히 알 수 있다. 그러므로 구도자는 무지에서 빠져나오려고 하기보다는 직접 체험해서 지혜를 얻으려고 힘쓰는 것이 옳다.

여기서 재미있는 것은, 무지로 인해 하나로 알았던 생명이 상캬의 분석으로 두 구성 요소로 갈라진다. 즉 변하는 것과 변하지 않는 것. 요가에서는 직접 체험에 의하여 그것을 생명의 서로 다른 두 분야로 인식하게 된다. 상캬에 의하여 깨달아진 것이 여기서 확인된 것이다. 우주의식에서 자아가 행동에 버물리지 않는 생활을 살기 시작할 때 상캬의 가르치는 진리가 실생활에서 비로소 의미를 가진다. 이것으로 인하여서 생명이 이 두 분야, 즉 상대와 절대가 서로 따로따로 서 있는 것을 알 수 있다. 그래서 이 상대적인 분야에서 이미 구경에는 고(苦), 낙(樂)에 이르는 선과 악이 서로 대립되어 있는 것과 그것은 각각 자아가 행동에 집착하기 때문에 나오는 것, 그리고 그 집착은 결국 지혜를 가지지 못하는 데서 나옴을 알 수 있다.

17. 이성을 거기 두고, 바탈을 거기 세우고, 거기 안주하며 거기 전념하는 이는 지혜로 인하여 모든 죄가 깨끗해지고, 다시 물러남 없는 자리에 이르느니라.

<small>이성(理性) 원어는 부디(buddhi), 지혜, 이해라고 번역하는 이들도 있다.
두고 혹은 뿌리박고, 혹은 가득 차 있다고 번역하는 이도 있다.
바탈 원어는 아트만인데, 아트만이란 말은 여러 가지 의미로 쓰인다. 그래서 보통 하는 대로 자아로 번역하는 이도 있으나, 또 존재(being) 혹은 자각적인 존재(conscious being)로 번역하는 이도 있다. "네 마음을 다하고 뜻을 다하며 성품을 다하고 힘을 다하여 주 너희 하나님을 사랑하라" 했을 때의 그 모든 것을 다 합한 지경, 전 존재로라는 뜻으로 생각하면 좋을 듯하다.
세우고 어떤 이는 '향하고'로, 어떤 이는 '하나 되게 하고'로, 어떤 이는 '(자아를 거기서) 보고'로 번역한다.
안주하며 영어로는 '전념하고 있는'(intent on), '열중한'(with heart in), '머무르다'</small>

(abide in) 등으로 번역했다.

거기 원어로는 타트(tat). '그것'이라는 말로 위에서 설명한 단어, 즉 이성, 자아, 안주, 전념 등으로 번역하게 되는 말들의 첫머리에 거의 언제나 다 붙어 있다. 그래서 '우리 생각하는 것, 사는 것, 목적하는 것, 힘쓰는 것을 '타트' 그것을 위해 혹은 거기다 두고' 한다는 말이다. 그것, 거기, 곧 피(彼)는 여기, 이것 곧 차(此)에 대립하는 말이다. 그러니 생각하는 것, 존재하는 것, 목적하는 것, 노력하는 것을 여기, 이 참이 되지 못한 현상계에 두지 말고, 저기, 참의 세계, 상대, 차별이 아닌 초월의 세계에 둔다는 뜻이다.

다시 물러남 없는 자리 불퇴전위(不退轉位).

마하리시 마헤슈 요기 사람이 현세에서 성공하는 데도, 또 영원한 자유에 이르는 데도 가장 기본 되는 것은 청정한 마음인데, 이 절을 보면 그러한 청정심(淸淨心)은 지혜, 곧 초월적 지경을 얻음으로써만 될 수 있다는 것이 분명해진다. 또 이 절이 가르치는 것은, 사람이 절대 청정의 지경을, 우주의식까지 올라감에 의하여 확호부동(確乎不動)한 것으로 만들지 않는 한은 언제든지 생명의 낮은 단계로 다시 떨어져 내려갈 위험이 있다는 하나의 원리다.

그것은 곧 이런 것을 의미한다. 즉 초월의식이 항구적인 것이 되지 못하면 아침의 명상으로 얻은 힘이 그대로 충실한 채 하루 동안을 가지 못하고 만다는 말이다. 시간이 감에 따라 그 힘의 강도가 약화되고 거기에 따라 생활의 청정도(淸淨度)도 떨어져서 저녁에 다시 명상으로 그것을 회복해야 한다.

18. 어진 이는 학식 있고 겸손한 브라만이나, 소나, 코끼리나, 개나, 개를 먹은 자까지도 평등한 눈으로 보느니라.

어진 이 판디타(pandita), 식자, 학자, 현인, 지혜자, 철인. 간디는 자아실현자라고 했다.

라다크리슈난 "학식 있고 겸손한"이란 아는 것이 많을수록 더욱 겸손해지는 현상에서 온다. 지식이 많아지면 많아질수록 주위가 캄캄한 것을 더욱 잘 알게 되기 때문이다. 촛불을 켜고 나면 어둠의 짙음을 안다. 우리의 아는 것을 우리가 알지 못하는 것에 비해 보면 실로 아무것도 아니다. 무엇을 조금 알면 독단적이 되고, 조금 더 알면 묻게 되고, 또 조금 더 알면 기도하게 된다. 그뿐 아니라 우리가 존재해 나갈 수 있는 것은 하나님의 사랑 때문임을 알게 되기 때문에 겸손해진다. 고금을 막론하고 위대한 사상가는 모두 종교심이 깊은 사람들이었다.

누구나 잘 아는 뉴턴의 말이 이것을 밝혀준다. "세상에서는 내가 많은 것을 아는 줄로 알지만, 아닙니다. 내 보기에는 내가 바닷가에서 노는 한 어린아이 같습니다. 이따금 반질반질한 조약돌이나 예쁜 조개껍데기를 얻어들고는 명성을 날리기는 하지마는, 내 앞에는 막막한 미지(未知)의 진리의 대해가 놓여 있습니다." 그리고 헨리 애덤스(Henry Adams)의 한 구절을 빌려오는 것이 좋을 듯하다. "어쨌거나 사람은 위대한 것이 뭣인지를 조금도 모릅니다. 그래서 어떤 날 제 무지가 얼마나한 것임을 톡톡히 알고 나서야 엎드려 기도를 드리게 됩니다."

간디 그 의미를 말한다면, 그들은 그 어느 것에 대해서나 필요에 따라 똑같이 봉사해준다는 말입니다. 브라만과 개 먹는 자를 똑같이 대접한다는 말은, 그 어진 이는 개 먹는 자가 독사에 물렸을 때 그 독을 빨아내주기를 브라만이 독사에 물렸을 때와 똑같이 그렇게 달가운 마음으로 정성스럽게 해준다는 말입니다.

『하리잔』(1935. 1. 11.) 간디 옹은 이 절을 어떤 천민 노동자 모임에서 길게 설명한 일이 있다. 그는 그들도 다른 누구나와 똑같은 평등한 신분을 가져야 한다고 강조하면서 이렇게 말했다.

"나는 결코 모든 차별을 없애자는 것이 아닙니다. 자연적으로 있는 차별을 누가 능히 없앨 수 있습니까? 브라만과 개 사이에, 개 먹는 자 사이에 차별이 없습니까? 사실로 있습니다. 그러나 생명의 과학을 아는 사람은 이렇게 말할 것입니다. 즉 그들 사이에 신분의 차이는 없습니다. 마치 코끼리나 개미나 야만인이나 과학자 사이에 신분의 차이가 없는 것과 마찬가지로 그들 사이에도 없습니다. 야만인은 과학자를 보고 놀라고 두려워하는 생각을 가지겠지만, 그렇다고 학자는 제가 높거니 하는 생각을 해서는 아니 될 것입니다."

마하데브 데자이 "거기에 대하여 또 다른 견해가 있습니다. 우리는 한 가지 점에서 다 평등합니다. 즉 다 불완전하다는 점에서. 우리는 다 골탄 칠이 되어 있습니다. 아무도 완전한 자는 없습니다. 오직 주님만이 완전하실 뿐입니다. 인간은 그 탄생에서부터 부정(不淨)합니다. 우리가 우리 속을 자세히 들여다본다면, 많거나 적거나 간 다 부정한 것들입니다. 그러나 그러면서도 '그 속에서는 하나'라는 것이 생명의 전체를 뒤덮고 있습니다. 형상은 여러 가지입니다. 그러나 그 속을 채우는 정신은 (혹은 깨닫게 하는 영은) 하나입니다(The forms are many, but the informing spirit is one)."

모든 것을 평등한 눈으로 본다는 것은 요가와 즈나나의 공통된 특징이요, 『기타』 곳곳에 나온다. 제6장 제9절, 제12장 제18절, 제14장 제25절을 보면 거기서는 친구와 원수를 똑같이 생각하는 것이 요가와 박티와 구나티타(gunatita, 초월적 상태)의 특징의 하나라고 했다. '평등' '동등' 하는 말들이 그들의 문맥 속에서 가지는 의미는 누구나 잘 아는 「마태복음」의 구절 속에서 '완전'이라는 말이 가지는 그것과 같다. "네 원수를 사랑하고, 너를 저주하는 자를 위하여 복을 빌라. 그리하면 너희가 하늘에 계신 너희 아버지의 자녀가 될 것이다. 그는 햇빛을 악한 자와 선한 자 위에 비치게 하시나니, 그러므로 하늘에 계신 너희 아버지의 완전하심같이 너희도 완전하라"(5: 44~45, 48). 마지막 절은 문구조차도 이 절과 매우 근사하다.

마하리시 마헤슈 요기 브라만과 소와 코끼리와 개를 한데 관련시켜 말한 것은 사람이나 그외 여러 가지 짐승으로 태어나온 그것들의 본체는 같다는 것을 강조하기 위해서요, 또 본체의 동일성 위에 굳게 서서 다양함 밑에 있는 초월적인 것의 통일성을 깨달을 때 우리는 영감의 평등관을 얻게 된다는 것을 말하기 위해서다.

'학식과 겸손에 대하여' 살펴보자. 지혜가 생기면 겸손해진다. 어진 이는 창조 속에 있는 차별, 차이는 일시적인 것이요, 그 모든 것 밑에는 하나의 구경의 실재가 있는 것을 알기 때문에, 그는 사물을 중대하게 보지 않는다. 그것들은 다 같이 끝나는 운명을 가지기 때문이다. 어진 이의 속에 있는 이 본체의 자연적 성격을 겸손이라고 해석한 것이다. 사실 겸손은 그것이 생명의 동일성, 만물의 궁극적 일체성에 대한 생각이 높아질 때에 나오는 것이므로 지혜의 표준이 된다.

겸손이라면 보통 자기의 유한성, 무지성, 무의미성을 솔직히 인정하는 일로 생각하지만, 진정한 겸손은 본체의 성격 속에 있지 마음의 어떤 태도에 있는 것이 아니다.

깨달은 사람의 마음은 본체의 상태에, 생명의 동일성에 푹 배어 있기 때문에 그런 마음은 자연히 어떤 것을 보았든 간에 그 영감이 동일성을 가지고 있다. 나타나 보이는 상대계의 차별상이 그의 생각 속에 차별을 능히 일으키지 못한다. 이렇게 말하는 것은 그런 사람은 소와 개를 구별하지 못한다는 말이 아니다. 물론 그는 소를 소로 보고 개를 개로 본다. 그러나 그 소의 형상, 개의 형상이 그의 눈을 어둡혀서 둘 속에 똑같이 있는 자아의 동일성을 못 보게 하지는 못한다. 그는 소와 개를 보기는 하지만 그의 자아는 소의 본체와 개의 본체,

곧 자기의 본체 속에 굳건하게 서 있다.

라다크리슈난 "개를 먹는 자"란 글자 그대로 직역한 것인데, 제 계급에서 내쫓음을 당한 자를 가리키는 말이다. 인간 중에서 가장 멸시를 받는 자다.

"평등한 눈으로 본다"(samadarsinah)함은 영원한 것은 만물 속에 다 같이 있음을 말한다. 그것은 사람에게나 마찬가지로 동물에게도, 브라만에게나 마찬가지로 멸시받는 추방자에게도 있다. 브라만의 빛은 모든 속에 다 있는 것이요, 그것이 비춰주는 몸들의 차이 때문에 변동이 생기는 것은 조금도 없다.

지극히 높은 이의 특성은, 그 본체나, 의식이나, 복됨이나 어떤 존재 속에도 다 같이 들어 있으므로 그 차이란 것은 그것들의 이름이나 형상, 즉 그 나타나는 형식에 관계된 것뿐이다. 우리가 모든 것을 궁극의 실재의 견지에서 볼 때 우리는 "모든 것을 평등한 눈으로 보는 것"이다. 근본적인 이원론은 정신과 자연의 이원(二元)이지 영혼과 육체의 이원이 아니다. 그것은 주관과 객관 사이에 있는 차이다. 자연이란 객관화(客觀化)의 소원화(疎遠化)의 결정성(決定性)의 세계다. 거기서 우리는 광물, 식물, 동물, 인간의 차별을 하지만, 그렇지만 그것들은 다 제 속에 비객관적 존재를 가지고 있다. 주관과 실재는 그 어느 것 속에도 다 들어 있다. 이러한 바닥의 동일성을 인정하는 것은 경험적인 다양성과 양립할 수 없는 것이 아니다. 샹카라조차도 유일 영원한 실재가 계속적인 현현(顯現)의 단계를 통하여 자신을 점점 더 높이 계시하는 것을 인정했다. 경험적 차이가 우리 눈을 가려서 만물이 공통으로 가지고 있는 형이상적 실재를 볼 수 없게 할 수는 없다. 이런 견해를 가질 때에 우리는 우리의 동류, 산 물건들을 친절과 자비로 봐줄 수가 있다. 어진 이는 만물 속에서 한 하나님을 보고 거룩하신 이의 특성인 평등관의 정신을 길러간다.

19. 평등으로 보는 자리에 꽉 선 사람은 이 생에서도 세계를 제어할 수 있다. 브라만은 흠이 없고 어디서나 한 모양이므로 그들은 브라만 안에 안주하느니라.

<small>꽉 서 있다 절 끝에 있는 안주와 같은 말이다. 변동 없이 머물러 있음.
이 생 이 땅 위에서라고도, 이 생애에서라고도 할 수 있다.
세계를 '이 지어진 세계를' 혹은 '이 생사의 바퀴를'이라고도 번역한다.
흠이 없고 완전하다는 뜻.
한 모양 사마(sama), 같다, 평평하다, 평행, 평등, 동일.</small>

간디 사람은 자신이 생각하는 대로 그대로 된다. 그렇기 때문에 모든 것에 대해 평등하게 되고 싶다는 생각을 늘 하는 사람은 그러한 지경에 이르러 브라만과 하나가 될 수 있다.

「요한1서」(2: 6) 자기가 하나님 안에서 산다고 말하는 사람은 그리스도가 사신 것처럼 살아야 합니다.

「요한1서」(4: 16) 하나님은 사랑이십니다. 사랑 안에 있는 사람은 하나님 안에 있으며 하나님은 그 사람 안에 계십니다.

라다크리슈난 우리의 궁극의 목표인 해탈의 지경은 우리가 현세에서 도달할 수 있는 지경이다.

마하리시 마헤슈 요기 마음이 초월적 명상의 공부에 의해 우주의식에까지 높아지면, 절대 생명이 마음의 본성 속에 영구부동적으로 거하게 된다. 그러면 그 마음은 브라만의 지경, 보편적 본체에 도달하게 된다. 그리하면 마음은 자신이 창조의 극대·극소의 지경을 다 고동시키고, 통제하고, 명령할 수 있는 정도의 생활에까지 올라간 것을 깨닫게 된다. 그것은 마치 정원사가 나무의 진액의 운동까지를 다룰

줄 알게 되면 나무 전체를 자기 마음대로 이렇게도 저렇게도 만들 수 있는 것과 마찬가지다. 어떤 물체의 원자 혹은 아원자의 작용을 잘 아는 사람이라면 거기 무슨 재주를 부려서 그 물체의 존재의 어떤 층에라도 마음대로 원하는 변화를 일으키게 할 수 있을 것이다 …… 마음이 행동의 세계를 자기와는 완전히 떨어진 것으로 인식할 수 있는 지경에 이르러 거기 확고히 서 있는 존재가 되기 전까지는 행동에 말려드는 일을 면치 못할 것이다. 이렇게 될 때 우리는 사실로 행동의 노예인 만큼 우주의 노예이기도 하다. 그러나 한번 부동(不動)의 지경을 얻어서 자연적 평등의 지경에 도달하게 되면, 그때는 우주는 나와 떨어진 것이요, 사환꾼과 마찬가지로 내 필요에 자동으로 응해주는 것임을 알게 될 것이다. 이 본체가 행동에서 독립해 있는 지경, 그것이 평등한 마음의 기본인데, 그 지경은 요가로도 상캬로도 도달할 수 있다.

20. 마음에 좋아하는 것을 얻어도 크게 기뻐함 없고, 마음에 좋아하지 않는 것을 얻어도 심히 슬퍼하지 않는 사람, 그렇듯 깨달음 위에 굳게 서서 흔들리지 않는 사람, 그 사람이 브라만을 아는 사람이요 브라만에 안주하는 사람이니라.

21. 그 정신을 바깥 접촉에 잡히지 않게 하는 사람은 자아 속에 즐거움을 가지느니라. 그와 같이 그 자아가 브라만으로 더불어 하나됨을 얻은 사람은 영원한 복을 누리느니라.

로렌스 형제 "바깥 접촉에 잡히지 않음"이란 것을 바로 실천하려면 우리 심정 속에서 모든 것을 다 제해버리고 텅 빈 상태가 되어야 한다. 왜냐하면 하나님은 우리 심정을 독차지하시고 싶어 하기 때문이다. 그리고 그것이 텅 비기 전에는 하나님이 그것을 독차지하실 수 없듯이, 또 하나님이 원하시는 대로 무엇을 하시려 해도 그것을 하나님을 위해 텅 빈 대로 남겨두지 않으면 하실 수가 없다.(I know that, for the right practice of it, the heart must be empty of all else; because God wills to possess the heart alone; and as He cannot possess it alone unless it is empty of all else, so He cannot work in it what He would unless it be left vacant for Him.)

『장자』, 「인간세」(人間世) "저의 집은 가난해서 술을 마시지 않고 마늘·파를 먹지 않은 지 몇 달이 됩니다. 이만하면 깨끗이 했다 할 수 있습니까?" 공자가 답한다. "그것은 제사로 하는 깨끗이지 마음의 깨끗이 아니다." 회(回)가 묻는다. "감히 묻잡습니다. 마음의 깨끗이란 것이 어떤 것입니까?" 중니(仲尼)가 답한다. "네 뜻을 하나로 모아서 귀로 듣지 말고 마음으로 들으며, 마음으로도 듣지 말고 기(氣)로 들어라. 듣는다는 것은 귀에 그치는 것이요, 마음은 바탈에 그칠 뿐이다. 기란 것은 비게 하여 가지고 무엇을 기다림을 말하는 것이다. 도는 빔에 모인다. 비게 함이 마음을 깨끗이 함이다.(回之家貧 唯不飲酒 不茹葷者數月矣 若此則可以爲齋乎 曰 是祭祀之齋 非心齋也 回曰 敢問心齋 仲尼曰 若一志 無聽之以耳 而聽之以心 無聽之以心 而聽之以氣 聽止於耳 心止於符氣也者虛而待物者也 唯道集虛 虛者心齋也)

간디 바깥과의 접촉에서 물러난다는 것과 브라만과의 하나됨의 광명을 받고 있다는 것은 한 가지 일의 두 면이라, 이는 마치 돈 한 닢의 앞뒤 두 면과 같다.

22. 감각의 접촉에서 나오는 쾌락이란 고통의 원천이 될 뿐이다. 그것은 시작이 있고 끝이 있는 것이다. 쿤티의 아들아, 지혜 있는 자는 그런 것을 즐거워하지 아니하느니라.

마하데브 데자이 '고통의 원천'(duhkha-yonayah)을 고통의 탯집이라 번역할 수도 있다. 요나야(yonayah)에는 탯집과 원천이라는 두 가지 뜻이 있기 때문이다. 아우구스티누스는 감각의 접촉은 고통의 묘상(苗床)이라 했다. 여기 관하여는 『신약』, 「골로새서」(2: 20~22)를 보라. "잡지 말고, 맛보지 말고, 건드리지 말라는 것은 다 한 번 쓴 다음에는 없어지는 것들입니다."

마하리시 마헤슈 요기 감각의 대상에 대한 경험은 보통 깨어 있을 때의 것과 우주의식에서 하는 것이 서로 다르다. 마치 같은 물체라도 여러 가지 색유리를 통해서 보면 서로 다른 것과 같다. 깨달은 사람은 그전과 같이 모든 것을 단순히 즐기는 입장에서만 대하지는 않는다.

23. 이 세상에서, 몸에서 해방이 되기 전에 애욕과 분노에서 일어나는 자극을 능히 이겨내는 사람은 이미 브라만과 하나됨을 얻은 사람이요, 행복한 사람이다.

간디 시체는 좋아하는 것도 싫어하는 것도 없고 쾌락도 고통도 모른다. 살아 있으면서도 그와 같이 그런 것에 대하여 죽은 사람은 참으로 산 사람이요 참으로 행복하다.

라다크리슈난 속의 평화와 자유와 즐거움이 나오는 근본인 무집착의 지경은 이 지상에서도 실현이 가능하다. 인간 생활 속에 있으면서도 혼의 평안에 이를 수 있다.

마하리시 마헤슈 요기 이 절을 일반으로 오해해서, 정욕을 제어하는 것이 브라만과 하나 되는 길이라고 생각함으로써 가지가지의 고행주의(苦行主義)가 나온다. 그렇게 생각함은 잘못이다. 이것은 다만 브라만과 하나 되는 것과 정욕을 자연스럽게 이겨내는 것을 평행으로 놓았을 뿐이다. 이 상대계에서 그런 능력을 가지는 것은 절대계에서 거룩한 이와 하나됨을 얻은 표시다. 그 둘 중에 거룩한 이와의 하나됨에 도달하기가 더 쉽다. 이것이 정욕을 이기는 능력의 기반이 된다.

24. 행복을 속에 가지고, 즐거움을 속에 가지고, 빛을 속에 가지는 이가 요가를 닦는 이니, 그는 브라만이 될 것이요 브라마니르바나에 이를 것이니라.

<small>브라마니르바나(brahmanirvana) 범열반(梵涅槃), 영원한 평화, 지복(至福).</small>

25. 죄를 끄고, 의심을 끊고, 마음을 다듬어 모든 산 것에 대해 선을 행하기를 즐거워하는 성자는 브라마니르바나에 이르느니라.

라다크리슈난 지혜와 평화를 얻은 혼은 또한 사랑과 자비를 가지는 혼이다. 모든 존재를 지극히 높으신 이 안에 보는 사람은 또한 거룩한 이를 타락한 죄인 안에서도 보고 사람과 동정을 가지고 그들한테로 나간다.

다른 사람에게 선을 행한다는 것은 그에게 육체적 쾌락을 주는 것도 생활을 향상해주는 것도 의미하지 않는다. 그보다도 그들로 하여금 자기의 진성을 발견하여 행복에 이르게 하는 것이다. 영원한 실재에 대한 명상은 우리 동류 생물에 대해 봉사하자는 열의와 힘을 준다. 이 세상을 이긴다는 것은 내세적(來世的)이 되게 한다는 의미가 아니다. 사회적 책임을 피하게 하는 일이 아니다.

『기타』는 종교의 두 면, 즉 개인적인 것과 사회적인 것을 다 강조한다. 개인적으로 한다면 우리는 하나님을 우리 속에 발견하고 그 신성이 인간을 꿰뚫게 되어야 하는 것이요, 사회적으로 한다면 사회를 정복해서 신상(神像)에까지 이르게 해야 한다. 개인은 그 자유와 독특성에서 자라 마침내는 보잘것없는 사람에게서까지 그 존엄성을 보게 되어야 하는 것이다. 사람은 영계(靈界)에까지 올라가기도 해야지만, 또 짐승에까지 내려가기도 해야 한다.

26. 애욕과 분노를 떠나 마음을 정복하고 자아를 아는 근엄한 행자(行者)는 어디를 행해도 브라마니르바나가 있느니라.

마하리시 마헤슈 요기 이것을 주의할 필요가 있다. 제24절에서는 영원한 해탈을 요가를 통하여 약속했고, 제25절에서는 상캬를 통해서 했으며, 이 절에서는 그 같은 영원한 해탈을 내버림의 이치로 설명한다. 이 세 절의 관계는 제3장, 제4장, 제5장의 제목의 관계다. 이와 같이 해서 그 내버림의 철학을 완성한다.

27, 28. 모든 외계와 접촉을 끊고, 시력을 미간에 모으고 앉아, 날숨과 들숨을 고르게 하여 콧구멍으로만 통하게 하며, 감각과 의식과 이성을 제어하여 해탈을 목적하고 욕망과 공포와 분노를 내버리는 성자는 이미 해탈을 얻었느니라.

간디 이 절은 『요가경』(yoga-sutra) 속에 제정되어 있는 요가 닦는 방법에 관하여 하는 말인데, 거기에 대하여는 다소 주의할 만한 점을 말해둘 필요가 있다. 그러한 방법들은 마치 운동이나 체조가 세속적인 즐거움을 누리려는 사람들에게 주는 것과 같은 효과를 요가 닦는 사람들에게 준다. 신체의 운동을 해두면 쾌락을 느끼는 기관으로 하여 언제나 계속해서 정력을 가질 수 있게 해준다. 요가 기술도 요가 하는 사람으로 하여금 언제나 건강하여 감각을 억제할 수 있게 해준다. 그런 기술에 능한 사람은 지금 시대에는 아주 드물고, 좋은 효과를 보여주는 사람도 별로 없다.

자기 훈련의 기초를 완전히 닦은 사람, 즉 해탈에 대한 열망을 가지고 좋다·언짢다의 상대관(相對觀)을 떠나 이미 두려움을 극복한 사람이라면, 그러한 기술을 닦으면 틀림없이 좋은 결과를 얻을 것이다. 그렇게 훈련을 겪은 사람만이 이런 방법을 씀으로써 자기 몸을 하나님의 성전으로 만들 수 있다. 몸과 마음, 둘 다 정결할 것이 절대 필요 조건이다. 그렇지 못하면 오히려 잘못되어서 아주 깊은 미망에 빠지기 쉽다. 이런 일이 있다는 것을 실지 경험으로 아는 사람이 많다. 그렇기 때문에 요가의 왕이라 할 파탄잘리(Patanjali)가 야마(yama, 기본 맹세)와 니야마(niyama, 보조 맹세)를 첫머리에 세워서 오직 준비 훈련을 통과한 사람에게만 요가 기술을 닦는 자격을 준 것이다.

다섯 기본 맹세란 비폭력, 참, 도둑질 아니함, 동정(童貞), 아무것도 가지지 않음이며, 다섯 보조 맹세는 신체적 정결, 족한 줄을 앎, 경전 공부, 극기, 하나님에 대한 명상이다.

함석헌 간디의 이 경고의 말은 명심해서 들을 필요가 있다. 내 경험으로도 증거할 수 있다. 1942년 『성서조선』사건으로 서대문 감옥에 있을 때 그 안에서 우연히 정신 통일법을 안다는 사람을 만나 시작해본 일이 있었는데, 어느 정도의 체험도 했다고 할 수 있었지만 그 후 또 만난 어떤 다른 노인으로부터 "잘못하면 그런 것 하다가 미친 사람이 되고 만다"는 경고를 들었고, 그 후 다른 글들을 통해서 동기가 순수해야 하지, 호기심이나 야심(비록 정신적이라 하더라도)이 터럭만큼도 있어서는 아니 된다는 것, 또 타고난 천품을 따라 그런 것은 누구나 다 할 수도 있지만, 또 할 필요가 반드시 있는 것도 아니라는 사실을 알게 되어 중지하고 말았다.

또 기독교계에서 성신받는다, 방언한다 하는 현상에서 그 실지 증거를 보는 것 아닌가? 나도 파탄잘리의 책을 읽어보았으나 혼자서는 도저히 이해하고 실행할 수가 없었다. 그렇기 때문에 예부터 그것은 위대한 스승(구루) 밑에서 해야 한다고 일러온다. 그러므로 믿을 만한 스승이 없는 경우는 경솔하게 저 나름으로 하지 말 것이요, 다만 우리 마음을 깨끗이 하여 내게 필요한 것이면 하나님이 적당한 때에 적당한 방법으로 주시리라 믿고, 신통한 결과가 보이지 않더라도 쉬이 낙심하지 말고, 끝까지 믿고 기도하며 기다림이 옳은 길일 것이다.

29. 나를 희생과 고행을 받으시는 이로, 모든 세계의 대주재로, 모든 살아 있는 것의 벗인 이로 아는 자는 평화에 이르느니라.

간디 이 절은 이 장의 제14, 15절의 말과 또 그외에 있는 그런 뜻의 말들과 모순되는 듯이 보일 수 있다. 그러나 사실은 그렇지 않다. 전능하신 하나님은 하시는 이인 동시에 또 아니하시는 이요, 누리시는 이인 동시에 또 아니 누리시는 이다. 그는 형언할 수 없으신 이요, 인간의 말을 초월하신 이다. 인간은 어떻게 해서든 간에 그의 어렴풋한 모습이라도 보고자 애쓰는 것이고, 그렇게 하는 동안에 이런 속성 저런 속성, 그리고 반대되는 속성까지도 그에게 붙여보는 것이다.

이것이 『우파니샤드』에서 『바가바드 기타』라 부르는 책의 제5장 내버림의 요가 끝이니, 이것은 주 크리슈나와 아르주나가 요가의 학문에 대하여 나누는 문답이요, 브라만 지식의 한 부분이니라.

제6장 진정한 요가

거룩하신 주 말씀하시기를

1. 행위의 결과에 붙어 있음이 없이, 마땅히 하여야 하는 일을 하는 사람, 그 사람이 산야시요 요기지, 한갓 제사의 불을 피우지 않고 제사의 의식을 하지 않는 사람이 아니니라.

<small>산야시 산야사(내버림)를 하는 사람, 출가승.
요기 요가를 닦는 사람.</small>

간디 이 장에서는 참으로 요가를 성취하는 방법, 다시 말한다면 마음과 마음의 활동을 어떻게 훈련해갈 것이냐 하는 데 대하여 가르치자는 것이 그 목적이다.

여기서 불이라 한 것은 할 수 있는 행동의 모든 기구를 의미하는 것으로 취해야 할 것이다. 불은 희생을 바치려 할 때는 그것을 써가지고야 하기 때문에 필요한 것이었다. 그렇다면 물레질이 일반적으로 하는 봉사에 필요한 수단인 오늘에는 물레를 내버린다고 해서 산야시가 될 수는 없다.

라다크리슈난 스승은 산야사, 즉 내버림은 외적 행동과는 상관이 없다는 것을 강조하고 있다. 그것은 마음의 태도에 있다. 산야시가 되기 위해서 제사의 불과 매일의 예배 의식을 내버릴 필요는 없다. 내버림의 정신 없이 그런 것들을 버리는 것은 무의미한 일이다. 샹카라는 '케발람'(kevalam)이라는 말을 사용하여서 이것을 "제사의 불을 켜지 않고 의식을 행하지 않는 사람만이 오직 산야시는 아니다" 하는 의미로 해석했으나, 그것은 문맥으로 보아 옳은 것 같지 않다.

마하리시 마헤슈 요기 앞 장들에서 말할 때 크리슈나는 산야사와 요가의 두 길이 끝에 가서는 같은 경지에 간다 했고, 두 길의 목적도 같다고 했다. 그러고는, 그렇지만 행동의 요가 곧 카르마 요가가 산야사보다도 더 나은 것이라고 했다. 그러고 보면 그 둘은 서로 다른 길임을 알 수 있다. 지금 이 절에서 크리슈나는 산야시와 요기 사이에 어떤 차이가 있기는 하지만, 그 둘을 하나로 만드는 공통 요소가 적어도 한 가지는 있다는 것을 가르쳐준다. 즉 행동을 하는 동안 그 행동의 결과에 집착하지 않는 마음의 태도. 크리슈나는 이것을 산야시에나 요기에나, 또는 내버림의 지경에서나 하나됨의 지경에서나 표준이 되는 것이라고 주장한다.

하나됨의 지경이 내버림의 지경과 같은 것이라 하면 모순인 듯이 들릴 수 있다. 그러나 이것이 진리임이 우주적 의식 안에서 분명해진다. 이 지경에서는 마음이 신과 하나됨이, 즉 (대)자의의식이 부동의 지경에 도달한다. 그것이 곧 완전한 하나됨의 지경이다. 이 지경에서 자아는 또 행동에서는 분리되어 있음을 체험한다. 이것이 곧 내버림의 지경이다. 하나됨과 내버림은 이렇듯이 해서 생명의 한 경지 속에 함께 있을 수 있다.

마음이 행동의 결과에 집착하지 않을 수 있는 상태는 자아가 행동과는 떨어져 있음을 체험하는 결과로 오는 것이고, 또 제2장 제45절에서 크리슈나가 아르주나에게 가르쳐준 방법으로 초월적인 복된 의식에 들어가는 것을 연습함으로써 얻는 하나됨의 결과로 오는 것이다.

크리슈나는 아르주나를 보고 "마땅히 하여야 하는 일"이라고 했는데, 이것은 자기가 가르쳐준 집착하지 않는 마음으로 행동하려고 한 것을 오해하고 잘못에 빠지지 않도록 하기 위해서 한 말이다. 만일 그렇지 않다면 잘못 생각한 사람이 살인이나 도둑질을 하면서도 자기는 결과에 집착함이 없이 행동했노라고 주장할 수 있을 것이기 때문이다.

카르마 요가의 가르침은 사람이 생각하는 마음의 상태에 기초를 두는 것이 아니고, 의식의 상태, 바탈의 상태에 기초를 둔다. 그 목적하는 것은 바탈이 마음 성질 속으로 스며들어서 거기에 항구적인 상태로 설 수 있도록 하자는 데 있다. 그러면 그것이 사상과 말과 행동의, 인간 생활의 전역에 걸쳐서 항구적인 것이 된다. 이것은 강요나 긴장이 없는 행동으로 초월적인 명상을 닦음에 의하여 아주 자연스럽게 성취할 수 있다.

카르마 요가도, 산야사도 그 목적은 사람으로 하여금 통전(統全)된 생활 속에 서도록 하자는 데 있다. 여기서 산야사나 요기에게 독특한 것으로 그려지고 있는 행동의 결과에 집착이 없다는 것은 마음의 특별한 지경이며 바탈의 지경이지, 결코 생각의 지경이 아니다.

행동을 하는 동안 행동의 결과에 집착을 아니하는 것을 기분적으로 하려 하는 것은 잘못된 생각이다. 그러한 느낌을 생각 정도에서, 혹은 기분 조성으로, 지식적으로 유지하려 한다면 그것은 순전한 위선에 지나지 않는다. "나는 이 행동을 하나님을 위해서 한다. 혹은 의무를 위해서 할 뿐이지, 그 결과에 대한 아무런 욕망도 없다. 내가 행동을 하는 것이 사실은 사실이지만 실지로 내가 그것을 하는 것은 아니다. 나는 브라만이요, 행동도 브라만이요, 행동의 결과도 또한 브라만이다. 그러므로 그 결과라 해도 나 자신밖에 될 것이 없다. 그리고 그 자아를 나는 이미 가지고 있다. 그러니 그 행동의 결과를 생각할 필요가 무엇이 있겠느냐?" 이러한 식의 생각은 카르마 요가와 산야사에서 말하는 행동의 결과에 대한 무집착과는 아무런 상관도 없는 말이요, 그가 어떤 사람이거나 간에 그러한 생각 위에서 무집착의 생활을 하려는 사람은 다만 자기를 속일 뿐이다. 그런데 몇 세기를 두고 카르마 요가와 산야사는 바로 그런 오해 속에 내려왔다. ……
바탈[性, Being]을 체험하는 일이 카르마 요가와 산야사의 전제 요건이다. 의식의 경지에서 말한다면 산야사와 카르마 요가는 마찬가지다.

『맹자』, 「진심」(盡心) 그 마음을 다하는 이는 그 바탈을 알고, 그 바탈을 알면 하늘을 안다.(盡基心者 知其性也 知其性 則知天矣)

2. 세상에서 이른바 산야사란 것이, 그것이 곧 요가인 줄을 알아야 하느니라. 오, 판두족의 아들아, 어떤 사람도 (이기적인) 목적을 내버림이 없이 요가가 될 수는 없기 때문이니라.

마하데브 데자이 제5장 제6절에는 이와는 반대로 요기가 아니고는 산야사는 할 수 없다고 한 것을 참조하라.

라다크리슈난 산야사, 곧 내버림은 필요한 행동을, 속으로 결과를 얻으려고 애씀이 없이 성취하는 데 있다. 이것은 곧 참 의미의 요가다. 즉 자신을 확고하게 통제해나감이요, 완전한 자지(自持)다.
이 절의 말씀은 자기를 다스림(요가)이 내버림(산야사)이나 마찬가지로 귀하다는 사실을 가르쳐준다.

마하리시 마헤슈 요기 "욕망의 동기"(본문의 "이기적인 목적"을 마하리시는 이렇게 번역한다)는 산스크리트 말로 산칼파(sankalpa)를 번역한 것인데, 그것은 욕망으로 싹터 나올 씨라는 뜻으로 한 말이다.

크리슈나는 여기서 요가를 공부하는 자에게 가장 요긴한 것을 말해주는 것이다. 요가를 닦으려면 산칼파를 뿌리 뽑지 않으면 안 된다.

크리슈나는 이미 산야사와 요가를, 그 결과에서, 같은 지반 위에 세워놓았다. 내버림과 행동의 요가는 다 같이 지극한 선에 이른다. 그 어느 한쪽에 굳건히 선 사람은 양쪽의 결과를 다 얻는다. ……크리슈나는 그것을 증명하기 위하여 한 사람은 요기를 만들고 한 사람은 산야시를 만드는 한 가지 특성을 지적한다. 그는 말하기를 "아무도 욕망의 동기를 제거함이 없이 요기가 될 수는 없다"고 했다. 요기는 그 마음이 하나님과 연합된 사람인데, 그러한 초월적 의식에서는 욕망의 동기는 뿌리 뽑혀 있다.

그러면 문제가 일어난다. 만일 요기가 되기 전에 산칼파를 내버리지 않으면 아니 되고, 또 산야시에게서도 그것이 특성이라면, 실지로 누가 능히 산야시나 요기가 될 수 있을 것인가? 왜냐하면 인간 생활은 가정에서 하거나 은둔처에서 하거나, 언제나 산칼파와 욕망으로 가득 차 있기 때문이다. 대답은, 누구나 산칼파가 없는 마음의 상태를 만들어야 한다는 것이다. 그리고 크리슈나의 토론 목적은 세속 사람을 위해서 하는 데 있음을 생각할 때, 그러한 마음 상태를 만드는 것은 뉘게나 가능한 일이 아니면 아니 된다.

마음이 산칼파에 사로잡히지 않게 되는 방법으로서 그 원리를 크리슈나는 제2장 제44절에서 아르주나에게 가르쳐주었고, 이제 이 장에서 더 설명한다. 명상을 하는 동안 마음이 점점 맑은 지경에 들어가는 것을 체험하여 나중에는 지극히 맑은 것도 초월하는 지경에 이른다. 이렇게 해서 마음은 초월적 의식 상태에 이르게 되어 완전히 산칼파의 영역 밖에 서게 된다. 이것이 요가의 지경이다. 이것이 또한 마음이 모든 것을 내버리고 자기 혼자만이 남는 산야사의 지경이다. 그와 같이 해서 마음을 도와 산칼파를 초월하는 지경에 가게 하는, 초월적 명상의 방법이 곧 요기 혹은 산야시가 되는 방법이다.

3. 요가의 경지에 오르고자 하는 성자에게는 행함이 그 방법이니라. 요가의 경지에 이미 올라 있다면 그 사람에게는 고요히 함이 그 방법이니라.

> 성자(muni) 침묵(mauna)을 지키는 성자, 혹은 은둔자. 고대 인도에서 그런 성자(무니)는 비상한 능력을 가졌다고 믿어서 존경도 하고 두려워도 했다. 예를 든다면 불 속에서 혹은 단식을 하며 명상을 하고 고행을 하기 때문이다.

간디 자기 속에서 모든 부정(不淨)을 깨끗이 제해버리고 평등관에 도달한 사람은 자아의 실현을 용이하게 성취할 수 있다. 그것은 요가의 절정에 이른 사람이 세상을 지도하기 위해 일함을 업신여김으로 본다는 뜻은 아니다. 그런 것 아니다. 그에게는 일함이 자기 콧구멍 속의 숨 같다기보다는 바로 숨 쉼 그것처럼 자연스러운 것이다. 그는 그것을 순수한 자기 의지의 힘으로써 한다. 제4절을 보라.

라다크리슈난 우리가 해탈을 향해 정진할 때에는 올바른 정신과 내적 내버림으로 하는 행동이 도움이 된다. 일단 스스로 얻음의 지경에 이르면, 그때는 무엇을 얻기 위해 일하는 것이 아니라, 신의식에 닻을 내림으로써 하게 된다. 일을 통해서 우리는 자제함을 얻으려고 노력한다. 자제에 도달하면 평화를 얻는다. 그렇다고 그다음에는 모든 활동을 그친다는 말이 아니다. 왜냐하면 제4장 제1절에는 진정한 요기는 일을 버리는 사람이 아니라 일을 성취하는 사람이라고 했기 때문이다. 사마(sama)는 카르마의 중지를 의미하는 것이 아니다. 그것은 지혜의 원인(karana)이 될 수 없다. 왜냐하면 완전해진 성자는 이미 지혜에 도달해 있기 때문이다. 제12절에서는 말하기를 요기는 행위의 결과를 내버림으로써 완전한 고요에 도달한다고 했다. 그는 완전한 평등심에서 행동하기 때문이다. 그는 자발적인 생기에 넘치므로 무슨 일을 하건 자기의 무진장한 역량에서 나오는 관대함을 가지고 일을 한다.

마하리시 마헤슈 요기 무니라는 산스크리트 말을 번역하면 '생각하는 사람'이라 할 수 있다. 무니는 그 성취의 길이 사색을 통해서 이루어지는 사람이다. 그의 공부는 신체적 활동의 분야에 대립되는 마음의 분야에 있다. 그것을 밝히기 위해서는 마음이 어떤 경험을 보존해두려면 그에 상당한 신경 계통의 활동이 있어야 한다는 것을 알아야 한다. 이러한 마음과 신경 계통 사이의 관계로 인하여 어떤 경험이든지 이쪽에서도 자극할 수 있고 저쪽에서도 할 수 있다는 결론이 나온다.

하타 요가(hatha yoga)란 생리적 신경 조직을 훈련하여 마음을 제어함으로써 초월적인 의식의 상태에 이르자는, 그래서 결국은 우주적 의식에까지 이르자는 실현 방법이다. 그와는 반대로 이 절들에서 말하는 명상의 실습은 마음을 훈련함으로써 신경 조직을 통제하고 초월적 의식을 일으켜서 종국에는 우주의식에까지 이르려는 실현의 길이다. 이 심리적 방법이 무니의 길이다.

이 '무니'라는 말을 씀으로써 크리슈나는, 행동은 행동하는 사람에게만 길이 되는 것이 아니라 지식을 통해서 가자는 사람에게도 역시 길이 된다는 것을 밝히고자 한 것이다.

"요가의 지경에 오르고자 한다"는 것은 그는 아직 산칼파를 빼버린 마음의 지경에는 이르지 못했다는 말이다.

"행함이 그 방법"이라는 것은 행동이 산칼파 없는 마음의 지경에 이르는 길이라는 말이다. 이것은 얼핏 보기에 제4장 제18절에 있는 내용과 같은 역리적인 말이다. 거기서 크리슈나는 "행함에서 행함 없음을 본다"고 했다. 여기서 그는 행동을 통하여 고요를 지어내라고 하는 듯하다. 크리슈나의 말 속에는 깊은 의미가 있다. 크리슈나는 "행함이 그 방법이라고 한다" 했다. 이것은 요가의 길, 곧 산칼파 없는 마음의 지경을 지어내는 길에 대한 비밀의 전부를 드러내는 말이다.

　행동이 요가의 지경에 오르는 길임을 말한 다음 크리슈나는, 요가의 지경에 든 후에는 고요히 함이 중요하다고 가르친다.

　"요가의 지경에 올라 있는 사람"은 그 마음이 깨어 있을 때의 의식에서 초월적 의식 상태에 이른 사람이다. 그는 마음이 거룩한 이와 완전히 하나 된 상태다. 이러한 초월적 의식 속의 요가는 고요히 함이 늘어감에 따라 우주적 의식 속에 영구화하게 된다. 다른 말로 한다면 하나님(Being)이 마음의 성질 속에 스며들어 오시게 된다. 그래서 크리슈나는 요가의 지경에 든 후에는 고요히 함이 방법이라고 한 것이다. 또한 고요히 함은 우주적 의식의 요가에서 신의식의 요가로 올라가는 길이다. 우주적 의식에서 고요히 함은 자아가 행동에서 독립하는 체험을 주지만, 신의식 속에서는 고요히 함이 하나님의 빛으로 변화해버린다. 그 안에서는 자아와 행동의 이원(二元)이 사라져버린다.

　이 영원한 침묵의 신의식은 우주적 의식 속에서 체험했던 고요히 함이 한층 더 나아간 지경이다. 이는 생명의 하나됨의 산 고요히 함이다. 그것이 우주적 활동의 바닥이 되는 동시에 또 하나님을 완전히 우주적 활동에서 따로 서시게 하는 기반이 된다. 우주적 의식 속에서 체험하는, 그리하여 자아를 행동에서 독립시키는 고요히 함은 무한히 규모가 작은 것이다. 왜냐하면 이것은 개인의 체험이기 때문이다.

하나는 우주적 활동의 기반이 되고 하나는 개인 활동의 기반이 된다. 그 둘의 근본적 차이는 여기 있다. 즉 우주적 의식에서는 고요히 함과 행동이 같은 수준으로 양립하는데 신의식은 이원적 대립에서 완전히 벗어난다.

그와 같이 고요히 함에는 세 단계가 있다. 초월적 의식 속에서는 고요히 함 속에 어떤 행동의 흔적도 없다. 우주적 의식 속에는 자의 의식이 행동과 병립하고 있다. 신의식 속에서는 그 행동과 고요히 함의 병립이 신의식의 하나됨으로 변화해버린다. 이 신의식의 고요히 함이 가장 높은 정도로 발전된 고요히 함이다. 이것은 모든 생명의 전능 정도에서의 존재다. 이것은 긎스러움〔神性, godhead〕의 무소부재, 무소불능, 무소부지의 고요히 함이다.

함석헌 '고요히 함'을 마하데브 데자이는 이렇게 설명했다. "그 말은 산스크리트어 사마(sama)인데 제14장 제12절에 나오는 것과 같이 아사마(asama)에 대립하는 말이다. 아사마는 안식 없음(restlessness) 혹은 안정 없는 일(toil without tranquility)이다. 그러므로 사마는 아널드(Mathew Arnold)의 말을 빌린다면 '일은 하되 마음의 안정은 잃지 않는다'(toil unsevered from tranquility)라 해야 할 것이다." 아마 이 절 전체의 의미를 잘 표현하려면 노자의 말을 받아서 함이 가장 적합할 것이다. "말 아닌 가르침과 함 없음의 더함 있음"(不言之敎 無爲之有益)을 통해서 요가의 절정에 이른다고.

노자의 오천언(五千言)이나 장자의 십만언(十萬言)을 한마디로 요약해서 도(道)는 허무, 적막, 염담(恬淡), 무위에 의해서 도달할 수 있는 것이라 한다면 마하데브 데자이는 과연 옳게 봤다 해야 할 것이다.

기독교의 하나님은 너무 유위(有爲)에 치우친 하나님인 듯이 뵈는 때가 많으나, 또 그러기에 적극주의(積極主義, 행동주의)의 길을 달리다가 이 막다른 골목에 든 서양 문명에 대해 기독교가 책임의 한몫을 져야 할 것도 부인할 수 없는 사실이지만, 『성경』을 옳게 보면 그렇지 않다고 나는 본다. 천지창조를 말하는 「창세기」는 또 안식의 하나님을 말한다. 안식이 뭔가? 무위, 무언(無言) 아닌가?

창조가 상대적 차원에서 하는 말이라면 안식은 절대적 차원에서 하는 말이다. 그러므로 창조는 안식 정신으로 하고 안식은 창조신으로 해야 할 것이다. 그것을 하는 것이 예수 그리스도 아닌가? 그런데 이상하게도 안식 지키는 것을 생명으로 아는 유대인은 극성스러운 민족이 됐고, "수고하고 무거운 짐 진 자는 다 내게로 오라. 내가 너희를 편히 쉬게 한다" 한 예수의 제자들은 이 안절부절못하는 동류상식(同類相食)의 최고 문명을 만들어냈다. 『신약』을 보면 평안, 평화란 말이 얼마나 자주 나오는가?

상대, 절대 두 차원을 하나로 사는 것이 생명이요 사람인데, 상대에서는 일함이 길이요, 절대에서는 잠잠함, 고요함, 쉼이 길이란 말 그대로 살아야 할 것이다. 그러므로 일함으로써 쉬고 쉼으로써 일한다는 말이다. 그것을 어떤 특별한 도를 닦는 심정으로가 아니라, 일상생활로 그것을 살아야 한다는 말이다. 천당엘 가기 위해서가 아니라 이제는 살기 위해 그것을 알아야 한다. 요가가 어디 따로 있는 것이 아니라 이 우주가 바로 요가 도장이다. 만물이 요기다. 이 병든 문명, 망할 인간에게 약이 있다면 단 한마디 "잠잠하라!"뿐이다.

4. 감각의 대상과 일에 매달림이 없는 사람, 일체의 욕망의 씨를 제해 버린 사람, 오직 그 사람을 가리켜 요가의 경지에 올라갔다고 하느니라.

욕망의 씨를 제해 버린 사람 사르바 산칼파 산야시(sarva-sankalpa-sannyasi).

라다크리슈난 우리는 좋고 언짢고를 내버리고, 우리 자신을 잊어버리고, 우리 자신을 내버리고 나오지 않으면 안 된다. 모든 목적을 내던짐에 의하여, 이기적인 나(ego)를 극복함에 의하여, 지극히 높으신 이의 뜻에 온전히 항복함에 의하여 요가에 정진하는 자는 여기 영원에 방불한 지경을 성취할 수 있다. 그는 자기가 터득하고자 하는 그것의 분열되지 않은, 시간 없는 의식에 어느 정도 참여할 수 있게 된다.

해방된 영혼은 욕망도 없이, 집착도 없이, 욕망이 나오는 이기적인 의지도 없이 일할 수 있다. 마누(Manu)는 말하기를 "모든 욕망은 산칼파에서 나온다"고 했고, 『마하바라타』에서는 "오, 욕망아, 나는 네 뿌리를 안다. 너는 산칼파 혹은 생각에서 나왔지. 내 너를 생각지 않으리라. 그럼 너는 존재하기를 그칠 것이다" 했다.

「마태복음」(16: 24) 나를 따르려는 사람은 누구든지 자기 자신을 버리고 제 십자가를 지고 따라야 합니다.

『장자』,「지북유」(知北遊) 네 몸을 올바르게 하고 네 봄을 하나로 하면 하늘 고름이 장차 이를 것이요, 네 앎을 걷어잡고 네 헤아림을 하나로 하면 굽이 네 속에 와 계시므로 속올이 장차 네 아름다움이 되고 길(道)이 네 있을 곳이 되어, 갓난 송아지처럼 네 눈이 멀뚱하여 그 까닭을 찾음이 없으리라.(若正汝形 一汝視 天知將至 攝汝知 一汝度 神將來舍 德將爲汝美 道將爲汝居 汝瞳焉如新生之犢 而無求其故)

5. 자아로 자기를 높이 들게 하라. 자기로 자아를 떨어뜨리게 말지어다. 자아만이 자기의 벗이요 자아만이 자기의 대적이기 때문이니라.

6. 자기의 자아로 자기를 정복한 사람만은 저 자신이 자아의 벗이

될 수 있으나, 자기 자신을 정복하지 못하므로 자신에 대해 적의를 품는 사람은 그 자아조차도 원수가 되느니라.

<small>자아 아트만, 대아(大我).</small>

『법구경』(160) 자아가 자아의 주님이시니라. 다른 누가 주님이 될 수 있겠느냐? 자아를 잘 정복하면, 만날 수 없는 주님을 만나느니라.

『법구경』(165) 제 죄가 저를 더럽히나니 죄를 멀리하면 자신을 깨끗이 지킬 수 있느니라. 깨끗해지거나 더러워지거나 저 자신에 의하여 되는 것이요, 다른 누구도 그렇게 할 수 없느니라.

『법구경』(379) 비구는 모름지기 자아로 자아를 높일 것이요, 스스로 자기의 이웃이 되어야 하느니라. 그렇듯이 스스로 보호하고 스스로 가지는 자는 행복하니라.

『법구경』(380) 자아는 자아의 주요, 자아는 자아의 목적이니라.

마하데브 데자이 나는 내 번역에서 대아인 아트만과 소아를 구별해서 썼지만, 간디가 그렇게 했는지는 분명치 않다. 참대로 말한다면, 아트만은 친구도 아니요 원수도 아니다. 그러나 낮은 자아가 자기를 아트만에까지 끌어올리려 하느냐, 그에게서 끌어내리려 하느냐에 따라 그를 친구로도 만들고 원수로도 만든다. 자기를 도덕적으로 완성하기 위해서는 소아는 대아를 "목적으로, 증인으로, 피난처로, 친구로" 바라보아야 한다(9: 18). 그러나 이 연약한 인생들에게서는 그에게 진력을 내서 오히려 원수처럼 아는 일이 많다.

『코란』 죄를 짓는 사람은 누구나 자기 자신에 대해 지을 뿐이다.

『그리스도 모방』 성령에 순종하지 않을 때 너 자신처럼 네게 성가시고 사나운 대적은 없다.

7. 자아를 정복하고 완전한 고요함에 이른 사람은 그의 최고 자아가 춥거나 덥거나, 즐겁거나 괴롭거나, 명예에서나 불명예에서나 변함없이 안정하느니라.

8. 요가를 닦는 자가 만일 지혜와 지식으로 혼의 만족을 얻고, 감각을 제어함으로써 부동의 자리에 서서, 흙이나 돌이나 금을 평등으로 보면, 그를 가리켜 요가의 통일을 얻은 자라 하느니라.

9. 친지나 벗이나 대적 사이에서도, 무관심한 사람이나 치우치지 않는 사람 사이에서도, 미워하는 사람이나 친척 사이에서도, 또 성자나 죄인 사이에서도 평등한 이성을 갖는 사람은 뛰어난 사람이니라.

마하리시 마헤슈 요기 "평등한 이성", 이렇게 속으로 영원히 스스로 만족해하는 태도 때문에 그 요기의 마음은 잠잠한 가운데 머물러 (安住) 있다. 이 잠잠함 위에 놓여 있으므로 그의 이성은 반드시 할 수가 있다. 이렇게 하는 말의 뜻은 그는 모든 사람에게 똑같은 모양으로 대한다는 말이 아니다. 요기는 각양각색의 인류 관계의 차이가 있다는 사실을 몰라서 그것을 혼동하는 일은 결코 없다. 그러나 그러한 복잡한 인류 관계 속에서도 그의 이해는 생명의 평등관 위에 놓여 있기 때문에 결코 흔들리는 일이 없다. 그는 변함없이 머무른다(止).

앞 절에서는 밖의 대상을 평정한 마음으로 경험할 수 있는 사람을, 그가 그 자리에 오는 것을 상캬로 했거나 카르마로 했거나 간에 요가를 통한 사람이라 했다. 지금 이 절에서는 '뛰어난' 요기의 표준을 말해준다.

이와 같이 사람이 할 수 있는 가지가지의 명상을 말한 다음 크리슈나는 이어서 다음 절에서 그 자세한 방법을 설명한다.

10. 요가를 닦는 사람은 은밀한 곳에 홀로 남아 있어, 몸과 마음을

억제하고, 모든 욕망과 가진 것을 버리고, 늘 정신 모으기를 힘써야 하느니라.

마하데브 데자이 제10절에서 제16절까지의 문맥 안에서 '요기'라 할 때는 대개 요가 정진자 즉 요가를 닦기 시작한 사람을 뜻한다. 요가라 할 때는 마음과 이성과 기(氣)를 모아서 신체의 모든 기관을 '아트만'에다 통일하려고, 곧 자아를 대아(大我)에 통일하려고 함을 말하는 것이다. 제10절에서 제14절에 이르는 부분에 관하여는 『슈베타슈바타라 우파니샤드』(*Svetashvatara Upanisad*)를 참조하라. 거기에 자세와 처소와 그밖에 여러 가지 조건에 관해 아주 자세히 설명한 것이 있다. 그 외의 부분은 『기타』 자체가 요가에 대해서 하는 말이다.

라다크리슈난 여기서 스승은 파탄잘리의 『요가 수트라』의 계통에 따라 정신을 통일하는 방법을 설명해준다. 그 목적은 우리 의식을 평상시의 깨어 있는 상태의 것에서 좀더 높은 의식으로 이끌어서 지극히 높으신 이와 하나됨에 이르게 하자는 데 있다. 인간의 마음은 보통 외계를 향하는 법이다. 생활의 기계적·물질적 면에만 몰두하면 의식의 균형을 잃은 상태에 빠진다. 요가는 의식 속의 경계를 계발해서 의식과 잠재의식을 통전(統全)하려 하는 노력이다.

우리는 우리 마음에서 모든 감성적인 욕망을 제거해버리고, 주의를 바깥 것에서 끌어들여 명상의 대상에 집중해야 한다. 제18장 제72절을 보라. 거기서 크리슈나는 아르주나를 보고 마음을 한 점에다 모으고(ekagrenacetasa) 자기 가르침을 듣고 있느냐고 묻는다. 목적이 맑은 속봄(vision)에 이르는 데 있기 때문에, 이것은 마음을 할 수 있는 데까지 정밀하게, 확고부동하게 하기를 요구한다. 우리에게 현시의 차원이 우리 존재의 구경의 지경은 아니다. 마음의 전력을 모아 그것을 한 점에 집중함으로써 우리 교섭을 경험적인 것에서 참된 것으로, 겉봄에서 속봄으로 올려서, 정신이 우리의 전 존재를 차지하게 한다. 『구약』의 「잠언」에는 "사람의 영혼은 주의 촛불"이라는 말이 있다. 사람의 생명의 가장 깊은 속에는 하나님에 의해서 불이 켜질 수 있는 무엇이 있다.

"늘"(satatam)에 대해서 살펴보면, 훈련은 '늘' 하지 않으면 안 된다. 명상을 했다가 말았다가 해서는 소용이 없다. 더 높고 더 강한 의식을 발달시키려면 계속적이고 창조적인 노력이 필요하다.

"은밀한 곳"(rahasi)이란 한적한 곳, 고요한 곳으로서 정진자는 이런 곳을 골라야 한다. 강가 언덕 혹은 산꼭대기 같은, 심신을 상쾌히 하고 안정시켜주는 자연 환경 속이다. 날마다 소란을 더해가는 이 세상에서 문명한 사람이 할 의무는 생각하는 고요한 시간을 가지는 일이다. 「마태복음」 제6장 제6절의 "너는, 기도하려 할 때는 골방에 들어가 문을 닫으라" 하신 말씀을 생각하라. 우리는 조용한 곳으로 물러가서 외계의 혼란을 피해야 한다. 오리겐(Origen)이 첫째 은둔자들에 관해 기록한 말을 참고하라. "그들은 거친 들에 산다. 거기는 공기가 더 맑고, 하늘이 더 활짝 열리고, 하나님이 더 친숙해지는 곳"이라고 했다.

"홀로"(ekati)란 구도자에게 스승이 강조하는 점이다. 부드러운 압력을 느끼기 위해서, 고요한 음성을 듣기 위해서.

"자기를 억제"(yatacittatma)한다는 말은 흥분이 되어도 긴장해도 걱정을 해서도 안 된다는 것이다. 하나님 앞에서 고요하기를 배운다는 것은 자제자숙하는 생활을 함을 의미한다. 아트마는 데하(deha), 곧 몸의 뜻으로 썼다. (샹카라에 따르면) 골방에 들어가는데 신문과 사무 문서를 가지고 들어가서는 의미가 없다. 비록 그것들을 방 밖에 놓고 문과 창을 닫았다 하더라도, 걱정이나 열심 때문에 고요하지 못할 수도 있다. 안절부절못하거나 떠들썩해서는 못쓴다. 생각을 통해 지성에 호소하고, 침묵을 통해 생명의 심층부에 접촉해본다. 마음이 정결한 자만이 볼 수 있고 알 수 있는 하나님의 모습을 비치게 하려면 심정이 깨끗해지지 않으면 안 된다. 저 깊은 고요에까지 정신을 집중해 가라앉혀 빛을 우러러야 한다. "은밀한 가운데 계시는 너희 아버지와 교통하라." 하나님의 와 계심은 받는 사람의 역량과 필요에 따라 침묵 속에 나타나신다(워즈워스는 "시는 정적 속에 피는 정서에서 솟아난다" 했고, 릴케는 「젊은 시인에게 보내는 편지」에서 "나는 이것밖에는 다른 어떤 조언도 할 것이 없다. 너 자신 속으로 물러가, 그리하여 네 생명이 솟아오르는 그 바닥을 샅샅이 뒤져보아라" 했다).

플라톤의 『메논』(Menon)은 이런 질문으로 시작한다. "묻노니, 소크라테스여, 덕(德)을 가르쳐줄 수 있는가?" 소크라테스는 답하기를 "덕은 가르쳐줄 수 없다. 하지만 돌이켜 생각하게 할 수는 있다. 돌이켜 생각함은 저 자신을 다시 한데 모으는 일이다"라고 했다. 즉 제 혼 속으로 물러감이다. 이 돌이켜 생각함의 교리는, 사람은 누구나 다 저 자신 속에 물어보아야 한다는 말이다. 그는 그 자신의 중심이요, 그 자신 속에 진리를 가진다. 필요한 것은 그렇게 하자는 의지와 인내를, 끝까지 추궁하는 인내를 가지는 일이다. 선생의 할 일은 가르치는 것이 아니고, 배우는 자가 자기 자신을 가질 수 있도록 지도하는 일이다. 묻는 자는 참 대답을 자신 속에 가지고 있다. 그렇게 하기만 한다면 사람은 누구나 다 그 진리를 제 속에 가지게 되는데, 객관 세계에 얽매이기 때문에 그것을 잃어버린다. 우리 자신을 객관 세계와 하나로 봄으로써 우리는 우리의 진정한 천성에서 쫓겨남 혹은 소외를 당하게 된다. 외계에 정신이 빠져서 우리는 깊음을 내버린다. 물질적으로 또 정신적으로 객관을 초월함에 의해 우리는 자유의 영역 속에서 우리 자신을 발견한다.

"욕망을 버리고"(nirasi)라고 하는 것, 일상생활의 필요 즉 돈을 벌고 쓰는 것으로 걱정하는 것은 명상을 방해하여 정신 생활에서 멀어지게 한다. 그렇기 때문에 거기서 나오는 욕망이나 걱정, 탐욕과 두려움을 버리라고 하는 것이다. 구도자는 자신을 이러한 심리적 속박에서 떼어 모든 미혹, 편견을 떠나도록 노력하지 않으면 안 된다. 그는 모든, 마음으로 무엇을 좋아하는 것, 생존적인 목적, 가족과 벗에 대한 애착으로 연연한 생각을 끊어버리지 않으면 안 된다. 무엇을 기대해서도 아니 되고 무엇을 고집해서도 아니 된다.

"가진 것을 버리고"(aparigrahah), 이것은 정신의 지경이지 물질적 조건이 아니다. 소유물에 대한 탐욕을 억제해야 하고, 붙어 있는 것들의 포학에서 해방되어야 한다. 타인을 인정하지 못하거나, 자기중심적이거나, 자랑이나 고집이나 소유의 감정의 지배를 면하지 못하고는 하나님의 음성을 들을 수 없다. 『기타』는 진정한 행복은 내적인데 있음을 가르쳐준다. 우리의 생활양식, 인간적인 의식 상태에 주의하라고 일러준다. 그런 것은 다 생활의 외적 구조에 달려 있는 것이 아니다. 몸은 죽고 세계는 지나갈 수 있지만, 정신적인 생명은 영원히 있다. 있다가 없어질 세상 재물이 보배가 아니요, 영원히 있는 하나님에 대한 지식이 보배다. 정신의 자유를 얻기 위해 우리는 물질의 노예에서 벗어나야 한다.

마하리시 마헤슈 요기 여기서 요가를 닦는 사람이라 한 것은 요가를 성취한 사람을 두고 하는 말은 아니다. 이미 성취한 사람은 훈련을 계속할 필요가 없다. 그는 이미 그 지경에 이르렀기 때문이다. 훈련을 계속할 필요를 말한 것으로 보아 여기서는 아직 정진하는 사람을 두고 하는 말이다. 그러나 요기란 말은 이미 하나됨의 지경을 가리켜 말하기도 한다. 그렇기 때문에 여기 요기란 말을 바로 해석하려면 이미 대아 의식에 들어간 사람 곧 사마디(samadhi, 삼매)에 도달한 사람, 그러면서도 아직 우주적 의식, 즉 니챠 사마디(nitya-samadhi, 항구적 삼매) 혹은 지반묵티(jivanmukti, 생해탈生解脫)에는 도달하지 못한 사람으로 봄이 가장 적합할 것이다. 그러한 요기는 더 열심으로 훈련을 계속하여 그 대아 의식이 영속적이고도 확고부동한 자리에 가서, 마음이 상대적인 경험의 경역에 나아가 있는 때에도 본체의 지경에서 떠남이 없는 경지에까지 이르도록 해야 할 것이다. 이것이 우주적 의식의 지경이다. 즉 성취된 요기의 상태다. 우주적 의식에 이르려면 요기는 고요한 곳에서 명상을 한 후에는 활동으로 나아가야 할 것이다. 이 절에서 크리슈나는 요기가 명상할 때에는 다음과 같은 조건 아래 할 것을 강조한다.

① 조용한 곳에 머물러 있을 것.
② 홀로 있을 것.
③ 몸과 마음을 억제할 것.
④ 아무것도 기대하지 말 것.
⑤ 아무것도 가지지 말 것.

'조용한 곳'이 절대 필요하다. 마음이 직접 초월적인 복된 의식에 들어가는 길인 초월적 명상이란 것은 아주 오묘한 것이다. 그것은 방해를 받음이 없이 저 하는 대로 두어야 하는 것이다. 만일 명상의 장소가 조용치 못하면 방해를 받기가 쉽다. 명상하는 동안은 마음이 사색 과정의 가장 깊은 곳에 들어가 있는데, 그때에 방해를 받아 갑자기 감각적 인식의 조잡한 세계에 돌아오게 되면 인식의 오묘와 조잡의 심한 대조를 경험하게 된다. 그 갑작스러운 대조는 마음의 안정을 해하여 신경 조직을 망가뜨릴 우려가 있다.

만일 명상을 홀로 하지 않는다면, 누가 옆에 있다 혹은 지켜보고 있다 하는 감정이 초월 과정이 순조롭게 진행되는 것을 방해하게 된다. 그러면 복스러운 의식에 들어가는 길이 더디게 되고, 마음에 지나친 긴장을 주어 거기에 따라 신경 계통에 긴장이 온다.

'몸과 마음의 억제'에서 억제라는 말에 특히 주의할 필요가 있다. 마음은 행복의 체험으로 억제가 되는 것이다. 명상 동안 마음은 계속 사색의 오묘한 지경을 경험하므로 행복이 점입가경식으로 올라간다. 이러한 점점 더해가는 행복감이 명상하는 동안 흔들리지 않도록 마음을 지켜주는 것이다. 마음이 이런 모양으로 정복되면 마음의 상태에 따라 신경 조직도 흔들림 없이 가만있다. 이것이 몸과 마음이 어떻게 가장 자연스럽게 억제되느냐 하는 것을 보여주는 것이다.

그렇다고 해서 수련자가 자기 몸과 마음을 정복하기 위해 부단히 힘써야 한다는 뜻으로 알아서는 오해다.

정진하는 사람은 언제나 저 자신을 모으고 고요한 곳에 머물러야 한다고 했을 때 크리슈나는 또 동시에 무엇을 기대해서는 아니 된다고 경고했다. 이 자기를 모으는 과정에서 조금이라도 장차 올 단계 혹은 어떤 특정한 체험을 기대해서는 아니 된다. 조금이라도 목적에 성공적으로 도달하기를 바라는 기대가 있어서도 아니 된다. 이 말은 제2장 제47절에서 "너는 네 행동만을 통제할 것이지, 그 결과를 통제하려 하지 마라" 한 말의 뜻을 잘 밝혀준다.

기대를 해서는 아니 된다는 경고는 매우 긴요한 말이다. 명상에서 마음이 사색 과정의 가장 오묘한 지경을 경험하고 있을 때 그것은 계속 높아가는 황홀의 길에 놓여 있는 것이다. 거기서 무엇을 기대하거나 바라거나 하려는 경향이 생기면 그만 그 길에서 떠나게 된다. 마음은 그 본성이 그러한 점점 높아가는 행복감의 과정에서 떠나 긴장 상태에 들어가기를 원치 않는다. 그러므로 '기대'는 마음을 비참하게 만들 뿐이다. 그리고 그 결과 몸까지도 따라서 긴장하게 된다. 그래서 기대하지 말라는 규칙을 여기 내세운 것이다.

'가진 것을 버리라'고 함은, 명상은 마음을 소유의식에서 본체의식으로 옮기는 과정이다. 소유 편에서 본다면 무소유가 되어가는 과정이다. 자아가 저 혼자만 남아 있게 되는 것이다. 마음이 환경과 몸을 잊어버림에 따라 수도자는 아주 자연스럽게 어떤 것을 가졌다는 의식, 곧 소유의식까지 잊게 한다. 크리슈나가 무소유가 되라고 한 말은, 명상에는 아무것도 도움이 되는 물건이 없다는 것, 왜냐하면 그것은 좀더 큰 행복의 경지로 가려는 마음에서 나오기 때문이라는 것, 또 동시에 그 과정은 사람을 모든 것이 저절로 떨어져 나가는 자리에 가져다 둔다는 사실을 보여주기 위해서 한 말이다.

그 가르침에는 명상을 할 때는 모든 것을 잃을 각오를 하라는 뜻도 있다. 외계에 대한 의식을 잃음에 따라, 명상자는 그 없어지는 것을 슬퍼할 필요가 없게 된다. 명상을 시작할 때 요기는 무엇에나 매달리려 해서는 아니 된다. 자유로운 마음으로 그는 본체로 가서 자신을 깨고 세상으로부터는 잃어져야 한다. 그 결과 그는 세계의 소유 속에 있으면서 자신을 가지고 있을 수 있다. "가짐 없이 하라"는 말은 본체의 상태를 말하는 것이다.

크리슈나가 "아무것도 기대하지 말고 아무것도 가지지 마라" 했을 때, 그 말은 아르주나에게 명상을 하는 동안 실지로 어떤 일이 일어나느냐 하는 것을 보여주기 위해서 한 것이다. 명상을 하려고 왔을 때 아무것도 기대하지도 욕망하지도 않으려 하며 아무것도 가지기를 바라지 않으려 한다면 잘못이다. 그러려고 하는 동안 마음은 그것을 잊기 위해 다른 것을 또 가질 생각을 하게 되기 때문이다. 잊으려고 하는 일이 잊고자 하는 물건을 기억하게 만든다. 이렇게 되어서는 안 된다. 왜냐하면 명상의 과정은 조잡한 물체를 잊어버림을 기초로 하고 진행되는 것이 아니라, 좀더 오묘한 체험의 세계에 대해 힘쓰는 것을 기초로 하여 되기 때문이다. 잊자는 노력은 미워함과 저주함에 뿌리를 박고 있는데, 명상 동안 사색의 오묘한 세계에서 자연스럽게 되는 체험은 더 큰 행복의 길로 가려는, 즉 하나님 실현의 길로 가려는 마음의 천성인, 즐거이 하는 받아들임의 기초 위에 서 있다.

그러나 이러한 가르침을 인생의 생활양식을 가르치기 위한 것으로 오해해서는 아니 된다. 요기가 되기 위해 실제 인생에서 물러나 있는 승려가 되라는 말은 아니다. 요기를 언제나 사회에서 떠나, 혼자서, 무엇을 위해 향상하려 하는 노력을 쏟는 일도 없고 소유하는 일도 없는 사람으로 생각해서는 아니 된다. 만일 명상할 때의 시간과 명상에서 나와서 쓰는 시간의 구별을 할 줄 모른다면 이 절과 이다음에 오는 절은 오해하고 말 것이다.

11. 깨끗한 곳에 자기를 위하여 자리를 꽉 잡으라. 너무 높지도 않게, 너무 낮지도 않게. 그 위에 거룩한 풀, 사슴 가죽, 그리고 옷을 겹쳐 깔아라.

거룩한 풀 쿠샤 풀(kusha grass).

12. 그 자리에 올라앉아, 마음을 한 점에 집중하고, 사념과 감각을 제어하여, 자기 혼을 정결케 하기 위하여 요가를 닦을지어다.

함석헌 장소나 자리에 대해 주의할 요점은 장시간 동안 밖에서 오는 여러 가지가 있을 수 있는 방해를 받음이 없이, 그리고 사람의 몸이 피로해짐이 없이 견디어갈 수 있도록 하며, 마음의 활동이 깊은 정신적 체험에 들어갈 수 있도록 순조롭게 되어가도록 하자는 데 있다. "정신일도 하사불성"(精神一到 何事不成)이라는 말을 많이 쓰지만, 그런 지경에 가려면 많은 훈련이 필요하다. 처음에는 인간은 어쩔 수 없이 육신 속에 있는 것이므로 생리적인 법칙을 무시하지 말고, 서두르지 말고, 침착한 마음으로 지킬 것을 지켜가며, 불급불완(不急不緩)의 겸손한 태도로, 단계적으로, 제 분에 맞는 대로 한다는 것을 잊어서는 아니 된다.

특히 기독교·개신교 사람들이 주의할 것은 개신교에서는 신앙을 강조하는 나머지 개인 자질에 생리적·심리적 차이가 있다는 점을 생각 않고, 아직도 욕심을 제어하지 못한 사람들까지도 제멋대로 열심을 내어 구하기만 하면 된다 하기 때문에 잘못되는 일이 많다. 초심자는 반드시 신뢰할 수 있는, 체험 있는 이의 지도를 받는 것이 필요하다. 예수께서 제자들에게 하신 것을 보면 주의 깊게 그 사람과 경우를 생각하여서 지도하신 것을 알 수 있고, 바울도 처음에는 어떻게 했는지 모르나 일단 폐단이 생긴 후는 그것을 바로 지도하기 위해 애쓴 것을 알 수 있다. 정신이라고 결코 법칙도, 원리도, 순서도 없는 것은 아니다. 한국의 기독교가 아직 샤머니즘을 탈피하지 못한 데는, 다른 여러 가지 이유도 있겠지만 이 점도 확실히 그 하나임을 생각할 필요가 있다.

라다크리슈난 제12절에서 요가라 한 것은 쟈나 요가(dhyana-yoga), 즉 명상을 말한다. 진리를 깨달으려면 실제적인 이해 관계에서 놓여나지 않고는 아니 된다. 그런데 실제적 이해란 우리 사는 외계의 물질적인 세계와 서로 얽혀 있다. 그 주된 조건은 잘 수양된 가라앉은 마음이다. 우리는 사물을 대할 때 될수록 자유롭게 비틀리지 않은 지성을 볼 수 있는 힘을 길러야 한다. 그렇게 하려면 우리 자신을 국외에 세우지 않으면 아니 된다.

피타고라스(Pythagoras)는, 왜 자기 자신을 철학자라 부르느냐 하는 질문을 받았을 때 다음과 같은 이야기를 했다 한다. 그는 인생을 올림피아 같은 큰 축제에 모인 가지각색의 군중에다 비했다. 어떤 사람들은 저자에 장사를 하러 가 재미를 보고, 또 어떤 사람들은 경기에 나가 상을 타려고 가고, 그리고 또 어떤 이는 단지 그런 것을 보려고 가는데, 이 나중 사람이 철학자라고 했다. 그들은 직접적인 문제나 실제적인 필요에 버물려 들지 않는다. 샹카라는 지혜를 탐구하는 자의 가장 근본적인 자격은 영원한 것과 영원하지 못한 것을 분별할 줄 아는 능력과, 현세적·내세적 행동의 결과를 누리자는 생각에 집착하지 않음과, 자제와 정신적 자유에 대한 갈망이라고 했다. 플라톤에게는 모든 지식의 목적은 선(善), 즉 삶과 앎에 다 같이 근친이 되는 선의 관념에 대해 사색할 수 있는 데까지 우리를 높여주는 데 있다.

따라서 이상적인 철학자란, 인생을 힘껏 다 살고 난 끝에 가서 그의 목적이 언제나 고요하고, 안으로 향해 잠잠하고 고적하며, 떠나 있는 살림에 있는 사람이다. 그 살림 속에서는, 세상이 그를 잊음으로써 그는 세상을 잊고 자기의 하늘을 선에 대한 외로운 명상 속에서 발견할 수 있을 것이다. 그것, 그것만이 참 살림이다. "마음이 정결한 이는 복이 있나니, 제가 하나님을 볼 것이다." 이 혼의 정화는 훈련에 의해서만 얻어진다. 플로티노스는 "지혜는 안정 속에 있는 심성의 한 상태"라고 했다.

마하리시 마헤슈 요기 크리슈나가 밝히고자 하는 첫째는 명상은 반드시 앉은 자세로 해야지, 눕거나 서서 해서는 안 된다는 점이다. 누우면 정신이 둔해지고, 서면 마음이 자아 속으로 깊이 빠져들어갔을 때 쓰러질 염려가 있다. 명상을 시작하려면 마음이 정상적인 상태에 있어야 한다. 마음이 둔해져도 못쓰고 너무 활발해도 못쓴다. 둔하면 잠이 와서 체험할 능력이 없어지고, 너무 활발하면 이 조잡한 의식 속에 남아 있어서, 말하자면 오묘한 체험 속에 들어가기를 거부하는 샘이 된다. 마치 수면에서 활발하게 동작하면 물속에 빠지지 않는 것과 같다. 명상한다는 것은 마음이 자아의 속으로 빠져들어가는 일인데, 만일 섰을 때와 같이 마음이 너무 활발히 작용하면 그 빠져드는 과정이 시작되지 못한다. 그래서 명상은 앉아서 하라고 한 것이다.

"한 점에 집중하고"에서 한 점에 집중하려면 마음이 점점 더 오묘한 지경에 들어가는 대로 두어야만 잘된다.

"사념과 감각을 제어"해야 함은 모든 경험은 마음과 대상이 감각을 통하여 접촉하는 데서 생기기 때문이다. 명상을 할 때는 마음이 감각의 오묘한 지경과 접촉한다. 그래서 나중에는 가장 오묘한 지경에 이르고 마침내는 대상을 초월하는 지경에 들어 본성(本性, Being)의 지경에 이른다. 그렇게 해서 마음과 감각의 활동이 점차 정복된다.

"혼을 정결케 한다"는 것은 절대의식의 지경에서 마음이 온 가지 상대적 규제에서 벗어나 가장 맑은 지경에 이름을 말한다. 그것이 요가의 경지다. 크리슈나가 "네 혼의 정화를 위하여 요가를 닦으라"고 한 것은 이 때문이다. 그 의미는 이 경지에 이름으로써 몸과 마음과 혼이 다 정결해짐을 얻는다는 뜻이다.

13. 몸과 머리와 목을 꼿꼿이 일직선으로 하여 움직이지 말고 눈으로 코끝만을 들여다보며, 사방으로 눈을 팔지 마라.

마하리시 마헤슈 요기 몸과 머리와 목을 꼿꼿이 일직선으로 하여 등뼈를 바로 하면 호흡의 길이 빨라져서 들숨과 날숨이 다 편해진다. 그러면 자연 몸을 가만히 가지고 있을 수 있다.

몸을 가만히 가지고 있기를 가르친 다음, 감각을 가만히 가지고 있기를 가르친다. 감관 중에 가장 심하게 활동하는 것이 눈이다. 그러므로 눈이 가만있으면 다른 것도 자연 가만있게 된다. 눈은 모든 감관이 다 그렇듯 마음으로 인해 움직인다. 마음의 활동은 숨과 관계가 된다. 그렇기 때문에 마음과 감관과 숨을 일치시키기 위해서 코끝에 주의를 모으라고 한다. 그 코끝은 시선과 숨이 만나는 곳이다. 그렇게 하는 결과로 마음과 감관과 호흡의 활동 사이에 일치가 이루어지고, 그러므로 모든 비정상적인 작용이 없어지게 된다. 그렇게 하면 마음이 안정되어 한 점에 이르게 된다. 그리고 감각을 조용하게 만들고 숨을 고르게 한다.

"들여다보라"는 것은 거기를 향했다가 쉬었다가 하라는 말이지 줄곧 거기만 주시하란 말은 아니다.

"사방으로 눈을 팔지 마라"는 것은 첫째는 여기 봤다 저기 봤다 하지 말라는 뜻, 둘째는 꼭 코끝만을 뚫어지게 보지 말라는 뜻, 셋째는 눈을 감으라는 뜻이다.

이 가르침에서 가장 오해되는 점이 코끝에 집중하라는 말이다. 샹카라는 말하기를 만일 코끝만을 보라는 말이 거기를 의미하는 것이라면 마음은 거기에 가 있고 하나님께는 가 있지 못할 것이라고 했다.

여기서 몸의 자세에 관해 말하는 것은 몸, 마음, 숨, 어디거나 긴장시키라는 뜻이 아니다. 이 절의 말들은 마음이 바탈 속으로 빠져들 수 있는 발판을 마련해주는 것이다. 그 방법들을 통해 주의를 잡다한 외계에서 돌려, 외계를 경험하는 이 범역에 있으면서도 고요하고 잠잠한 지경에 돌리라는 말이다.

14. 바탈의 고요 속에 두려움을 버리고, 브라마차랴의 맹세에 굳게 서서, 마음을 정복하고, 생각을 내게 맡기고, 정신을 통일하고 앉아 나만을 지상으로 전념하라.

마하리시 마헤슈 요기 "바탈의 고요"란 마음이 감각적인 경험의 분야에서 아트만의 지경으로 옮겨졌으므로 외계의 장애가 없어져 한 없는 평화의 지경에 들어간 상태를 말한다.

라다크리슈난 "브라마차랴의 맹세"란 요가를 닦는 자는 성욕을 이기지 않으면 안 된다는 것이다. 힌두교는 처음부터 브라마차랴를 주장해왔다. 『찬도갸 우파니샤드』에는 브라마가 인드라 신에게 101년 동안의 브라마차랴를 지키게 한 이후에야 실재에 대한 지식을 가르쳐주었다고 한다. 브라마차랴는 성교를 어떤 조건이나 어떤 곳이나 어떤 때에도 생각으로도 말로도 행동으로도 하지 아니하는 것을 의미한다. 신들은 브라마차랴와 참회로써 죽음을 극복했다고 한다.

요즘 사람들은 자기 사랑하는 여자 하나를 얻기 위하여 이상도, 최고의 비전도, 자기에게서 하나님을 대표하는 어떤 것도 다 내버릴 수 있지 않을까? 현대인 중에는 동정(童貞) 생활은 우둔한 동시에 이기적인 행동이라고 생각하는 사람이 많다. 그들에게는 힌두교가 그것을 강조하는 것이 하나의 기괴하고 과장된 것으로 보일 것이다.

브라마차랴라 할 때는 금욕적으로 독신을 지키는 것을 의미하는 것이 아니라 그것을 조절해가는 것을 의미한다. 힌두 전통으로는 가정을 가진 사람이 성 생활을 조절해가면 그것도 성 생활을 전연 하지 않는 사람이나 마찬가지로 브라마차랴로 알아준다.

마하리시 마헤슈 요기 동정의 맹세를 세운 사람의 모든 정력은 위를 향해서 몸, 마음, 감각의 모든 흐름이 진화의 좀더 높은 층을 향해 흐르므로 그 정력이 아래로 흐를 기회가 없다. 그러므로 여기서 강조하는 것은 맹세를 하는 그 행동이 아니고, 정력을 위로 하나님을 향해 가는 길로만 튼튼한 마음을 가지고 쓰는 그 일에 있다.

"생각을 내게 맡기고"란 나를 생각하라는 말이 아니라 생각하는 권(權)을 내(만유의 주)게 넘기라는 뜻이다. 그러나 그것은 또 생각하기를 그만두라는 말은 아니다. 그것은 다만 생각하기를 무집착의 태도로써 해야 한다는 뜻일 뿐이다. 명상을 하는 동안 명상자는 자기 생각을 하나님께 넘겨드린다는 기분을 가질 것이 아니라, 그것은 이미 다 넘겨드린 것으로 알고, 벌써 내 것은 아닌 것으로 알고, 온전히 무관심한 태도를 가져야만 할 것이다.

15. 그처럼 자기 마음을 정복하여 요가를 닦는 자는 언제나 자아를 통일하여 내 안에 항상 있는 지상 니르바나의 평화에 도달하느니라.

> 니르바나(nirvana) 해탈, 열반.

16. 그러나 아르주나야, 요가는 지나치게 먹는 자도 이것을 얻지 못하고 지나치게 먹지 않는 자도 얻지 못하며, 지나치게 자는 자도 이것을 얻지 못하고 지나치게 깨어 있는 자도 얻지 못하느니라.

> 먹는 여기서 '먹는다'는 뜻은 대상으로 감각을 먹여주는 것을 말한다. 이에 감각에다 그 대상을 너무 많이 주어 길러주어도 아니 되고 또 전연 주지 않아도 아니 된다.
>
> **마하리시 마헤슈 요기** '잔다'는 것은 감각이 활발치 않은 것을 말하고 '깨어 있다'는 것은 반대의 상태를 말하는 것이다. 감각이 너무 자고 있어도, 너무 깨어 있어도, 자고 깸보다 높은 지경에 올라갈 수가 없다. 그런데 요가에서는 자고 깨는 지경을 초월하는 것이 절대로 필요하다.
>
> 『중용』 도의 행해지지 않음을 내 알겠도다. 아는 자는 지나치고 어리석은 자는 믿지 못하는구나. 도의 밝아지지 못함을 내 알겠도다. 어진 이는 지나치고 불초한 자는 믿지 못하는구나.

17. 그 음식 섭취와 쉼을 알맞추 하고, 그 활동에서 힘쓰기를 알맞추 하며, 그 자고 깸을 알맞추 하는 사람에게는 요가는 고통을 꺼버

리는 힘이 되느니라.

18. 마음을 완전히 가라앉혀 자아에만 안주하며, 쾌락을 바라는 일체의 욕망에서 벗어나면, 그때에 비로소 정신 통일을 이룬 자라 하느니라.

라다크리슈난 진리를 보는 데는 작은 나를 완전히 말살해버리는 과정이 반드시 있어야 한다. 진리를 알려면 개성의 흔적이 조금이라도 남아 있어서는 아니 된다. 우리의 모든 편견과 성벽을 다 없애버리지 않으면 아니 된다.

이 절들에서 스승은 구도자가 어떠한 과정을 밟아서 궁극의 자아를 체험하는 데 이를 수 있는지를 보여준다. 외적 또 내적 세계의 평상시의 경험에서는 우리의 참 자아는 몸과 연합하여 있기 때문에 언제나 현상계의 복잡한 모습에 가려 있다. 우리는 무엇보다도 우선 혼 속에서 모든 특수한 작용을 내쫓아버리고, 마음의 모든 상(相), 모든 특수한 표현, 모든 서로 다른 작용을 제해버려야만 한다. 이것은 부정적인 절차다. 의식 속에서 모든 상을 내쫓아버려서 나중에는 정결, 단순한 텅 빔만 남는다고 생각할 수 있다.

스승은 그 부정적인 절차를 취하는 목적인 순수한 자아를 깨닫게 하기 위한 것, 복스러운 전망을 얻게 하기 위한 것임을 설명해준다. 그러한 외양 보기에는 부정뿐인, 그러면서도 아주 발랄한 신비로운 명상을 통해서, 침묵은 완전한 지경에 이르고 빔은 극점에 달하여 마침내 혼의 능력의 긴장 상태를 가져온다. 이것은 모든 지식을 초월한 체험이다. 왜냐하면 참 자아는 관념으로 표현할 수 있는, 또는 마음 앞에 하나의 대상으로 내놓을 수 있는 대상이 아니기 때문이다. 이는 형언할 수 없는 주관적인 것이다.

마하리시 마헤슈 요기 마음이 완전히 가라앉았다는 것은 초월적인 의식을 가리키는 말이다. 그때 마음은 물결 하나 일지 않는 무한하고 잠잠하고 순수한 의식의 바다가 된다. 그것은 또 우주의식이라 할 수도 있다. 거기서는 사상과 체험의 물결이 아무리 일어도 그 때문에 바다의 고요가 어지러워지는 일이 없다. 그러면 이런 반대를 할 수 있다. 마음이란 그 본성이 어떤 경험의 대상 속에서나 완전히 안정할 수 있는 것이라고. 그 증거로는 제2장 제67절에서 이러지 않았는가? 사람의 이성이 감각으로 움직여지는 것은 마치 배가 바다 위를 부는 바람으로 움직여지는 것과 같다고. 그러고 보면 감각의 힘으로 끌려가는 마음은 감각이 대상과 접촉할 때에 완전히 안정함을 얻어, 거기서 오는 쾌락을 누릴 수 있지 않느냐고.

그런 반대로 인한 오해의 여지를 없애기 위해 크리슈나는 이렇게 말했다. "자아에만 안주하며"라고. 이 말에는 두 가지 의미가 있다 할 수 있다. 초월적 의식의 단계에서와 우주의식의 단계에서다. 초월적 단계에서는 자아 외에는 아무것도 없다. 자아의 성질은 순수한 의식이다. 우주적인 지식, 우주적인 존재, 우주적인 생활, 영원한 실재, 절대의 복이다. 그것은 초월이요, 언제나 불변이요, 불멸이다. 그것은 지극히 작은 것보다도 더 작은 것이다. 그것은 침묵이다. 자아란 말은 표현할 수 없는 초월적인 생명의 진리를 표현하는 것이다. 마음이 그 지경에 들면 개성을 잃어버리고 순수한 실재로서의 참된 본성을 가지게 된다.

우주적인 의식 단계에서 '자아에만 안주'한다는 말은 사람이 어떤 행동 속에서나, 즉 상시, 꿈속, 잠속에서 활동을 하거나 쉬거나, 자아는 행동과는 완전히 독립한 것임을 깨달아, 자아 속에 변함없이 그대로 남아 있다는 뜻을 가진다.

19. 바람 없는 곳에 있는 등불은 펄럭거림이 없나니, 생각을 정복

하고 자아의 통일을 닦고 있는 수도자를 비하여 말한다면 그와도 같으니라.

마하리시 마헤슈 요기 어떤 객관적 경험도 마음이 감각을 통하여 그 대상과 연결되는 데서 이루어짐을 알 수 있다. 예를 든다면, 어떤 생각에 대해 명상을 할 때 그 생각에 대한 조잡 또는 오묘한 경험은 마음이 말의 감각과 접촉하는 데 달려 있다.

명상하는 동안 경험의 대상은 점점 줄어드는 상태로 인식되고 있다. 그러나 그 경험의 가장 오묘한 상태가 초월될 때, 그때 마음은 이때껏 그것을 통해서 경험하던 대상과 감각에서 벗어나게 된다. 마음이 감각과 대상의 영향을 받을 때까지는 마치 바람에 펄럭이는 등불과 같다. 그러나 그 영향에서 한번 벗어나게 될 때 바람 없는 곳에 있는 등불처럼 부동하는 것이 돼버린다.

마음이 대상과 연결되는 한, 그것은 아직 경험하는 마음이다. 그러나 경험의 대상이 줄어들다가 아주 없어지는 지경에 이를 때, 마음은 경험하는 마음이기를 그만둔다. 의식하는 마음이 의식이 되어버린다. 그러나 이 변화의 과정 동안에 그것은 첫째로 개성의 가장 순수한 상태를 얻게 된다. 이 절의 말이 마음의 부동을 말하지 않고 '생각'의 부동을 말하는 것이 재미있는 점이다. 거기에 쓰여 있는 산스크리트 말은 '칫타'(chitta)다.

그것은 고요하고 잠잠한 인상의 집합이라 할까, 혹은 욕망의 씨라고 할까, 마음의 그러한 상태를 나타내는 뜻이다. 칫타는 물결이 일지 않는 물 같은 것이다. 그것이 물결이 되어 일 때를 '마나스'(manas) 곧 마음이라고 한다.

마음이 그러한 칫타의 상태, 즉 '생각'의 상태를 가졌을 때, 그때에 부동으로 선다. "바람 없는 곳에 있는 등불"과 같다는 말은 그 개성을 빔(그 주위에 가지는 추상적인 풍성함) 속에 가진다는 것이다. 그 이유는 그것을 경험해줄 아무것도 거기 없기 때문이다. 그것은 어떤 방해도 받음이 없이 자신 속에 깨어 있다.

어느 순간에라도 곧 잠잠한 깊음 속으로 번져 빠져 들어가려는 잠잠한 바다의 한 잠잠한 물결을 상상해보라. 이 절이 나타내는 마음의 순수한 개성의 상태. '나'의 순수한 개성의 상태는 곧 즉시로 초월적인 자의의식 속으로 빠져든다. 크리슈나가 "자아의 통일"(자아의 하나됨)이라고 한 것은 이러한 상태를 말한 것이다.

마음이 거룩한 본체와 연합한 것이다. 이 거룩한 하나됨, 곧 요가를 그 양상에 따라 각각 다르게 설명하는 것이 이어지는 네 절이요, 그다음의 여섯 절에서는 초월적 의식에서 우주의식으로 변해 들어가는 것을 말한다. 그리고 그다음 세 절에서는 우주의식에서 신의식으로 들어가는 길의 요점을 설명한다. 그 신의식이 곧 요가의 절정이다.

20. 요가를 닦음으로써 다스림을 받아 생각이 안정에 이른 곳에, 또 자아만에 의하여 자아를 보아 자아에 만족하고 앉아 있는 곳에,

21. 또 감각을 초월하여야, 깨달은 마음에 의하여서만 알 수 있는 한없는 즐거움이 그 안에만 있는 줄을 알아, 진리에서 흔들림이 없이, 그 안에 굳건히 서 있는 곳에,

22. 그것을 한번 얻고만 나면 그것을 다시없는 이익으로 알아, 그 안에 굳게 서서, 어떤 큰 고난에도 흔들림이 없는 거기,

23. 그것을 가리켜 요가라고 하나니, 그것은 고통의 얽어맴을 벗어난 것이니라. 그 요가를 마땅히 결정 불변의 마음으로 닦을 것이니라.

마하리시 마헤슈 요기 위 제19절까지에서 생각, 즉 결정적인 지성이 확고부동한 자리에 이른 마음의 지경을 말했다. 그리고 제20절 이하에서는 그러한 결정적 지성이 계속 훈련에 의해 자기 개성을 분명히 파악한 다음, 물러나기 시작하는 것을 말한다. 그 물러남은 개성의 확대로 시작된다. 그렇게 될 때 지성은 제 개성을 잃고 보편성을 갖기 시작한다. 즉 무한한 본체의 지위를 얻게 된다. 본체 속에 빠져들 때 그것은 본체를 곧 자아로 인식하게 되고 마침내는 복된 의식에 이른다. 요가 수행자는 자기 자아 속에서 만족을 발견한다.

마음이 모든 경험을 초월하기 전까지는 자아를 깨닫지 못한다. 모든 경험을 초월하는 과정에서 마음은 다수의 경험에서 물러나 자기 개체의 바탈 속에서 통일(하나됨)을 체험하게 된다. 그런 다음 자기 개성을 초월함으로써 우주적인 존재로 확대된다. 이러한 바탈의 상태, 즉 초월적인 의식의 상태를 말해서 자아에 의하여 자아를 본다고 했다. 그 '만'이라는 말이 중요하다. 왜냐하면 그것이 초월적 자아 자체가 바탈의 내용을 이루므로 어떠한 상대적 존재도 그것을 인식할 수 없다는 것을 강조하기 때문이다. 그 순수성은 영원하고 지극히 높은 것이기 때문에 개인 생활의 최고 모습, 결정적인 지성을 가지고도 거기서는 먼 것이요 그 속에 들어감을 거부당한다. 지성이 자아의 바탈 속에 자기 자리를 얻기 위해서는 그 존재를 버리지 않으면 아니 된다. 이것이 자아의 성격의 영광이다. 집에 돌아오면 길손은 평화를 얻는다.

감각으로는 왜 무한한 즐거움을 경험할 수 없느냐 하는 것을 알기 위해서는 감각의 기원과 목적을 알아야 한다. 창조는 프라크리티 곧 자연으로 시작되는데, 그것은 3성으로 나타난다. 즉 선성(善性, 사트바), 동성(動性, 라자스), 암성(暗性, 타마스)이다. 창조가 진행됨에 따라 3성은 마하트 타트바(mahat tattva) 곧 지성의 원리로 나타난다. 또 다시 아함 타트바(aham tattva) 곧 마음의 원리로 나타나고, 또 그다음에 다섯 가지 탄마트라(tanmatra)로 나타나는데, 거기서 다섯 감각이 나온다. 그다음 나타냄이 계속됨에 따라 다섯 탄마트라에서 다섯 원소(地·水·火·風·空)가 나오고, 그것들이 결합하면 만물이 된다.

감성의 경험 범역은 이 다섯 원소에서 나오는 창조물에 한정되어 있다. 이들 감각은 우리로 하여금 다만 객관 세계의 즐거움을 경험할 수 있게 해줄 뿐이다. 영원한 생명의 복된 것은 감각으로부터는 멀리 떨어져 있고, 지성으로부터는 가까워 곧 바로 다음에 있다. 지성으로는 그것을 맛볼 수 있지만 감성으로는 불가능하다.

제20절에서 제23절까지의 목적은 요가를 네 가지로 정의하여, 그것을 가지고서 힌두 경전이 가르치는 인생의 네 가지 목적을 달성하는 데 부족이 없다는 사실을 보여주는 것이다. 그것은 인생의 목적을 ① 다르마, ② 아르타, ③ 카마, ④ 모크샤를 달성하는 데 있다고 한다.

① 다르마(dharma)는 사람의 자연적 의무다. 그 안에는 선과 올바른 행동, 자유, 정의, 법을 지킴 등 인생을 살아가는 데 필요한 모든 원리가 다 포함되어 있다. 사람이 자기를 깨닫기만 하면 이 모든 것은 단번에 다 지켜진다. 왜냐하면 사람이 자아를 알고 체험하면 모든 도덕과 덕행과 올바른 행동의 기본이 되는 정도에 서므로 거기서 자연의 모든 법을 준행하고 만물에 대해 정의를 행할 수 있는 힘을 가지게 되기 때문이다.

② 아르타(artha)는 부, 사업, 유리, 유효, 보수, 이익의 뜻이다. 영원한 복의 체험으로 인하여 그런 모든 목적이 완전히 충족됨을 얻는다. 가지가지 행복의 수단을 모으고 또 모은다는 것은 결국 아르타를 얻자는 것이다.

③ 카마(kama)는 욕망으로 즐거움을 얻고 고통을 쫓아버리자는 것을 목적하게 된다. 이것은 자아의 영원한 복을 깨달을 때 이루어진

다. 찾는 것도 없고 욕망하는 것도 없어질 때 카마는 이루어지는 것이다.

④ 모크샤(moksha)는 해방, 해탈이다. 제23절에 모든 슬픔, 고통에서 해방됨을 말했다. 요가, 즉 지극히 높으신 이와 하나됨으로 인하여 그것은 이루어진다.

마하데브 데자이 타울러(Johannes Tauler)는 이렇게 말했다. "그의 영혼은, 말하자면 신성의 깊은 소 속에 빠져 잃어지고 말아서, 모든 피조물적 차별의 의식도 따라서 잃어버렸다. 사람의 영혼이 거룩한 합일로 하여 하나님 안에 아주 완전히 잃어버려졌기 때문에 그는 모든 피조물적 차별감을 잃어버리고…… 구름도 빛도 없는 신비의 고적한 하나됨만이 남아 있을 뿐이다."

24. 하고자 하는 뜻을 일으키는 모든 욕망을 남김없이 내버리고 마음만으로 모든 감각의 무리를 샅샅이 정복하며,

함석헌 "뜻을 일으키는"을 간디나 라다크리슈난, 또 그밖의 번역들은 다 "이기적인 뜻(혹은 목적)에서 일어나는 욕망"이라고 하는데, 마하리시의 번역만이 "하고자 하는 뜻을 일으키는 욕망을"이라고 한다. 그 어느 편으로 하여도 근본에서 다를 것은 없으나, 마하리시의 번역이 더 나을 듯하다. 욕망은 자연적인 것이고, 그 욕망의 자극으로 행동의 동기가 일어나기 때문이다. 자연적으로 일어나는 욕망의 뒤에 있는 뜻은 절대적인 것이므로 그것은 감히 우리가 이래라저래라 할 수 없고, 문제 되는 것은 그 욕망으로 우리가 의식적으로 일으켜 행동하고자 하는 뜻이다.

"마음만으로"를 간디("with the mind itself")와 마하리시("by the mind alone")가 번역한 것을 보면, 그 뜻은 극기나 고행으로 감각을 억지로 눌러버리거나 없애버리려 해서는 안 된다는 데 있다. 내 마음

을 참으로 높은 데 두면 감각은 쉽게 이겨진다는 말이다. 마음이 몸의 주인이기 때문이다. 악은 감각 속에 있는 것이 아니라, 참 나를 찾으려 하지 않는 마음에 있다. 그러므로 헤매는 마음을 그대로 두고 선을 행하려고 감각을 억지로 구속하고 강제하여도 소용이 없고, 반대로 마음을 올바른 길(道)에 놓기만 하면 감각은 자동적으로 거기에 따라 참(眞理)에 이르게 된다.

그러면 그것이 곧 생명이다. 그렇기 때문에 믿으라는 것이다. 브라만 혹은 하나님을 믿는다는 것은 또 내 속에 근본적으로 선의 씨가 있음을 믿는 것이다. 지극히 선하신 이를 믿기를 결심할 때 마음속에 기쁨이 일어나는 것이 이것을 증명한다. 인자가 천하에 대적이 없다는 것은, 인자는 아무리 악한 자라도 대적을 알아 정복하려 하지 않고 그에게 스스로 선으로 가는 길을 보여주기 때문이다. 올바르게 된 환경 속에 자라는 어린이를 보면 이것을 알 수 있다. 사랑과 평등과 평화를 살고 있는 부모와 어른들 사이에서 사는 동안 그 어린이의 자아는 올바르게 자람을 이루기 때문에 그 어린이의 도덕적 활동 능력은 자동으로 높아간다. 그러나 반대로 불우한 환경에서 사랑, 평등, 평화를 맛볼 수 없이 삐뚤어진 자람을 한 아이는 벌써 그 마음이 스스로 하는 능력을 잃었기 때문에 아무리 훈계를 하고 벌을 주어도 소용이 없다.

개인이 그렇다면 인간의 공동체 살림은 더욱 그렇다. 그렇기 때문에 선한 목적을 위해 강제와 폭력의 방법을 써서는 아니 된다. 종교는 고등한 종교 활동에 의해서만 향상되고, 악한 풍속은 선한 풍속을 길러줌에 의해서만 제거되며, 저속한 풍조는 고상한 예술에 의해서만 배제될 수 있다. 그것은 결코 규칙과 단속과 형무소 등으로, 정치적·조직적으로 되지는 않는다. "마음만으로" 혹은 "마음 자체로"라는 건 깊이 생각할 만한 말이다. 정치가 종교나 교육이나 예술을 직접 간섭해서는 아니 되는 이유가 여기 있다.

마하리시 마헤슈 요기 "감각의 무리" 혹은 감각의 마음 즉 감각들이 들어 있는 장소, 이것은 신경 조직의 구조를 가리키는 말이다. 전체 신경 조직이 마을이라면 개개의 신경은 마을 사람인 셈이고, 마음은 그것을 차지하는 영주(領主)다. 크리슈나가 "마음만으로 감각의 마을을 샅샅이 정복하며" 했을 때는 무슨 이치를 밝히고자 한 것일까? 그것은 즉 영주를 감독해서 그로 하여금 마을 사람들을 시켜서 마을을 새로 나게 하여, 그 활동 즉 신경 조직의 활동이 자연 법칙에 따라 진행되도록 하게 한다는 것이다. 그리고 그러는 한편 참으로 깨닫고 새로 난 자아는 영원한 본체 안에서 그 깬 의식을 자연 상태대로 가지고 있다는 것이다. 즉 절대의 본성과 상대적인 활동의 분야가 서로 따로따로 갈라져 있으면서도, 또 개인 생활 속에서 우주의식의 상태 안에서 하나로 통전되어 있다는 말이다.

이 수련은 완전히 정신적인 것이지만 그러면서도 감각의 기능을 가능케 하는 전 신경 조직에 직접 영향을 미친다. 우주의식을 어떻게 얻을 수 있느냐를 가르치는 그 첫머리에서 크리슈나가 신경 조직, 즉 생활의 생리적인 면을 먼저 말하여 그 개조가 필요하다고 주장했다는 것을 명심할 필요가 있다. 그러나 인간의 신경 조직은 매우 복잡하고 미묘해서 그것을 개조하는 것은 생리적 방법만으로는 도저히 불가능하다. 그 어려움이 이 "마음만으로"라는 말의 강조에 의해서 풀린다. 그는 수도자에게 감각을 직접 통제하려고 하든가 혹은 신경 조직을 어떤 생리적 방법으로 건드려서는 안 된다고 엄중한 경고를 한다. 초월의식이 부동의 것이 되려면 신경 조직이 개조되는 것이 절대로 필요하다. 그러나 그것은 반드시 정신적인 방법으로 되어야만 한다. 만일 수도자가 감각을 그 정도대로 두고 개조해보려고 한다거나 혹은 그것을 통제하되 자기의 천성을 어기고서 해보려고 한다면 결과는 잘못될 것이다. 이 절에서 가르치는 방법에는 그런 것은 조금도 없다.

25. 꾸준한 인내로써 버티는 이성에 의해 한 걸음 한 걸음 안정에 들어갈지어다. 마음을 자아에 박아놓고 아무것도 생각하지 말라.

마하리시 마헤슈 요기 제25절은 제20절에서 '물러간다'고 했던 것, 그리고 제24절에서 '내버린다'고 했던 것을 더욱 자세히 밝혀준다. 이는 물러가는 과정은 점진적으로 되어야 하는 것을 강조한 것이다. 그리고 무엇이나 갑자기 하려 하거나 또 그 나가는 길을 변경하거나 해서는 안 된다는 것을 분명히 하기 위해 "인내로써 버틴다"는 말을 덧붙인다. 한번 시작한 다음에는 스스로 진행되도록 내맡겨두어야 한다.

'꾸준히'라는 말과 '점진적'이란 말이 매우 중요하다. 만일 조급해져서 그 초월 속에다가 내 마음을 몰아넣으려 하다가는 여러 가지 잘못이 일어남을 보게 된다. 마음이 생각함에서 빠져나와 상대계의 경험을 잃어버리려고 하는 이 생각함의 오묘한 단계에서는 생각의 강도(强度)가 굉장히 높은 법이다. 나가는 과정이 방해를 받음 없이 스스로 순순한 상태로 나가게 된다면 마음은 슬쩍 자아(self) 속으로 미끄러져 들어간다. 만일 그렇지 않고 마음을 알아보기 위해 혹은 그 나가는 길을 이리저리 지시하기 위해 압력을 가하거나 강요하거나 하게 되면 그만 마음이 자연스럽게 가던 길에서 떨어져 나가서 동요하고 불쾌를 느끼게 된다. 그렇기 때문에 그 나가는 길은 조바심이나 서두름이 없이 조용히 참는 마음으로 할 수 있도록 두어야 한다는 것이다. "인내로써 버티는 이성"이라는 말에는 겉으로 보아 알 수 있는 대로, 이성 편에서 참음을 지켜간다는 것 밖에 또 속뜻이 있다. 그것은 그 나가는 과정 동안에는 이성은 작용해서는 아니 된다는 것이다. 이성을 가지고 그 돼가는 일들을 지켜보거나, 분석하려 들거나 꼬치꼬치 캐려 하거나 해서는 아니 된다. 그 과정을 비판적 태도로 캘 필요가 없다. 이성은 다만 받아들이고 음미할 뿐이어야지 어떤 방식으로라도 조사하거나 감시하거나 해서는 아니 된다.

"한 걸음 한 걸음 안정에 들어갈지어다" 함은 그래야 마음이 사색과정의 더 깊은 지경을 헤아려보는 동안 또 동시에 스스로 정련(精練)됨을 얻어 좀더 오묘한 지경을 체험할 수 있게 되고, 앞으로 순순히 제 길을 걸어갈 수 있게 될 것이다. 사람이 밝은 데 있다가 갑자기 깜깜한 굴에 들어갈 때는 그 굴속에 무엇이 있는지를 알 수 없지만, 천천히 들어가면 눈이 엷은 광선에 맞추어지기 때문에 볼 수 있다. 마음이 깊은 속으로 물러갈 때는 거친 경험에서부터 오묘한 경험의 지경으로 들어간다. 그렇기 때문에 갑자기 달리지 말고 한 걸음 한 걸음 차분히 들어가는 것이 마음에 대해 절대로 필요하다.

그리고 또 이성의 개인적인 성격에서부터 바탈의 지경으로 옮겨가기 시작할 때는 그 과정이 서서히 되는 것이 절대로 필요하다. 그렇게 해서만 복된 것을 체험하는 경지에 들어갈 수 있다.

"아무것도 생각하지 말라"는 말은 깊이 생각해볼 필요가 있다. 크리슈나가 마음을 자아에 박아놓은 다음에는 무엇을 생각하려고 해서는 아니 된다고 한 것은, 초월적인 의식의 지경은 마음으로 생각할 수 있는 지경 저쪽에 있기 때문이다. 아무리 그 지경을 생각해보려고 해도 되지 않는다. 거기는 다만 거기 있음을 즐길 수 있을 뿐인 지경이다. 거기는 생각이 제자리를 가질 수 있는 정도의 지경이 아니다. 거기 어떤 좋은 생각이 들어올 수 있으려니 기대하지 않도록 해주기 위해 크리슈나는 수도자에게 이 말을 해준 것이다. "아무것도 생각하지 마라." 생각하지 않는 지경은 마음이 자아 속에 확정됨으로써 자연적으로 오는 결과다. 그러나 이것은 명상하는 동안에만 그런 것이다. 명상에서 나온 다음에도 그러라는 말은 아니다. 왜냐하면 생각을 아니하는 것이 버릇이 되면 생활은 침체되고 무의미한 것이 돼버리기 때문이다.

아무것도 생각하지 말라는 말은 우주의식의 본질적인 특성을 드러내는 말이다. 첫째로, 이 지경의 생활은 사색이나 감정의 기반 위에서 되어가는 것이 아니다. 이는 본성의 지경 위에서 자연스럽게 살게 되는 생활이다. 둘째로, 이 지경에서 자아는 행동의 세계에서는 완전히 떠나 있는 것이므로, 마음이 생각을 하고 있는 때 비로소 자아는 그 사색 과정에 머무르지 않고 완전히 자유롭게 있을 수 있다. 이것이 제3절에서 말한 "요가에 도달한 사람은, 그리고 그 사람에게만, 고요히 함이 그 방법이다"라고 한 지경의 생활이다.

26. 무엇이거나 가만있지 못하고 흔들리는 마음을 헤매어나가게 하는 것이 있거든, 즉시로 이끌어들여 자아의 지배 밑에만 있게 하라.

27. 그 마음이 깊은 화평 속에 있고, 모든 애욕이 잠잠히 가라앉았으며, 모든 죄와 허물을 벗어 브라만과 하나됨을 얻은 요기는 무상의 복락에 이르느니라.

<small>브라만과 하나됨 브라마부탐(brahmabhutam), 하나님과 하나됨.
요기 요가를 닦는 사람, 행자.</small>

28. 요가를 닦는 자는 그와 같이 언제나 자기를 통일하여 죄를 벗어버렸으므로 쉬이 브라만과 접촉하는 영원한 복을 얻을 수 있느니라.

마하리시 마헤슈 요기 그 닦음이 쉽고, 그 가르치는 생활방식이 쉽고 재미있기 때문이다. 그 닦음이 쉬운 것은 마음의 움직여감이 거의 자동으로 되기 때문이다. 즉 복이 있는 곳으로 가기 때문이다. 그 닦음은 바로 마음의 천성에 따라서 하는 것이다. 그렇기 때문에 브라만과 접촉하기도 쉽다.

공자 길은 가까운 데 있다.(道在邇)

인(仁)이 멀리 있는 줄 아느냐? 내가 인을 하고자 하기만 한다면 그 인이 내게로 온다.(仁遠乎哉 我欲仁 斯仁至矣)

「마태복음」(11: 28~30) 어려운 일을 하고 무거운 짐에 허덕이는 사람은 다 내게로 오시오. 내가 여러분을 편히 쉬게 하겠습니다. 나는 마음이 온유하고 겸손하니 내 멍에를 메고 내 제자가 되시오. 그러면 여러분의 영혼이 안식을 얻을 것입니다. 내 멍에는 편하고 내 짐은 가볍습니다.

함석헌 무슨 짐이 가장 무거우냐? 내 양심이 가책으로 내게 지운 짐이 이 세상 그 어느 것보다도 더 무겁다.

라다크리슈난 '브라만과 접촉'(brahmasamsparsam)함을 말함은 하나님은 하나의 풍설만이 아니요 걷잡을 수 없는 것을 향해 바라보는 일이 아니기 때문이다. 이는 분명한 실재요 우리는 그것과 실지로 접촉할 수 있다. 종교는 입씨름이 아니요 체험되는 사실이다. 이성은 거기 입을 내밀어 사실에 대한 하나의 논리적인 설명을 해줄 수 있겠지만, 그러나 그 사실이 굳건한 기반 위에 서지 않는 이상 설명은 아무 의미가 없다.

그뿐 아니라, 종교적 체험의 사실은 시간적·공간적으로 보편적인 것이다. 그것들은 세계의 각각 다른 곳과 역사의 각각 다른 시대에 발견된 것으로서 인간 정신이 하나인 것과 시간을 꿰뚫고 존재하는 것을 증거해주고 있다. 힌두교와 불교의 선견자들, 소크라테스와 플라톤, 필론과 플로티노스, 기독교와 회교의 모든 신비가가 밝혀준 것은, 그것을 설명하려고 한 그 신학적 시도에는 비록 민족과 시대의 특성의 차이는 있어도 다 한 근본에서 나온 것임을 보여준다.

29. 요가로 자기를 통일한 사람은 모든 곳에 평등관을 가져 일체 산 것 속에서 자아를 보고, 자아 속에서 일체 산 것을 보느니라.

라다크리슈난 자아를 깨닫는 과정에서는 외계에서 물러나와 자아와 세계를 구별해야 하지만, 일단 깨닫고 난 다음에는 세계가 자아 속으로 들어오게 된다. 그것을 도덕의 세계에서 말한다면, 처음에는 세계 속에서 떠나기를 힘쓰다가 일단 거기에 도달하면 다시 사랑과 수난과 희생으로써 속세로 돌아오게 된다.

희망과 공포와 좋아함과 싫어함을 갖는 서로 대립하는 유한한 자기가 완전히 정복된 것이다.

마하리시 마헤슈 요기 명상하는 동안 본성(Being)의 지경이 마음의 천성 속으로 스며들어 오게 되면 그 스며듦이 마음을 거룩하게 만든다. 그리고 그 스며듦이 흔들림이 없이 확고한 것이 될 때 마음이 이 잡다한 만상 속에서 통일된 생활을 할 수 있게 된다. 그러면 그 잡다한 만상의 세계가 속에 있는 거룩한 통일에 의해 해석된다. 마음이 거룩한 본성으로 충만될 때 그 뚫어봄은 자연 충만하고 평등한 것이 된다. 이 세계 생명의 복잡한 속에 있으면서도 그 뚫어봄은 확고한 것이요, 흔들림이 없다. 이것이 브라만과 접촉한 사람의 뚫어봄이다.

평등관은 브라만과 접촉한 결과임을 잊어서는 아니 된다. 이를 브라만을 깨닫는 방법으로 생각해서는 아니 된다. 깨닫지 못한 사람이 만일 평등관을 얻어보려고 한다면 그는 자기에게도 남에게도 혼란을 일으키고 말 것이다.

30. 사람이 만일 나를 모든 곳에서 보고 모든 것을 내 안에서 본다면 내가 그에게서 잃어짐도 없고 그가 내게서 잃어짐도 없을 것이니라.

마하리시 마헤슈 요기 사람과 하나님의 직접적 관계는 우선은 본성의 세계에서 이루어지고 그다음에는 감정의 세계에서 이루어진다. 거기서부터 사색의 세계로 들어가고 그담에 감각적인 경험의 세계에 들어간다. 하나님은 그와 같이 사람의 삶 속에서 모든 분야를 정복한다. 사람은 하나님의 제단 안에 산다. 그의 생활은 사랑 안에, 복 안에, 지혜 안에, 신의식 안에 있다. 그는 보편적인 존재의 지경 안에 산다. 그는 땅 위에서 움직이면서 하나님의 땅에서 살며 인간의 눈으로 볼 수 없고 생각으로 도달할 수 없는 본체의 땅에서 산다.

이 복된 지경을 개척하는 일은 사색을 초월한다. 이를 계속 생각하는 것은 그대로 값어치가 있다. 그것은 마음을 즐거운 생각으로 가득 채워준다. 그러나 바라는 지경을 창조하게는 못한다. 그러므로 초월적인 생각은 생각하는 것보다 무한히 귀하다.

그렇기 때문에 마음으로 하여금 생각을 초월하여 절대 정결의 지경에 들어가게 해야 한다. 거기가 하나님이 계신 곳이다. 거기에 대해 생각하는 것은 삶의 표면에서 시간을 낭비하는 일이다. 생각은 마음이 그 복된 지경에 들어가지 못하도록 붙잡고 있을 뿐이다. 빵을 생각하는 것은 빵맛을 주지도 못하고 배를 부르게도 못한다. 빵이 먹고 싶거든 밖에 앉아 그것을 생각하지만 말고 부엌으로 들어가 그것을 먹어야 한다. 우리가 하나님을 알지 못하는 한, 어떻게 이 현상적인 경험의 세계를 뚫고 초월적인 축복의 세계, 전능자의 순수한 나라에 들어갈 수 있는지를 모르는 한, 우리는 하나님을 생각만 하는 것이요, 혹은 그를 느껴보려고 애를 쓰고만 있는 것이다.

역사가 보여주는 성인 성자들의 하나님과의 직접 연합에 대한 기록을 보면 그들의 생활은 복된 것이었음을 알 수 있지만, 그러한 생활이 성공한 비밀은 그들의 사상, 감정, 경험의 지경을 초월하는 데 있다. 하나님 실현의 비밀은 하나님 생각을 초월하는 데 있다. 사상대로 남는 사상은 하나님 의식을 가리고 있다. 감정도 마찬가지로 복스러운 복을 가리고 있다. 하나님에 대한 사상은 그것이 사라져 없어지는 데 가서야 그 이루어짐을 본다. 감정도 가슴속을 무한한 하나님의 사랑으로 채워주기 위해서는 사라져버려야 한다.

만유의 주의 영광을 아는 의식의 지경은 거룩한 것이다. 그것이 이루어지려면 계속 규칙적으로 하는 명상의 실천과 초월적인 본성의 체험이 있어야 한다. 그렇게 해서만 우주의식에 이르러 혼과 마음이 완전히 성숙될 수 있다. 이렇게 혼과 마음의 역량이 충분히 발달되어야 거룩한 본체를 이해할 수 있고 그것을 생활할 수 있다. 나타나 보이지 않는 절대와 나타나 보이는 바 본체 사이에 있는 관계가 그 자체를 드러내게 된다. 인격신을 감각적인 단계에서 체험할 수 있게 된다. 그가 일상생활의 산 실재가 된다. 창조의 개개 물체가 내 자아의 방식이므로 하나님의 빛을 드러낸다.

31. 요기가 만일 하나됨에 굳게 서서 만유 안에 들어 있는 나를 공경한다면, 그는 어떠한 방식의 살림을 살더라도 나를 사는 것이니라.

간디 작은 내가 살아 있는 한 지극히 높은 대아는 없다. 작은 내가 없어질 때에 지극히 높은 대아는 간 데마다에서 보인다.

32. 오, 아르주나야, 자아로써 봄으로 인하여 일체를 즐겁거나 괴롭거나, 평등으로 보는 이를 최고의 요기라 이르느니라.

자아로써 봄 아트마 아우파먀(atma-aupamya), 모든 것을 나와 같이 봄, 모든 것 속에서 나를 봄, 나로 여김.

라다크리슈난 아트마 아우파먀는 나와 다른 사람을 평등으로 본다는 뜻이다. 내게 좋은 일이 있기를 바라듯 모든 것에 좋은 일이 있기를 바란다. 그는 하나님 안에서 모든 것을 감싸고, 사람들을 거룩한 살림으로 인도하며, 세상 속에서 성령과 빛나는 의식을 가지고 행동한다. 그는 자기에게 즐거운 것은 모든 피조물에게 즐겁고, 자기에게 괴로운 것은 모든 산 것에게 괴로운 것이라 생각하기 때문에 아무것도 해하지 않는다. 그는 쾌락이 오거나 고통이 오거나 이미 겁내는 일이 없다. 그는 하나님 안에서 세계를 보기 때문에 아무것도 두려워하는 것이 없고 모든 것을 자아와 평등관을 가지고 감싸안는다.

마하데브 데자이 이 절은 요기가 지녀야 할 비전의 결과를 구체적으로 말해준다. 샹카라가 설명했듯이, "자기가 고락을 느끼듯이 세상 만물이 고락을 느낀다고 깨닫기 때문에 어떤 생명도 해하지 않는다"는 지경이다. 여기서 성경의 유명한 구절을 참조하라. "여러분이 남에게서 바라는 그대로 여러분도 남에게 그대로 해주시오. 이것이 율법과 예언자의 정신입니다."〔「마태복음」, 7: 12〕

마하리시 마헤슈 요기 "자아로써 봄으로 인하여", 즉 자기 자아의 심정으로써 보라는 뜻이다. 앞 절에서 보면 헌신자가 하나님과 하나 됨으로 말미암아 완전한 상태에 이르렀기 때문에 그는 모든 것을 하나님의 심정으로 본다고 했다. 이 절에서 말하는 것은 더욱더 영광스러운 상태다. 곧 자아로써 미루어봄으로 인한 평등관이라고 한다. 앞 절에서는 볼 수 있었던 헌신자와 하나님 사이의 차이가 여기서는 없어진다.

이제 그의 하나님은 그와 하나다. 거룩한 하나됨이 그를 압도해버렸다. 그의 개성 안에서 하나님의 영원하신 영광이 비쳐나오고, 그것이 다시없이 충만한 것이기 때문에 본성 정도에서뿐 아니라 그의 감정, 사색, 환상, 체험의 전 분야에까지 나타나게 된다. 전에는 하나님에 대한 그의 헌신의 색채를 면치 못하던 것이 이제는 영원하신 본체의 꿰뚫음을 입은 그의 자아의 심정으로 분명히 나타난다. 그 본체 속에 하나님의 영광이 머물러 그것을 붙드시고, 헌신자가 하나님께 얻은 영원한 자유를 지지해주신다.

"즐겁거나 괴롭거나"라는 말을 한 것은 상대되는 쌍이 되는 생각을 표시하기 위한 것이다. 개성이 가져다주는 피조물의 여러 가지 성격은 요기의 비전에서는 이미 없어졌다. 그것을 보통 의식에 좀더 이해하기 쉽게 하려면 이렇게 비유할 수 있다. 가지가지의 장난감을 사다주는 아버지 눈에는 그것이 다 하나지만 받는 어린 아들의 발달되지 못한 의식으로는 여러 가지 차이가 있게 보인다.

함석헌 『장자』, 「제물론」(齊物論)은 바로 이 뜻을 가르치자는 것이다. 제물론이라, 물론(物論)을 가까이한다, 하나로 한다는 말이다. 천차만별의 상대 세계에 붙잡히기 때문에 시비를 따지려 하지만 시비를 따짐으로써 도에는 이르지 못한다는 것이 그의 주장이다. 평등관이란 시비를 초월한 자리다. 그렇기 때문에 그것을 얻은 사람은 최고의 요기라고 했다.

그렇지만 그렇다고 상대계를 버리라는 것은 아니다. 버리려 해도 버릴 수 없다. 그렇기 때문에 시비를 초월할 것을 주장하면서도 또 현실로 있는 시비를 인정한다. 그래서 "성인이 고르게 하기를 시비로써 하고 하늘의 고름에 쉬게 하니, 이를 일러 두 길로 한다고 한다"(聖人和之以是非 而休乎天均 是之謂兩行)라고 했다. 정말 초월은 상대를 부정하면서도 살려두는 것이다. 그것이 참 초월이다. 『기타』의 태도도 마찬가지다. 절대에 서지만 또 상대를 인정한다. 그래서 일단 버리고는 또다시 속세로 돌아오려고 한다.

아르주나 말하기를

33. 마두 귀신을 죽이시는 이여, 당신께서 말씀하여주신 그 평등관의 요가는 어떻게 하면 영구부동일 수 있는지 저는 알 수 없습니다. 흔들리기 때문입니다.

34. 마음이야말로 흔들리는 것입니다. 오 크리슈나시여, 걷잡을 수 없고 억세고 완고하여, 그것을 억제하기란 바람을 잡으려 함같이 어렵습니다.

『맹자』, 「고자 상」(告子 上) 공자 말씀하시기를 잡으면 있고 버리면 없어져서, 나고 듦이 때가 없어 그 일정하게 있는 곳을 알 수 없다 하셨으니, 그 '마음'을 두고 하신 말씀이다.(孔子曰 操則存 舍則亡 出入無時 惟心之謂歟)

왕양명 산속의 도둑을 깨치기는 쉬우나 마음속의 도둑을 깨치기는 어렵다.(破山中賊易 破心中賊難)

마하리시 마헤슈 요기 이 구절은 많은 선견자나 하나님을 믿는 사람에게 흔히 있는 이야기다. 순간적으로 거룩한 빛을 반짝하는 것을 경험하면서도, 그것이 늘 그렇지 못하고 곧 꺼져버리는 데 안타까운 점이 있다. 그러나 그것은 집중됐던 마음이 왜 풀어지느냐를 모르는 데서 온다. 그것을 마음의 집중 정도에서만 했기 때문임을 모르는 데서 오는 것이다. 흔들림 없는 거룩한 신의식을 마음의 집중으로만 되는 줄로 아는 것이 잘못이다. 흔들리는 것은 그것이 바탈에 이르지 못했기 때문이다.

이 두 절에 있는 아르주나의 질문을 흔히들 신의식에 이르기 어려운 것은 마음의 흔들림 때문이라는 의미로 풀어 생각하지만, 그것은 모르는 말이다. 이는 신의식에 이르는 근본적 원리를 모르는 데서 오는 잘못이다. 우리가 목적하는 신의식은 바탈의 지경에서 이루어지는 것이지, 사색이니, 이해니 혹은 마음의 집중을 계속하는 정도에 의해 이루어지는 것이 아니다.

함석헌 기독교에서 말하면 성령의 충만함을 얻었다, 거듭났다, 의롭다 하심을 받았다는 자리, 불교에서 말한다면 깨달았다는 자리, 유교에서 말한다면 불역(不易)의 자리다.

거룩하신 주 말씀하시기를

35. 마하바후야, 물론 마음은 흔들리는 것이요 억제하기 어려운 것이니라. 그러나 오, 쿤티의 아들아(아르주나), 그것은 끊임없는 닦음과 집착 없이 함으로써 능히 붙잡을 수 있느니라.

마하바후(Mahabahu) 큰 팔을 가진 자, 곧 아르주나를 가리킴.

마하데브 데자이 여기 나온 크리슈나의 대답은 『요가 수트라』(Yoga-sutra)에 있는 말을 인용한 것이다. "끊임없는 닦음은 마음을 굳게 하기 위해 힘들여 노력함이요, 집착 없이 함"이란 자연적 육신에 대한 모든 애탐을 영적인 것에 대한 뜨거운 불길로 변화시켜버림을 가르치는 것이다.

『**중용**』 사람의 마음은 그저 위태로운 것이요, 도의 마음은 그저 아득한 것이니, 오직 알뜰히 오직 하나로 하여 그 가운데를 잘 잡을지어다.(人心惟危 道心惟微 惟精惟一 允執厥中)

마하리시 마헤슈 요기 요가를 닦고 집착이 없이 함으로써 마음을 붙잡을 수 있다 할 때에 크리슈나가 뜻한 것은 다시는 마음이 헤매임이 없이 가만히 있는 상태가 아니다. 그래서는 일상생활을 할 수가 없기 때문이다. 그 말의 뜻은 다만 닦음과 집착 없이 함으로써 무소부재한 바탈의 지경으로 들어갈 수 있게 해줌을 얻어 마음이 언제나 자체 근본의 복된 지경에 머물러 있을 수 있다는 뜻이다.

『**공자가어**』(孔子家語) 이른바 선비란 것은 마음에 잡힌 데가 있고 일하는 데 지키는 것이 있어서, 비록 도를 완전히 다 닦았다 하지는 못하더라도 반드시 그 지켜가는 것이 있고, 비록 온 가지 아름다운 선을 다 행하지는 못하더라도 반드시 그 자리 잡고 있는 곳이 있다. 그렇기 때문에 알기를 많이 하려고 힘쓰기보다는 아는 것인 담에는 반드시 분명히 하려 하고, 말하기를 많이 하려고 힘쓰기보다는 그 말을 하는 바에는 반드시 무엇을 말하는지 그것을 자세히 하려고 하며, 행하기를 많이 하려고 힘쓰기보다는 행하는 바에는 어떻게 하게 되는지 그 말미암는 바를 분명히 하려고 한다. 그렇게 해서 알기를 이미 슬기 있게 하고, 말하기를 이미 분명히 하고, 행하기를 이미 똑똑히 하면 우리 바탈이 그렇고 우리 몸이 그렇듯이 흔들림 없는 자리에 가게 된다. 그러면 부하고 귀해진다 해도 더해질 것이 없다. 가난하고 천해진다 해도 덜해질 것이 없다. 이것이 곧 선비라는 것이다.(所謂士人者 心有所定 計有所守 雖不能盡道術之本 必有率也 雖不能備百善之美 必有處也 是故知不務多 必審其所知 言不務多 必審其所謂 行不務多 必審其所由 智旣知之 言旣道之 行旣由之 則若性命之形 骸之下可易也 富貴不足以益 貧賤不能以損 此則士人也)

36. 자기를 스스로 다스리지 못하는 사람에게는 요가를 성취하는 것이 어려운 일임을 나도 인정한다. 그러나 스스로 자기를 다스리는 사람에게는, 적당한 법에 따라 힘쓰기만 하면 되는 일이니라.

아르주나 말하기를

37. 믿음은 있으나 스스로 자기를 제어하지 못하므로 마음이 요가

에서 멀어져, 완전한 요가의 성취에 이르지 못하는 사람은 오, 크리슈나여, 그 사람은 어떤 지경에 이르게 되옵니까?

라다크리슈난 아르주나의 이 질문은, 죽을 때에 영원한 복락의 세계에 반대되는 길에 선 것은 아니다. 영원한 청정 세계를 깨달아 알 만큼 완전한 수양을 하지 못한 사람에 대하여 묻는 말이다. 어떤 사람들이 믿는 것같이 영원한 천당 아니면 영원한 지옥 중 어느 하나인가 그렇지 않으면 그런 사람들도 죽은 후에까지 더 자라서 완전에 이를 수 있는 어떤 길이 있는가 하는 말이다.

마하리시 마헤슈 요기 그는 아마 신앙이 사람에게 얼마나 도움이 되나 알고 싶어서 이 질문을 했을 것이다. 아르주나같이 실제적인 사람으로서는 신앙만으로 하나님을 깨닫는 쉬운 길이 혹 있지나 않을까 하는 생각을 하는 것은 당연한 일이다.

38. 오, 큰 팔을 가지신 이여, 브라만의 길에서 헤매어 나와 발을 붙일 곳도 없는 자는 둘에서 다 떨어져 나와 끊어진 구름 조각같이 망하는 것이 아니겠습니까?

<small>브라만의 길 브라만에 이르는 길, 끊임없이 요가를 닦아나가는 길.</small>

마하리시 마헤슈 요기 아르주나는 의식에 여러 층이 있고 거기에 대응하는 여러 정도의 생활이 있는 것을 알고 있으며, 또 의식이 한 단계에서 다음 단계로 자라 올라가면 전 단계의 생활은 그에게는 쓸데없어지는 것임도 알고 있다. 그가 묻는 것은, 사람이 어느 정도 수양을 쌓아 보통 인간 의식의 정도를 벗어나기는 하면서도, 해탈을 얻어 신의식에 이르는 것을 가능하게 해주는 우주의식에는 아직 들어가지 못한 사람에 대해서다. 그런 사람은 이미 인간의 정도에서는 자리를 잃어버렸고, 거룩한 지경에는 아직 발을 붙이지 못했다. 그

는 "둘에서 다 떨어져 나와" 여기 있을 수도 저기 있을 수도 없다. 그러므로 "끊어진 구름 조각같이 망해버린다"는 무서운 표현을 한 것이다.

「**히브리서**」(6: 4~6) 한번 빛을 받아서 하늘의 선물이 주는 기쁨을 맛보고 성령을 나누어 받은 사람들이, 또 하나님의 선한 말씀과 앞으로 올 세상의 권세의 맛을 본 사람들이 배반하고 떨어져 나간다면 그들을 회개시켜 다시 새 사람으로 만드는 것은 불가능합니다.

라다크리슈난 지극히 어려운 이 요가의 길을 그 끝까지 성취하지 못한 사람은 허다한데, 그들의 말로는 어떻게 되는가, 그들의 노력은 전연 쓸데없는가, 완성할 수 없는 길을 시작하는 것은 무슨 의미가 있는가.

39. 크리슈나여, 저의 이 의심을 온전히 몰아내주시옵소서, 이 의심을 끊어버리실 분은 참으로 당신밖에 없사옵니다.

거룩하신 주 말씀하시기를

40. 프리다의 아들아, 이 세상에서도 오는 세상에서도 그에게는 멸망하는 일이 있을 수 없느니라. 사랑하는 벗이여, 선을 행하는 자에게 어찌 궂은일이 있을 수 있겠느냐?

사랑하는 벗 아르주나를 가리킴.

마하데브 데자이 플라톤도 같은 말을 했다. "선한 사람에게는, 생전에나 사후에나 궂은일이 있을 수 없다는 것을 분명히 알라." 『코란』에도 있다. "누구나 선을 행하고 믿음을 가진 사람이면, 그 공로로 내침을 받는 일이 있을 수 없다. 보라, 그를 위하여 우리가 이를 기록한다."

41. 요가를 하다가 떨어진 사람이면 선을 행한 사람들이 가 있는 세계에 가서 오랜 세월을 지내다가 청정하고 길상(吉祥)스러운 집에 다시 태어나느니라.

함석헌 내가 비노바 바베를 방문했을 때 그가 첫마디로 묻는 말이 "당신은 다시 태어나는 것을 믿소?"였다. 그래서 나는 서슴지 않고 "그렇습니다. 나는 기독교 신자지만 다시 태어나는 것을 믿습니다" 했다. 그 점에 관해서는 나는 미리부터 해결이 되어 있었기 때문이다. 글자 그대로 하나님이라는 할아버지가 하늘 위에 앉았는 것을 믿는 것이 반드시 인격신을 믿는 것이 아닌 것같이, 반드시 소로 나고 버러지로 나는 것을 믿어서만 윤회전생(輪廻轉生)을 믿는 것이 아니다. 궁극에 있어 생명은 한생명이요, 그 생명이 무한히 진화하는 생명임을 알면 그것 때문에 싸울 필요는 없다. 그렇게 조급하게 생각할 게 아니라 곰곰이 오묘한 지경을 생각해보면 나는 결코 한 번만 나고 한 번만 죽는 내가 아닌 것을 알 수 있다.

자기를 조금 들여다보는 사람이면 '나'라는 것은 연속이 아니고 불연속인 것을 알지 않나? 지금 일념(一念) 사이에, 믿으면 영으로 태어났다가, 금세 또 믿음을 잃고 구렁이로 여우로 승냥이로 태어나지 않는 사람이 누구일까? 그래서 "천하 만물의 이치가 내 마음속에 갖추어 있다"(萬物皆備於我)라고 하는 것이며, 그렇기 때문에 "돌이켜 보아 정성되면 즐거움이 이에서 더한 것이 없다"(反身而誠樂莫大焉) 하는 것 아닌가? 성(誠)하는 데, 생명의 근본이신 하나님께 전부를 온전히 돌릴 때, 말할 수 없는 즐거움이 있는 것은 그때 내가 낮은 것을 벗어버리고 좀더 하나님에 가까운 모습으로 나기 때문이다.

그렇게 하기를 한 번만 하는 줄 아는 사람은 그 궁극의 마지막만 생각하기 때문에 그런 것이고, 다시 태어나고 다시 태어난다는 사람은 보통의 거친 마음보다는 좀더 오묘한 현미경식의 마음으로 보기 때문이다. 그리고 그 오묘는 갈수록 그 도가 깊어가고 높아가다 못해 말과 생각이 끊어지는 지경에 이른다. "내가 아브라함이 있기 전부터 있었다" 한 것은 그것을 체험해보지 않고는 나올 수 없는 말이다. 예수만 그런 것이 아니라 모든 사람이 다 그렇다. 그 오묘한 세계로 우리를 인도하려고 일부러 "사람의 아들이다" 한 것이다. 그러면 하나님의 아들을 모욕하는 것 같아 충성스러운 분노를 나타내기도 하지만, 금덩어리보다 더한 그가 사람의 아들이라는 저울판을 타고 스스로 땅에 내리지 않았더라면 쭉정이도 못 되는 인간이 감히 '하나님의 자녀'라는 말을 하며 하늘을 향해 곤두서지는 못했을 것이다.

우리는 억억만만 번, 억억만만 가지 생으로 태어났던 우리요, 우리의 희망은 이제 이 순간에라도 은혜와 노력의 한데 합함으로써 단번에 생사도(生死道)의 연옥을 탈출해 영원한 아버지 속으로 뛰어들 자인 것이다. 그러나 그러면서도 하나도 빠짐이 없이 이 만유를 완성하기 위해서라면 또 몇 억억만만 번을 다시 여기로 내보내신다 해도 한마디 투정도 앙탈도 말고 "영광이 세세에 있을지어다!" 하며 고맙게 받아들일 마음이 있어야 할 것이다. 아마 어서 최후의 심판이 와서 하나님 오른편에 가 앉자는 생각보다는 헤매는 마음 하나를 건지기 위해서라면 보살의 지위를 내버리고라도 야차로 태어나기를 사양 않는다는 마음이 훨씬 더 하나님 뜻에 가까울 것이다.

42. 혹은 어느 어진 요기의 집안에 태어났는지도 모른다. 참으로 그러한 탄생은 이 현세에서는 아주 드문 것이기 때문이다.

43. 오, 쿠루족의 귀염둥아, 거기서 그는 전생의 몸에서 길렀던 정신의 결합을 다시 찾아, 거기서부터 다시 완전한 성취의 지경을 향해 힘써 나아갈 것이다.

정신 혹은 이성, 혹은 이상.

결합 전생에 얻었던 이성과 다시 연락이 된다는 의미로도 취하고, 그렇지 않고 그 결합을 브라만과 하나됨이라는 뜻으로 취하기도 한다.

거기서부터 그것을 출발점으로 한다는 것으로 전생에 이루었던 공덕이 무효로 돌아가지 않는다는 뜻이 거기 있다.

라다크리슈난 완전을 향해 나아가는 길은 천천히 되는 것이기 때문에 목적에 이르자면 아마 여러 날을 거쳐야 할 것이다. 그렇지만 어떤 노력도 헛되게 되는 일은 없다. 우리가 맺었던 관계, 우리가 얻었던 힘은 죽음과 함께 없어지는 것이 아니다. 그것이 아마 다음 생의 출발점이 될 것이다.

44. 전생에 닦았던 힘으로 그는 몰려나가게 된다. 요가를 알려고 찾았던 것만으로도 그는 『베다』를 뛰어넘는다.

몰려나간다 원하거나 아니하거나, 혹은 의식적으로 노력하거나 아니하거나 간에 전생에 닦았던 그 힘에 몰려 요가를 계속하게 된다는 말이다.

베다 『삽다브라마』(Sabdabrahma)를 번역한 말이다(Veda 혹은 Vedic rule). 어떤 이는 프라크리티의 뜻으로 해석하기도 한다. 한문으로는 삽다브라마를 성범(聲梵)이라 번역한다. 즉 소리로 하는 베다, 글자로 하는 경전이란 말이다. 정신적 베다에 대해서 하는 말이다.

넘어선다 상대계를 넘어 초월적인 의식에 들어감을 말한다. 크리슈나는 요가의 초심자조차도 이미 상대적인 생활의 지경은 넘어섰다고 했다.

라다크리슈난 이것은 『베다』와 그 사이에 써넣은 글들을 의미한다. 『베다』의 교리를 실천함으로써 우리는 『베다』를 뛰어넘게 된다. 브라만에는 『삽다브라마』와 그 지경을 넘어선 것 두 가지가 있다. 『삽다브라마』를 잘 외워 통하게 되면 그것을 넘어서게 된다. 그러면 신앙은 체험이 되어버리고, 혀는 가만있게 되고, 교리는 퇴색되어버리고 만다. 신앙을 일깨우는 것은 보통 경전의 공부나 예배 의식에 참여함으로써 되는데, 그 도움을 받아서 하다가 완전히 스스로 할 수 있는 지경에 이르면 그때에 간접적인 도움은 필요가 없어진다. 보통으로는 『베다』 공부가 도움이 되지만, 한번 마음이 스스로 눈이 뜨여 그것으로 넉넉하게 되면 그런 외적 도움은 필요가 없어지기 때문에 『삽다브라마』나 그밖의 어떤 제도적 가르침이건 다 넘어서게 된다. 강을 건너려는 사람에게는 배가 필요하지만, "이미 피안에 도달한 사람에게는 법이 다시 소용이 없다."

45. 그러나 견디고 참음으로써 힘쓰는 요기는, 모든 죄의 소멸됨을 얻어, 많은 생을 거친 후 성취됨에 이르러 가장 높은 지경에 들어가느니라.

라다크리슈난 사람은 연약한 것이기 때문에 이 생에서는 비록 완전에 도달하지 못하더라도, 그의 노력의 교훈은 죽은 후에도 영원히 남아 있으며 그로 하여금 도와 전진케 하여 마침내 목적에 이르게 하고야 말 것이다. 하나님의 목적은 용서와 회개와 고쳐줌과 회복으로 모든 인간이 다 속죄됨을 입어 최고 지경에 하나됨을 이루기 전까지는 이루어지지 않을 것이다. 모든 영혼이 다 자기를 그 자신의 모습대로 지은 하나님께로 도로 찾아옴을 입어야 한다. 하나님의 사랑은 자기에 대해 지극히 반역적인 요소까지도 마침내 다 찾아 자기와 화(和)를 이루도록 하고야 말 것이다. 『기타』는 우리에게 만유 구속의 희망을 준다.

마하리시 마헤슈 요기 이 절 때문에 많은 사람이 오해하고 용기를 잃는다. 완전에 가려면 여러 날이 필요하다고 했기 때문이다. 그러나 그것은 "생"이라는 말을 오해하는 데서 나온다. 생이란 새 몸을 갖게 되는 것을 말한다. 우리가 만일 사람이 초월적인 의식 속에서 우주적인 신분을 가지게 될 때에 일어나는 일을 분석해본다면, 그때는 개인은 존재하기를 그치는 것, 그는 순수한 '존재' 그것이 되고 마는 것을 알게 될 것이다. 초월에서 나오면 다시 개인적인 생활을 하게 된다.

생이란 개인 생활을 하는 것이다. 생이란 이 개인 생활을 다시 시작하는 것을 말한다. 요가 경전의 말을 오해하는 것은 요가 상태에 대한 체험이 없는 것과 요가를 닦는 데 대한 자세한 지식이 없는 데서 온다. 이 상태에서는 오해는 불가피한 것이다.

"많은 생"이란 말을 피상적 견지에서 한다면 여러 번 태어나는 것으로 해석할 수 있지만, 그러나 이것은 아직 요가를 성취하지 못한 사람에게만 적용될 것이 분명하다.

46. 요기는 고행자보다도 위대하다. 그는 지식 있는 자보다도, 행동하는 자보다도 더 위대하다고 존경을 받는다. 그러므로 아르주나야, 너는 요기가 될지어다.

라다크리슈난 여기서 크리슈나는 요기는 숲 사이에 물러가 있어서 극도의 단식과 고행을 하는 고행자 타파스빈(tapasvin)보다도, 해탈을 얻기 위해 행함을 내버리고 지식의 길을 취하는 즈나닌(jnanin)보다도, 복락을 얻기 위해 『베다』의 의식을 행하는 카르민(karmin)보다도 위대하다는 것을 설명한다. 타파스보다도, 즈나니보다도, 카르마보다도 더 귀하다는 이 요가는 그 셋이 가지고 있는 최고의 것들 위에 또 헌신까지도 포함하고 있다. 이러한 요가를 요기는 모든 사람의 심정 속에 자리 잡고 계시는 신 앞에 자기를 부어 지극한 예배를 드리고, 그의 생활은 거룩한 빛의 인도에 따라서 하는 자기를 잊어버린 봉사로 된다.

요가, 다른 말로 해서 박티, 곧 실수(實修)에 의해 이루어지는 하나님과의 하나됨이 최고 목적이다. 다음 절에서는 모든 요기 중에서도 가장 위대한 것이 박티(bhakti)의 신봉자라고 한다. 여기서 즈나나는 정신적 실현이란 뜻이 아니고, 정신적 지식이란 뜻으로 쓰인 것이다.

간디 고행자란 말은 결과를 바라는 마음으로 고행하는 자를 말하는 것이고, 지식의 사람이란 진리를 깨달았다는 의미로서 즈나니가 아니라 단순히 학식이 있는 사람이란 뜻이다.

47. 그리고 모든 요기 중에서도 나를 믿음으로 예배하고, 그의 가장 깊은 속의 자아로 내 속에 빠져들어 있는 사람, 그 사람을 나는 가장 완전히 하나됨을 얻은 자라고 하느니라.

마하리시 마헤슈 요기 여기 진화의 최고 상태에 대한 설명이 있다. 크리슈나는 "모든 요기 중에서"라고 했다. 그것으로 가지가지의 요기가 있을 것을 알 수 있다. 하타(hatha) 요기, 쟈나(dhyana) 요기, 카르마(karma) 요기 등등이다. 이 모든 요기가 도달하는 네 가지 단계가 있다. 그 첫째는 대아 의식의 실현(제10~제18절), 둘째는 우주의식의 실현(제24~제29절), 셋째는 신의식의 실현(제30~제32절), 넷째는 신의식 안에서 만유의 실현(제32절), 크리슈나가 "모든 요기 중…… 그의 가장 깊은 속의 자아가 내 속에 빠져들어 있는" 했을 때 그는 자기 안에 만유의 주와 또 만유와 자연적 또는 항구적인 화합이 되어 있는 사람을 가리킨 것이다. 그것은 신앙이 완전히 이루어졌을 때에 나타난다.

본체의 상태가 심성 속에 충만히 또 항구적으로 스며들어서 상대적인 경험이 아무리 들어와도 그것을 깨치지 못하는 것이 우주의식의 특징이다. 이 상태에 도달한 사람은 언제나 자신 속에 자적(自適)하고 있다. 그러나 이러한 자적이 아무리 적극적이고 현실적이라 하더라도, 이것은 그 본질적 성격에서는 전혀 추상적인 것이다. 왜냐하면 그것은 아무래도 초월적인 본체가 심성 속에 스며들어왔다는 표적이기 때문이다.

이 스며들어옴이 감각의 상태에서 본체를 경험하게는 못해준다. 눈이 본체를 볼 수는 없고, 혀가 그것을 맛볼 수 없으며, 귀가 그것을 듣거나 손이 그것을 만질 수 없다. 이것이 가져오는 것은 신앙 안에서 되는 신심의 과정이다. 신심은 언제나 개인적인 단계에 있다. 그렇기 때문에 크리슈나가 "모든 요기 중에서 나를 신앙으로 예배하는 그를" 하고 말했을 때 그는, 우주의식 속에 확호히 서서, 신심과 예배를 위해, 자기를 우주 존재의 나타나 보이는 표현에다, 하나님 안에서 개체로 화한 우주 존재에다 가져다 접착시키는 사람을 의미한 것이었다.

그럴 때 눈은 나타나 보이는 추상적 영원의 본체를 보고 있고, 모든 감각 기관이 그것을 경험의 대상으로 감각하고 있다. 이것이 신심이 어떻게 우주의식을 얻은 한 사람을 영광화하고 그로 하여금 어떻게 초월자, 곧 지극히 높은 자를 감각의 분야에서 맛볼 수 있게 하느냐 하는 방식이다. 종교의 역사는 슈카데바(Shukadeva)나 자나카(Janaka) 왕이나 또 그밖의 개인들이 부동의 상태로 실재 속에서 주에게 진심으로 귀의함으로 말미암아 그를 가지가지의 체험, 즉 감각으로, 마음으로, 이성으로, 혼으로 맛보는 것을 기록해주고 있다. 그러한 행복스러운 사람들을 가리켜 크리슈나는 "가장 완전히 하나됨을 얻은 자"라고 했다.

이것이 『바가바드 기타』라는 『우파니샤드』의 제6장 진정한 요가의 끝이니, 이는 브라만의 지식 속에서 요가를 가르치는 크리슈나와 아르주나가 나눈 문답이니라.

제7장 즈나나 · 비즈나나 요가

거룩하신 주 말씀하시기를

1. 프리다의 아들아, 마음을 오로지하여 내게 매달리고 나를 의지하여 요가를 닦으면 네가 어떻게 철저하게 의심 없이 나를 깨닫게 되는가를 들을지어다.

2. 내가 이 지혜와 아울러 지식을 남김없이 네게 이르니니, 네가 그것을 알면 이 세상에서 다시 더 알 것이 없으리라.

지혜 즈나나(jnana), 정신적 지식.
지식 비즈나나(vijnana), 분별적 지식.

마하데브 데자이 즈나나, 비즈나나 하는 낱말은 『기타』의 가르침 속에 대여섯 번 나오는데 샹카라는 그것을 언제나 지식(knowledge)과 체험(experience, 자아실현의 의미로)으로 번역한다. 그렇지만 즈나나도 다름 아닌 자아의 실현이다. 그리고 보면 즈나나와 비즈나나라고 하면 같은 말의 중복이 되어버린다. 다른 번역자들, 예를 든다면 틸라크(Tilak) 같은 이는 비즈나나는 물질세계에 대한 지식이라 한다. 라다크리슈난 박사는 비즈나나를 존재의 세세한 면을 지적(知

的)으로 이해하는 것이라 하고, 즈나나는 존재의 공통적인 밑바닥을 옹근 채로 아는 것이라 한다.

내 생각에는 그 설명은 상캬에서 쓰는 관례에 따라 함이 옳다고 본다. 거기서는 즈나나는 자아의 체험이고, 비즈나나는 자아를 자아 아닌 모든 것에서 구별해서 보는 분별적인 지식이다. 고다파다 카리카(Gaudapada Karika)는 "모든 고통에서 해방되려면 오직 나타나 뵈지 않는 것과, 나타나 뵈는 것과, 그것을 아는 이와 분별할 줄 아는 지식이 있어야만 될 수 있다"고 했다.『우파니샤드』에서 "아트만을 보고 듣고 생각하여, 자아 아닌 모든 것과 구별되는 것을 깨달아야 한다"고 했을 때는 이 분별적인 지식을 두고 한 말이다.

라다크리슈난 즈나나는 지혜로 번역되는 것으로 직접적인 영적 광명을 말하는 것이고, 비즈나나는 존재의 원리에 대한 자세하고 합리적인 지식을 말한다. 우리는 상대를 초월한 절대를 알아서만 되는 것이 아니고, 그 가지가지의 나타남도 또한 알아야 한다. 지극히 높으신 이는 사람 안에도, 자연 안에도 계신다. 그것들이 그이를 한정지을 수는 없지만.

틸라크 크리슈나는 이미 제3장에서 아르주나에게 욕망이니 노염이니 하는 우리의 대적은 우리의 감각 속에 자리를 잡고 있어서 우리의 영적 지식(즈나나)과 개별적인 지식(비즈나나)을 다 망쳐버린다는 것, 그러므로 우선 감각을 제어해야 한다는 점을 말해주었다. 그리고 그와 같이 감각의 제어가 필요함을 말해주는 동시에, 그는 또 앞 장에서 요가를 성취한 사람은 감각을 제어하고 난 후 즈나나와 비즈나나로 만족함을 얻어(6: 8), 모든 피조물 속에서 최고의 자아(parameshvara)를 보며, 최고의 자아 속에서 모든 피조물을 본다고 말해주었다(6: 29). 그러므로 …… 그는 아르주나에게 즈나나는 무엇이며 비즈나나는 무엇임을 설명해줄 필요가 있게 되었고, 또 최고의 자아에 대한 완전한 지식을 얻게 하는 카르마 요가의 방법을 설명해줄 필요가 있었다(틸라크는 『기타』의 목적을 카르마 요가를 가르쳐주는 데 있다고 아주 잘라서 강조한다). 만물을 뒤덮는 그 유일 불멸의 최고의 자아가 있음을 깨닫는 것이 즈나나요, 그 영원한 최고의 자아에서 어떠한 길을 밟아서 억만 가지의 유한한 만물이 나와서 존재하게 되느냐 그것을 이해하는 것이 비즈나나다(13: 30). …… 그러나 최고의 자아는 비록 하나라 하더라도, 예배의 자리에서 볼 때는 두 가지 모습을 가진다. 느껴 알 수 없는 것, 즉 오직 이성에 의해서만 알 수 있는 것과, 느껴 알 수 있는 것 즉 경험적인 것이며 실지로 경험할 수 있는 것이 그것이다. 그러므로 최고의 자아를 이성에 의해서는 어떻게 깨달을 수 있으며, 그 느껴 알 수 없는 것을 느껴 알 수 있는 형상을 예배함에 의해서는 어떻게 깨달을 수 있게 되는지를 설명할 필요가 있게 된다. 그렇기 때문에 이 문제가 열한 장을 차지하고 있는 것도 이상할 것이 없다. 그뿐 아니라 이 두 길이 자동으로 동시에 감각의 억제와 최고의 자아에 대한 깨달음의 두 가지 결과에 이르기 때문에 이 두 길, 즉 지식의 길과 신앙의 길은 해탈의 공부에서 파탄잘리 요가보다 더 우승한 것이 된다. 그렇지만 주의할 점은, 이 모든 설명은 카르마 요가를 설명하기 위한 한 부분이지 그 자체로 독립한 것은 아니다. 그러므로 『기타』를 세 편으로 나누어 처음 여섯 장을 카르마에 관한 내용으로(倫理品), 다음 여섯 장을 신앙에 관한 내용으로(神理品), 그리고 나중 여섯 장을 지식에 관한 내용으로(心理品) 하는 것은 학문적으로 온당하지 못하다.

3. 천 사람 중에 한 사람이 겨우 완전(成滿位)에 이르기 위해 노력할 줄을 알며, 그 노력해서 완전에 이른 천 사람 중에서도 나를 참으로

아는 자는 겨우 하나뿐이다.

천 사람 중에 다른 번역에 '천 명의 노력하는 사람 중에서'로 하기도 한다.

라다크리슈난 대부분 사람은 완전에 이르고 싶어 하는 생각조차 하지 못한다. 사람들은 전통이나 권위의 명령에 따라 더듬을 뿐이다. 진리를 발견하고 그 목적에 도달하려고 노력하는 자 중에서 오직 극소수의 사람만이 성공하며, 발견한 자 중에서도 그 본 대로 움직이며 사는 것은 하나도 이루기 어렵다.

『법구경』(182) 사람으로 태어나기는 어려우며, 그대로 살기도 어렵고, 정법(正法)을 얻어듣기도 마찬가지로 어려우며, 깨닫는 자로 태어나기는 더욱 희귀한 일이다.

『논어』 싹이 나고도 이삭이 패지 못하는 것이 있고, 이삭이 패고도 알이 들지 못하는 것이 있다.(苗而不秀者 有矣夫 秀而不實者 有矣夫)

노자 나서 살고, 들어서 죽는데, 사는 것들이 열에 셋이고, 죽는 것들이 열에 셋이고, 사람이라고 나서 움직이다 죽을 데로 가는 것들이 또 열에 셋이다. 왜 그러냐, 그저 삶을 살기를 두텁게만 하겠다고 하기 때문이다.(出生入死 生之徒十有三 死之徒十有三 人之生動之死地者亦十有三 夫何故 以其生生之厚)

4. 흙(地), 물(水), 불(火), 바람(風), 에테르(空), 마음(識), 이성, 나(我執, 自我意識), 이것이 내 바탈의 여덟 갈래다.

바탈 프라크리티, 자성(自性).

라다크리슈난 이것들은 나타나 보이지 않는 바탈, 곧 프라크리티가 나타나 보이게 될 때 가지는 모양들이다. 이는 초기의 분류이고, 후에는 더 자세하게 스물네 가지로 분류된다. 제13장 제5절을 보라.

감각(色·聲·香·味·觸)과 마음(識)과 이성과, 5근(indriyas: 眼·耳·鼻·舌·身)과 마음(manas)과 부디(감각분별력)는 낮은 것 곧 물질적 바탈이다. 왜냐하면 상캬 심리학에 따르면 그것들은 다만 감각의 대상과 접촉할 수 있게 해줄 뿐이요, 의식이 성립되는 것은 정신적인 주체 곧 푸루샤가 그것을 비춰주어서만 이루어지기 때문인데, 베단타에서는 그 설명을 받아들인다. 자아가 비춰줄 때에야 감각과 마음과 이성의 활동은 지식의 과정으로 변하여 대상물이 지식의 대상이 된다. 아함카라 혹은 자아의식은 대상(境) 쪽에 붙어 있다. 이는 나(ego)가 대상을 저 자신에다 가져다 붙이는 법칙이다. 그 결과 몸과 정신적 주체를 하나로 보게 하는 잘못이 생기고 거기에 따라 나라는 생각과 내 것이라는 생각이 일어나게 된다.

5. 그렇지만 마하바후야, 그것은 나의 낮은 바탈일 뿐이니라. 너는 나의 다른 더 높은 바탈을 알아야 한다. 그것을 얼이라고 하니 이 세계가 그것으로 버티어 있느니라.

얼 지바(jiva), 생명의 정수(vital essence).

라다크리슈난 이 우주의 인격적인 주재자를 이슈바라(Ishvara)라고 한다. 그는 의식적인 얼(kesetrajna)과 무의식적인 성격(ksetra) 둘을 다 포함하고 있다. 그들을 그의 높은 모습과 낮은 모습이라고 부른다. 그는 만물의 생명이요 또 형식이다. 하나님의 보편성은 그 낮은 천성 속에 무의식적인 것의 전부를, 그 높은 천성 속에 의식적인 것의 전부를 포함하고 있다. 얼이 우리 몸, 목숨, 감각, 마음, 이성 속에 들어 있어 우리에게 나라는 생각을 주고, 그 나가 저 물질적인 배포를 그 활동의 무대로 쓴다. 모든 개인은 다 얼과 모습, 즉 크세트라즈나와 크세트라의 두 면을 가지고 있다.

이것이 이슈바라의 두 바탈이요, 그는 이 둘을 다 초월하고 있다.

『구약』은 창조가 없음 속에서 나왔다고 가르쳐준다. 플라톤과 아리스토텔레스는 원시적인 물질이 있었다고 가정하고 하나님이 거기에 형식을 주었다고 한다. 하나님을 창조자이기보다는 제작자 혹은 건축가라고 생각했다. 원시적인 소질은 영원한 것이고 지어진 것이 아니며 오직 그 형식만이 하나님에게서 나왔다고 생각했기 때문이다. 크리스천의 사색가들에게는 하나님은 미리부터 있던 물질을 가지고서가 아니라, 없는 가운데서 창조했다고 생각되었다. 물질과 형식이 다 하나님께로부터 나왔다.

그와 비슷한 견해가 이 절 속에 나타나 있다. 지바(영혼, 얼)는 최고자의 한 부분적인 나타남밖에 되지 않는다. 지극히 높은 이의 옹글고 갈라지지 않은 참이 다수한 얼의 갈라진 모습으로 나타난다. 하나 된 것이 참이고 다수는 그것의 표현이다. 그러므로 낮은 참이지, 환상이 아니다.

6. 알지어다. 모든 만물이 이 둘에서 나왔느니라. 나는 이 세계의 근원이요 또 그 풀어짐이니라.

노자 길을 길이라 할 수 있으면 떳떳한 길 아니고, 이름을 이름할 수 있으면 떳떳한 이름 아니니, 이름 있음이 누리의 비롯이요 이름 있음이 모든 것의 어미(母)다. 그러므로 늘 하고자 함 없어 그 묘(妙)를 보고, 늘 하고자 함 있어 그 요(徼)를 본다. 이 둘은 같이 나와 이름이 다르니, 다 까맣다 할 것이다. 까맘의 또 까맘이 뭇 묘의 오래니라.(道可道 非常道 名可名 非常名 無名天地之始 有名萬物之母 故常無欲以觀其妙 常有欲以觀其徼 此兩者同出而異名 同謂之玄 玄之又玄 衆妙之門)

7. 오, 다난자야야, 나보다 높은 이는 아무도 없느니라. 이 모든 것이 마치 구슬 꿰미가 실에 꿰여 달려 있듯이 내게 달려 있느니라.

다난자야(Dhananjaya) 가멸음(富)의 정복자, 아르주나를 가리킴.

틸라크 위의 네 절에는 변하는 것과 변하지 않는 것에 대한 결론적인 설명이 들어 있다. 그리고 이다음 절들에서는 그 같은 내용을 더 자세히 설명한다. 상캬 철학의 설명은 이렇다. ① 이 우주에는 서로 독립된 두 개의 원소가 있다. 첫째, 무생(無生) 혹은 거친 물질(prakriti)과 둘째, 생각하는 정신(purusha)이다. ② 모든 것은 이 원소로써 만들어졌다. 그러나『기타』는 이원론은 허락하지 않기 때문에 프라크리티와 푸루샤를 같은 파라메슈바라(최고의 자아)의 두 나타남으로 보는데, 그중에 프라크리티 곧 물질은 낮은 나타남이고, 푸루샤 곧 정신은 높은 나타남이라고 한다. 그중에서 정신의 형태를 갖는 가장 높은 프라크리티가 곧 아트만이라는 것을 제13장에서 자세히 설명한다. 그리고 남는 거친 물질에 관해서,『기타』는 그것을 독립한 것으로 보지는 않으나 모든 창조물이 다 파라베슈바라의 감찰 아래 거기서 지어져 나왔다고 한다. 그렇지만『기타』는 프라크리티를 그와 같이 독립한 것으로 보지는 않으면서, 상캬론의 프라크리티의 분류를 다소 차이를 두고서는 그대로 다 받아들인다. 그리고『기타』는 물질이 생긴 이후 무명(無明) 곧 마야(maya)로 인해 파라메슈바라에서 만물이 나오게 됐다는 상캬의 설명을 그대로 받아들인다. 상캬론에 따르면 프라크리티와 푸루샤로 되는 원소가 합해 스물다섯인데, 그중 프라크리티에서 나오는 것이 스물셋이고, 그 스물셋 중 5대(五大: 地·水·火·風·空의 본질)와 열 감각과 마음, 합해서 열여섯은 나머지 일곱 원소에서 일어나는 것들이다. 그러므로 기본적인 원소를 말할 때는 그 열여섯은 고려하지 않는다. 그러고 보면 기본적인 원소는 일곱뿐이다. 즉 마하트(mahat: 지성의 근본)와 아함카라(ahamkara: 개성의 근본)와 다섯 탄마트라(tanmatra: 色·聲·香·味·觸의 본질)다. 이 일곱을 상캬론에서는 프라크리티 비크리티(prakriti-vikriti)라고 부르는데,『마하바라타』에서 이 일곱 프라크리티 비크리티와 기본적 프라크리티를 합해서 여덟 가지 프라크리티라고 부른다. 그러나『기타』는 기본적인 프라크리티를 일곱 프라크리티 비크리티와 한 열에 놓은 것은 마땅치 않다고 본다. 왜냐하면 그렇게 하면 기본적인 프라크리티가 있고 거기서 변화해서 일곱이 나온다는 것이 증명되지 않기 때문이다. 그러므로 분류에 대해서는『마하바라타』와『기타』사이에 견해 차이가 있다.『기타』는 일곱 프라크리티 비크리티와 마음을 합해서 프라크리티(自性)의 여덟 갈래라고 한다. 간단한 말로,『기타』는 상캬론의 독립된 프라크리티는 받아들이지 않지만, 그 후 프라크리티의 성장에 대한 설명은 양쪽 다 근본에서 같다는 사실을 명심할 필요가 있다.

8. 쿤티의 아들아, 나는 물에 있어서 그 맛이요, 해와 달에 있어서 그 빛이며, 모든『베다』에 있어서 그 '아움'이니라, 나는 공중에 있어서 그 소리요, 또 모든 사람에게 있어서 그 바탈이니라.

『대영백과사전』 '아움'(aum)이란 힌두교나 그밖의 종교에서 신성한 낱말이요, 진언(眞言) 중에서 가장 위대하다고 생각되는 말이다. 이 말은 ㅏ, ㅜ, ㅁ 세 음이 한데 합해져 있다. 산스크리트에서 모음 ㅏ와 ㅜ는 마지막에 ㅗ와 합해져버리고 만다. 그래서 이 아움이라는 말은 (혹은 om으로 쓰기도 한다) 여러 가지 셋〔tri, three〕을 대표하는 말이 된다. 예를 든다면 하늘, 땅, 허공의 삼계, 브라마, 비슈누, 시바의 삼신,『리그』『야주르』『사마』의『베다』3경 같은 것이다. 이리하여 '아움'은 온 우주의 을쫌을 포함하고 있다. 힌두교에서는 기도나 찬송이나 명상의 시작과 끝에 이것을 외고, 불교나 자이나교의 의식에서도 사용하고 있다. 6세기 이후로는 어떤 경문의 시작의 표시로 이것을 사용하게 됐다.

9. 나는 흙에 있어서 그 맑은 향기요, 또 불에 있어서 그 불꽃이니라. 나는 모든 생기 있는 것에 있어서 그 목숨이요, 또 고행자에게 있어서 그 고행이니라.

10. 오, 프리다 부인의 아들아, 나는 모든 산 물건의 '영원한 씨'임을 알라. 나는 지성(知性) 있는 자의 지성이요, 광명 있는 자의 광명이니라.

11. 바라타족의 임금아, 나는 힘센 자의 힘이지만 욕망과 애착은 없으며, 산 물건 속에서의 욕망이지만 올바름에 거슬린 것은 아니니라.

12. 또 모든 착한 성질과 사나운 성질과 게으른 성질의 물건들은 다른 것 아니고 오직 내게서 나가는 것임을 알라. 내가 그것들 안에 있지는 않으나, 그것들은 내 안에 있느니라.

라다크리슈난 욕망, 애착(kama raga)에 대해 샹카라는 카마(kama)와 라가(raga)를 구별하여 카마는 없는 것에 대한 욕망이고, 라가는 자기가 가지고 있는 것에 대한 애욕이라고 한다. 그런 의미의 욕망은 죄악은 아니다. 그러나 이기적인 욕망은 뿌리 뽑아야 한다. 하나님과 하나 되기를 바라는 욕망은 죄가 아니다. 『챤도갸 우파니샤드』는 근본적으로 참되면서(satya) 참되지 못한 것(anrita)에 가려져 있는 욕망에 대해서 말하고 있다. 우리의 욕망이나 행동은 우리 안에 있는 영(靈)의 발표이기만 하면, 그리고 참된 영적인 인격에서 나오는 것이기만 하면 거룩한 뜻의 순수한 넘쳐흐름이 될 수 있다.

『**장자**』, 「**지북유**」(知北遊) 동곽자(東郭子)가 장자에게 묻는다. "이른바 도란 것이 어디 있습니까?" 장자가 대답한다. "없는 데가 없지." 동곽자가 말한다. "어디라고 딱 집어서 말씀을 해야지요." 장자가 말한다. "도루래(땅강아지 - 편집자), 개미에 있지." "왜 그렇게 아래로 내려갑니까?" "가라지, 피에 있지." "왜 점점 더 그렇게 내려가십니까?" "개와 장 조박에 있지." "거 왜 그렇게 점점 더 내려가십니까?" "오줌, 똥에 있다." 동곽자가 아무 소리도 아니하는 것을 보고 장자가 말한다. "당신 묻는 것이 어찌 그리 알맹이가 없는가? 정획(正獲: 나라에서 지내는 제사의 일을 맡아 하는 벼슬아치)이 제사에 쓸 돼지에 대해 감시(監市: 돼지 사는 일을 맡아보는 사람)에게 돼지 밟아보는 것을 물을 때에 그 밟는 것이 아래로 내려갈수록 짐작이 가는 법이다(살이 얼마만큼 쪘는가 알려면 될수록 발끝 같은 아랫부분을 밟아보는 것이 쉽다. 발끝 같은 아랫부분에 살이 있으면 등심이나 엉덩이에 살이 많을 것은 정한 일이기 때문이다). 그러니 절대로 (도를) 어디라고 한정해놓고 말할 생각을 해서는 아니 된다. 어떤 물건이라도 없는 데는 없다. 지극한 도란 그런 것이다."

틸라크 "그들은 내 안에 있지만 나는 그들 안에 있지 않다"는 말의 뜻은 매우 깊다. 첫째, 가장 넓은 의미로는 만물이 지극히 높은 자아(parameshvara)에서 나왔으므로, 지극히 높은 자아는 마치 모든 구슬이 실에 매달려 있듯이 바탕의 형식으로 모든 것의 기초가 되어 있기는 하지만, 지극히 높은 자아의 널리 퍼지고 스며드는 성격은 그것으로만 다 되는 것이 아니다. 지극히 높은 자아는 그 모든 것을 뒤덮고도 남는다. 그래서 그 의미가 후에는 "나는 다만 내 자신의 한 부분을 가지고 전 우주를 점령했다" 하는 말로 나타나게 된다(10: 42).

그러나 그밖에 또 다른 의미가 있다. 말하자면 "삼계로 구성되는 이 우주의 여러 모양의 성격이 내게서 나온 듯이 보이지만, 그 여러 모양의 성격은 바탈〔屬性〕 없음(nirguna)의 '나'의 형상 속에는 존재하지 않는다" 하는 뜻을 언제나 가지고 있다. 그래서 후에 가서는(13:

14~16) 지극히 높은 자아의 초자연적인 능력에 대한 여러 가지 서술이 있다. 그리고 그것이 둘째 의미의 기초가 된다. 말하자면 제9장 제4절, 제5절은 같은 말이다. 그와 같이 만일 지극히 높은 자아의 편만성(遍滿性)이 우주보다도 큰 것이라면, 우리가 지극히 높은 자아를 이해하기 위해서는 이 마야(maya)의 우주를 뛰어넘어야 한다는 점이 분명하다. 그래서 그러한 사실을 말하는 것이 제13절 이하다.

함석헌 "착한 성질, 사나운 성질, 게으른 성질"등 힌두교 철학에서는 만물과 사람이 가지가지의 성질을 가지는 것은 구나(gunas, 속성)에서 나온다고 한다. 구나를 한자로는 성(性), 영어로는 네이처(nature 혹은 mood)로 번역한다. 그러나 그 성은 천명지위성(天命之謂性)의 성이라고 할 수는 없다.『중용』의 이 성은 차라리『성경』의 "하나님이 자기 모습대로 사람을 지으셨다" 혹은 "코에다 숨을 불어넣어 생령이 되게 했다" 혹은 "말씀으로 모든 것이 지어졌다. 그 말씀 안에 생명이 있으니, 생명이 사람에게 있어서 빛일러라" 하는 말과 같다 해야 할 것이다. 그런데 이 구나는 순전히 자연적인 것이다. 이는 프라크리티에서 나온다. 구나를 셋으로 나눠 사트바, 라자스, 타마스라 하는데 그것을 각각 선성(善性, goodness-mood 혹은 harmonious mood) 그리고 동성(動性, fiery-mood 혹은 passionate mood), 암성(暗性, gloom-mood 혹은 slothful mood)이라 번역하고 있다. 어떤 물건도, 어떤 사람도 그 세 가지 성질을 다 가지지 않은 이는 없다. 그러나 그 비례는 천차만별이다. 거기 따라 제각기 특성이 생긴다. 그러므로 이것은 참 자아 곧 영혼은 아니다. 이를 나의 참 바탈이 아닌 줄을 깨달아 거기서 해방이 되는 데 참 자아, 곧 아트만이 있다.

힌두교에서 프라크리티, 마야, 구나 하는 데 해당하는 말을 기독교 신학에서 찾아본다면 사탄, 타락, 원죄니 하는 것들을 들 수 있을 터인데, 그 둘의 설명 방법에는 상당히 차이가 있다. 그러나 그런 설명이나 체험 혹은 계시가 나오는 경로는 비록 서로 다르다 하더라도, 그런 설명의 근본이 되는 사실에서 서로 다른 둘이 있을 수 없다. 그러므로 그것을 한 가지 사실에 대한 설명 방법의 차이라고 알고 이해해서 하나로 통하게 하는 자리를 찾는 것이 중요한 일이다.

행동을 주로 하는 셈적인 자리에서 하면 하나님이 천지를 창조했고 자기 형상대로 사람을 만들었으며, 사탄이 유혹을 했고, 아담이 범죄를 해서 그것이 세상 모든 문제의 근원이 되는 원죄가 됐다. 그러나 명상을 주로하고 이론적으로 이해하기를 목적하는 인도식으로 하면 맨 첨은 첨 없는 첨에서 누구라고 이름할 수도 없는 영원의 진화하는 과정을 따라 물질이 나오고 생명이 나오고 사람이 나오고 선악이 나왔다. 거기에 어떤 법칙이 있는 것은 사실인데 그것을 일상에서 일어나는 현상을 설명하는 논법으로는 설명할 수 없어 카르마라 했을 터이고, 그것을 이기는 방법은 높은 차원의 정신으로 초월하는 것밖에 없다 해서 모크샤니 니르바나니 했을 것이다.

이 우주는 복잡하다. 우주 자체가 그런지는 알 수 없어도 적어도 이 생각하는 인간의 마음이나 정신은 그렇다. 그러므로 진리는 하나라지만, 하나를 위해 모든 것을 배타적으로 내쫓아서는 성질상 도저히 불가능하고 다만 분별없이 옹근 채로 하는, 혼연일체하는, 통전하는 태도로만 가능하다. 그렇게 생각할 때는 큰 것보다 뵈지 않는 작은 것, 유익한 것보다 아무 소용없는 것, 나와 가까운 것보다 먼 것, 정반대에 선 듯이 보이는 것이 더 중요하고 고마운 것이다. 무한 작은 것을 받아들이는 데 무한 큼이 있고 지극히 미운 것을 이해하는 데 지극히 어짊이 있다.

사탄이다 타락이다 원죄다 용서다 할 수 있다면, 또 프라크리티다 자연이다 법칙이다 이해다 할 수도 있을 것이다. 농사꾼이 반드시 먹어봄으로써만 이해하는 능금이지만, 그가 시인이라면 왜 나무에 달린 채 두고 무한히 바라봄으로써 못하겠는가. 만물을 엿새 동안 다 창조하시고 이레 되는 날 안식에 드셨다는 하나님이 왜 "그 착한 것, 사나운 것, 게으른 것이 다 내게서 나갔느니라. 그러나 그들은 내 안에 있어도 나는 그들 안에 있지 않으니라" 하지 못하겠는가.

라다크리슈난 이 말의 저자는 프라크리티는 독립·자존한다는 상캬의 주장을 반대해서 하는 말이다. 그는, 모든 만물이 세 구나로 구성되어 있다는 것이 하나님께로부터 독립해서 자존한다는 의미는 결코 아니라고 주장한다. 그렇지 않고 홀로 '그'에게서 나온 것이다. '그'는 만물을 포괄하고 포함하지만, 만물은 '그'를 포함·포괄할 수 없다. 이것이 하나님과 피조물의 차이다. 피조물은 모두 하나님에 의해 이루어졌지만 그들이 어떤 변동을 일으켜도 거룩한 이의 항구한 모습을 건드리지는 못한다. 모든 것이 다 그의 밑에 속해 있지만 '그'는 누구에게도 속해 있지 않다.

13. 이 세 가지 구나의 나타나는 꼴에 매혹되어서 온 세계가 저희들을 초월하고 불멸인 이 '나'를 알아보지 못한다.

마하데브 데자이 나타나는 현상이 '그' 때문인 것은 우리가 제12절에서 본 대로다. 그러나 사람은 '그'와 현상 둘 사이에 서는데 그 현상이 사람의 눈을 안개로 가리고 빛으로 어지럽게 한다. 그리하여 미혹된 사람은 '그'를 등지고 서게 된다. 성 아우구스티누스가 말한 그대로다. "나는 빛을 등지고 빛에 비친 물체를 보고 있었기 때문에 빛에 비친 그 물체를 보고 분별하고 있는 내 얼굴 자체는 빛에 비춰짐을 받지 못했다."

라다크리슈난 우리는 변하는 현상을 볼 뿐이요 그 영원한 실체를 보지 못한다. 플라톤의 동굴 속에 있는 사람이 벽 위의 그림자를 보고 있듯이, 우리는 흔들리는 형상을 볼 뿐이다. 그렇지만 우리는 그 그림자들을 생겨나오게 하는 그 빛을 보아야만 한다.

노자 보아도 보이지 않으니 그것을 이(夷)라 할까, 들어도 들리지 않으니 그것을 희(希)라 할까, 잡아도 잡히지 않으니 그것을 미(微)라 할까. 이 셋은 따져 될 것이 아니다. 그러므로 온통으로 하나로 할 것이다. 그 위라야 환한 것도 아니요 그 아래라야 껌껌한 것도 아니어서 줄줄이 잇닿았건만 이름할 수도 없어, 다시 몬 없음으로 돌아간다. 이것을 일러 꼴 없는 꼴, 그림 없는 그림이라는 것이요, 이를 일러 얼떨이라는 것이다. 마주 가도 그 머리를 못 보고 따라가도 그 뒤를 못 보는데, 옛 길을 잡아 이제 있음을 이끌어가니 능히 옛 비롯을 아는 이다. 이를 일러 길날이라 하느니라.(視之不見 名曰夷 聽之不聞 名曰希 搏之不德 名曰微 此三者不 可致詰 故混而爲一 其上不皦 其下不昧 繩繩兮不可名 復歸於無物 是謂無狀之狀 無象之象 是謂惚恍 迎之不見其首 隨之不見其後 執古之道 以御今之有 能知古始 是謂道紀)

14. 이 구나로 이루어지는 나의 거룩한 마야는 뚫기 참 어렵다. 그러므로 내게 온전히 돌아오는 자만이 이 마야의 건너편으로 뚫고 건너갈 수 있느니라.

『대영백과사전』 마야 곧 무명(無明)은 힌두교 철학에서 하나의 기본적 낱말이다. 특히 정통적인 베단타 교리의 비이원론(非二元論, advaita)파에서 그렇다. 마야는 본래는 신이 인간으로 하여금 어떤 환상을 믿게 만드는 그 마술적 능력을 가리키는 말인데 나중에는 그렇게 해서 가지게 된 거짓 실재 자체를 의미하게 되었다. 비이원론자들에게 '마야'는 무한한 브라만을 유한한 현상의 세계로 나타나 보이게 하는 우주적 힘이다. '마야'는 개인적인 지경에서는 참 자아의 성격에 대한 무지(ajnana, ignorance)에 의해서 반영된다. 그러나 참 자아는 사실로는 브라만과 한가지인데 사람은 그것을 자기의 경험적인 자기(ego)로 오해한다.

마하데브 데자이 이러한 빛이니, 더우니, 추위니 하는 경험들은 다 '구나'에 의한다. '구나'는 전에도 말한 대로 어원적으로는 '밑에 들어 있는 것'(subordinate), 혹은 '(죽을) 인간적인 기구'(mortal instrument)라는 뜻이다. 우리의 감각은 몬일〔事物〕의 낮은 부분을 우리에게 보여줄 뿐이다. 그러고는 그 근본적인 것은 우리에게 보이지 않도록 해버린다. 즉 참은 숨기고 참 아닌 것을 보여준다. 피히테가 말했듯이, "우리의 봄 자체가 물체를 우리에게서 숨겨버린다. 우리 눈 자체가 우리 눈을 가린다." 여러 가지 모양으로 보이는 것은 실체는 아니고 그 실체의 그림자뿐인데, 그 뒤에 숨어 있는 것, 즉 실재는 육신의 눈으로는 볼 수 없고 오직 정신의 눈으로만 볼 수 있다. 자아 속에 앉아 계시는 '그'를 보는 것은 도를 닦아 능히 자기를 억제할 줄 아는 수도자(yogi)뿐이다. 자기 통제를 못하는 사람은 '그'를 보지 못한다.

『기타』가 그 말썽 많은 '마야'라는 말을 사용하는 것은 이런 의미에서다. 마야는 우리 실재에 대하여 미혹게 하고 속게 한다. '마야'는 환상이나 신기루가 아니요, 실재를 가리는 장막 혹은 장애물이다. 우리 속에 있는 '거룩하신 이'를 둘러싸는 물질적이고 정신적인 두꺼운 층이다. 우리 속의 태양을 가리는 구름이요, '진리'의 얼굴을 가리는 황금 덮개다. 우리의 안, 우리의 밖에 있는 '구나' 혹은 '프라크리티'가 눈을 부시게 하고 캄캄하게 하여 우리로 하여금 두루 헤매게 하는 것이 '마야'다. 곁에 두루 휘감음과 서로 떨어지게 함은 이 '마야'로 인해서 일어나는 것이다.

브라우닝은 다음과 같은 말을 한 적이 있다.

어떤 이들은 생각하기를 창조는 '그이'를 나타내기 위한 것이라 하지만,
나는 말하거니와, 그것은 될수록이면 '그이'를 감추기 위한 것이다

Some think creation's meant to show Him forth,
I say it is meant to hide Him all it can

괴테는 파우스트의 입을 빌려서 바로 『기타』의 말 그대로로 '마야'를 그려내고 있다.

대낮에도 신비는 있어
자연은 그 너울을 벗지 않는다
우리가 아우성을 치건만,
그가 좋아 자진 보여주지 않는 걸
지렛대로, 나사로, 망치로
억지로 뺏을 수는 없지 않느냐

Mysterious even in open day
Nature retains her veil, despite our clamours
That which she doth not willingly display
Cannot be wrenched from her with leavers, screws and hammers

15. 어리석어 악을 행하는 자들은, 인간 중에서도 최하에 속하는지라, 그 지각은 '마야'로 망가져버리고, 악귀는 버릇에 빠져 내게로 돌아올 줄을 알지 못하느니라.

라다크리슈난 악을 행하는 자가 지극히 높은 지경에 이르지 못하고 마는 것은 그 마음과 의지가 영의 기구 노릇을 하지 못하고 작은 나의 지배를 받기 때문이다. 그들은 거친 본능을 길들일 생각을 하지 않고 라자스 즉 암성이 하자는 대로 되어버리기 때문이다. 우리 속에 있는 착한 성질(사트바)을 활동시켜 그것을 억제하면, 우리 행동은 올바르게 되고 깨달음을 얻어 애욕과 무지의 지배를 받지 않게 된다. 3성을 초월하려면 우선 선성을 닦아야 한다. 우리는 영적이 되기 전 먼저 도덕적이 되지 않으면 안 된다. 영적 단계에서 우리는 이원(二元)의 세계를 지나 '영'의 빛과 능력 속에서 행동하게 된다. 그때에 가서 우리는 나의 좋고 언짢고에 따라 행동치 않고, 오직 '거룩한 이'의 기계로만 행하게 된다.

『장자』, 「소요유」 지극한 사람은 저란 것이 없고 검스러운 사람은 제힘이란 것이 없으며 거룩한 이는 이름이 없느니라.(至人無己 神人無功 聖人無名)

16. 오, 바라타족의 으뜸가는 자 아르주나야, 경건하여 나를 믿는 자 중에는 네 가지 사람이 있으니, 고통하는 사람, 지혜를 찾는 사람, 물질적 복을 찾는 사람, 그리고 지혜를 가진 사람이 그것이다.

고통하는 사람 아르다(artha).
지혜를 찾는 사람 지즈나수르(jijnasur).
물질적 복을 찾는 사람 아르다 아르디(artha-arthi).
지혜를 가진 사람 즈나니.

17. 그중에서 가장 훌륭한 것은 지혜를 가진 사람이다. 그는 언제

나 내 안에 있어 외곬으로 믿는다. 참으로 그에게 가장 소중한 것은 나요, 내가 소중히 여기는 것은 그다.

라다크리슈난 스스로 찾는 자일 때까지는 아무래도 이원의 세계 안에 있을 수밖에 없다. 지혜에 도달하면 이미 둘이 아니다. 깨달은 자는 어떤 경우에도 자신이 '홀로 하나이신 자아'(The One Self)와 하나 된 가운데 있다.

18. 이들은 물론 다 고귀한 사람들이지만, 그 지혜를 깨달은 사람을 나는 정말 바로 나 자신같이 생각한다. 참으로 온전히 요가를 닦는 그는 나만을 가장 높은 구경의 지경으로 알아 그 안에 머무른다.

라다크리슈난 우리가 설혹 물질적인 것을 얻기 위해 기도한다든지, 기도를 날마다 하는 하나의 형식적인 것으로 만들어버린다든지, 복을 받기 위한 부적 같은 것으로 알고 한다 하더라도, 우리는 거기서 종교적 신념이란 참으로 있다는 사실을 알게 된다. 기도는 사람이 하나님께 가자는 노력이다. 그것은 이 세계에는 우리에게 응답해주시는 어떤 이가 계심을 인정하고 있다. 우리가 구하기만 한다면 얻어진다. 기도를 늘 끊지 않고 함으로써 우리는 우리 의식 속에 어떤 광명을 얻게 되고, 그로 말미암아 우리의 어리석은 교만과 이기적인 탐욕과 두려움과 희망을 알게 된다. 이는 하나의 통일된 인격, 즉 몸과 마음과 정신의 조화를 이루어가는 방법이다. 기도는 하나의 생활 방식이다. 차차 해가는 동안에 하나님을 만나는 하나의 길이 된다. 이것이 즈나니, 곧 통전된 지혜요 거룩한 생명이다. 즈나니(지혜를 얻은 이)는 하나님을 그의 계신 모습대로 아는 이이므로 그는 하나님을 그가 계신 대로 사랑한다. 그는 거룩하신 이 속에서 산다. 그가 하나님에게 소중하듯 하나님은 그에게 소중하다.

처음 세 종류의 사람은 하나님을 자기 나름의 이상대로 이용해보려고 하지만, 깨달은 자는 하나님이 그 뜻대로 자기를 이용하시게 하기 위해 하나님의 것이 되어버린다. 그러므로 그가 그 넷 중에 가장 훌륭하다. 심한 고통 속에 있을 때 우리는 고통을 면하기 위해서 온전히 외곬이 된 마음으로 열심 있는 기도를 드릴 수 있다. 그럴 경우 그 기도가 들어주심을 얻는다면 그것은 우리 어두운 눈으로는 도저히 볼 수 없는 하나님의 목적을 작게 만들어버릴 것이다. 그런데 지혜에 도달한 이는 심정이 정결하고 그 의지가 통일되어 있으므로 하나님의 경륜을 능히 알 수 있고 그것이 이루어지게 해달라고 간구할 수 있다. "내 뜻대로 마옵시고 당신 뜻대로 되어지이다."

19. 지혜를 가진 자는 허다한 나고 죽음을 거친 후에, 바수데바는 모든 것이라 믿음으로 말미암아 내게로 돌아오느니라. 그러한 위대한 혼은 매우 드무니라.

> 바수데바(Vasudeva) 모든 근원의 근원. 바수천왕(婆藪天王), 지극히 높으신 이, 그의 다시 태어난 몸(後身)이 곧 이 말을 하는 크리슈나다.
> 모든 것 일체(一切)의 존재.
> 돌아온다 귀의(歸依), 피난하다, 항복하다.
> 위대한 혼 마하트마(mahatma).

라다크리슈난 "허다한 나고 죽음을 거친 후"라고 한 것은 진리의 실현은 세월이 드는 일이기 때문이다. 누구나 헤아릴 수 없이 복잡한 경험의 깊은 밑을 충분히 살펴보기 전에는 그 결과를 얻을 수 없다. 그러려면 시간이 든다. 하나님은 어떤 식물도 저 나름대로의 걸음으로 자라게 두신다. 태아가 완전히 자라려 해도 아홉 달이 드는데 정신으로까지 자라려면 더 많은 시간이 들 것은 물론이다. 자연 전체가 변화하려면 길고 긴 과정이 필요하다.

"바수데바는 모든 것"이라고 한 것은 바수데바는 모든 것 속에 들어 있는 생명의 주임을 뜻한다. 하나님은 그의 두 성격의 힘을 모은 것이다. 라마누자는 이 구절의 뜻을 이렇게 본다. 즉 "바수데바는 나의 전부다."(Vasudeva is my all.) 이는 겸손하게 신뢰하는 신자의 마음에 느껴진 하나님의 불멸의 장엄을 말하는 것이다. 하나님은 전부이시고 우리는 없음이다. 모든 만물이 다 그런 것처럼 사람은, 또한 동시에 존재하는 하나님 없이는 존재할 수 없다. 우리는 의지하는 마음으로 우리 자신을 그의 손에 바치며 그가 전부이시라고 고백한다. 이것은 하나님에 대한 겸허한 의식이다. 하나님은 모든 것이시며, 하나님은 참으로 계신다.

마드바(Madhva)는 말하기를 "바수데바는 만물의 근원이다"(Vasudeva is the cause of all)라고 했다.

그밖의 다른 여러 가지 설명, 기도도 다 의미가 없지 않다. 그것들은 저 나름의 상급이 있다.

20. 그 마음이 가지가지 물욕으로 인해 비틀린 것들은 각각 제 성질에 이끌려 제각기 저 나름의 의식을 지키며, 다른 신들을 섬기느니라.

마음 즈나나, 지식(knowledge), 지(智).
의식 니야맘(niyamam), 계행(戒行).
신들 데바타(devatah), 천신(天神)들.

스와미 프라부파다 바가바타 신앙(비슈누를 최고 주재자로 믿는 종파)에서는 지성의 정도가 낮아 영적 감각을 잃어버린 사람들이 물질적 욕망의 만족을 위해서 다른 신들에게 귀의한다고 한다. 일반적으로 그런 사람들이 절대 높으신 주재자한테로 가지 못하는 것은 무지, 애욕 같은 어떤 특정한 경향을 가지고 있어서 거기에 따라 가지가지의 신들을 공경하기 때문이다. 여러 신의 공경자들은 낮고 작은 욕망에서 출발하기 때문에 구경의 지경을 지향할 줄을 모른다. 다만 최고 주재자를 믿는 자만이 길을 잘못 드는 일이 없다. 『베다』 경전 안에는 갖가지 목적을 달성하기 위해서 갖가지 신을 믿을 것을 권하는 말들이 있기 때문에 최고 주재자를 믿지 않는 사람들은 어떤 특정한 목적을 달성하기 위해서는 최고 주재자보다 다른 여러 신 편이 낫다고 생각한다. 그렇지만 순수한 신봉자는 지극히 높으신 주 크리슈나야말로 만유의 주인임을 안다. 『차이타냐 차리타므리타』(Caitanya-caritamrita)에는 오직 지극히 높으신 신, 크리슈나만이 주이시요 그 나머지는 다 그의 종이라 했다. 그러므로 순수한 신앙자는 절대로 물질적인 것의 만족을 위해 천신(天神)들한테로 가지 않는다. 순수한 신자는 무엇이나 '그이'가 주시는 것으로 만족한다.

21. 어떠한 신자가 신앙을 가지고 어떤 형태의 신을 예배하기를 원하더라도 나는 그의 신앙을 튼튼하게 해준다.

라다크리슈난 지극히 높으신 주는 각 사람의 신앙을 알아주시고 각 사람이 원하는 대로 거기에 응답해주신다. 그 영혼이 어느만큼 분투해서 일어섰느냐 하는 데 따라 그만큼 하나님께서는 허리를 구부려 그와 만나신다. 고타마 붓다나 샹카라처럼 명상력이 그렇게 풍부한 이들도 여러 신을 믿는 통속적 신앙을 물리치지 않았다. 그들은 초월적 신성은 이루 형언할 수 없는 것이고, 동시에 무한 가지의 나타냄이 있을 수 있다는 것을 알고 있었다. 표면의 모든 흙은 지심(地心)에서 나오고, 모든 그림자는 그 물체의 성질을 드러낸다. 그럴 뿐만 아니라 모든 신앙은 위로 올라가는 것이다. 우리가 존경하는 것이 무엇이었든 간에, 그 존경이 진지한 것이기만 하다면 그로써 우리는 앞으로 나아갈 수 있다.

함석헌 "나 밖에 다른 신을 두지 말라"는 기독교 신관(神觀)을 가진 사람들에게는 이것이 아마 가장 이해하기 어려운 점일 것이다. 또 반대로 힌두교적인 생각을 가진 사람에게는 유일신의 배타적 생각이 가장 견디기 어려울 것이다. 그러나 그러니 만큼 정말 긴요한 것은 그 사이에 이해가 어떻게 이루어지느냐 하는 데 있다. 기독교도는 사랑의 복음을 선포하는 자신들이 역사상 가장 잔혹한 전쟁을 일으켰으며 가장 악랄한 제국주의를 행했다는 사실을 반성해볼 필요가 있고, 아트만이 곧 브라만임을 믿는 인도 종교는 자기네가 세계에서 가장 부끄러운 계급주의를 유지해왔으며 가장 비겁한 식민지 백성 노릇을 최근까지 했다는 사실을 생각할 필요가 있다. 이 대립은 사색과 행동이라는 쌍둥이 때문에 나오는 피치 못할 문제다. 그러나 그렇기 때문에 서로 부족을 보완해줌으로써만 온전을 향해 나아갈 수 있다. 여기서 장자의 말을 빌려보자.

소지(小知, 적은 앎)가 대공조(大公調, 큰 하나됨)에 물었다. "마을의 말씀(丘里之言)이란 무엇입니까?" 큰 하나됨이 대답한다. "마을이란 열 가지 성과 백 가지 사람이 모여 한 풍속을 이룬 것이다. 다른 것을 모으면 한 가지가 되고, 한 가지를 흩으면 다른 것이 된다. 이제 말〔馬〕의 각 부분을 보면 말이란 것은 없어지지만, 그래도 내 앞에 선 것을 보고 말이라 할 때는 그 여러 부분을 하나로 세워놓고 보기 때문에 하는 말이다. 산이란 낮은 것이 쌓여서 높아진 것이고 강이란 작은 물방울이 모여서 커진 것이다. 큰사람은 모두 한데 어울러서 하나됨(公)을 하는 이(大人合倂而爲公)다."〔『장자』,「즉양」〕

22. 그러한 신앙이 주어짐을 얻어 그는 특정한 신을 예배하기를 원하고, 그리함으로 말미암아 제 원하는 바를 성취한다. 그러나 사실은 그 이득은 나만이 주는 것이니라.

함석헌 스스로 하는 법칙으로 움직이는 현상계의 자리에서 보면 모든 것은 원인과 결과의 관계고, 뜻의 세계에서 보면 하나도 하나님이 주시는 것 아닌 것이 없고, 토론의 지경을 벗어나면 일신(一神)도 다신(多神)도 범신(汎神)도 없는, 오직 믿음이 있을 뿐이다.

23. 그러나 그러한 적은 지혜의 사람들이 얻은 결과는 유한하고 잠깐인 것이니라. 천신들을 공경하는 자들은 천신의 하늘로 갈 것이지만 나의 신자는 내게로 온다.

함석헌 "오이 심으면 오이 얻고 콩 심으면 콩 얻는다. 하늘 그물 넓고 넓어 성기면서도 빠져나가는 것 없다"(種瓜得瓜 種豆得豆 天網恢恢 疎而不漏)라는 말이 있다.

라다크리슈난 초월적인 신성을 쉽게 알 수는 없기 때문에 우리는 그 초월자의 가지가지 모습에 따라 그를 예배한다. 우리가 우리의 찾은 결과를 얻을 수 있는 것은 초월자가 우리 이상이 불안전한 것을 아시고 길이 참아주시기 때문이다. '그'는 우리 기도를 받으시고, 우리가 '그'에게 어느 만큼 가까이 갔나 그 정도에 따라 그것을 들어주신다. 어떤 정성도 보람 없지는 않다. 비록 무식한 신자라도 차차 자라 거룩하신 이 안에서의 자기 최고의 선을 구하여 자라게 될 것이다. 모든 점을 다 포섭하는 초월적인 하나님을 예배하는 지경에 올라간 이는 최고의 지경, 곧 원만한 생명, 완전한 지식, 절대적 사랑, 부족이 없는 의지를 실현·성취한다. 그밖의 모든 선은 부분적이요 유한한 것이요 발전의 낮은 지경에서만 의미를 가진다.

함석헌 이런 설명은 반드시 오해받게 마련이다. 말하는 사람은, 그 말은 세상 말을 쓰지만 그 뜻은 자기가 체험한 정신세계의 것인데, 듣는 사람은 보통의 의식을 가지고 듣기 때문이다. 의식 구조가 달라져야 한다. 그렇기 때문에 니고데모가 와서 말을 걸었을 때 예수께서는 그 벽두에 "새로 나지 않고는 하늘나라에 들어가지 못한다"고 했다. 여러 신이요, 천신이요, 천신의 하늘이요 하는 것이 현실적으로 있는 우주의 어느 구석 어떤 존재를 말하는 것이 아니라 믿음으로 인해 자라는 정신세계의 어느 지경을 말하는 것이다. 영을 받은 사람이 아니고는 영의 말을 알아듣지 못하고 반드시 저 나름의 해석을 한다. 그렇게 해서 미신이 생긴다.

그럼 영은 어떻게 받나? 영의 말을 듣지 않고는 아니 된다. 그래서는 순환론에만 빠질 것 같다. 거기 기적을 일으키는 것이 믿음이다. 그래서 위에서 한 말에 "진지한 태도로 하기만 하면"이란 말이 있었다. 진지란 참인데, 참은 다른 것이 아니고 자기와 자기의 모든 욕망을 전적으로 부정함이다. 그러면 지식이나 경험이 모자라 혹 마음에 가려진 바가 있어 잘못 알았던 것이 있다 해도 반드시 깨닫는 날이 오고야 만다. 그것이 "내가 그 믿음을 튼튼케 한다"는 것이다. 그래서 어떻게 하는 것이 참 예배냐 물었을 때 예수께서는 그 무식한 인간의 찌꺼기인 사마리아 윤락 여성보고 "하나님은 영이시기 때문에 영과 참으로 예배"해야 한다고 했다. 거기 참이란 말을 더 넣은 것이 중요하다.

24. 깨달을 성 없는 사람들은 나의 불멸, 무상(無上)인 최고의 지경을 알지도 못하고 나타남이 없는 나를 인격으로 나타난 것이라고 생각하느니라.

라다크리슈난 형상 없는 이에다가 여러 가지 형상을 가져다 씌우는 일은 우리의 부족 때문에 일어난다. 우리는 궁극의 실재에 대해서 하던 명상을 내던지고 상상으로써 재구성해낸 것들에 정신이 쏠리고 만다. 나타나 보이지 않는 유일 영원하신 이를 제외하고는 모든 신이란 다 우리가 '그이' 위에 가져다 씌운 형상들이다. 하나님은 여럿 중 하나가 아니다. '그'는 항상 변하는 무수한 것 뒤에 계시는 '하나이신 분'이요 변동의 불변의 중심, 모든 형상 너머에 서 계시어 끝없는 변동에서 부동의 중심이 되시는 이다.

마하데브 데자이 이 절의 번역에 대해서는 여러 주석가의 의견이 구구하다. 샹카라는 이렇게 말한다. "나의 지극한 자아로서 최고의 지경을 알지 못하는 무지한 자들은 나를 이때까지 나타나지 않았다가 지금 바로 나타났다고만 생각한다. 그러나 나는 언제나 광명의 주재자다." 힐은, 여기서 말하는 것이 전수(全數)히 프라크리티에 관한 것이라고 한다. 그래서 자기가 동조하는 바넷의 말을 인용하여 아래와 같이 말한다. "오해하는 사람들은 우주의 밑바닥이 되는 저 지극히 높으신 이를, 본질적으로 물질적인 것이어서 가능적(可能的)으로 결정할 수 있는 아뱍타(avyakta)도 존재할 수 없으며 그와 마찬가지로 실지로 결정적인 아뱍타의 상태로도 존재할 수 있다"고 한다. 그러나 사실은 '그'는 근본적으로 절대요 비물질적이다.

간디의 번역은 틸라크의 것과도 라다크리슈난 박사의 것과도 서로 합한다. 나는 그 편이 훨씬 더 좋다고 생각한다. 여기서 말하는 것은 프라크리티에 관해서가 아니고 제6, 7, 8장이 다 같이 나타나지 않으신 형태로서 하나님을 예배하는 데 대해 말하듯이, 이것은 하나님이 나타나 보이지 않는다는 것에 관한 것이다. 이 절은 그릇된 길에 빠져 여러 가지 신들을 정말 있는 것처럼 믿고 예배하는 사람에 대해서 말하는 것이다. 이 절은 제9장 제10절과 같이 읽어야 한다. 여기서나 거기서나 강조하는 것은 유일신관이다. 제10장에서 제12장에 이르는 부분은 일반적으로 하나님의 나타나신 형태에 대해 예배하는 것을 말하고 있다. 그러나 나타났거나 아니 나타났거나 '그'는 최고 불멸의 하나이신 존재다. 즉 나타나지 않는 혹은 비인격적인 존재로는 초월적인 브라만이시고, 나타나신 혹은 인격적인 존재로는 주요, 지지자시요, 통치자시요, 아버지요, 어머니요, 창조주시다. 그렇지만 하나이신 하나님과 예배를 같이 나눠 받을 여러 신이 있는 것은 아니다. 신이 여럿이 있는 줄로 믿는 사람들은 잘못 안 것이고 미혹된 것이다. 그것은 앞에 있는 절들에서 이미 말한 것이다. 한편에는 이슬람처럼 그런 일을 미혹이라 할 뿐만 아니라 불신앙이라고 저주하는 종교도 있지만, 『기타』는 그들에게도 한 자리를 허락하고 다만 "그들이 얻는 보응은 한정된 것"이라고 한다. 이는 그들의 예배와 그 목적이 한정된 것이기 때문이다.

25. 나는 내 요가마야에 의하여 가려 있기 때문에 모든 사람에게 나타나 뵈지는 않는다. 그러므로 이 미혹된 세계는 나를 알지 못한다. 이 불생불멸의 나를.

<small>요가마야(yogamaya) 유가(瑜伽)의 환력(幻力).</small>

26. 아르주나야, 나는 과거에 있었던 모든 생명과 현재에 있는 것과 또 장차 올 모든 것을 다 알건만 아무도 나를 아는 이는 없느니라.

<small>생명 부타(bhuta), 생류(生類), 피조물.</small>

27. 바라타의 아들아, 오 대적을 정복하는 자야, 일체의 산것들이 좋다·언짢다의 두 갈라짐에 이끌려 나면서부터 미망에 빠졌느니라.

마하데브 데자이 샹카라에 따르면 "나면서"(sarge)부터 좋다·언짢다의 애욕이 모든 생류 속에 미혹을 일으킨다. 그렇게 미혹된 것에게는 현세의 참도 불가능하다. 하물며 참 자아에 대한 참에 대해서는 말할 것도 없다. 모든 생기 있는 것이 나면서부터 이 마당에 잡혀 있고 그것이 그 심정을 아트만 곧 참 나에게서 떠나 속세로 기울어지게 한다.

28. 그러나 모든 죄를 벗어버린 경건한 사람은 상대의 미망에서 벗어나 굳게 맹세를 지켜 나를 믿느니라.

라다크리슈난 죄란 법을 범하는 일이 아니라 모든 부족, 즉 무지와 자기주장의 중심적 근원을 말하는 것이다. 이기적인 자아는 남을 해하면서라도 자기 이익을 취하려고 한다. 이 죄를 벗을 때, 이 무지를 극복했을 때 우리 생활은 하나이신 이를 섬기는 데 쓰인다. 그러는 동안에 신앙은 더 깊어지고 하나님에 대한 지식은 올라간다. 그리하여 나중에 십방(十方)에 두루 계시는 '하나이신 자아'를 보는 데 이른다. 그것이 영원한, 생사를 초월한 영원한 생명이다. 투카람(Tukaram)은 이렇게 부른다.

내 속에 있는 나는 죽고
그 대신 당신이 그 자리에 앉으십니다
그렇습니다. 이 나, 투카는 증거합니다
이제 이미 '나'도 '내 것'도 없습니다

The self within me now is dead
And thou enthroned instead
Yea, This I, Tuka, testify,
No longer now is 'me' or 'my'

29. 늙음, 죽음의 해탈을 얻으려고 내게 귀의하여 힘쓰는 사람은 누구나 다 저 브라만을 바로 그대로 알고 자아의 바탈 전체와 또한 카르마의 모든 것을 아느니라.

늙음, 죽음의 해탈(jaramaranamokshaya) 늙음(jara), 죽음(marana)의 해탈의 목적

(mokshaya), 즉 다시 나고 다시 죽는 생사의 바퀴를 벗어나려는 목적.

자아의 바탈(adhyatmam) 개개 자아의 밑바닥이 되는 것이기 때문에 동양의 말로 하면 성(性) 곧 바탈, 그 바탈의 전체라고 하면 『역』(易)에서 말하는 "이치를 다하고 바탈 까짓것 하여 그로써 말씀에 이른다"(窮理盡性 以至於命)에 해당할 것이다.

30. 나를 모든 물질적 나타남의 속을, 모든 신적 존재의 속을, 또한 모든 희생의 속을인 자로 하는 사람은 누구나 다 통일된 정신을 가지고 비록 떠나는 순간에도 나를 알 수 있느니라.

함석헌 우주의 모든 물질적·정신적 현상의 갈피갈피 속에 들어 있어 그 근본 원리가 되는 힘. 노자의 도(道), 덕(德)의 덕에 해당한다 해야 할 것이다. 유교에서 한다면 도라 할 것이다. 노자는 도에서 덕이 나온다 했고, 유교에서는 하늘의 말씀하신 것이 바탈[性]이요, 바탈대로 하는 것이 길[道]이요, 길 닦음이 가르침[敎]이라고 했다.

희생은 물론 신에게 바치는 제물을 가리키는 말이지만 『기타』에서는 이를 굉장히 넓게 해석하여 우주의 근본 원리라고 하니 차라리 기독교에서 말하는 아가페라 하면 어떨까?

라다크리슈난 이 절은 우리더러 임종하는 순간에 어떤 생각에서 만든 특정한 교리를 기억해야만 한다는 말이 아니다. 그보다도 모든 면에서 '그'를 알고, '그'를 신뢰하고, '그'를 예배하라는 말이다. 여기에 더러 새 말들을 썼기 때문에 다음 장에서 아르주나가 거기에 대한 설명을 묻는다. '지극히 높으신 이'는 그 본체를 이해할 뿐만 아니라 또 자연 속에 있어서의, 객관적 또는 주관적 현상 속에 있어서의, 행동과 희생의 원리 속과 속에 있어서의 '그'의 나타남에 있어서도 이해하지 않으면 아니 된다. 스승은 그것을 다음 장에서 모두 간단히 설명해준다.

이것이 『바가바드 기타』라는 『우파니샤드』의 제7장 즈냐나·비즈나나 요가의 끝이니, 이는 브라만의 지식에서 요가를 가르치는 크리슈나와 아르주나가 나눈 문답이니라.

제8장 브라만 요가

틸라크 이 장에서는 카르마 요가(실행에 의한 요가) 속에 포함되는 즈나나·비즈나나(지혜·지식)에 대한 설명을 계속한다. 먼저 앞 장 끝에서 말했던 파라메슈바라(최고의 주재자)의 가지가지 양상, 즉 브라만(梵天), 아쟈트마(adhyatma), 카르마(karma), 아지부타(adhibhuta), 아지다이바(adhidaiva), 아지야즈나(adhiyajna)의 뜻을 설명한 다음 그 속뜻을 설명한다. 그러나 그 설명은 단지 그 여러 세계를 지극히 간단하게 정의한 것에 지나지 않기 때문에 여기서 좀더 자세하게 설명할 필요가 있다.

가지가지 사람들의 바깥 우주를 바라보며 창조주에 대해 가지가지 방식으로 가지가지 의견을 가진다. 어떤 사람은 말하기를 세계 안에 있는 만물은 다만 다섯 개 원초적인 원소(mahabhuta)의 변화에 지나지 않는 것이요, 그 5대 원소 외에 다른 어떤 근본 원리란 없다고 한다. 그런가 하면 다른 사람들은 주장하기를 이 세계는 모두 하나의 희생(yajna)에서 창조된 것이라 하고, 그렇기 때문에 파라메슈바라는 야즈나 나라야나(yajna-narayana, 야즈나의 형상)의 한 가지에 지나지 않는다고 하며, 그렇기 때문에 '그'는 오직 야즈나로만 예배할 수 있다고 한다.

셋째 부류의 사람들은 말하기를 이 세계의 가지가지 작용은 각 물체 자체들이 일으키는 것이 아니고 그 하나하나의 속에 어떤 능동적인 신 혹은 푸루샤가 있어서 그 신들이 그 작용을 일으킨다고 하고, 그러므로 우리는 그 신들을 예배하지 않으면 안 된다고 한다. 예를 든다면 빛을 주는 작용은 '해'라 부르는 푸루샤에 의해서 된다. 그것은 둥근 모양을 가지고 5대 원소로 이루어져 있는데, 이를 우리는 '해'라 부른다. 이 푸루샤가 예배의 대상이다.

넷째 부류에서는 말하기를 물체 안에 물체 말고 다른 신이 들어 있다고 생각하는 것은 옳지 않다고 하고, 마치 사람 몸속에 아트만(영혼, 자아)이 들어 있듯이 모든 것 속에 그 자체의 어떤 미묘한 형상이, 미묘한 어떤 힘 곧 아트만 같은 것이 들어 있다고 하며, 그것이 그 물체의 근본적이요 참인 형상이라고 한다. 예를 든다면 그들은 말하기를 저 거친 5대 원소는 그들의 고갱이 속에 5대 미묘한 원소 즉 탄마트라들을 가지고 있다고 하며, 물질적인 기관, 손이니 발이니 하는 것 속에 그 비슷한, 더 근본적이고 신기한 기관이 들어 있다고 한다. 개인은 각각 다른 아트만을 가지고 있다고 하는, 그래서 이루 헤아릴 수 없는 아트만이 존재한다고 주장하는 상캬론은 이 제4학설에서 나왔다.

이 네 학파를 각각 차례대로 아지부타, 아지야즈나, 아지다이바타(adhidaivata), 아쟈트마카(adhyatmaka)라고 부른다. 언제나 '아지'(adhi)라는 접두사가 어떤 낱말에 붙으면, '그 물건 속에' 혹은 '그 안에 구현화(具現化)'라는 뜻이 된다. 이 해석대로 한다면 아지다이바타는 여러 천신 속에 들어 있는 원리라는 뜻이요, 아쟈(지아)트마는 근본은 "만물에 골고루 퍼져 있는 한 아트만이 있을 뿐이라고 주장하는 학설"을 의미하는 것이다.

그러나 이는 결론적으로 나온 해석이다. 즉 허다한 인간과 만물 속에 허다한 아트만이 있다는 학설에 대해 주거니 받거니 하는 현상을 놓고 생각한 끝에 『베단타 샤스트라』(Vedanta-sastra)에서 도달한 결론이다. 그래서 그 가설의 입장을 고려해본다면, 아트만의 신묘한 형태는 모든 물건에서 각각 다르다는 생각이었고, 이 절에서 갖는 아쟈트마의 뜻도 그것임을 알 수 있다.

단 하나의 주석에서 어떻게 아쟈트마, 아지다이바타, 아지부타의 각종각색의 견해가 나오게 됐느냐를 『마하바라타』를 보면 알 수 있다. 거기 사람의 몸의 기관들을 들어 설명한 것이 있다. 『마하바라타』의 저자는 이렇게 말한다. 사람의 여러 가지 기관의 문제는 세 가지 견지에서 생각할 수 있다. 즉 아지부타와 아쟈트마카와 아지다이바타다. 이들 기관에 의해 인식할 수 있는 모든 물건, 즉 손으로 잡을 수 있는 것, 귀로 들을 수 있는 것, 눈으로 볼 수 있는 것, 또는 마음으로 생각할 수 있는 것, 이 모든 것은 아지부타다. 그리고 손, 발, 눈, 코 등 이들 기관의 신묘한 능력, 다시 말해서 미묘한 감각들은 아쟈트마들이다.

그러나 이 두 가지 견해를 물리치고, 아지다이바타의 견지에서 볼 때에는 인드라는 손의 신이고, 비슈누는 발의 신이며, 미트라(Mitra)는 항문(肛門)의 신이고, 프라자파티(Prajapati)는 생식기의 신이며, 아그니(Agni)는 말의 신, 수르야(Surya, 해)는 눈의 신, 하늘의 여덟 방위 혹은 에테르는 귀의 신, 물은 혀의 신, 땅은 코의 신, 바람은 살갗의 신, 달은 마음의 신, 부디(이성)는 개성 됨의 신, 푸루샤는 이성(理性)의 신이다. 이 여러 가지 신이 이들 기관의 기능을 행하고 있다고 생각했다.

『우파니샤드』에서 예배의 목적으로 가르치는 브라만의 상징 중에서는 마음을 아쟈트마의 상징이라 했고, 태양 혹은 궁창(穹蒼)을 아지다이바타의 상징이라 했다. 아쟈트마와 아지다이바타를 구별한 것은 예배의 목적을 위해서만이 아니었다. 그보다도 말하는 혹은 보는 혹은 듣는 등의 기관들을 또는 그 생명력을 어느 것이 더 뛰어나느냐를 생각하는 가운데, 한때는 그것을 형이상적(adhyatma)인 견지에서 생각해서 입과 눈과 귀의 미묘한 형태의 기관을 취했고, 다시 직관적(adhidaivata)인 견지에서 아그니니, 태양이니, 에테르니 하는 것들을 그 기관의 신으로 취하기도 했다. 한 말로 해서 아지다이바타, 아지부타, 아쟈트마 등 사이의 차별은 매우 오랜 옛날부터 일반으로 있었고, 대주재(파라메슈바라)의 형태에 관한 이들 가지가지의 생각 가운데 어느 것이 과연 옳으냐 하는 문제, 또는 그러한 생각들의 속을 짬은 무엇이냐 하는 것에 대해『브라다라냐카 우파니샤드』(*Brhadaranyaka-upanisad*) 안에서 야즈나 발캬(Yajna-valkya)는 우달라카 아루니(Uddalaka Aruni)에게 이렇게 말했다. "오직 하나의 파라마트만(Paramatman, 최고의 영)이 있을 뿐이다. 그것이 모든 피조물, 모든 신적 존재, 모든 자아의 바탈, 모든 지경, 모든 희생, 어떻게 생겼든 간에 모든 물체의 고갱이 속에 들어 있다. 그리고 그것이 그 모든 것으로 하여금 저도 알지 못하고 각각 제 기능을 발휘하게 한다."

『우파니샤드』에서 받은 이 가르침을『베단타 수트라』의 안타랴먀지카라나(Antaryamyadhikarana)에서 받아들여 만물의 깊은 속고갱이에 들어 있는 이 원리는 프라크리티도, 상캬의 지바트만(Jivatman)도 아니요, 다만 파라마트만이란 것이 밝혀졌다. 거룩하신 주는 이제 아르주나를 보고 이 제목에 관해서 오직 한 분의 최고 주재자가 계실 뿐이라고 한 것이다. '그'는 모든 인간의 몸과, 모든 피조물(아지부타)과, 모든 희생(아지야즈나로서의)과 모든 신(아지다이바타로서의)과, 모든 작업(카르마)과, 만물의 미묘한(즉 형이상적인) 형태를 꿰뚫고 계신다고 했다. 그리고 신들과 희생과, 그런 등등에 관한 각양각색의 지식은 참 지식이 아니라고 했다. 제7장 끝에서 거룩하신 주가 말씀하신 아지부터 운운하는 말은 아르주나의 마음속에 그 의미를 알고자 하는 기원을 일으켰다. 그래서 그는 아래와 같이 우선 묻는다.

아르주나 묻기를

1. 으뜸으로 나신 이여, 저 브라만이란 무엇입니까? 자아의 바탈이란 무엇입니까? 씨짓이란 무엇입니까? 무엇을 가리켜 물질적 나타남의 속을이라 하며 무엇을 가리켜 얼씬것의 속을이라 부르옵니까?

으뜸으로 나신 이 푸루쇼타마(Purushottama), 크리슈나를 가리키는 말.
브라만 범천, 절대자.
자아의 바탈 아쟈트마. 아지(adhi)와 아트만(atman)이 합한 것, 아지는 위에, 위로, 높이, 속에 ……으로부터 따위로 번역되는 말. 아트만은 자아, 영혼. 그러므로 아쟈트마는 천명지위성(天命之謂性)이라 할 때의 성, 곧 바탈에 해당한다고 할까, 그렇지 않으면 사람을 하나님의 모습대로 지었다 할 때의 모습이라 할까?
씨짓 카르마, 곧 불교에서 말하는 업. 보통 말로는 행동, 작위(作爲)인데, 우리말로 '짓'이라는 것이 옳지 않을까 한다. 그런데 인도 철학에서 카르마다 할 때는 그저 하나하나의 짓만 아니라 특히 전에 한 짓이 반드시 원인이 되고 열매를 맺어 영원히 계속되는 점을 강조하는 뜻이 있기 때문에 씨란 말을 붙여서 '씨짓'이라고 만들어보았다.
물질적 나타남의 속을 아지부타.
얼씬것의 속을 아지다이바. 여러 가지 신이 신으로서 능력을 발휘하게 되는 그 속을을 말하는 것인데 우리 옛날 말에 얼씨구나 절씨구나 할 때의 얼씨라는 말이 곧 신 앞에 제사 드리며 그 신(神)스러움, 곧 신이 와 계심을 느껴서 하는 찬탄이기 때문에 그렇게 번역해보았다.

라다크리슈난 자아의 바탈 속에는 무엇이 와 계시는가(present)? 얼씬것의 속을에는 무엇이 와 계시는가? 희생의 속을에는 무엇이 와 계시는가? 모든 물질적 존재의 속을에는 무엇이 와 계시는가? 이 질문들에 대한 대답은 곧 지극히 높으신 영은 모든 피조물과 모든 희생과 모든 신과 모든 것을 다 꿰뚫어 계신다 하는 말이다. 그것들은 다 그 지극히 높으신 이의 가지가지의 나타남뿐이다.

2. 마두 귀신을 죽이시는 이여, 이제 이 몸 안에 있어서, 누가, 또 어떻게 희생의 바탈이 되십니까? 또 자기를 다스린 사람이 어떻게 세상을 떠나는 순간 당신을 알게 되옵니까?

스와미 프라부파다 "희생의 바탈"이란 말을 살펴보자. 희생의 주 (Lord of sacrifice)는 인드라와 비슈누를 받아들인다. 비슈누는 브라마, 시바까지도 포함한 모든 주요 천신의 우두머리요, 인드라는 행정적인 천신들의 수반이다. 희생의 공경에서는 인드라와 비슈누를 다 예배한다. 그러나 아르주나는 여기서 사실상 희생을 주장하는 주는 누구며, 그 주는 어떻게 생명체들 속에 들어 있느냐를 묻는 것이다.

아르주나가 크리슈나를 "마두 귀신을 죽이시는 이" 곧 마두수다나(Madhusudana)라 부른 것은 크리슈나가 마두(Madhu)라는 귀신을 죽인 일이 있기 때문이다. 이런 질문은 의심해서 묻는 것이기 때문에, 크리슈나를 잘 알고 믿는 아르주나에게는 있을 수 없는 일이다. 그러므로 이런 의심은 악마적인 것이다. 크리슈나는 악마를 능하게 퇴치하는 이이므로 아르주나는 자기 마음속에 일어나는 악마 같은 의심을 죽여주시기를 바라서 여기 마두수다나라고 부른 것이다.

여기서 쓴 이 "세상을 떠나는 순간"(prayana-kale)이란 것은 매우 뜻깊은 말이다. 왜냐하면 우리가 생전에 무엇을 했거나, 그것이 임종의 시간에는 증험되기 때문이다. 아르주나는 크리슈나에 대해 확신을 갖는 자기가 그런 때에 신체의 기능을 잃고 마음이 공포에 질려 지극히 높으신 주재를 잊으면 어찌하나 하는 두려움이 일어났다. 그렇기 때문에 마하라자 쿨라셰카라(Maharaja Kulashekhara)라는 위대한 신자는 이런 기도를 올렸다. "내 주, 사랑하는 주시여, 저를 이 건

강한 순간에 곧 죽게 하소서. 그리하여 제 마음의 백조(白鳥)로 하여금 '당신'의 연꽃 줄기 밑에 들어가게 하시옵소서."

이런 비유를 한 것은 백조는 연꽃 줄기 사이에서 즐거이 놀기를 잘하기 때문이다. 그와 같이 순결한 신앙자의 마음은 주님의 연꽃 줄기 밑으로 끌려 들어간다. 마하라자 쿨라셰카라는 죽는 순간 제 목구멍이 막혀 거룩하신 이름을 부를 수 없을까봐 겁이 났다. 그래서 "이제 즉시로 죽었으면" 했다. 아르주나가 물은 것은 그런 때에 우리 마음이 어떻게 하면 크리슈나의 연꽃 줄기 밑에 튼튼히 흔들림 없이 머무를 수 있을까 하는 것이었다.

함석헌 죽는 순간 주를 기억한다는 것은 그 가르침의 요점이 평시 언제나 주를 잊지 말라는 데 있다. 평시의 끊임없는 공부 없이는 그것은 될 수 없는 일이요, 평시의 성한 마음에 진정으로 믿었다면 설혹 죽는 순간 정신이 흐려서 분명히 입으로 부르지 못했다 하더라도 그 때문에 모른다 하실 생명의 주가 아니다. 물론 내 육체를 온전히 훈련하면 죽는 순간에도 틀림없이 내 영혼의 명령을 듣겠지만, 문제는 그렇기를 진심으로 바라면서도 그렇게 되지 않는 때가 많은 육체의 연약함에 있다. 아무리 잘 믿었어도 임종에 증거하지 못하면 소용이 없다는, 그 그릇된 교리 때문에 얼마나 많은 마음이 고민하고 또 낙심하고 있을 것인가. 예수께서 십자가 위에서 "어찌 나를 버리십니까?" 하신 것은 이런 허다한 연약한 영혼들을 위해 하신 것인지도 모른다.

그런 신앙의 천재들의 쌀쌀한 격려보다는 옛날의 결초보은에 관한 이야기가 더 힘을 주는 위로가 될 것이다.〔『좌씨전』, 「선왕」宣王 15〕 진(晉)나라 위무자(魏武子)가 병이 나자 그 아들 과(顆)를 보고 자기가 죽거든 제 첩을 순장하지 말고 다른 데 시집보내라 했는데 병이

중해져 정신이 흐려지자 순장하라고 했다. 위과는 많은 친족이 당시 풍속대로 유언을 좇아 순장하기를 고집했는데도 그것은 정신 흐린 때의 말이고 정신이 똑똑한 때는 하지 말라 했으니 성한 때의 말이 아버지의 참뜻이라 하여 듣지 않고 그 젊은 첩을 다른 데로 시집보냈다. 그 후 위과는 장군이 되어, 전쟁터에 나가 진(秦)나라의 장수 두회(杜回)와 싸우게 되었다. 그런데 위과가 보니 어떤 늙은이가 두회에 앞서가며 풀을 맺어놓았다. 그래서 두회가 거기 걸려 넘어져서 포로로 잡을 수 있었다. 위과가 밤에 꿈을 꾸니 그 늙은이가 나타나 "나는 네가 살려준 그 첩의 아비다. 네가 돌아간 이의 정신 똑똑할 때의 말을 들어 내 딸을 살렸으므로 이제 내가 풀을 맺어 그 은혜를 갚은 것이다"라고 했다.(魏顆敗秦師於輔氏 獲杜回 秦之力士也 初魏武子有嬖妾 無子 無子疾命顆曰 必嫁是 疾病則曰 必以爲殉 及卒顆嫁之曰 疾病則亂 吾從其治也 及輔氏之役 顆見老人結草 以亢杜回 杜回躓而顚 故獲之 夜夢之曰余 而所嫁婦 人之父也 爾用先人之治命 余是以報)

3. 거룩하신 주 말씀하시기를 불멸이요 무엇보다도 높은 이가 브라만이니라. 그 본질적인 성격을 자아의 바탈이라 부르고 만물을 지어내는 그 창조력을 씨짓이라 하느니라.

<small>거룩하신 주 슈리 바가반(Sri bhagavan).
불멸 아크샤라(akshara).
무엇보다도 높은 파라마(parama).
브라만 지바(jiva, 단세포 생명, 영혼)의 형태를 취한다. 제15장 제7절 참조.
자아의 바탈 아쟈트마, 어떤 물체나 그 자체의 본질적인 성격. 몸의 주인이요, 그것을 누리는 이, 개인적인 자아를 이루어 가지고 있는 거룩한 이의 모습이다.
창조력 비사르가(visarga).
본질적 성격 스바바바(svabhava).</small>

라다크리슈난 브라만은 불변자존하는 이요, 모든 산 것이 그 안에서 살고, 움직이고, 존재하는 이다. 바탈은 사람 속에 있는 영이요 본성이다. 카르마는 생명의 가지가지 형태로서 거기서 나오는 창조적 충동이다. 그리고 전체 우주의 진화를 카르마라 부른다. 지극히 높은 자가 그 길을 취하는데 개개의 지바가 거기에 참여 아니한다는 법이 있을 수 없다. 주관·객관의 모든 이원적인 것을 초월하는 불변자가 우주적인 목적을 위해서 영원의 주관자, 곧 아쟈트만이 되어 변하는 성질의 영원한 객관자, 곧 프라크리티, 곧 온갖 형태의 꽃받침을 대할 때, 카르마는 창조의 힘이 되고 운동의 원리가 된다. 이 모든 것은 하나이신 지고자로부터 독립된 것이 아니다. 그의 나타냄이다. 우주의 근본 구조가 되는 이 주관·객관의 서로 하는 작용은 브라만 곧 절대정신의 표현이다. 그 절대정신은 주관·객관의 대립을 초월한다.

『만두캬 우파니샤드』(Mandukya Upanisad)는 절대자는 형언할 수 없고 바탕도 없는 이지만, 생존하는 하나님은 이 세계의 통치자요, 그 속에 계시는 혼인 것을 인정하고 있다. 신성과 하나님 사이 즉 절대자와 인격신 사이, 브라만과 이슈바라(Ishvara)의 차이를 이『우파니샤드』에서는 분명히 차례로 들고 있다. 인격신은 우주의 주이신 대신에 브라만은 초우주적 실재다.

스와미 프라부파다 브라만은 영원불멸이요, 그 성격은 항구불변이다. 그러나 브라만 위에는 또 파라브라만(Parabrahman)이 없다. 브라만은 생명적 실체를 말하는 것이고, 파라브라만은 초월적 신성을 말하는 것이다. 생명적 실체의 성격적 지위는 물질계에서 갖는 지위에 따라 서로 다르다. 물질적 의식의 자리에서 그 성격은 물건의 주인이 되고자 하는 것이지만, 영적인 의식의 자리(크리슈난)에서는 그는 초월자에 봉사하자는 자리에 있다. 생명적 실체가 물질적 의식에 있을 때는 그는 물질세계에서 가지가지의 몸을 가지게 되는데, 그것을 카르마 곧 씨짓[業]이라고 한다. 다시 말한다면, 물질적 의식력에 의한 가지가지의 창조다.

『베다』경전에서는 그 생명적 실체를 지바트마(jivatma) 또는 브라만이라 하지만, 절대로 파라브라만이라고는 아니한다. 그 생명적 실체(지바트마)는 가지가지의 자리를 취한다. 어떤 때는 캄캄한 물질적 성격에 뛰어들어 자신을 물질로 만들고, 또 어떤 때는 초월적인 영의 성격으로 만든다. 그렇기 때문에 그를 초월적 주재의 '가장자리 세력'이라고 한다.(참 재미있다. 파라브라만의 '파라'를 노자의 '妙'라 한다면, 이 '가장자리'는 바로 글자 그대로 '徼'이라 할 것이다. - 함석헌)

그가 물질적 혹은 영적 성격을 취함에 따라 그는 물질적 혹은 영적 몸을 갖추게 된다. 물질적 성격에서는 840만 종의 생명 중 어느 한 가지 몸을 가지겠지만, 영적 성격에서는 오직 하나의 몸이 있을 뿐이다. 물질적인 몸에서 그는 그의 씨짓에 따라 사람으로 혹은 신으로, 혹은 동물로, 새로, 짐승으로 나타난다. 물질적 하늘나라의 복을 누리기 위하여 그는 어떤 때는 희생(야즈나)을 바친다. 그러나 그 공덕이 다 되면 다시 땅으로 돌아와 사람의 형상을 쓴다.

희생의 과정에서, 생명의 실체가 어떤 일정한 하늘나라에 도달하기 위해 어떤 일정한 희생을 바치는 수가 있다. 그 공덕이 다 되면 그 생명체는 비가 되어 지상에 떨어진다. 그러면 곡식알의 형상을 갖게 되고, 그러면 그 곡식알이 사람에게 먹혀 정액(精液)으로 변하게 되고, 그것이 어느 여자에게 아기로 실려진다. 그리하여 그 생명체는 다시 한번 인간의 형상을 쓰게 되고, 다시 희생을 바칠 수 있게 된다. 그와 같이 윤회의 바퀴를 돌고 돌아 생명체는 끝없이 물질의 길을 반복한다. 그러나 크리슈나 의식에 들어간 사람은 그런 희생 바치기를 그만둔다. 그리고 직접 크리슈나 의식으로 들어가 하나님께로 돌아갈 수 있도록 자신을 준비한다.

『기타』의 비인격론주의적 주석가들은 이치에 맞지 않게도 브라만이 물질계에서 지바(단세포 생명)의 형태를 취한다고 생각한다. 그리고 그것을 뒷받침하기 위해 『기타』 제15장 제7절을 든다. 그렇지만 그 절에서는 생명의 실체를 "나의 영원한 한 조각"이라고 한다. 하나님의 조각, 즉 생명적 실체는 땅 위에 떨어질 수 있겠지만, 지상(至上)의 대주재(Acyuta, Supreme Lord)는 절대로 떨어질 수 없다. 그렇기 때문에 초월적 브라만이 지바의 형태를 취한다는 가설은 받아들일 수 없다. 『베다』 경전에서 브라만(생명적 실체)과 초월적 브라만(지상의 대주재)을 구별하는 것은 깊이 명심할 만한 일이다.

4. 물질적 존재의 바탈은 끝없이 변하는 본성이요, 신적 존재의 바탈은 우주 영혼이니라. 그리고 몸 가진 것 중 으뜸가는 자야, 희생의 바탈이란 진실로 여기 이 몸으로 있는 나 자신이니라.

함석헌   이 절은 번역자에 따라 서로 각각 다르다. 라다크리슈난은 "모든 피조물의 기초는 변하는 성질의 것이요, 신적 원소(原素)들의 기초는 우주정신이니라. 그리고 몸 가진 자 중 가장 잘난 자야, 희생의 기초는 여기 이 몸으로 있는 나니라" 했고, 다카구스(高楠順次郞)는 "유신(有身, 有的 存在)이란 가멸(可滅)의 본성이니라, 천신(天身, 天的 存在)이란 원인(原人)이니라, 유신자(有身者)의 상수(上首)야, 희생신(犧牲神)이란 이 현신으로 있는 나 자신이니라"고 했으며, 간디는 "아지부타는 '나'의 죽을 수 없는 형태요, 아지다이바타는 그 형태 속에 있는 개인적 자아니라. 그리고 몸 가진 자 중 가장 잘난 자야, 아지야즈나는 희생으로 인해 정결해진 이 몸으로 있는 '나'니라"고 했다. 스와미 프라부파다는 "물질적 자연은 끝없이 변하는 것이고, 이 우주는 초월적 주재의 우주적 형태며, 내가 곧 몸을 가지고 있는 모든 것 속에 초월적 혼으로 나타나 계시는 바로 그 주님이시다"라고 했고, 틸라크는 "이름과 형상의 제한 속에 있는, 다시 말해서 꺼질 수 있는 상태의 모든 존재가 아지부타요, 푸루샤 곧 의식적 통치주가 아지다이바타며, 오, 모든 몸 가진 자 중 으뜸가는 자야, 아지야즈나 즉 모든 희생의 주라고 부름을 받으시는 이는 이 몸으로 있는 이 나니라" 했다. 그중 가장 문제 되는 것이 둘째 구절에 있는 푸루샤라는 말이다. 그것은 사람, 사람 몸, 인류, 개인, 인격, 혼, 초월적 영, 원시 남성 등등으로 번역되는 말이다. 인도 철학을 모르는 나로서는 도저히 확신을 가지고 그중 어느 것을 골라낼 수가 없다. 위에 인용한 여러 분의 번역을 참조해 독자가 스스로 짐작하기 바란다.

라다크리슈난 여기서 저자는 우리에게 명확한 지식을 주기 위해 다시 한번 말하는 것이다. 거기에는 불멸의 신 곧 브라만이 있다. 그리고 모든 신앙의 대상이 되는 인격신 이슈바라가 있다. 또 거기에는 우주 모든 일에 주장이 되는 우주인(cosmic self) 히라냐가르바 (Hiranyagarbha)가 있고, 또 높은 신성에도, 꺼질 수 있는 성격의 프라크리티에도 참여하는 개인의 영혼 지바도 있다.

『대영백과사전』 히라냐가르바는 산스크리트 말로 '황금 태아(胎兒)'라는 뜻이다. 인도의 우주 설화에서 황금빛을 한 우주 알(cosmic egg)을 부르는 이름이다. 우주의 생겨남에 대한 여러 가지 신화 중 하나인데, 이 우주의 맨 첨에 혼돈한 암흑이 있었고, 그것이 우주적 지성 프라자파티(Prajapati)에 의해 잉태하여 마침내 황금 알 히라냐가르바를 낳았다. 그 알이 원시(原始)의 물 위를 떠다니다가 때가 다 되어 둘로 갈라져서, 황금빛 껍데기 위 절반은 하늘이 되고, 은빛의 아래 절반은 땅이 됐다. 후대의 신화에서 가지가지의 창조주들 속에서 하나의 브라마 신이 이루어져 나오게 되자, 이 우주 알은 브라마 알(brahma egg) 혹 브라만다(brahmanda)로 부르게 되었다.

틸라크 제3절에 있는 "무엇보다도 높은"(parama)이라는 말은 브라만에 대한 형용사가 아니라 불멸(akshara)에 대한 형용사다. 상캬 철학에서는 느껴 알 수 없는 프라크리티도 불멸이라고 부르지만, 베단타의 브라만은 느껴 알 수 없고 꺼질 수 없는 프라크리티를 뛰어넘는 지경이다. 그렇기 때문에 불멸이란 말 하나만을 썼지만 그 뜻은 상캬의 프라크리티든가 그렇지 않으면 브라만 그 어느 것으로도 볼 수 있다. 그런 의혹이 일지 않게 하기 위해서 브라만을 설명하는 데 무엇보다도 '높다'는 그 형용사를 불멸이라는 말 앞에 놓은 것이다.

푸루샤란 말은 태양 속에 있는 푸루샤, 물속에 있는 바루나 푸루샤, 의식을 가지는 여러 신과 '황금 태아' 속에 있는 푸루샤를 두루 포함한다.

5. 목숨이 끝나는 순간에 나만을 기억하며 육신을 버리는 사람은 누구나 다 나의 지경에 이를 것이니, 거기에는 의심이 없느니라.

6. 어쨌거나 목숨이 끝나는 순간 어떤 성질의 것을 기억하며 떠났거나 간에 틀림없이 그대로 되는 것이니, 쿤티의 아들아, 그것은 일생을 거기 젖어 있었기 때문이니라.

라다크리슈난 이것은 제7장 제30절에서 지적됐던 문제를 다시 설명하는 것이다. 임종 순간의 마음 상태가 중대하다는 것은 『우파니샤드』 속에 나와 있다. 사람이 마지막 순간에 하나님을 기억하려면 그전에 미리 그를 공경하지 않고는 될 수 없는 일이다.

스와미 프라부파다 이것은 크리슈나 의식을 강조하는 말이다. 크리슈나 의식 속에서 이 몸을 떠나는 사람은 즉시로 지극히 높은 주의 초월적인 세계에 들어간다. 기억(smaran)이라는 말이 중요하다. 크리슈나를 기억하는 것은 부정한 마음을 가지고는 될 수 없는 일이다. 크리슈나를 기억하려면 마하만트라(mahamantra)를 외워야 한다.

"하레 크리슈나, 하레 크리슈나, 크리슈나, 크리슈나, 하레 하레, 하레 라마, 하레 라마, 라마 라마, 하레 하레"(Hare Krishna, Hare Krishna, Krishna, Krishna, Hare Hare, Hare Rama, Hare Rama, Rama Rama, Hare Hare).

틸라크 제5절에서 크리슈나는 최고의 주재자를 항상 생각하는 것이 필요하다는 것과 그 결과를 말했다. 그러나 그것은 오해를 낳기 쉽다. 즉 누구나 임종 시간에 가서 최고의 주재자를 생각하기만 하면 된다는 생각이다. 그러므로 제6절에서 일생을 두고 생각한 것이 임종의 시간에도 마음을 떠나지 않는다는 것과, 그렇기 때문에 최고의 주재자는 일생을 두고 생각하며 경배하지 않으면 안 된다는 것을 밝힌다.

만일 그렇다면 자연히 이런 결론이 난다. 즉 임종 시간에 최고의 주재자를 예배하는 사람은 최고의 주재자에게로 가고, 그 순간에 다른 신들을 예배한 사람은 다른 신들에게로 간다. 『찬도갸 우파니샤드』에서 말한 것과 같다. "사람이 죽은 후에 이르는 상태는 그의 결심한(sankalpa) 대로다." 그런 말들은 다른 『우파니샤드』 속에도 있다. 그러나 지금 『기타』가 말하는 것은 마음이 일생을 두고 어느 한 목적을 향해 정성을 들이지 않고는 임종의 격동 속에 거기 이르기는 어렵다는 것이다. 그렇기 때문에 최고의 주재자에 대하여 명상하는 것은 "일생을 두고"(amarananta) 하지 않으면 안 된다.

7\. 그러므로 어느 순간에도 나를 기억하라. 그리고 싸워라. 네 마음과 네 이성을 다 내게 바칠 때 너는 의심 없이 내게로만 오느니라.

어느 순간에도 사르베슈 칼레슈(sarveshu kaleshu), 일체시(一切時). 그렇게 해서만 결정적인 마지막 순간에 하나님을 기억할 수 있다.
나를 기억하며 싸우라 여기서 싸우란 것은 물질계의 전장에서 하는 싸움을 말하는 것은 아니다. 항시로 해야 하는 이 싸움은 우리가 어둠의 세력과 해야 하는 싸움이다.

라다크리슈난 우리는 '영원한 의식', 곧 변함없으신 하나님이 굽어보고 계시다는 의식을 놓치지 않고 가지면서 이 세속의 일을 하지 않으면 안 된다. "마치 춤을 추는 아가씨가 가지가지 장단에 맞춰 춤을 추고 돌아가면서도 일단 정신은 그 머리 위에 인 물동이에 있어야 하는 것과 마찬가지로, 참으로 경건한 사람은 자기의 여러 가지 관심사에 끌려다니면서도 지극히 높으신 주의 거룩한 발에서 눈을 떼지 않는다." 인생의 모든 활동은 우리 생활을 둘러싸고 꿰뚫고 거기 의미를 붙여주시는 하나님께 바쳐져야 한다. 하나님을 생각만 해도 우리의 모든 사업이 정화된다.

마하데브 데자이 이 절을 보면 크리슈나가 비록 아르주나보고 싸울 것을 권하기는 하더라도 그것이 정말 눈앞에 있는 현실의 전쟁을 말하는 것이 아니고, 이 땅 위에서 인생이 싸워야 하는 그 싸움, 곧 도덕적·정신적 싸움을 말하는 것임을 잘 알 수 있다. 예수의 말씀을 참조하라. "나를 따라오려는 사람은 누구나 자기를 버리고 날마다 제 십자가를 지고 따르라." 여기서 뜻하는 것도 날마다 어느 순간에도 제 십자가를 져야 하는 것을 말하는 것이다. 간디는 말했다. "인생은 영원한 씨름이다. 우리 속에는 언제나 노한 풍파가 일어나고 있다. 유혹에 걸려가며 싸워야 하는 것이 끊임없는 의무다.『기타』는 여러 곳에서 그것을 가르친다."

8. 프리다 부인의 아들아, 끊임없이 닦는 요가로 마음이 통일되어 다른 길로 헤매임이 없이 지극히 높으신 주를 명상하는 자는 그에게로 가느니라.

틸라크 해탈이 최고 주재자에 대한 믿음과 지식이 결합되어서 도달된다는 데는 의심할 여지가 없다. 또 임종의 순간에 그러한 마음의 상태에 도달하기 위해서는 일생을 통해서 그 수양이 필요하다는 것도 의심 없는 일이다. 그러나 『기타』에 따르면, 그러기 위하여 행동하기를 그칠 필요는 없다. 그뿐 아니라 다른 한편에서는 신앙이 깊은 사람도 운명에 의해 자기에게 당해져 오는 모든 의무를 무사(無私)한 마음으로 다하지 않으면 안 된다고 한다. 그와 같은 의미가 "어느 순간에도 나를 기억하라, 그리고 싸워라" 하는 말 속에도 있다.

9. 보시는 이, 길고 오래신 이, 모든 것을 다스리시는 이, 원자보다 더 작으신 이, 모든 것을 버리시는 이, 그 모습을 헤아릴 수도 없으신 이, 그 광채가 태양 같아 어둠을 뛰어넘으시는 이를 명상하여,

> 보시는 이 카비(kavi).
> 길고 오래신 이 노자의 "한 옛적보다 오랜 이"(長於上古者), "임금에 앞선 이"(帝先), "길게 살고 오래 보는 이"(長生久視者) 등을 참조.
> 원자보다 더 작으신 이 이(夷, 視之不見), 희(希, 聽之不聞), 미(微, 搏之不得).

10. 죽는 순간에도 온전한 믿음과 신비로운 요가의 힘에 의하여 숨을 미간에 모으고 그와 같이 지극히 높은 신령한 이를 명상하는 사람은 그에게로 가 이르느니라.

> 그와 같이 평소에 끊임없이 그와 같이 명상해서 죽는 순간에도 그렇게 통일된 정신으로 명상한다는 뜻.

11. 『베다』를 아는 자가 그것을 불멸이라 부르고, 애욕을 떠난 위대한 성자들이어야만 들어가며, 그것을 원하여 사람들이 브라마차랴를 닦는, 그 경지를 내가 네게 간추려 말하리라.

> 경지 파다(pada).
> 불멸 아크샤라(akshara).
> 위대한 성자 고행을 닦는 사람.
> 브라마차랴(brahmacarya) 동정주의(童貞主義), 순결주의.

12. 모든 (감각의) 문을 닫고, 마음을 심장 속에 몰아넣고, 숨을 정수리에 모으고, 요가의 자세로 자리를 잡고 앉아,

모든 문 사람의 몸을 아홉 문 가진 성이라고 한다(두 눈, 두 귀, 두 콧구멍, 입, 생식기, 배설문).
마음을 심장 속에 몰아넣고 마음의 활동을 막아버림을 말한다.

13. 아움의 외마디 브라만을 부르며 나를 기억하고 몸을 떠나가는 자는 가장 높은 지경에 이르느니라.

아움(aum) 암(唵), 모든 모음(母音)을 다 합한 음. 그것을 외마디 브라만이라 하여 베다를 닦는 사람들이 계속 왼다.

마하데브 데자이 제11절은 『카타 우파니샤드』(Katha Upanisad)에 있는 말을 거의 그대로 인용한다. "모든 『베다』가 되풀이 말하고, 모든 고행자가 말하며, 그것을 위해서 사람들이 브라마차랴를 닦고 있는, 그 경지(혹은 그 말)를 내가 네게 간단히 말하리라. 그것은 '아움'이다." 성경의 '로고스'에 해당하는 이 거룩한 낱말은 『우파니샤드』 전편을 통해서 명상의 목적인 동시에 또 그 방법으로 기록되어 있다.

사실 '아크샤라'와 '파다'의 두 단어는 각각 두 가지 뜻을 가지고 있다. '불멸'과 '말씀', '경지'(혹은 목적)와 '말씀'이 그것이다. 『문다카 우파니샤드』(Mundaka Upanisad)는 명상의 시작에서 끝에 이르는 과정을 아주 재미있는 비유로, 활쏘기를 연습하는 것과 같다고 한다. 사람의 아트만의 살을 신앙의 열심으로 다듬어 뾰족하게 해가지고 '아움'의 활에 메어 '브라만'이라는 과녁을 향해 쏘아 맞혀야 한다고. 그리하여 빗나감 없는 명상으로야만 그 과녁을 맞혀서 그 살과 과녁이 하나가 될 수 있다고 한다. …… 그리스도 본뜸에는 이런 말이 있다. "한 '말씀'이 만물이고 만물은 이 하나를 말하고 있으며, 이것이 맨 처음이고 또 우리에게 말씀해주시는 것도 이것이다."

14. 프리다의 아들아, 누구든지 마음이 다른 데로 쏠림이 없이 언제나 늘 나를 생각하는 사람은 늘 닦음의 요기이니, 그런 사람은 내

게 이르기가 극히 쉬우니라.

15. 내게 한번 오면 그러한 위대한 혼은 다시 덧없고 고난의 집인 나고 죽음에 다시 오지 아니하니, 그들은 가장 높은 완전에 이르렀기 때문이니라.

16. 아르주나야, 위로 브라마의 세계에서부터 아래로 모든 세계에 이르기까지 다시 굴러 나지 않는 것이 없느니라. 그러나 쿤티의 아들아, 한번 내게 오면 다시 굴러 남이 없느니라.

굴러 남(punar avartino) 다시 돌아옴, 윤회전생, 다시 나고 다시 죽음.

17. 브라마의 낮은 천년의 길이요 그 밤도 천년의 길이임을 아는 사람은 참으로 낮과 밤을 아는 사람이니라.

라다크리슈난 낮은 우주적 나타남의 동안이요, 밤은 나타남이 없는 동안이다. 같은 길이의 동안이 번갈아온다.

간디 그 뜻을 말한다면, 열두 시간씩의 우리의 낮과 밤은 영원한 시간의 돌아가는 바퀴에 견주면 한 터럭 끝도 못 된다는 말이다. 이 하잘것없는 순간의 쾌락을 따른다는 것은 신기루같이 허망한 일이다.

이 잠깐의 시간을 그렇게 허비하느니보다는 인류에 대한 봉사를 통해 하나님을 섬기는 데 바쳐야 할 것이다. 반면에, 우리 시간이 그와 같이 영원히 큰 바다에서 지극히 작은 한 방울에 지나지 않는다면 누구나 비록 이생에서의 우리 목적, 자아의 실현에 실패한다 해도 낙심할 필요가 없다. 우리는 우리 시간을 물고 늘어져야 한다.

『바가바드 기타 있는 그대로』(Bhagavad gita As It Is) 물질적 우주의 계속에는 한정이 있다. 그것을 칼파(kalpa)의 돌아감으로 표시한다. 한

칼파가 브라마의 하루인데, 브라마의 하루는 네 유가(yuga, 시대라는 뜻), 즉 사챠 유가(satya y.), 트레타 유가(treta y.), 드바파라 유가(dvapara y.), 칼리 유가(kali y.)의 1천 바퀴의 돌아감을 포함하고 있다.

사챠 유가의 특색은 무지와 죄악이 전혀 없는 도덕, 지혜, 종교의 시대로서 172만 8천 년의 길이요, 트레타 유가에는 죄악이 들어오기 시작하는데 129만 6천 년의 길이요, 드바파라 유가에는 도덕과 종교가 더욱 타락되는데 86만 4천 년의 길이요, 마지막으로 칼리 유가는 지금 우리가 사는 시대로서 5천 년째 지나고 있는데 이때에는 싸움질, 무지, 악독이 극심하여 참 도덕은 전혀 볼 수 없다. 이 유가는 43만 2천 년 동안이다.

이 칼리 유가에는 죄악이 절정에 달하므로 그 끝에 가서 지극히 높으신 주 자신이 칼리 화신(化身)으로 나타나 악마를 퇴치하고 자기 신자들을 구한다. 그러면 새 사챠 유가가 시작된다. 그리하여 새 바퀴가 시작되는데, 이 네 유가가 천 번을 돌아서 브라마, 곧 창조주의 한 낮이 되고, 또 같은 횟수의 바퀴가 돌아서 한 밤이 된다. 브라마는 그렇게 헤는 시간의 100년을 산 후 죽는데, 이 100년을 지구 위의 계산으로 하면 3,110억 4천만 년이다.

이런 계산으로 할 때 브라마의 생명은 어처구니없는 무궁인 듯하지만, 영원에서 보면 그것도 반짝하는 한 번갯빛일 뿐이다. 인연의 대양에는 이루 헬 수 없는 브라마들이 태평양의 물거품처럼 일고 꺼지고 있다. 브라마와 그의 창조는 다 물질적 우주의 한 부분일 뿐이다. 그러므로 그것은 끊임없이 변하는 것이다.

18. 낮이 이를 때 모든 나타나 보이는 것들이 나타나 보이지 않는 것으로부터 나타나 나오고, 밤이 이르면 그 모든 것이 다시 나타나 보이지 않는 것 속에 꺼져버린다.

19. 프리다의 아들아, 이 만유의 무리는 나고 또 나지만 밤이 올 때는 맥없이 꺼져버린다. 그리고 낮이 오면 또다시 나타난다.

20. 그러나 이 나타나 보이지 않는 것 너머에 그보다 한층 더 나타나 보이지 않는 존재가 있으니, 모든 있는 것이 다 꺼져도 그것은 꺼지는 일이 없느니라.

21. 이 나타나 보이지 않는 것을 불멸이라 일컫는다. 이것을 사람들은 불러 궁극의 지경이라 하니, 거기 이른 자는 다시 물러나는 일이 없느니라. 이것은 내가 있는 가장 높은 곳이니라.

22. 프리다의 아들아, 그 지극히 높으신 숨, 그의 안에 모든 존재가 있으며, 모든 것이 그로 인하여 배포되어 있는, 그에게는 다만 온전한 믿음에 의해서만 이를 수 있느니라.

함석헌 숨은 푸루샤를 말하는 것인데, 물질(prakriti)에 대립시켜서 생명의 씨, 혹은 정신, 혹은 얼, 혹은 인격, 혹은 말씀(로고스)이라 부를 수 있는 것이므로 여기서 숨이라 해봤다. 어떤 번역에는 원인(原人)이라 하기도 했다.

수천 년에 걸쳐 발전해온 힌두교의 복잡한 교리, 철학, 신화, 우주론의 뜻을 우리로서는 명확히 이해하기 어려운 일이다. 읽는 데 다소 도움이 될까 하여『바가바드 기타 있는 그대로』의 한 절을 인용하여 그것이 얼마나 많은 이름으로 불리는지를 보이기로 한다.

『바가바드 기타 있는 그대로』 여기에 분명히 지적할 것은, 박티(bhakti), 즉 정성된 믿음에 의해서만 바이쿤다(vaikuntha) 곧 영적 천계에 도달할 수 있다는 것이다. 허다한 바이쿤다 천계들 속에 가장 높으신 신은 오직 한 분, 크리슈나가 계실 뿐이다. '그'는 자기 자신을 늘려 채워서 억억만만의 우주로 확대한다. 이 우주적 확대는 네

팔로써 이루어져서 무한한 영적 천계들을 다스린다. 그것은 가지가지의 이름들로 알려져 있다. 즉 푸루쇼타마(Purushottama), 트리비크라마(Trivikrama), 케샤바(Keshvava), 마다바(Madhava), 아니룻다(Aniruddha), 흐리시케샤(Hrishikesha), 상카르사나(Sankarsana), 프라쥼나(Pradyumna), 슈리다라(Sridhara), 바수데바(Vasudeva), 다모다라(Damodhara), 자나르다나(Janardana), 나라야나(Narayana), 바마나(Vamana), 파드마나바(Padmanabha) 등등이다.

이 우주적 확대를 나뭇잎에 비하고 그 나무통을 크리슈나라 한다. 크리슈나는 자기의 지극히 높은 왕궁, 곧 골로카 브린다바나(Goloka Vrindavana)에 계시면서 물질적·영적 두 우주의 광대무변의 능력으로 터럭만큼의 빠짐도 없이 밝히 다스리고 있다.

틸라크 제20절과 제21절은 합해서 한 문장을 이룬다. 제20절에서 말한 "나타나 보이지 않는"이라고 한 말은 첨에는 상캬의 프라크리티, 즉 제18절에 말한 "나타나 보이지 않는"에 가져다 맞추어서 쓴 것인데, 후에는 그 같은 말을 상캬의 프라크리티를 초월하는 파라브라만(인격신인 이슈바라 있는 최고의 지경-함석헌)에다가 맞추어 쓰고 있다. …… 한마디로 해서 『기타』에서는 아뱍타, 즉 '나타나 보이지 않는'이라는 말과 아크샤라, 즉 불멸이라는 말을 어떤 때는 상캬의 프라크리티를 가리켜서 쓰고, 또 어떤 때는 그 프라크리티를 초월하는 파라브라만을 가리켜서 쓰기도 한다는 것을 명심할 필요가 있다. …… 크리슈나는 지금 임종의 시간과 목적에 도달할 때의 차이를, 즉 다시 이 세상에 태어날 필요 없는 사람(anavriti)과 다시 태어나지 않으면 아니 되는 사람(avriti)과의 차이를 말하는 것이다.

함석헌 "배포되어 있는"이란 원어로는 타탐(tatam)인데 영어로는 대개 '널리 퍼져 있는'(pervaded)으로 번역된다. 그러나 간디의 번역에 주석을 보태는 마하데브 데자이는 그보다는『구약』, 「이사야서」 제42장 제5절을 예로 들면서 차라리 '뻗치는'(stretched) 혹은 '벌리는'(spread out)이라 해야 옳을 것이라고 한다. 그래 그것을 참작해서 '배포'라고 해봤다.

23. 요가를 닦는 자가 이 세상을 떠날 때, 어떤 때에 하면 다시 돌아오지 않으며 어떤 때에 하면 다시 돌아오는지, 오, 바라타족의 으뜸가는 자야, 내 이제 그것을 네게 설명하리라.

『바가바드 기타 있는 그대로』 요가 닦는 자가 완전하면 능히 자기가 이 세상을 떠나는 시간과 장소를 스스로 골라서 할 수가 있지만, 만일 그렇지 못하다면 그는 그것을 자연의 뜻에 맡기는 수밖에 없다. 이 절에서 크리슈나는 육신을 떠난 후 돌아오지 않게 되는 데 가장 적당한 때가 언제냐 하는 것을 여기서 설명한다. 아차랴 발라데바 비쟈부사나(Acarya Baladeva Vidhyabhusana)에 따르면 여기 사용되어 있는 산스크리트의 칼라(kala)라는 말은 시간을 차지하는 신의 이름이라 한다.

24. 불, 빛, 낮, 흰 달 열나흘, 태양이 북으로 가는 여섯 달, 이때에 브라만을 아는 사람으로서 세상을 떠나면 브라만에게로 가고,

25. 내, 밤, 검은 달 열나흘, 태양이 남으로 가는 여섯 달, 이때에 닦는 자가 떠나면 달빛을 받아 다시 돌아오느니라.

라다크리슈난 우리 죽은 조상들은 달나라에서 살면서 다시 세상에 올 때까지 거기서 기다린다고 알고 있었다.

간디 나는 이 두 절의 뜻을 알 수 없다. 내 생각에는 그것은『기타』의 가르침과는 들어맞지 않는 말들이다.『기타』는 믿음으로 마음이

겸손해져서 집착 없는 마음과 몸을 바쳐 행동하며 진리를 본 사람은 어떤 때에 죽었거나 간에 구원을 얻는다고 가르쳐준다. 이 절들은 그 가르침에 반대되는 것으로 보인다. 아마 그 뜻은 넓게 확장해서 희생의 사람, 빛의 사람, 브라만을 아는 사람은 임종 시에까지 그 신앙을 지키고 있기만 하면 다시 남에서 해방이 되고, 반대로 그런 공덕을 가지지 못한 사람은 다시 이 세상으로 온다는 뜻으로 해석해야 할 것이다. 달은 어쨌거나 간에 빌려온 빛으로 비춰주고 있다.

마하데브 데자이 제24, 제25절에 대해서는 우선 문자적 해석에서부터 의견들이 크게 차이가 있고, 그 의미에서는 더욱 그렇다. 예를 든다면, 어떤 사람은 제2, 제3절의 칼라를 '시간'이 아니라 '길'이라고 본다. 즉 세상 떠나는 사람이 죽은 후 따라가는 길이다. 그리고 저자가 제26, 제27절의 같은 문맥에서 '가티'(gati) 혹은 '스리티'(sriti)란 말을 사용하는 것을 보면(그 말들은 둘 다 '길'을 의미한다) 그 주장이 그럴듯이 보이기도 한다. 그러나 또 반대로 비슈마의 이야기에서 그가 태양이 북반구로 돌아와서 길(吉)한 때를 얻기 위해 58일 기다려서 세상을 떴다고 하는 것을 보면 이 절들이 '시간'에 관해 설명하는 것이라는 주장을 뒷받침해주는 것도 같다. 내가 '조건'이란 말을 쓴 것은 두 뜻을 다 포함시키기 위해서다.

이 절들이 『리그 베다』나 『우파니샤드』(거기서 '길'에 관해 자세하게 설명하고 있다) 이래로 전해오는 옛날의 신앙을 다시 반복하는 것이라는 의견은 확실히 옳다. 상캬라는 말하기를 불, 빛, 내 하는 것들은 여러 가지 시대를 차지했던 그러한 이름들의 신들일 것이라고 한다. '길'이란 뜻의 '레바야나'(제24절에서 '우타라야나' 곧 '태양이 북으로 가는'이라고 한 것)니 '피트리야나'(제25절에서 '다크시나야나' '태양이 남으로 가는'이라고 한 것)니 하는 말은 『브라마 수트라』에서도 하고 있다.

이 절들은 이와 같이 그 시작에서부터 말이 많은데, 틸라크는 그것을 아주 효과적으로 이용해서 아리안의 발상지가 북극 지방이라는 자기주장을 내세우고 있다. 즉 여섯 달 낮이요 여섯 달 밤인 지방이다. 그러나 『기타』의 저자는 그것을 간단히 밝은 길, 어두운 길로 부름으로써 새로운 판단을 내어 낡은 전통에다 새로운 도덕적인 의미를 붙이려 하고 있다. 과연 도덕적으로 해석할 것을 제창하는 간디는 두 개의 『우파니샤드』에서 상당히 힘 있는 뒷받침을 받고 있다. 하나는 『푸라주나 우파니샤드』(1: 9~10)이고 또 하나는 『문다카 우파니샤드』(1, 2: 11)이다. 이것은 확실히 후대에 발달한 종말관적인 견해인데, 『기타』가 그 길을 다시금 지적하면서 이 후대에 된 도덕적 해석을 채택한 것일 게다.

26. 빛과 어둠, 이 둘은 이 세계의 영원한 두 길이라고 믿어지고 있다. 하나에 의하여서는 사람이 돌아오지 않게 되고 다른 하나에 의하여서는 다시 돌아온다.

틸라크 이 두 길을 『우파니샤드』에서는 '데바야나'(devayana, 밝은 절반)와 '피트리야나'(pitryana, 어두운 절반)의 두 이름으로 부르기도 하고, 혹은 '아르치라디 마르가'(arciradi-marga)와 '둠라디 마르가'(dhumradi-marga)라고 하기도 한다. 그뿐 아니라 이 두 길은 『리그 베다』 안에서까지도 말을 하고 있다. 죽은 사람의 시체에 불을 붙일 때에, 즉 그 불에서부터 이 두 길은 시작된다. 그렇기 때문에 이 불이라는 말은 앞 절에서부터 그 뜻이 포함되어서 제25절에까지 온 것으로 보아야 한다. 제25절의 목적은 다만 앞 절에서 말한 길과 두 번째 길의 차이를 말하는 데만 있으므로 '불'이라는 말은 다시 반복되지 않는다.

라다크리슈난 생명은 빛과 어둠 사이의 싸움이다. 첫째 것은 그것을 해방시키고 둘째 것은 그것을 다시 나게 만든다. 저자는 여기서 옛날부터 있는 종말관의 신앙으로 무지의 밤을 헤매는 자는 선조들의 길을 따라서 나고 죽음의 길로 가고, 깨달음의 낮에 살며 지식의 길을 밟는 자는 나고 죽음에서 해방됨을 얻는다는 위대한 정신적 진리를 밝히려 한 것이다.

27. 프리다의 아들아, 요가를 닦는 자는 이 두 길을 앎으로 인하여 헤매는 일이 없느니라. 그러므로 아르주나야, 너는 언제든지 요가 속에 굳게 설지어다.

라다크리슈난 어떤 일을 하거나 간에 영원에 대한 생각을 잃지 마라.

간디 "미혹에 빠지지 않는다"는 말은, 그 두 길을 알고 평등심의 오묘한 뜻을 안 자는 무지의 길을 밟지 않는다는 뜻이다.

28. 『베다』를 닦음과, 희생을 바침과, 고행과, 자선을 베풂에 대하여 약속되는 모든 과보(果報)를, 요가 닦는 자는 이 길을 앎으로 인하여 다 초월함으로써 맨 처음의 지극히 높은 지경에 이르느니라.

간디 신앙과 지식과 봉사의 힘으로 평등심에 도달한 사람은 그 모든 선한 행실의 깊음의 열매를 얻을 뿐 아니라, 구원까지도 얻게 된다.

마하데브 데자이 "이 길을 앎으로 인하여"란 말은, 샹카라가 설명한 대로 이 문답의 시작에서 아르주나가 내놓은 일곱 가지 질문에 대해 크리슈나의 가르침을 올바르게 이해하고 실천함으로 인하여라는 뜻이다.

「마태복음」(6: 33) 너희는 먼저 그 나라와 그 의를 구하라, 그러면 모든 것을 더하여 주시리라.

이것이 『바가바드 기타』라는 『우파니샤드』의 제8장 브라만 요가의 끝이니, 이는 브라만의 지식에서 요가를 가르치는 크리슈나와 아르주나가 나눈 문답이니라.

제9장 왕지식과 왕신비

틸라크 카르마 요가(실행에 의한 요가)를 닦으면 최고의 주재자(파라메슈바라)를 완전히 깨닫게 되므로, 그 결과로 어떻게 혼의 평화 혹은 구원을 얻게 되는가 하는 것을 설명하기 위하여 즈나나·비즈나나(정신적 지혜와 경험적 지식)에 대한 해설이 제7장에서 시작되었다. 그리하여 불멸불변의 영의 모습을 묘사해주었고, 또 앞 장에서 크리슈나는 신자가 죽는 순간에도 마음속에 최고 주재자의 모습을 놓치지 않고 바라보기 위해서, 파탄잘리 요가에 의하여 정신을 통일한 후 '아움'(aum)의 거룩한 말을 외워야 한다는 것을 말했다.

그러나 불변의 브라만에 대한 지식을 얻는다는 그 일 자체가 매우 어려운 것이고, 거기다가 정신 통일을 반드시 해야 한다고 하니, 그것은 보통 사람으로서는 도저히 불가능한 길이다. 그 점을 생각해서 크리슈나는 여기 새 가르침으로 누구나 쉽게 갈 수 있는 특별한 길을 내놓는다. 이 길은 신앙의 길, 즉 박티 마르가(bhakti-marga)다. 이 길에서 우리는 최고 주재의 모습을 사랑에 의하여 실현할 수 있고 현실적으로 인식할 수 있다. 제9, 10, 11, 12장은 그 인식할 수 있는 가지가지 모습을 자세히 그려내고 있다. 그렇지만 이 신앙의 길은 결코 독립된 어떤 것이 아니고, 제7장에서 서술되기 시작한, 카르마 요가를 닦는 데 필요한 즈냐나·비즈냐나의 일부분임을 잊어서는 아니 된다. 그래서 이 장은 앞에서 한 즈냐나·비즈냐나 설명을 계속하며 시작한다.

거룩하신 주 말씀하시기를

1. 너는 셈하지 않는 사람이므로, 내가 네게 가장 신비로운 영적 지혜를, 분별적인 지식과 아울러 일러주리라. 그것을 앎으로 인하여 너는 악에서 벗어나리라.

셈하지 않는(anasuyave) 비평하기 좋아하지 않는(not cavil, uncensorious), 트집하지 않는, 비의(批議)하는 일 없는(unenvious).

라다크리슈난 영적 지혜, 분별적 지식에 대해 전자를 형이상적 진리라 한다면 후자는 과학적 지식이다. 우리는 서로 다르면서 서로 보충이 되는 이 두 가지 수단을 다 잘 이용해야 한다. 진리를 획득하려면 인간의 마음은 직관적으로도, 또 지적으로도 넓어져야 한다. 우리는 지혜와 지식을 다 얻어야 한다. 즉 실재에 뚫고 들어가기도 해야 하고, 만물의 천성을 풍부히 알기도 해야 한다. 철학자는 신의 존재를 증명하지만, 그들의 지식은 간접적인 것뿐이다. 선견자(先見者)가 자기 혼의 밑바닥에서 신의 실재를 느꼈노라고 하는 그것은 직접적인 것이다.

「마태복음」(25: 29~30) 누구든지 있는 사람은 더 받아 넉넉해지고, 없는 사람은 있는 것마저 빼앗길 것이다.

스와미 프라부파다 이 절에 있는 아나수야베(셈하지 않는, 비평하기 좋아하지 않는)라는 말이 매우 중요하다. 일반으로 모든 주석가는 아무리 큰 학자라 하더라도, 크리슈나가 최고의 신격(神格)이라고 하는 데 대해 셈하는 마음을 가지고 있다…… 크리슈나를 잘 알지도 못하면서 비판하는 사람은 어리석은 사람이다.

2. 이것은 왕지식이요 왕신비요 가장 높은 정결이며, 직접 체험하고 이해할 수 있는 진리이며, 가장 쉬이 행할 수 있고, 영원한 것이니라.

<small>왕지식 라자 비쟈(raja-vidya), 최대 지혜, 지식의 왕.
왕신비 라자 구얌(raja-guhyam), 최대 신비, 모든 신비의 왕.</small>

라다크리슈난 "직접 체험되는"이라 함은 토론으로 되는 일이 아니라 직접 체험에 의하여 증명되는 것이다. 이는 친숙에 의해 되는 지식이지, 서술이나 돌아가는 말, 보고에 의해서 되는 것이 아니다. 진리는 스스로 빛을 발하면서 제자리에 있어서 방해하는 장막이 벗겨지기만 하면 우리에게 발견되려고 기다리는 것이다. 최고의 주재는 사람의 성장되고 정화된 직관에 의하여 그 사람의 자아로 발견된다.

3. 오, 파란타파야, 이 길을 믿지 않는 자는 내게 이르지 못하고 다시금 죽음의 세상 길로 돌아가느니라.

<small>파란타파(Parantapa) 대적을 괴롭히는 자, 용자.</small>

라다크리슈난 왕지식은 화신의 주인 크리슈나와 만유의 근본인 브라만이 일치한 것이다. 사람이 지식을 가지고 그 화신을 공경하면 궁극의 깨달음에 이른다. 절대를 직접 명상하기는 그보다 더 어려운 일이다. 아르주나는 신앙의 사람이므로 이 비밀을 가르쳐주는 것이다. 그것을 받아들이지 않는 불신자는 해탈을 얻지 못하고 다시 생사유전(生死流轉)의 길로 돌아간다. 요구되는 그 신앙은 구원의 지혜의 실재와, 인간이 거기 도달할 수 있다는 가능성을 믿음이다. 거룩한

자유에 들어가는 첫걸음은 우리 속에 신성이 내재함을 믿는 일이다. 그 신성이 우리의 존재와 행동을 지지해주고 있다. 우리가 우리 자신 속에 계시는 그 신 앞에 굴복할 때에 요가 닦는 일은 아주 쉬워진다.

마하데브 데자이 인격적으로 계시는 신을 예배할 것을 이하 세 절에서 권하고 있다. 그렇지만 이 두 절 속에 있는 여러 가지 역리(逆理)들은 대주재의 인격적·비인격적 두 면에 다 적용할 수 있다고 볼 수 있다. 보이지 않는 것, 무한은 보이는 것 위에 초월해 선다. 그것은 나타남이면서 나타나 보이지 않는 것이요, 그러면서도 보이지 않는 것은 그 속에 있지 않고, 그것을 초월한다. 창조주의 창조로서의 이 우주는 '그이'를 나타내기는 하지만, '그이'를 그 속에 가지고 있지는 못한다. 왜냐하면 창조주는 그 창조보다는 위대한 것이기 때문이다. 또 모든 것이 진주가 실에 꿰여 있듯이 '그이'에게 매달려 있기 때문에, 실〔絲〕이신 '그이'는 그 모든 것을 꿰뚫고 있으며 지지하고 있다. 그것들이 '그이'를 지지하는 것이 아니다. 그 때문에 그것들은 '그이' 안에는 있지 않다. 대주재가 "나는 그것들 속에 있지 않다" 했을 때, 그것은 아마 그것을 싸고 있는 육체적인 형상의 영향을 받지 않고 독립해 있는 아트만을 가리켜서 한 말일 것이다. 도덕적으로는 물론 간디가 말했듯이, "'그이'는 모든 예배자의 심정 속에는 계시지만, 비웃는 자들 속에는, 그들의 눈으로 보기에는 계시지 않는다." 아트마보다(Atmabodha)가 말했듯이 "아트만은 언제나 어떤 것 속에나 다 계시지만, 모든 것 속에서 빛을 내시지는 않는다. 그것은 마치 표면을 잘 갈아야 물건이 비치듯이, 맑은 이해 속에서만 빛이 난다"는 경우다. 아니면 『코란』의 말처럼 "내 땅과 내 하늘은 나를 가지고 있지 않지만, 내 충성된 종의 심정은 나를 가지고 있다"는 것이다. 또 아우구스티누스의 말로 한다면, "어떤 것도 완전히 당신을 가지고 있지는 못하지만, 당신께서는 완전히 어디 가나 계십니다"이다.

4. 모든 것은 나의 나타나 보이지 않는 몸에 의하여 두루 뚫려 있다. 모든 있음이 다 내 안에 있지만 나는 그것들 안에 있지 않느니라.

5. 그러나 또 그 있음은 내 안에 있지 않다. 나의 알 수 없는 신비의 능력을 보라. 나의 아트만(自性)은 만유의 원동력이로다. 만유를 지지하는 것은 바로 나지만 내가 그 안에 있는 것은 아니니라.

신비의 능력 요가.

5. 마치 안 가는 곳이 없는 저 큰 바람이 언제나 공간에 의지하고 있듯, 그렇듯이 모든 있음이 내 안에 있느니라. 너는 그것을 알라.

슈리다라 유한의 현상적인 우주의 기원을 절대의 신성 속에서 찾는 이 설명은 그 원천을 그이의 거룩한 신통력에 두고 있다. 최고의 주재는 모든 현상의 원천이지만 그는 조금도 그 영향을 받지 않는다. 그것은 그의 신통력의 요가다. 그가 존재를 창조하지만, 그는 완전히 그것을 초월하기 때문에 우리는 그가 그 안에 거하신다고조차 말할 수 없다. 엄정하게 말할 때 신의 내재(內在)라는 생각조차도 허락되지 않는다. 모든 존재가 그의 이중적 성격에서 나오지만, 그의 좀더 높은 자성은 프라크리티의 작용과 관련되어 있지 않은 아트만이므로, 존재가 그이 안에 있지도 않고 그가 그것들 안에 있지도 않다는 말도 역시 진리다. 그것들은 하나면서 또한 서로 따로따로다.

"지바 혹은 몸으로 있는 자아는 몸을 가지고 있으며 그것을 지지하고 있기 때문에 아함카라 혹은 자아 감각에 의하여 끝까지 거기 매달려 있다. 지바와 달리 나는 모든 있음을 지고 있고 지지하고 있기는 하지만, 그 안에 남아 있지는 않다. 나는 아함카라 혹은 자아 감각에서 벗어나 있기 때문이다."

라다크리슈난 『기타』는 이 세계를 부정하지는 않는다. 이 세계는 하나님을 통해서 된 것이고, 그 뒤에 위에 앞에 하나님을 가지고 있다. 세계는 하나님에 의해 존재하는데, 하나님은 세계 없이도 조금도 자기에서 덜함이 없이 그대로 계신다. 하나님과는 달리, 세계는 자기 독자의 존재는 가지지 못한다. 그러므로 그것은 유한한 것이요, 절대적인 것이 못 된다. 가르쳐주는 이는 모든 만물이 다 신이라는 의미의 범신론에는 기울어 있지 않고, 모든 것이 하나님 밑에 있다는 의미의 범신론을 가지려 한다. 우주 과정은 절대의 완전한 나타남은 아니다. 비록 이 세계가 하나님의 살아 있는 나타남이기는 하지만, 어떤 유한한 과정도 궁극적으로 완전히 절대를 나타낼 수는 없다.

틸라크 이 명백한 모순의 말들은 최고 주재자는 무성격이면서 또 성격적이기 때문인 데서 나오는 것이다…… 이와 같이 하면서 놀라운 자기 모습을 그려 아르주나의 호기심을 자극해 일으켜놓은 다음, 크리슈나는 다시 어떻게 이 우주가 그로 인해 창조되었나 하는 것을 설명하는데, 그것은 제7장에서 말한 것과는 약간 다른 것이다. 요가라는 말을 어떤 초자연적인 능력 혹은 방법이라는 뜻으로 하기는 하지만, 생각할 수 없는 것을 생각할 수 있는 것으로 변화시키는 이 요가 혹은 방법은 이미 말한 것과 같이 마야(maya)에서 다른 것이 아니다. 이 요가는 최고 주재자에게는, 아니 그의 종들에게까지도 매우 쉬운 것이기 때문에 그를 요가의 주(Lord of yoga)라고 한다.

마하데브 데자이 에테르[空]는 다섯 원소 중 가장 미묘한 것이다. 그리고 그다음가는 것이 대기 혹은 바람이다. 움직이는 대기(안 가는 곳 없는 큰 바람)는 언제나 모든 것을 두루 뚫고 있는 에테르 안에 있다. 그들 사이에는 아무런 접촉도 없고, 대기의 어떤 격동도 에테르에 하등 영향을 미치지 못한다. 그와 마찬가지로 모든 있음은 '그이'

에게 아무런 영향도 미침이 없이 '그이' 안에 있다.

함석헌 "새로 나지 아니하면 아무도 하나님의 나라를 볼 수 없습니다. …… 바람은 불고 싶은 방향으로 불어댑니다. …… 성령으로 난 사람도 누구나 이와 마찬가지입니다. …… 우리는 우리가 알고 있는 것을 말하며, 우리 눈으로 본 것을 증언하는 것입니다. …… 하늘에서 내려온 사람의 아들 외에는 아무도 하늘에 올라간 일이 없습니다. …… 사람의 아들도 높이 들려야 합니다. …… 하나님이 세상을 극진히 사랑하신 나머지 당신의 외아들을 내주셔서 그를 믿는 사람은 누구든지 멸망하지 않고 영원한 생명을 얻게 하셨습니다."

"새로"라는 말은 또 위로부터라는 뜻이 있다. "바람"이란 말과 "영"이란 말은 같은 말 곧 푸뉴마다. "우리가 알고 있는"이라 한 앎은 경험적인 지식이 아니라 직접적인 체험, 직관의 지식이다. 아들에게 사람을 붙여 '사람의 아들'이라고 하고, 하나님을 붙여 '하나님의 아들'이라고도 하는데, 그것은 하나다. 초월적인 면을 강조하면 하나님의 아들이요, 내재적인 면을 강조하면 사람의 아들이다. '외아들'이란 하나, 둘 하는 수의 '외'가 아니다. 「히브리서」 첫머리에 "하나님의 영광을 드러내시고 하나님과 꼭 같은 본성을 갖고"라고 한 뜻으로 알아야 할 것이다. 우리 속에 하나님의 씨로 주어진 아들 곧 내재의 그리스도, 영원한 그리스도 아니고는 우리는 역사적으로 화육(化育)으로 주신 그리스도를 믿을 수 없다. 또 역사적으로 나타나는 계시가 아니고는 우리 속에 들어 있는 하나님의 씨를 깨워 싹트게 할 수도 없다.

7. 쿤티의 아들아, 겁 끝에 가면 모든 피조물이 내 바탈 속으로 들어오고, 다시 새 겁이 시작되면 나는 그것들을 다시 지어 보낸다.

겁(劫) 주기적으로 돌아가는 천년 길이의 시대(제8장 제17절 참조).

바탈 프라크리티, 자성(自性).

8. 나는 내 바탈 속에 들어 있어 모든 피조물의 무리 전체를 다시금 나타낸다. 프라크리티의 지배 아래 있는 그것들은 아무 힘도 없다.

바탈 속에 들어 있어 프라크리티를 붙잡아가지고, 혹은 자성에 의하여.

라다크리슈난 나타나 뵈지 않는 자연(성질)이 '나타나 뵈지 않는 자아(혼)'에 의하여 비춰질 때 가지가지의 경계를 갖는 물질적 우주를 낳아놓는다. 그 전개의 순서와 성격은 자연 속에 들어 있는 씨에 의하여 결정된다. 다만 '거룩하신 자아(혼)'만이 그것을 주장할 수 있다.

낱나(個我, ego)는 카르마(業)의 법칙에 매여 있는 것이므로 어쩔 수 없이 몸을 가지고 우주 속에 태어난다.

제4장 제6절에 이런 말이 있다. "거룩하신 이"는 자기의 마야, 곧 "아트마마야"(atmamaya)에 의해서 태어난다고. 인간의 혼은 자기 행동의 주인이 되지 못한다. 그들은 자연에 속해 있지만 '주재자'는 자연을 주장하시는 이이므로 무지 때문에 프라크리티에 몰려다니지 않는다. 어느 쪽에 있어서나 창조의 수단은 마야다. 그러나 거룩하신 이가 태어나시는 경우는 요가마야(yogamaya), 아트마마야, 곧 주재자의 빛과 즐거움이 충만하여 있어 '그의' 지도에 따라 행동하는 프라크리티이고, 인간이 태어나는 경우는 아비쟈마야(avidhyamaya)다. 인간의 혼은 무지에 얽혀 있으므로 프라크리티에 매여 있어서 제 행동에서 벗어날 능력이 없다.

9. 그러나 가멸음의 소유자야, 이 모든 일에서 나를 얽어매는 것이 없으니, 나는 언제나 일에 무관심, 무집착으로 머물러 있기 때문이다.

가멸음 넉넉함, 부(富).

라다크리슈난 주재자는 그 영이 되고 지도가 되어 창조와 무너짐을 다 주장하기는 하나, 그는 그 속에 버물려들지는 않는다. 왜냐하면 그는 우주적 사건을 초월하기 때문이다. 그 일을 하는 자연은 하나님에 속해 있는 것이므로 '그이'가 그 속에 내재한다고 생각하는 것은 당연하지만, 그의 초우주적인 면에서 생각하면 '그이'는 우주적 사물을 초월하시는 이다. 그렇기 때문에 하나님은 피곤함이 없이 우주극을 연출하시면서도, 우주 위에 초월해 계시고 그 법칙에서 초연해 계신다. '참 나'〔혼〕는 자기가 내놓는 우주적 바퀴에 말려들지 않는다. 이루 헤아릴 수 없는 낱나가 되고, 자라고, 애쓰고, 고통하고, 죽으면서, 나고 또다시 나고 하지만, 참 나는 영원히 자유다. 그들은 자기네 행동의 열매를 거두면서 자기네가 과거에 한 일에 얽매이지만, '그이'는 언제나 자유다. 이 진화는 우주적 새벽에 시작되어 우주적 저녁에 물러간다.

10. 쿤티의 아들아, 나의 굽어살핌에 따라 프라크리티는 움직이는, 또 움직이지 않는 이 모든 만물을 지어내고, 또 그로 인하여 이 세계는 돌아가는 것이니라.

라다크리슈난 여기서 크리슈나는 온 우주를 다 꿰뚫고 만물을 지지하면서도 초월하여 불변하시는 대주재의 참 나를 나타낸다. 아난다기리(Anandagiri)는 창조의 목적은 무엇이냐 하는 의문을 일으켜서는 안 된다고 우리에게 경고했다. "우리는 이것(창조)을 주재자의 즐거움을 위한 것이라고 말할 수 없다. 왜냐하면 주재자는 사실로 무엇을 즐기시는 이가 아니기 때문이다. 이것은 하나의 순수 의식, 하나의 단순한 증거일 뿐이다. 또 다른 어떤 즐거워하는 이가 있을 수도 없다. 그것은 또 다른 의식하는 실재자가 있을 수 없기 때문이다.

…… 또 창조의 목적이 모크샤(해탈)일 수도 없다. 그것은 모크샤에 반대되기 때문이다. 그와 같이 창조가 주재자의 마야에서 나왔다고 하는 데 대해서는 질문이나 대답을 할 수도 없고 또 할 필요도 없다." 『리그 베다』는 말하기를 "누가 능히 이것을 바로 볼 수 있으며, 누가 능히 이 변화무쌍한 창조가 어디로 좇아 났으며 왜 됐다는 것을 말할 수 있으리오"라고 했다.

마하데브 데자이 샹카라는, "내가 지켜보고 있기 때문에, 내가 감시하고 있기 때문에 이 우주는 끊임없이 움직여가고 있다. 내 마야는 세 구나〔三性〕로 되어 있어서 움직이는, 또 움직이지 않는 모든 우주를 지어내고 있다"고 했다.

틸라크 앞 장에서 말한 것에 따르면 인식할 수 있는 우주는 인식할 수 없는 프라크리티에서 나와서 존재하기 시작한 것으로서, 브라마데바(Brahmadeva), 즉 천년 시대(kalpa)의 낮이 열리기 시작할 때에 시작된다(8: 18). 그러나 최고의 주재자는 각 사람에게 좋고 혹 나쁜 생(生)을 줄 때에 그 사람의 카르마에 따라서 하는 것이기 때문에, 크리슈나는 여기서 그 자신은 이 카르마의 건드림을 받지 않는다는 것, 즉 다시 말해서 그 책임을 지지 않는다는 것을 설명한다. 지식적인 해설에서는 이 모든 원리를 단번에 다 한 데가 있지만, 『기타』에서는 교리 문답식으로 하기 때문에 필요가 생길 때마다 한 제목의 한 부분을 여기서, 혹은 다른 부분을 저기서 다루고 있다.

스와미 프라부파다 여기서 분명히 말하는 것은 최고의 주는 물질적 세계의 모든 활동에서 떠나 있기는 하지만 여전히 최고의 지도자로 있다는 것이다. 최고의 주는 최고의 의지로 모든 물질적 나타남의 배경이 된다. 그러나 그 실행은 물질적 자연에 의하여 행해진다. 크리슈나는 또 『바가바드 기타』 안에서 각양각종의 산 실체들을 말하면서, "나는 그 아버지"라고 했다. 아버지는 아들을 얻기 위해 어머니의 자궁 안에 그 씨를 넣는 것인데, 그와 마찬가지로 최고의 주는 다만 한 번 바라봄에 의하여 물질의 자궁 속에 생체의 씨를 쏘아 넣는다. 그러면 그것들은 각각 그 임종 시의 기원과 행동에 따라 각양각종의 생체들로 태어난다.

태어나는 이 모든 생체는 최고의 주의 바라봄으로써 세상에 나는 것이기는 하지만, 그러면서도 과거의 행동과 기원에 따라 서로 다른 몸을 가지고 나게 된다. 그러므로 주는 직접으로 그 물질적 창조에 관계되어 있지는 않다. 그는 다만 물질적 자연을 바라봤을 뿐이다. 그렇게 해서 물질적 자연은 산 힘을 얻고 만물은 즉시로 창조된다. 그가 물질적 자연을 바라본 것이므로 틀림없이 최고의 주 편에서 활동이 있었던 것은 사실이지만, 그는 그 물질적 우주의 나타남과는 직접으로는 아무 상관도 없다.

『스므리티』(*Smriti*) 안에서는 이런 비유를 들었다. 어떤 사람 앞에 향기로운 꽃이 있을 때 향기는 그 사람의 냄새 맡음으로 인해 건드림을 받은 것이 사실이지만, 그래도 그 냄새 맡음과 꽃은 서로 떨어진 것이다. 물질세계와 최고 신성의 인격 둘 사이도 마찬가지 관계에 있다. 실지로 '그'는 이 물질세계와 아무 상관이 없지만, 그는 바라봄으로써 창조하고 명령하고 있다. 한마디로, 최고 인격의 감찰하심 없이는 물질적 자연은 아무것도 할 수 없다. 그러면서도 최고의 인격자는 모든 물질적 작용에서 떨어져 있다.

11. 내가 사람의 형상을 취하면 어리석은 자는 나를 업신여긴다. 나의 만유의 대주재로서의 초월적인 성격을 알지 못한다.

12. 희망도 없이, 행동함도 없이, 지식도 없이, 생각 없는 그들은 귀신과 악마의 현혹적인 성격에 빠져 있다.

귀신 나찰(羅刹), 타마스(暗性)의 지배를 받아 잔혹한 행동을 하는 것들.
악마 아수라(阿修羅), 라자스(動性)의 지배를 받아 탐욕을 부리는 것들.

13. 그러나 프리다의 아들아, 위대한 혼을 가진 자는 나의 거룩한 성격에 귀의하여 마음의 빗나감 없이 나를 섬기니, 내가 만유의 불멸의 근원임을 알기 때문이니라.

위대한 혼 마하트마(mahatma).

14. 끊임없이 나를 찬송하며, 굳세게 맹세를 지켜 노력하며, 언제나 요가에 머물러 있으면서, 그들은 신념을 가지고 내 앞에 엎드리어 나를 예배한다.

15. 또 다른 사람들은 지식의 희생을 바쳐서 나를, 혹은 홀로 하나인 것으로, 혹은 둘인 것으로, 혹은 여럿인 것으로 간 곳마다에서 볼 수 있는 이 나를 예배한다.

라다크리슈난 샹카라는 여기 세 종류의 예배자를 말하고 있다고 생각하고, 라마누자와 마드바는 한 종류를 말했을 뿐이라고 하며, 틸라크는 비이원론자와 이원론자와 제한 일원론자를 말하고 있다고 한다.

마하데브 데자이 나는 간디지의 번역을 글자 그대로 옮겼다. 그러나 그 번역이 정확한지는 모르겠다. 간디지는 분명하게 샹카라와 그 밖의 사람들을 따르고 있지만, 나는 힐과 한가지로 거기에 대해 자신이 없다. 왜냐하면 거기 선택 접속사가 없고, 또 사람의 마음을 하나님의 다양성에 집중시키는 것이 도저히 "지식의 희생"일 수는 없기 때문이다. 그는 이렇게 설명한다. "우리는 이미(4: 10) 크리슈나가 자기는 모든 존재와 하나인 동시에 또 그것에 얽혀들지는 않을 수 있다는 사실을 주장하고 있음을 보았다. 이 사람들이 그를 예배하는 것은 바로 이 지식, 즉 모든 존재와 하나라는 생각과 동시에 또 그것에서는 떨어져 있다는 생각, 두 가지를 다 가지고 하는 것이다." 이것이 내가 이 절을 이해하는 방식이다. 제14절은 인격적인 면을 강조하는 것이고, 제15절은 비인격적인 면을 강조하는 것이다. 비인격적 예배자는 '그'를 하나로, 즉 내재하는 것으로도 보고 떨어진 것으로, 즉 초월적인 것으로도 본다. 그래서 그것을 제6장에서부터 제8장까지에서 설명하고 있다. 그렇기 때문에 나는 차라리 이렇게 번역하고 싶다. "그러나 다른 사람들은 지식의 희생을 가지고 나를, 그들이 가는 곳마다에서 볼 수 있는 이 나를 여러 가지 모양으로 혹은 내재적으로, 혹은 초월적으로 예배한다." 그렇다고는 하지만 이조차도 임시로 하는 설명일 뿐이다.

틸라크 신앙적인 사람과 비신앙적인 사람에 대하여 여기서 간단하게 설명한 것이 다음 제16장에서는 더 자세히 전개될 것이다. 전에도 말한 것과 같이, "지식의 희생"이란 "최고 주재자의 형상을 지식으로써 이해함으로써 해탈을 얻게 된다"는 뜻이다. 그러나 이 최고 주재자에 대한 지식은 여러 가지로 될 수 있다. 이원론적으로 혹은 비이원론적으로 등등. 그러므로 지식의 희생도 여러 가지로 될 수 있다. 그래서 제15절에서는, 지식의 희생은 여러 가지일 수 있지만 최고의 주재자는 모든 면으로 보시는 얼굴이기 때문에 '그'는 온갖 희생을 다 받을 수 있다고 한다. 이것은 "종합적인 기초 위에서" "분석적인 기초 위에서" 하는 말들로 보아 매우 오랜 옛날부터 이러한 사상이 있었던 것이 분명하다. 물론 후대에 와서는 이원론이니 비이원론이니 하는 체계들이 생기기는 했지만, 크리슈나는 이제 이 절에서 언급한 최고 주재자의 하나이신 성격과 여럿이신 성격을 다 자세히 다루고, 나아가서 또한 여럿 속에 어떻게 하나됨이 있느냐 하는 점에 대해서 설명한다.

16. 나는 의식이요, 나는 희생이요, 나는 조상 제사요, 나는 약초요, 나는 진언(眞言)이요, 나는 맑아진 버터요, 나는 불이요, 나는 살라드림이다.

의식 크라투(kratu), 공양(供養), 『슈루티』(Sruti, 들은 것, 직접 받은 계시)에서 말하는 야즈나(yajna).
희생 야즈나, 『스므리티』(Smriti, 기억한 것, 〔성전문서〕)에서 말하는 야즈나.
조상 제사 슈바다(svadha), 조상 제사에서 바치는 음식.
약초 아우샤다(aushadha), 희생으로 드리기 위해 준비한 식물성 음식.
맑아진 버터(ajyam) 양념으로 쓰이는 녹인 버터.

틸라크 크라투와 야즈나는 본래 뜻이 같은 말이었는데, 후에 와서 야즈나를 가정에서 섬기는 여러 신에 대하여 씀에 따라 그 의미가 넓어져서 불 숭배, 나그네 대접, 숨 조절, 기도문 욈, 그밖에 여러 가지 의식 행함에 쓰이게 됐고, 크라투는 변천이 없었다. …… 그렇기 때문에 삼카 라바샤(Samka-rabhasya)에서는 여기 쓰인 크라투를 『슈루티』에서 말하는 야즈나의 뜻으로 취해야 한다고 한다.

17. 알지어다, 나는 이 세계의 아버지요, 어머니요, 지지하는 자요, 조상이다. 또한 나는 알아야 하는 대상이요, 정결케 하는 자요, '아움'이다. 또 나는 『리그 베다』요, 『사마 베다』요, 『야주르 베다』다.

18. 나는 궁극이요, 붙드는 자요, 주요, 증거요, 거처요, 피난처요, 친한 벗이다. 나는 본원이며, 종멸(終滅)이며, 기초며, 안식처며, 씨며, 불멸이다.

19. 나는 열을 준다. 또 비를 거두고 주는 것도 나다. 나는 죽지 않음이요 또 죽음이다. 아르주나야, 나는 있음이요 또 안 있음이니라.

있음 사트(sat), 유(有).

안 있음 아사트(asat), 비유(非有).

라다크리슈난 사트는 절대적 실재, 아사트는 우주적 존재, 지극히 높으신 이는 두 가지 다이다. '그'가 나타나시면 있음이요 아니 나타나시면 안 있음이다.

라마누자는 사트는 현재의 존재요, 안 있음은 과거와 미래의 존재라고 설명한다. 말하는 요지는, 지극히 높으신 주는 우리가 어떤 형식으로 예배를 하거나 간에 우리 기도를 다 들어주신다는 뜻이다.

마하데브 데자이 이 역리적인 말의 근본이 되는 본문은 유명한『리그 베다』의 나사디야 수크타(Nasadiya Sukta)다. 그것은 이렇게 시작된다. "그때에 아사트도 사트도 없었다." 그 이후 만유의 맨 첨은 어떤 때는 사트로 어떤 때는 아사트로 설명되어, 거기서부터 '아사트' '사트'는 시작됐다. 예를 든다면『타이티리야 우파니샤드』(Taittiriya Upanisad) 제2장 제7절에는 "맨 첨에 '아사트'가 있어서, 거기서 '사트'가 나왔다"고 했고,『찬도갸 우파니샤드』제6장 제2절에는 "맨 첨에는 참으로 모든 것이 '사트'였고 다른 아무것도 없었다"고 했다. 맨 첨을 아사트라 했을 때는 그것은 존재(나온다거나 된다는 의미임) 이전 상태를 강조하여 말하는 것이고, 사트라 했을 때는 실재의 양상, 즉 그것만이 참이고 그밖의 모든 것은 그것 때문에 있게 된다는 것을 강조해서 말하는 것이다.『기타』는 그 두 가지 생각을 통합해서 말한다. 그리고『브리하드 아라냐카 우파니샤드』(Brihad-aranyaka Upanisad)에 보면 죽음을 만물의 기원으로 말하고 있다. 그렇다면 죽지 않음도 그렇게 말할 수 있을 것이다. 그것은 결국 있음, 안 있음에 대한 다른 말일 뿐이다. 한 말로 해서, 하나님은 모든 상대적인 것의 총합이요 온갖 반대를 다 결합하는 이다.『브리하드 아라냐카 우파니샤드』가 말하는 대로 "브라만은 진실로 두 모습을 가지고 있다. 즉 구체적인 것과 구체적이지 않은 것, 죽음과 안 죽음, 움직임과 가만 있음, 이것과 저것, 그것은 모든 실재의 실재다. 모든 것이 다 실재이기 때문이다. 그러므로 그것은 궁극의 실재다."

틸라크 최고 주재자들의 모습을 이런 식으로 그리는 것이 제10, 11, 12장에 가서 더 자세하게 나온다. 그 둘의 서로 다른 점은 여기서는 단순히 그 모습만 그리는 것이 아니라, 거기에 특히 주장하는 의미가 있다는 것이다. 즉 최고의 주재와 모든 피조물의 관계는 아버지, 어머니, 친구 등의 관계라는 것이다. 그런 시점에서 볼 때 이 제19절의 사트, 아사트 하는 말은 또 선, 악으로도 번역할 수 있다. 제17장(제26~제28절)에 한 번 그렇게 쓰이는 경우가 있다. 그러나 이 말들의 보통 의미로 한다면 사트는 '불멸', 아사트는 '가멸'의 뜻으로 쓰여 있다 해야 할 것이다. ……『기타』에서는 사트는 최고 주재자에, 아사트는 보이는 이 세계에 쓰고 있다. 말의 차이는 있지만 사트, 아사트를 동시에 쓸 때는 그것은 분명히 최고 주재자와 보이는 세계의 둘을 다 포함한다. 그러므로 사트와 아사트가 다 최고 주재자의 모습이란 것을 밝히기 위해서는, 사람들은 말의 차이에 따라 이것은 사트다 저것은 아사트다 하겠지만, "나는 사트인 동시에 또 아사트다"라고 한 말을 생각하여, 거기에 분명하게 정의는 아니하여도 그 뜻을 밝힌 것이 있는 것으로 알아야 할 것이다.

20. 세『베다』를 통하고, 소마즙을 마셔 죄에서 깨끗해짐을 얻은 사람들이 희생을 바쳐 나를 공경하며, 하늘 위에 오르기를 원한다. 그들은 거룩한 인드라의 나라에 올라 하늘에서 신들의 복락을 누리게 될 것이다.

『대영백과사전』 "세『베다』를 통한 사람"이란 삼명(三明) 곧『리그』『야주르』『사마』의 세 베다를 공부한 사람을 가리킨다. 그런 사람은 사회에서 존경을 받는다.

"소마즙"이란 지금은 알 수 없어진 소마(soma)라는 식물의 즙인데 옛날 베다 종교 의식에서는 반드시 있어야 했던 것이다. 그 줄기를 맷돌로 눌러 짠 다음 양털에 걸러 물과 우유를 섞어서 쓴다. 먼저 신에게 바친 다음 남은 것은 승려와 공양자가 마신다. 그것이 그렇게 소중한 여김을 받았던 이유는 환각적인 흥분 작용 때문이었다. 소마를 인격화하여 식물의 참이라 했고, 병을 고쳐주고 재물을 가져다주는 이로 믿었다.

소마 숭배는 옛날 이란 사람들에게 있었던 하오마(haoma) 숭배와 서로 같은 점이 많고, 고대 인도유럽어족에게 공통되었던 신앙으로 보인다. 하오마도, 소마도 산에 나는 식물이었지만 그 진정한 기원은 하늘에 있으며 독수리가 그것을 지상으로 가져왔다고 믿었다. 소마를 눌러 짜는 것을 모든 생명을 낳고 자라게 하는 비에다 붙여서 생각했다. 후대에 와서는 소마를 달로 생각하여 신들이 그것을 마시면 줄어버렸다가 다시 불어난다고 했다.

함석헌 "인드라"란 베다 시대 신들의 우두머리, 전쟁을 좋아하는 전형적인 아리안 신으로서 모든 대적을 정복하는 그의 힘은 희생으로 바치는 소마를 마신 데서 나왔다고 믿었다.

21. 그들은 광대한 천상계를 누리다가, 그 공덕이 다하면, 다시 인간 세상으로 내려온다. 그와 같이하여 세 『베다』의 교훈을 따라 애욕을 좇는 자들은 생사의 바퀴를 왔다 갔다 함을 얻을 뿐이니라.

라다크리슈난 스승은 여기서 규정된 의식을 행함으로써 죽은 후에 천상의 복락을 얻는다는 『베다』의 교훈에 대하여서 그것을 가지고는 최고 목적이라고 할 수 없음을 지적한다. 그런 사람들은 아직도 카르마의 법칙에 매여 있다. 왜냐하면 그들은 아직도 애욕, 즉 사랑을 사랑함(kama-kamah)에 매달려 있기 때문이다. 그들은 아직도 자기중심적이요, 따라서 아직 무지에서 벗어나지 못하고 있기 때문에 이 우주 과정 속에 다시 돌아올 수밖에 없다. 우리가 천상의 갚아줌을 받기를 원한다면 그것을 받기는 하겠지만, 우리가 인생의 진정한 목적에 도달하지 못한 이상 이 생사의 세계로 다시 돌아올 수밖에 없다. 인생이란 불완전한 물질적인 데서 거룩한 영적인 데로 자라나갈 수 있는 하나의 기회다. 이 세상 것이거나 장차 오는 천당의 것이거나 간에, 쾌락을 찾고 있는 한은 우리는 자기중심적인 의식에서 하고 있는 것이다.

22. 그러나 다른 아무것도 없이 다만 나만을 생각하며, 나를 예배하여 항상 전념하는 사람에게는 내가 소득의 안전을 가져다주리라.

간디 "소득(所得)의 안전"(yoga-kshema)이란 얻지 못한 것을 얻게 하고, 이미 얻은 것을 온전케 함을 이른다.

이와 같이 참된 요기의 틀림없는 세 가지 표적이 있다. 평등심과 행동의 숙련과 신앙심이다. 요기가 되려면 이 세 가지가 완전히 조화되어 있어야 한다. 신앙심 없이 평등심은 있을 수 없고, 평등심 없이 신앙심이 있을 수도 없으며, 행동의 숙련이 없이는 신앙도 평등심도 거짓 꾸밈에 지나지 않을 수밖에 없다.

마하데브 데자이 나는 이미, "그들이 얻지 못한 것을 얻게 하고 그 얻은 것을 지켜준다" 대신, (문법적으로는 그것이 충실하지만) "그들에게 필요한 것을 얻게 한다"라고 했다. 「마태복음」 제6장 제33절의 "그러나 너희는 먼저 하나님의 나라와 그 의를 구하라. 그러면 그 모든 것을 너희에게 더해 주시리라"를 참고하라. 또 '그리스도를 본받음'에 있는 말을 보라. "그는 너를 위해 준비해주실 것이요, 모든 일에 있어 너의 신실한 대리인이 되실 것이다. 그러므로 너는 사람을 의지할 필요가 없을 것이다."

라다크리슈난 스승은 여기서 『베다』의 길은 최고 경지를 향해 정진하는 자에게는 조심해야 하는 올무가 된다는 것을 말해준다.

하나님은 자기 신자의 모든 짐과 걱정을 다 져주신다.

하나님의 사랑을 알기 위해서는 다른 모든 사랑을 버리지 않으면 안 된다. 우리가 그의 자비 앞에 자신을 완전히 내던지기만 하면 그는 우리의 모든 근심과 슬픔을 다 져주신다. 우리는 그의 구원의 돌보심과 힘 주시는 은혜에 매달릴 수 있다.

라비아(Rabia)를 보고 누가 묻기를 "당신은 전능하신 하나님을 믿습니까?" 했더니, 그녀는 "그렇습니다"라고 대답했다. 다시 "당신은 악마를 미워하십니까?" 했더니 그녀는 대답하기를 "나는 하나님을 사랑하기 때문에 악마를 미워할 겨를이 없습니다. 내가 꿈에 예언자를 만났는데, 그가 내게 말하기를 '오, 라비아야, 너는 나를 사랑하느냐?' 해서 나는 대답하기를 '오, 하나님의 사도시여, 누가 감히 당신을 사랑하지 않을 수 있겠습니까? 그렇지만 하나님을 사랑하는 것이 제 마음을 온통 점령해버렸기 때문에 제 가슴속에는 다른 어떤 것을 사랑도 미워도 할 여지가 없습니다'라고 했습니다" 했다.

23. 쿤티의 아들아, 비록 다른 신들을 섬기는 자들도, 온전한 믿음으로 하는 이상, 그들도 나만을 공경한 것이니라, 바른 길을 따라 한 것은 아니라도.

라다크리슈난 『기타』의 저자는 하늘 각 방면에서 오는 빛을 다 환영하여 받아들이고 있다. 빛은 빛이기 때문에 모든 방면을 비출 권리가 있다.

틸라크 어떤 신을 붙잡았거나 간에 그것은 최고 주재자의 한가지 모습에 지나지 않는다는 원리는 아주 오랜 옛적의 베다 종교에서부터 널리 퍼져 있었다. 예를 든다면 『리그 베다』에는 이런 말이 있다. "최고의 주재는 하나이지만 성자들은 그에게 아그니(Agni)니, 야마(Yama)니, 마타리슈바(Matarishva)니 하는 가지가지의 이름을 붙여 드렸다." 그리고 그와 일치해서, 다음 장에 최고의 주재자는 한 분이지만 그는 여러 가지로 나타난다는 것을 설명하고 있다.

또 『마하바라타』 안에도 네 가지 신자 중 고요한 가운데 행동하는 이가 가장 뛰어난 신자라는 것이 밝혀져 있다. 그런 다음, 다음과 같은 말이 있다. 즉 "브라마데바나 시바, 그밖의 어떤 신을 섬기는 자들도 결국에 가서는 내게 이르고 만다." 그리고 그 사상이 『바가바타 푸라나』(Bhagavata Purana) 속에도 받아들여져서 "여러 신이나 조상들이나 지도자, 나그네, 브라만들, 암소 등을 섬기는 사람들도 간접으로는 오직 비슈누만을 섬기고 있는 것이다"라고 한다. 바가바타(비슈누 신을 섬기는 바이슈나바 신자들이 자기네 신을 존경해서 흔히 부르는 칭호)의 종교가 그와 같이 정성스러운 신앙을 중심으로 여기고 그 신의 가지가지 형상의 상징은 사소한 문제로 아는 데도 불구하고, 또 다른 말로 한다면 예배 형식에는 차이가 있을지라도 신앙은 오직 하나 최고의 주재자가 있을 뿐이라고 하는데도, 그 바가바타 종교와 시바 신앙(Saivism)이 서로 싸운다는 것은 기막힌 일이다. 크리슈나는 한 걸음 나아가 어떤 신을 섬겼든 간에 예배는 결국 최고 주재자에 의해 받아지는 것이 참이지만, 예배자들이 하나님은 하나시라는 사실을 모르고 그 구원의 길을 잃어버리기 때문에, 거룩하신 주 자신이 각 사람의 신앙에 따라 각각 다른 행동의 열매〔果報〕를 주신다는 것이다.

24. 나는 일체의 희생을 받는 자요, 또 그 주다. 그러나 그들은 나

를 내 참 바탈에서 알지 못하고, 그러므로 마침내는 멸망하느니라.

25. 천신들을 섬기는 자는 천신들께로 가고, 조상을 섬기는 자는 조상께로 가고, 귀신을 섬기는 자는 귀신에게로 가고, 나를 예배하는 자는 내게로 오느니라.

라다크리슈난 인간 성장의 갖가지 단계에서 사람들은 빛나는 천신이나, 죽은 사람의 영이나, 심령계의 영들을 섬기는 일이 있었으나 그것은 다 최고자의 제한된 형상에 지나지 않으므로 무한히 향상하는 인간의 혼에 신비의 평화를 줄 수는 없다. 예배의 결과는 예배하는 대상 속에 녹아듦인데, 유한한 대상이면 유한한 결과를 줄 수밖에 없다. 어떤 신앙도 가장 귀한 상급을 받는 법이다. 낮은 신앙은 낮은 상급을 받겠지만 최고자를 믿는 신앙은 최고의 상급을 받는다. 모든 진실된 종교적 신앙은 최고의 신성을 향한 찾음이다.

틸라크 오직 하나이신 최고의 주재자가 만유 속에 충만해 있지만, 예배의 결과는 받는 자의 신앙 정도에 따라 높기도 하고 낮기도 한다.

그렇지만 그 상급을 주시는 것은 신들이 하는 일이 아니고 최고의 주재자가 하신다는 일을 잊어서는 아니 된다. …… 처음에는 최고의 주재자를 부분적으로 예배하는 사람의 이르는 지경을 말하고, 나중에는 복 되신 주 하나밖에는 아무것도 없다고 믿는 자만이 참으로 복되신 주 속에 빠져든다는 것을 말한다. 그리하여 복되신 주는 이제 신앙의 길에서 가장 중요한 원리, 즉 그는 신자가 자기에게 바치는 그 물건에 주목하는 것이 아니라 다만 그의 신심과 헌신만을 보신다는 것을 말한다.

26. 누구나 믿는 마음을 가지고 나에게 잎새 하나, 꽃 한 송이, 과

잎 한 알, 혹은 물 한 잔을 바친다면 그 사랑과 경건을 나는 받을 것이다.

라다크리슈난 바치는 물건이 아무리 빈약한 것이라도, 사랑과 정성으로 한다면 하나님은 그것을 받으신다. 최고자에 이르는 길은 깊고 묘한 형이상적인 것이나 번잡한 의식에 있지 않고, 오직 몸바침에 있다. 잎새, 꽃, 열매, 물은 그것의 상징이다. 필요한 것은 정성된 심정이다.

간디 우리가 섬기는 것은 말구유 속에 계시는 주님이다. 우리의 섬김을 받으시는 이는 그다.

27. 무슨 일을 하거나, 무엇을 먹거나, 무엇을 바치거나, 무엇을 보시하거나 또 어떤 고행을 하거나, 오, 쿤티의 아들아, 너는 그것을 내게 희생하는 것으로 알고 하여라.

마하데브 데자이 「고린도전서」 제10장 제31절에 보면, "그러므로 먹든지, 마시든지, 그밖에 무슨 일을 하든지, 모든 일을 오직 하나님의 영광을 위해서 하십시오"라는 말이 있다.

28. 그렇게 함으로써 너는 좋다·언짢다의 행동의 열매에 얽어매임에서 벗어날 것이고, 네 마음을 굳건히 세워 내버림의 길을 닦음으로써 너는 내게 이를 수 있느니라.

틸라크 이로써 보면, 복되신 주에게 몸을 바친 사람일지라도 하나하나의 행동을 크리슈나에게 바치는 정신으로 할 것이요, 또 행동을 내버려서도 안 된다는 것이 분명하다. 이런 관점에서 볼 때 제27절, 제28절 두 절의 말씀은 매우 중요하다. 크리슈나는 제3장에서 이미 아르주나에게 "네 모든 것을 내게 맡기고(내버리고) …… 싸워라!"

했고, 제5장에서 다시 말하기를 "자기의 모든 행위를 브라만에게 바치고 집착을 떠나 행동하는 자는 죄에 물듦이 없다"고 했다. 『기타』에 따르면 이것이 진정한 내버림이다. 그리고 모든 행동을 이렇게 하는 사람, 즉 행동의 열매를 바라는 마음을 내버린 사람은 "영원한 내버림의 사람"(니챠 산야시)이다. 『기타』는 행동하기를 그만두는 식의 내버림은 찬성하지 않는다. 행동을 이런 정신으로 하는 것은 결코 해탈에 방해되는 것이 아니라는 것을 『기타』에서는 다시금 말한다(2: 64, 3: 19, 4: 23, 5: 12, 6: 1, 8: 7). 그리고 그 같은 뜻을 여기 제28절에서 말하는 것이다.

『바가바타 푸라나』에서는 니리시마(Nrisimha)의 형상을 쓰신 주는 프랄라다(Prahlada)에게 이렇게 말한다. "네 마음을 내게다 모으고 모든 행동을 하라." 그리고 후에 가서는 열심 있는 신앙으로 하는 요가를 말하면서 이렇게 얘기한다. "복되신 주에게 헌신하는 사람은 모든 행동을 나라야나(Narayana)에게 바쳐야 한다"고.

29. 나는 모든 것에 대하여 평등하다. 내게는 미운 것도 없고 고운 것도 없다. 그러나 나를 정성으로 믿는 사람은 그는 내 안에 있고 나는 그 안에 있다.

「요한복음」(15: 4) "내 안에 있으라, 그러면 나도 너희 안에 있으리라."

라다크리슈난 하나님은 친구도 없고 원수도 없다. 그는 공평하시다. 그는 기분으로 누구를 저주하시지도 않고 누구를 택하지도 않는다. 그의 사랑을 믿는 단 하나의 길은 믿음이요 정성이다. 그리고 누구도 다 제 발로 그 길을 걸어야 한다.

노자 하늘 길은 누구를 각별히 사랑하는 일이 없고, 언제나 그저

착한 사람으로 더불어 한다.(天道無親 常與善人)

틸라크 이 장의 처음에서 믿음의 길은 즐겁고도 쉽다고 했다. 크리슈나는 여기서 그 길의 또 다른 하나의 독특한 점을 말한다. 믿음의 길은 또한 평등하다.

30. 어떻게 하여 악한 죄를 저지른 사람일지라도 그가 만일 옹근 정성으로 나를 예배한다면 그를 성자라 하여야 할 것이다. 그는 진실로 올바른 결정을 했기 때문이다.

간디 옹근 정성은 제 애욕과 악행을 다 이겨낸다.

샹카라 죄를 지은 후에 회개하면 죄에서 해방이 되고, 다시는 죄를 짓지 않기로 결심하면 정결해진다.

라다크리슈난 죄악의 행동은 온전한 마음으로 하나님께로 돌아가지 않고는 절대로 씻어지지 않는다. 『바우쟈야나 다르마 수트라』(*Baudhayana Dharma Sutra*)에는 이렇게 적혀 있다. "날마다 마음속으로 회개하며, 잘못한 일에 대해 반성하고, 고행을 하며, 정신을 일깨우라. 그리하면 죄에서 놓여나리라."

카르마는 결코 완전히 얽어매지는 못한다. 타락의 밑바닥에까지 떨어진 죄인도 설혹 저 스스로 덮어 누르고 아주 도망쳐버리려 애를 써본다 해도, 제힘으로는 도저히 꺼버릴 수 없는 빛을 속에 지니고 있다. 우리가 아무리 타락했다 하더라도 하나님은 우리 존재의 바탈에 의해 우리를 붙들고 계셔서, 언제든지 자기의 빛을 우리의 캄캄하고 반역하려는 심정 속에다 보내주시려고 기다리고 있다. 우리 스스로 부족하다, 죄지었다 하는 바로 그 생각이 우리로 하여금 우리 혼에 와닿는 하나님의 압력을 뿌리치게 한다.

투카람(Tukaram)에 따르면 투카(Tuka)는 "타락자 중에도 타락자,

저는 세 번 타락한 놈입니다. 그러나 당신은 능력으로 저를 일으키셨습니다. 저는 마음의 정결을 가진 적이 없고, 당신 발을 붙드는 굳센 믿음도 없었습니다. 저는 나면서부터 죄인이었습니다. 이것을 얼마나 더 반복해야 합니까?" 하고 말한다. 그러고는 다시 "저는 깨닫지도 못하고, 욕심쟁이고, 아니 욕심쟁이보다도 더 나쁩니다. 저는 제 마음을 걷잡지 못합니다. 쏘다니는 감각을 억제할 수가 없습니다. 저는 노력을 하다 지쳤습니다. 평화와 안식이 제게서는 멉니다. 당신 앞에 온전한 믿음을 바칩니다. 제 목숨을 당신 발밑에 바쳤습니다. 당신 뜻대로 하시기 바랍니다. 저는 오직 당신을 바라볼 뿐입니다. 오, 하나님, 저는 당신을 의지합니다. 당신 발에 매달려 놓지 않습니다. 제가 힘쓸 것은 당신을 향해서입니다." 이 비유 속에 있는 세리(稅吏)는 그 혼의 바닥에서 기도했다. "하나님이시여, 이 죄인을 불쌍히 여기시옵소서!"

31. 그는 곧 의로운 혼이 되어 영원한 평화를 얻을 것이다. 오, 쿤티의 아들아, 알지어다. 나를 믿는 자는 결코 멸망하지 않으리라.

32. 프리다의 아들아, 내게 돌아오는 자는 비록 죄의 탯집에서 났더라도, 여자로, 바이샤로, 수드라로 났더라도 다 최고의 경지에 이를 것이니,

33. 하물며 거룩한 브라만족, 신념 있는 왕족의 선인들이겠느냐? 덧없고 괴로운 이 세상에 들어왔으니 너는 나를 믿으라.

34. 네 마음을 내게 두고, 나를 믿고, 나를 예배하고, 내게 복종하라. 그리하여 나를 목적으로 삼고 네 혼을 오로지 하면 너는 반드시 내게로 오리라.

라다크리슈난 『기타』의 교훈은 인종, 성, 계층의 차별 없이 누구에

게나 열려 있다. 이 절이 여자나, 농사·장사·공업 하는 계급이나, 노예 계급에게 종교 경전을 못 읽게 하던 사회 제도를 지지하는 것은 아니다. 이것은 『기타』가 편집되던 그 당시 사회 일반의 생각을 반영하는 것이지만, 『기타』는 그것을 초월해서 정신적 가치를 강조한다. 이 사랑의 복음은 남녀, 모든 계급에게 열려 있는 것이다.

이것이 『바가바드 기타』라 이르는 『우파니샤드』의 제9장 왕지식과 왕신비의 끝이니, 이는 브라만의 지식에서 요가를 가르치는 크리슈나와 아르주나가 나눈 문답이니라.

제10장 거룩하신 능력

거룩하신 주 말씀하시기를

1. 억센 팔을 가진 자야, 다시금 나의 지극히 높은 교훈을 들으라. 네게 유익이 되기 위하여 사랑하는 너에게 내 그것을 말하리라.

2. 천신의 무리도 대성자들도 내가 어디서 났음을 알지 못하나니, 나는 모든 점에서 천신, 대성자의 근원이기 때문이다.

3. 나를 남도 없고 시작도 없으며 누리의 대창조주로 아는 사람, 그 사람은 반드시 모든 죽을 인생 속에서 미혹에 빠지지 않고, 일체의 죄악으로부터 해탈됨을 얻을 것이니라.

대창조주 마헤슈바라(Maheshvara).
죽을 인생 응사자(應死者).

틸라크 지극히 높으신 브라만(Parabrahman) 혹은 거룩하신 주는 천신들이 있기 전부터 있었고, 천신들은 그 후에 와서야 생겼다는 사상은 이미 『리그 베다』의 나사디야 수크타(Nasadiya Sukta) 속에 나타나 있다. 그러므로 이것은 말하자면 서론이고, 크리슈나는 이제 자기가 어떻게 모든 세계의 창조주 이슈바라인지를 설명하려는 것이다.

라다크리슈난 우리가 모든 것을 홀로 하나인 초월적 실재에서 갈라져 나온 것으로 볼 줄을 알게 될 때, 우리는 모든 더듬고 헤맴을 면하게 된다.

4. 이성, 지식, 혹하지 않음, 참음, 참, 자제, 안정, 즐거움, 괴로움, 있음, 안 있음, 두려움, 안 두려움,

이성 부디
지식 즈나나.
혹하지 않음 아삼 모하(asam-mohah), 의심 없음.
참음 크샤마(kshama), 관대함(forgiveness).
참 사챠(satya), 진실.
자제 다마(damah), 감정 조절(control of the sense).
안정 샤마(shamah), 기분 조절(control of the mind).
있음 바바(bhavah), 태어남(birth).
안 있음 아바바(abhavah), 죽음(death).

5. 불살생, 평등심, 만족, 고행, 자비, 명예, 불명예는 다 나에게서만 나가는 산 것들의 가지가지 특성이니라.

불살생 아힘사(ahimsa), 비폭력.
평등 사마타(samata).
고행 타파(tapah).
자비 다나(dana).
특성 바바(bhavha), 성질, 천성(nature).

틸라크 바바란 말은 상태(condition), 상황(state), 또는 성격(temperament)을 뜻한다. 상캬 철학에서는 이성(reason)의 바바들과 몸(body)의 바바들을 구별해서 말한다. 상캬에 따르면 정신(spirit)은 활동하지 않는 것이고 이성은 프라크리티에서 변하여 나오는 것이므로, 그들은 말하기를 속몸(subter body) 속에 있는 이성의 가지가지 상태 혹은 바바들은 그 속몸들이 타가지고 나게 되는 새니 짐승이니 하는 가지가지의 출생에 따라서 결정된다고 한다. 위의 두 절에서 말하는 바

바들은 아무래도 그런 의미에서 쓴 말일 것이다.

그러나 『베단타』에서 말하는 대로, 있는 것은 파라마트만(paramatman)의 형체로 존재하는 오직 하나의 영구불변의 원리뿐이다. 그 파라마트만은 물질과 정신을 다 초월한 것이므로. 그리고 이 볼 수 있는 전 우주는 나사디야 수크타에 있듯이 파라마트만의 마음속에 일어나는 창조욕의 결과로 나온 것이므로 베단티스트들이 말하듯이 마야 속에 나타나는 이 세계의 모든 창조물은 다 지극히 높으신 브라만의 정신적 바바들이다.

5. 옛날의 일곱 대성인과 또한 네 마누도 나의 바탈로 됐으며 나의 마음에서 나간 것이다. 이 세계의 모든 창조물은 다 그들에게서 나온 것이니라.

대성인들 마하르샤야(maharshayah).
마누(Manu) 인류의 조상이라는 사람, 마노왕(摩奴王).
세계 로카(loka).

틸라크 이 절에 쓰인 말들은 쉬우나 이 속에 나오는 전설적 인물에 대해서는 주석가들 사이에 의견 차이가 많다. 특히 그 '옛날'이라는 단어 또 '네'라는 단어를 어디다가 붙여서 볼 것이냐 하는 점이 문제다. 일곱 대성인 즉 일곱 사람의 위대한 리시(rishi)는 누구나 잘 아는 인물들이다. 그러나 브라마데바의 칼파는 14만반타라(manvantara)로 되어 있는데 각 만반타라의 마누 신과 일곱 성인은 각각 다르다. 그렇기 때문에 어떤 주석가들은 그 '옛날'이라는 말을 일곱 성인에 대한 형용사로 보고 이 절을 해석하기를 이 일곱 성인은 현재 우리가 사는 바이바수바타 만반타라(vaivasvata manvantara) 전에 있었던 차크슈샤(Cakshusha) 만반타라의 일곱 성인이라고 한다.

그 일곱 성인이란 곧 브리구(Bhrigu), 나바(Nabha), 비바수반

(Vivasvan), 수다마(Sudhama), 비라자(Viraja), 아티나마(Atinama), 사히슈누(Sahishnu)인데, 내 생각으로는 그것은 잘못된 것이다. 왜냐하면 문맥으로 보아서 『기타』를 말해준 것이 우리가 사는 현재의 바이바수바타 만반타라 전의 만반타라 일곱 성인에게 한 것이라고 할 아무런 이유도 없다. 그렇기 때문에 일곱 성인은 현재의 만반타라의 것으로 보아야 한다.

그 이름들은 『마하바라타』에 있는 산티파르바(Santiparva) 속의 나라야니요파캬나(Narayaniyopakhyana)에 이렇게 쓰여 있다. 마리치(Marici), 안기라사(Angirasa), 아트리(Atri), 풀라수챠(Pulastya), 풀라하(Pulaha), 크라투(Kratu), 바시슈타(Vasishtha)다. 내 생각으로는 이것이 이 절에서 말하는 일곱 리시일 것이다. 왜냐하면, 『기타』가 지지하고 있는 것은 나라야니야, 즉 바가바타 신앙과 그 의식들이기 때문이다.

그담은 '옛날의 네'라는 말을 '마누'에 붙여보려는 해석은 어느 정도로 옳으냐 하는 것을 보기로 한다. 만반타라는 전부 해서 열넷인데, 거기 열네 마누가 있다. 그리고 그것이 두 조로 갈려서 각각 일곱씩으로 되어 있다. 그 첫 일곱을 슈바얌부바(Svayambhuva), 슈바라치사(Svaracisa), 아우타미(Auttami), 타마사(Tamasa), 라이바타(Raivata), 차크슈샤(Cakshusha), 바이바수바타(Vaivasvata)라 하는데, 그중 여섯은 이미 지나갔고 지금 일곱째 바이바수바타 마누의 시대가 계속되고 있다. 그것이 끝나면, 그다음 오는 마누들은 사바르니 마누들이라 하는데 그 이름은 이렇다. 사바르니(Savarni), 다크샤 사바르니(Daksha-Savarni), 브라마 사바르니(Brahma-Savarni), 다르마 사바르니(Dharma-Savarni), 인드라 사바르니(Indra-Savarni)다.

조마다 일곱 마누가 있다면 『기타』가 각 조에서 처음 넷만을 든 이유는 설명이 되지 않는다. 또 어떤 사람은 『브라만다 푸라나』의 기록에 따라 사바르니 마누 중 첫 마누 다음의 네 마누는 동시에 지어졌기 때문에 『기타』가 말하는 넷이라는 것은 이것을 가리킨다고 해석하기도 하지만, 거기에 대해서는 또 이런 반대가 있다. 즉 사바르니 마누들은 미래에 올 마누들인데 이 절에서는 모든 창조물이 지어졌다고 과거사를 썼으니 그것을 거기에 적용할 수는 없다는 것이다. 그러므로 '옛날의 네'라는 말은 어느 다른 네 리시나 혹 다른 인물을 가리키는 것으로 보아야 한다.

그다음에는 그러면 그 넷이 누구냐 하는 문제가 일어난다. 그렇게 해석하는 사람들은 사나카(Sanaka), 사난다(Sananda), 사나타나(Sanatana), 사나트쿠마라(Sanatkumara)의 네 리시를 들지만, 반대하는 사람들은 또 그들은 출가승으로 태어나서 후손을 두기를 거절했으므로 브라마데바의 분노를 샀으니, "모든 창조물이 그들에게서 나갔다"는 말을 적용할 수가 없다고 한다. …… 그러면 그 '옛날의 넷'은 누구냐? 내 의견으로는 그것은 바가바타 신앙의 전통에 의해서 풀어야 한다.

그렇다면 그것은 바수데바(Vasudeva)와 삼카르사나(Samkarsana)와 프라듐나(Pradyumna)와 아니룻다(Aniruddha)다. 이것을 합해서 차투르뷰하(Caturvyuha)라고 한다. …… 이 넷은 언제나 독립해 있지 않다. 그 네 뷰하(Vyuha)는 독립한 최고 주재의 네 바바, 네 상태다. 그 최고의 주재는 곧 『기타』 제7장 제19절에서 말하는 바수데바다. 이렇게 풀어보면 '옛날의 네'란 바가바타 신앙에서 말하는 일곱 대성인 전에 있었던 차투르뷰하 등 네 뷰하를 가리키는 것이다.

라다크리슈난 이것들은 세계에 일어나는 여러 가지 변천을 맡아가지고 있는 힘들이다. 마누는 전설에 따르면 새 우주가 시작될 때마다 있는 맨 처음의 사람이다.

스와미 프라부파다 크리슈나는 여기서 우주 인종의 보계의 개요를 말한다. 브라마가 히라냐가르바(Hiranyagarbha)라는 지극히 높으신 주의 능력에서 탄생된 맨 첨의 조상이고, 그 브라마에서 일곱 대성인이 나왔고, 그들보다 전에 사나카, 사난다, 사나타나, 사나트쿠마라의 네 성자가 있었고, 그리고 마누들이 나타났다. 이들 25명의 성자를 전 우주 생류의 족장들(partriarchs)이라고 한다. 각개의 우주 안에는 무한수의 우주와 무한수의 천체들이 있으며 각 천체는 각종각색의 생류로 가득 차 있다.

그 생류들은 다 이 25족장에서 나왔다. 브라마는 천 년 동안 천신들에게서 고행을 닦은 후 크리슈나의 은총에 의해 깨달음을 얻어 창조의 능력을 갖게 된다. 그런 다음 브라마에서 사나카, 사난다, 사나타나, 사나트쿠마라가 나오고, 그다음 루드라가 나오고, 그다음 일곱 성인이 나오고, 그렇게 하여 모든 브라만족, 크샤트리아족이 지극히 높으신 신성에서 나왔다. 브라마를 피타마하(Pitamaha) 곧 할아버지라 부르고, 크리슈나를 파라 피타마하(Para-pitamaha) 곧 할아버지의 아버지라고 부른다.

7. 나의 이 영광과 능력을 참으로 아는 자는 누구나 흔들림 없는 요가로 (나와) 하나됨을 얻을 것이니, 이것은 다시 의심할 여지가 없느니라.

스와미 프라부파다 영광은 원어로는 비부티(vibhuti)인데 이를 라다크리슈난(glory), 간디(immanence), 틸라크와 마하데브 데자이(manifestation)는 각각 다르게 번역했다. 라다크리슈난의 경우는 무한히 나타내는 풍부의 영광을 뜻하는 것이고, 간디의 경우에는 그것이 무한히 내재하는 힘이라 해서 그 말을 택했으며, 틸라크와 마하데브 데자이는 그 나타난 것을 두고 그렇게 했다. 특히 마하데브 데자이는 비부티를 단수(power 혹은 immanence) 때와 복수(manifestation) 때를 각각 다르게 했다. 다카구스는 능력이라 번역하고 그다음의 요가(다른 이들이 power라 번역하는 것)를 환력(幻力)이라 했다.

정신적 완성의 절정은 하나님에 대한 지식이다. 지극히 높으신 이의 가지가지의 품성에 대한 확신이 없이는 정성된 섬김은 불가능하다. 일반으로 사람들은 하나님은 위대하시다고 알고 있지만, 어떻게 위대하시냐 하는 것을 사실로 안다면 자연히 하나님 앞에 완전히 항복하는 마음이 되지 않을 수 없을 것이고, 그러면 자연 정성된 예배를 드리지 않을 수 없을 것이다.

『중용』 오직 천하의 지극한 정성이어야만 능히 그 바탈을 다할 수가 있으며, 능히 그 바탈을 다할 수 있으면 능히 사람의 바탈을 다할 수가 있고, 능히 사람의 바탈을 다할 수 있다면 능히 몬의 바탈을 다할 수가 있고, 능히 몬의 바탈을 다할 수 있다면 능히 하늘 땅의 변화하고 나게 함을 도울 수 있고, 하늘 땅의 변화하고 나게 함을 도울 수 있으면 하늘 땅으로 더불어 셋이 될 수 있느니라.(唯天下至聖 爲能盡其性 能盡其性 則能盡人之性 能盡人之性 則能盡物之性 能盡物之性 則可以贊天地之化育 可以贊天地之化育 則可以與天地參矣)

8. 나는 모든 것의 근본이다. 모든 것이 내게서 나오느니라. 지혜 있는 자는 그것을 알아 마음을 온전히 해 정성으로 나를 예배한다.

9. 마음을 내게 모으고 목숨을 내게 바치며 서로 일깨워주고 서로 내게 대하여 이야기하면 언제나 만족하고 즐거움에 차 있게 되느니라.

10. 그 정신이 언제나 통일되어 사랑의 기쁨으로 나를 예배하는 그

들에게 나는 이성의 요가를 줄 것이니 그들은 그것으로 말미암아 내게로 와 이를 것이다.

> 이성(理性)의 요가 부디 요가(buddhi-yoga), 지성적 요가(yoga of reason, yoga of intelligence).

스와미 프라부파다 여기서 부디 요가라는 말은 매우 중요하다. 제2장 제39절에서 크리슈나가 아르주나에게 여러 가지를 가르쳐주는 가운데 부디 요가의 길을 가르쳐준다고 한 말이 있는데 이제 여기서 그것을 설명한다. 부디 요가는 크리슈나 의식 속에서 하는 행동이다. 그것의 최고의 지성이다.

부디는 지성(intelligence)이란 뜻이고 요가란 신비적 행동, 혹은 신비적 올라감이다. 사람이 본향, 곧 하나님께로 돌아가기를 힘써 정성된 예배 가운데 온전히 크리슈나 의식에 이르면 그 하는 행동이 부디 요가다. 말을 바꾸어 한다면, 부디 요가란 이 물질세계의 얽매임에서 빠져나가는 길이다. 나가는 목적은 크리슈나에게 있다. 사람들은 그것을 모른다. 그렇기 때문에 신자와 진정한 정신의 스승의 결합이 필요하다. 먼저 목적이 크리슈나인 것을 알아야 한다. 그러면 길은 서서히 그러나 점점 나아가는, 오르는 방향으로 열린다.

만일 인생의 목적은 알면서도 행동의 결과에 집착하고 있으면, 그는 카르마 요가를 하는 것이다. 목적이 크리슈나인 것은 알면서도 크리슈나를 깨닫기 위해서 하는 명상에만 빠져 있다면, 그는 즈나나 요가를 행하는 것이다. 그러나 목적을 알고 온전히 크리슈나 의식과 헌신하는 믿음에서 크리슈나를 찾는다면, 그는 바로 박티 요가 곧 부디 요가를 하는 것이다. 그것이 온전한 요가다.

만일 진정한 스승도 있고 정신적 단체에 속해 있기도 하면서도 진보할 만한 지식이 부족한 때는 크리슈나는 속에서 그에게 교훈을 주어 어려움 없이 궁극의 목적을 지향해 나아가게 한다. 자격은 다만 언제나 크리슈나 의식 속에 있어야 한다는 것과 또 사랑과 헌신으로 모든 봉사를 해야 한다는 일이다.

11. 나는 오직 그들에 대한 자비의 마음에서 그들의 바탈 속에 머물러 있어 빛나는 지혜의 등불로 무지에서 나오는 어두움을 깨쳐 준다.

함석헌 "그들의 바탈 속에"(atma-bhavastho)라는 구절을 라다크리슈난은 "나의 참 상태에 머물러 있으면서"라고 해서 "그들의 깊은 바탈 속에 머물러 있어" 하는 다른 사람들의 번역과 반대되는 듯이 보이나, 사실은 그렇지 않을 것이다. 왜냐하면 사람의 참 바탈은 브라만이 지닌 마음의 참 상태에서 나오는 것이기 때문이다. 나에서 보면 내 바탈이지만, 하나님의 자리에서 보면 그가 자기의 참을 나타내시는 것이 곧 우리가 우리의 바탈을 보는 것이다.

아르주나 말하기를

12. 당신은 지극히 높으신 브라만이요 지극히 높으신 거처시며, 지극히 높으신 정결자시고, 으뜸이요 초월적인 인격이요, 나시지도 않고 두루 뚫어 계시는 맨 첨의 주이시라고,

지극히 높으신 브라만 파라브라만(parabrahman).
지극히 높으신 거처 파라다마(paradhama).
지극히 높으신 정결자 파비트라 파라마바반(pavitra paramabhavan).
맨 첨의 주 아디 데밤(adi-devam).

13. 모든 성자가 당신에 대해 말했으며, 나라다, 아시타, 데발라, 브야사 같은 천신 성자들도 그렇게 했고, 또한 당신 몸소께서도 지금 그렇게 선포하셨사옵니다.

나라다(Narada), 아시타(Asita), 데발라(Devala), 브야사(Vyasa)는 천신들을 말한다.

14. 오, 크리슈나시여, 저는 당신께서 제게 말씀해주신 것을 모두 다 참이라고 믿습니다. 그러하오나, 오, 바가반이시여, 당신의 나타나심은 신들도 귀신들도 모릅니다.

바가반(Bhagavan) 신성을 의미함.

15. 오, 으뜸이신 분이시여, 참으로 당신 몸소께서만이 당신을 당신에 의하여 아시옵니다. 만유의 근본이요, 모든 산 것의 주이며, 신 중의 신이요, 우주의 주이신 이여.

으뜸이신 분 푸루쇼타마(Purushottama).
우주의 주 자가트 파테(Jagat-pate).

16. 당신의 참으로 검스러운 그 능력을 저에게 자세히 말씀해주시옵소서. 당신은 그 능력으로 이 모든 우주를 뒤덮으시고 그 속에 머무시오니.

17. 오, 요가의 주시여, 제가 어떻게 하면 당신을 알 수 있습니까? 또 제가 어떻게 가지가지의 당신 모습에서 항상 당신을 생각할 것이옵니까. 오, 거룩하신 주여.

요가의 주 요긴(yogin).

라다크리슈난 창조주로서의 덕에서 볼 때 크리슈나는 지극하신 요긴이다. 아르주나는 자연의 어떤 모양 속에 크리슈나의 모습이 더 자세히 나타나 있는지 알고 싶어서 물은 것이다.

틸라크 아르주나가 거룩하신 주의 가지가지의 나타남의 모양에 대하여 물은 것은 그 가지가지 나타남 그것에 대해 명상하기 위해서가 아니라, 그 모든 가지가지 나타남을 모든 것을 뒤덮은 최고 주재로 보기 위해서라는 것을 우리는 기억해야 한다. 왜냐하면 크리슈나는 이미 다른 데서 정성된 신앙의 길에서 볼 때는 어떤 곳에서나 최고의 주재는 오직 한 분이시라 믿는 것과, 최고 주재의 가지가지 나타남의 모습을 보아 서로 다른 신으로 보는 것과 사이에는 참으로 커다란 차이가 있는 것을 말씀해주셨기 때문이다.

18. 오, 자나르다나시여, 당신의 능력과 나타나심을 다시 더 자세히 일러주시옵소서. 저는 참으로 넥타르 같은 당신의 말씀을 아무리 들어도 만족이 없습니다.

자나르다나(Janardana) 무신론자를 죽이시는 이, 크리슈나의 칭호의 하나.
넥타르 아므리탐(amritam), 감로(甘露), 생명을 주는 말씀.

라다크리슈난 『기타』는 브라만과 세계 사이, 말로 할 수 없는 실재와 불완전한 그 표현 사이에 반대되는 대립을 두지는 않는다. 이는 아주 포괄적인 정신적 견해를 준다. 그것은 물론 결정지어 설명할 수 없는 것, 나타나 보이지 않는 불변의 것, 생각할 수 없는 것, 즉 절대적이어서 모든 경험적 결정을 뛰어넘는 것을 말하고 있다. 그러나 절대적인 이를 예배하는 것은 몸을 가진 존재로서는 어려운 일이다. 궁극자에게 접근하는 것은 그것이 세계와의 관계를 통해 하는 것이 좀 더 쉬운 일이요, 더 자연스러운 방법이다.

궁극자는 다방면적인 자연의 작용을 감찰하여 개개의 피조물의 혼 속에 거해 계시는 인격적인 주다. 최고의 브라만(Parabrahman)이 최고의 주재자(Parameshvara), 즉 사람의 속과 우주 속에 계시는 하나님이시다. 그렇지만 그의 바탈은 가지가지의 성장적(becomings)인 것으로 가려 있다. 사람은 자기와 하나님이 하나인 것, 또 그의 만유와도 하나인 것을 발견하지 않으면 안 된다.

거룩하신 주 말씀하시기를

19. 그렇다. 내 네게 참으로 나의 거룩한 나타나 뵘들을 말하리라. 그러나 쿠루족의 으뜸가는 자야, 그것은 주요한 것뿐이니라. 나의 풍성함에는 한이 없기 때문이다.

틸라크 최고 주재자 형상에 대한 묘사는 『아누 샤사나파르바』(*Anushasanaparva*, 14: 311~321)와 『아누 기타』(아슈바, 43~44)에도 나와 있다. 그것은 대체로 여기 나타나 있는 것과 비슷하다. 그러나 『기타』의 묘사가 훨씬 더 아름답다. 그러므로 이것은 그것들과는 다른 어떤 데서 옮겨 쓴 것일 게다. 예를 든다면, 같은 묘사가 『바가바타 푸라나』 제15장에 거룩하신 주가 우다바(Uddhava)에게 말해주는 데 나와 있고, 거기에 그것이 이 장에 묘사된 것과 같다는 말이 적혀 있다.

스와미 프라부파다 크리슈나의 위대와 그의 풍성을 다 이해하는 것은 불가능한 일이다. 개인의 감각이나 혼은 불완전한 것이므로 크리슈나의 일들을 완전히 이해할 수가 없다. 그렇지만 정성된 신앙 있는 사람들은 크리슈나를 그래도 이해해보려고 애를 쓴다. 그러나 이는 어떤 원리에 의해서 어떤 특정한 시간이나 생활 상태에서 하자는 것은 아니다. 그보다도, 크리슈나의 문제는 참으로 오묘한 것이어서 그들에게는 감로(甘露, 넥타르)같이 보인다.

그래서 그들은 그 맛을 본다. 크리슈나의 풍성한 성격과 그의 가지가지의 능력에 관해 토론을 하는 가운데 그들 정결한 헌신자들은 초월적인 희열을 경험한다. 그러므로 그들은 거기에 관해 듣고 토론하기를 원한다. 크리슈나는 목숨 가진 것들은 자기의 풍성을 이해할 수 없는 것을 잘 알고 있으므로 자기 능력의 주요한 나타냄만을 말하는 것으로 만족한다…….

비인격신론자(非人格神論者)나 범신론자(汎神論者)는 지극히 높으신 주의 예외적인 풍부나 그의 거룩하신 능력의 나타남을 이해할 수 없다. 물질계에서나 영계에서나 그의 능력은 가지가지의 현상 속에 골고루 퍼져 있다. 이제 크리슈나는 이 아래에서 보통의 인간으로서 직접 인식할 수 있는 것을 말해준다.

20. 구다케샤야, 나는 모든 산 물건·피조물의 속에 있는 자아요, 나는 또 모든 산 물건의 맨 첨이요 중간이며 또 나중이니라.

구다케샤(Gudakesha) 머리터럭 짙은 이, 아르주나의 칭호의 하나.

21. 나는 아디챠들 중의 비슈누요, 나는 광명 중의 이글거리는 태양이요, 나는 마루타스들 중의 마리치요, 나는 별들 중의 달이다.

아디챠(adityas) 아디챠는 해라는 말인데 『베다』에는 열두 해가 있다 했다.
마리치(Marici) 천계(天界)를 다스리는 신.
마루타스(Marutas) 바람 신들, 일곱 혹은 마흔아홉 신이 있다고 믿었다.

22. 나는 『베다』 중의 사마요, 천신들 중의 인드라요, 감각 중의 마음이요, 산 물건 중에서 생각이다.

사마(Sama) 사마(沙磨), 유명한 4베다 중의 하나인데 이것을 주로 든 것은 그것이 아름다운 노래이기 때문인 듯하다.
감각 눈, 귀, 코, 혀, 살갗, 마음.
생각 체타나(cetana), 생물 속에 있는 생기의 움직임, 사상, 의식.

23. 나는 루드라들 중의 삼카라요, 야크샤와 라크샤사들 중의 쿠베라요, 바수들 중의 아그니요, 산봉우리 중의 메루다.

루드라(Rudra) 황신(荒神).
삼카라(Samkara) 시바(Shiva), 파괴신(破壞神).
야크샤(Yaksha) 야차(夜叉).
라크샤사(Rakshasa) 나찰.
쿠베라(Kubera) 보신(寶神).
바수(Vasu) 세천(世天).
아그니(Agni) 화신(火神).

메루(Meru) 그 속에 보물이 많이 묻혀 있는 것으로 유명한 곳, 수미산(須彌山).

24. 프리다의 아들아, 알아들어라. 나는 사제들 중의 머리인 브리하스파티요, 군대 장관 중의 스칸다요, 강과 바다 중의 대양이니라.

브리하스파티(Brihaspati) 기도주(祈禱主).
스칸다(Skanda) 위태천(韋駄天).

25. 나는 위대한 성인들 중의 브리구요, 소리 중의 외마디 낱말 '옴카라'요, 희생 중의 침묵 희생이요, 움직이지 않는 것 중의 히말라야며,

성인 마하리시(maharishi).
브리구(Bhrigu) 일곱 성인 중의 하나.
옴카라(om-kara) 암(唵).
침묵 자파(japa), 침묵 명상.
히말라야(Himalayah) 히말라야산, 거대함을 뜻함.

마하데브 데자이 "나는 희생 중의 침묵 희생이요" 하는 말은 참으로 중요한 말이다. 『아누 기타』(*Anu-gita*)에 이런 말이 있다. 모든 희생(yajna) 중에 '하비'(불속에)로 하는 희생이 가장 귀중한 것이다. 베다의 의식에서도 마찬가지다. 그러나 신심의 길에서는 나마 야즈나(nama-yajna), 즉 침묵 희생(japa-yajna)이 하비르 야즈나(havir-yajna)보다 더 귀중한 것이므로 『기타』에 "모든 희생 중의 침묵 희생"이란 말이 나온 것이다. 마누는 어떤 곳에서 이런 말을 했다. "다른 어떤 일을 했거나 말았거나, 그는 자파(침묵 명상)에 의해서만 해탈에 이른다."

자파는 하나님의 이름을 계속 외는 일이다. 헌신적인 신앙을 말하는 이 대목에서 『기타』는 하나님의 이름을 외는 희생을—간단하게는 찬송의 희생이라 한다—가장 좋은 길로 가르치고 있다.

26. 나는 모든 나무 중의 아슈바타요, 모든 성도 중의 나라다요, 간

다르바 중의 치트라라타요, 싯다들 중의 칼리파 무니니라.

> 아슈바타(ashvattha) 보리수(菩提樹).
> 나라다(Narada) 모든 리시 중 가장 신심이 깊은 성자로 알려져 있는 이.
> 간다르바(Gandharva) 악신(樂神).
> 치트라라타(Citraratha) 가장 노래 잘하는 신.
> 싯다(Siddha) 완전한 지경(成滿位)에 간 사람.

스와미 프라부파다 칼리파 무니(Kalipa Muni)는 은둔해 있는 성자를 가리키는 칭호인데 일반으로 크리슈나의 화신으로 믿어지고 있다. 그의 교리는 『슈리마드바가바타』 속에 나와 있다. 그런데 후대에 와서 또 다른 칼리파로서 유명해진 사람이 있으나 그의 교리는 무신론적이므로 이 칼리파와는 아주 반대되는 입장에 서 있다.

27. 나를 말 중의 웃차이슈라바스로 알라. 그것은 바다를 흔들 때에 났느니라. 나는 왕코끼리 중의 아이라바타요, 사람 중의 왕인 것을 알라.

마하데브 데자이 웃차이슈라바스(uccaihshravas, 天馬)는 인드라 신의 말인데, 신들이 아므리타(amrita, 죽지 않게 하는 효력을 가진 신주 혹은 감로)를 얻기 위해 바다를 흔들어 저었을 때에 나온 열네 가지 물건 중 하나다. 아이라바타(airavata)도 그중 하나다.

스와미 파라부파다 신심 깊은 천신들과 아수라들이 한 번 여행을 한 일이 있었는데 그 여행 중 넥타르와 독약이 터져 나왔다. 독약은 시바신이 마셨고, 그 신주에서 여러 가지 산 물건이 나왔는데 그중에 웃차이슈라바스라는 말이 있었고, 또 다른 동물 하나가 아이라바타라는 코끼리였다. 이 두 동물은 신주에서 나왔으므로 특별한 뜻을 가지는 것이다. 두 동물은 다 크리슈나를 나타내는 것이다.

인간 중에서는 왕이 크리슈나를 나타내는 것이다. …… 마하라자

유디슈티라, 마하라자 파리크시트, 주 라마 같은 이들은 언제나 백성들의 안녕만을 위해 걱정한 의로운 왕들이다. 『베다』에서는 왕을 하나님의 대표자로 알고 있다. 그러나 현대에는 종교의 부패로 인하여 왕조는 타락하고 다 무너졌다.

28. 나는 무기 중의 벼락이요, 소 중의 여의우요, 생식게 하는 힘 중에서 사랑의 신이요, 뱀 중의 바수키다.

벼락 바즈라(vajra), 금강저(金剛杵).
여의우(如意牛) 무엇이든지 원하는 대로 주는 암소.
사랑의 신 칸다르파(Kandarpa), 카마(Kama), 애신(愛神).
바수키(Vasuki) 바수길룡(婆修吉龍).

29. 나는 용족 중의 아난타요, 물속에 사는 것 중의 바루나요, 조상들 중의 아리야만이요, 제어자(制御者) 중의 야마다.

용족(龍族) 나가(nagas), 하늘에 있는 뱀들, 용(龍).
아난타(Ananta) 무종용왕(無終龍王), 나가들 중 가장 크고 위력 있는 것.
바루나(Varuna) 수천(水天), 모든 해신(海神, 바다에 있는 뱀) 중 가장 크고 무서운 것.
야마(Yama) 야마천(夜摩天).

틸라크 바수키를 뱀의 왕이라 하고 아난타를 용 중의 왕이라고 하는 말은 『아마라코샤』(*Amarakosha*)나 『마하바라타』 속에 나와 있다. 그러나 뱀과 용의 분명한 구별은 없다. 『마하바라타』의 아스티코파캬나(Astikopakhyana)에는 둘을 같은 의미로 쓰고 있다. 『슈리다라』(*Sridhara*) 주석서에는 뱀은 독이 있고 용은 독이 없다고 했다. 『라마누자바샤』(*Ramanujabhashya*) 속에는 뱀은 머리가 하나지만 용은 여러 개의 머리를 가지고 있다고 구별하고 있다. 그러나 그 구별들은 내게는 다 옳지 않아 보인다.

어떤 데 보면 용들 중에 큰 것을 들 때 아난타도 바수키도 다 나와 있고, 또 둘 다 머리도 여러 개이고 독도 있다고 한다. 그러나 다만 아난타는 붉은 빛깔이라 했고 바수키는 누런 빛깔이라 했다.

30. 나는 귀신들 중의 프랄라다요, 헤아리는 자 중의 시간이요, 짐승 중의 수왕이요, 새 중의 금시조다.

귀신 다이챠(daitya), 악마(demon).
프랄라다(Prahlada) 신심 깊은 신자로 크리슈나를 대표함.
수왕(獸王) 므리겐드라(mrigendrah), 사자.
금시조(金翅鳥) 바인나테야(vainateyah), 힌두교 전설에서는 이 금시조가 그 날개 위에 비슈누 신을 태우고 있다고 한다.

스와미 프라부파다 디티(Diti)와 아디티(Aditi)는 자매였는데, 아디티의 아들들을 아디타야라 불렀고 디티의 아들들을 다이타야라 불렀다.

아디타야들은 모두 신앙 깊은 사람들이었다. 그러나 다이타야들은 모두 믿지 않았다. 프랄라다는 다이타야 가정에 났으면서도 어렸을 때부터 열심 있는 신자였다. 그러한 신앙으로 인해 그를 크리슈나의 대표자라 한다.

마하데브 데자이 프랄라다는 신앙의 모범으로 온 인도에 모르는 사람이 없다. 그는 아버지가 노(怒)를 발하는데도 신앙을 버리지 않기 위해 이루 말할 수 없는 시련을 이겨냈다.

31. 나는 정결케 하는 자 중의 바람이요, 무사(武士) 중의 라마요, 물고기 중의 마카라요, 흐르는 강물 중의 자나비다.

마카라(makarah) 마갈어(摩竭魚), 상어, 악어(alligator).
자나비(jahnavi) 갠지스강.

32. 아르주나야, 나는 창조에 있어서, 그 맨 첨이요 나중이며 또 그 중간이요, 밝힘 중에서 자아에 대한 밝힘이요, 변론자들에 있어서 올

바른 대화이며,

> 밝힘 비쟈(vidya), 명(明), 과학, 학문.
> 자아에 대한 밝힘 아쟈트마 비쟈(adhyatma-vidya), 내명(內明).
> 올바른 대화 바다(vadah).

라다크리슈난 학문 중에서 나는 자아에 대한 학문이다. 자아에 대한 학문은 최고선에 이르는 길이다. 이는 단순한 지적 활동이나 사회적 모험이 아니다. 그것은 구원적 지혜에 이르는 길이다. 그러므로 깊은 종교적 확신에 의해서만 얻을 수 있다. 자아에 대한 학문으로서의 철학은 우리로 하여금 실재를 뚫어보지 못하도록 가리는 무지를 극복하게 한다. 그것은 플라톤의 말로 하면 보편적인 학문이다. 그것 없이 단순히 부분적으로 하는 학문은 미혹게 하는 것이다. 플라톤은 말했다. "일반적으로 학문은, 그 속에 만일 최고의 것을 포함하지 못한다면, 이익이 되는 일은 별로 없고 도리어 자기를 해치는 일이 많다."

33. 나는 글자 중의 '아' 자요, 합성에 있어서 드반드바요, 불멸의 시간이요, 그리고 나는 두루 사방에 얼굴을 향하고 있는 창조주니라.

> 아 자(字) 산스크리트 글자 중 첫 자.
> 합성(合成) 두 말, 혹은 두 물건이 합하여 하나를 이루는 일.
> 드반드바(dvandva) 둘이 합하되 어느 하나가 우세하고 다른 것이 열세한 것이 아니라 꼭 같은 자격으로 합함.

34. 나는 모든 것을 먹어치우는 죽음이요, 또 모든 것을 나게 하는 근원이다. 나는 여성에 있어서 이름남이요, 아름다움이요, 말이요, 기억이요, 지성이요, 정절이요, 참고 견딤이니라.

35. 마찬가지로 나는 노래 중에서 브리하트사마요, 찬미 중에서 가야트리요, 달 중에서 마르가 슈르쇼, 계절 중에서 꽃 피는 봄이다.

스와미 프라부파다 규격을 맞춘 시 중에서 가야트리 만트라(Gayatri mantra)가 가장 중요하다. 그것은 상당히 숙련된 브라만이어야만 부른다. 가야트리 만트라는 하나님을 체험하기 위한 것이므로 그것은 지극히 높으신 주를 나타낸다. 그 만트라는 영적으로 깊은 지경에 이른 사람이어야만 부를 수 있고, 그 시를 불렀을 때 그는 초월적인 경지에 들 수 있다. 그 만트라를 부르려면 우선 물질세계의 법칙에 의하여 완전한 지경에 가지 않으면 안 된다. 베다 문명에서 가야트리 만트라는 매우 중요한 것이어서 이를 브라만의 소리로서의 화신이라고 믿었다.

인도에서는 동지 섣달(marga-shrsho)에 모든 곡식을 거둬들이기 때문에 사람들은 그때를 가장 즐거운 시기로 알았다. 봄은 덥지도 춥지도 않기 때문에 모든 사람이 좋아하는 것은 당연한 일이다. 또 꽃이 만발하고, 봄에는 크리슈나를 기념하는 의식이 많다. 그러므로 가장 즐거운 때요, 지극히 높으신 크리슈나를 드러내는 때라 믿었다.

36. 나는 부랑자의 도박이요, 번쩍하는 자의 광명이다. 나는 승리요, 결정이요, 선한 자의 선이다.

37. 나는 브리슈니족의 바수데바요, 판두족의 아르주나며, 성자 중의 브야사요, 시인 중의 우샤나다.

함석헌 크리슈나는 지극히 높으신 신의 본체시고, 바수데바는 크리슈나의 직접적인 발현이다.

판두족 중에서는 아르주나가 가장 잘났고 용맹이 있었으며 인간 중의 으뜸이다. 그러므로 크리슈나를 대표한다.

『베다』 경전을 통하는 무니 중에서는 브야사가 가장 훌륭하다. 그는 이 칼리 시대에 『베다』를 여러 가지로 설명하여 보통 사람이 알 수 있게 했다. 그리고 그는 크리슈나의 화신으로 알려져 있었다.

카비(kavis)는 무엇이나 통달한 사람들로 알려져 있었다. 그 카비들 중에 우샤나(Ushana)는 귀신들을 다스리는 사람이었다. 그는 지성이 지극히 높고 통찰력이 있고, 정치적이요 또 영적이었다. 그러므로 그는 크리슈나의 대표자다.

38. 나는 다스리는 자의 징벌이요, 승리자의 좋은 계책이요, 비밀의 침묵이요, 지혜자의 지혜니라.

39. 아르주나야, 모든 창조물에 씨가 있다면 그것은 나요, 움직이는 또 움직이지 않는 모든 물건 중에 나 아니고 있는 것은 하나도 없느니라.

40. 위대한 적을 정복하는 자야, 나의 거룩한 능력의 나타남에는 끝이 없느니라. 내가 지금 여러 가지로 설명한 것은 다만 보여주기 위한 것일 뿐이니라.

41. 어떤 것이거나 영광스럽고, 아름답고, 능력 있는 것이 있거든, 그것은 내 광명의 단편으로 된 것이다.

42. 그러나 아르주나야, 이 많은 것을 네가 다 알아 무슨 소용이 있느냐? 나는 이 온 누리를 내 한 조각으로 뒤덮어 지지하고 있느니라.

한 조각 에캄셰나(ekamshena), 한 부스러기, 단편.

라다크리슈난 하나이신 하나님이 산산조각이 난다는 말이 아니다. 이 우주는 무한의 부분적 계시에 지나지 않는다는 말이요, 그의 영광이 한 가닥 광채로 비춰진다는 말이다. 지극히 높으신 이의 초월적인 빛은 이 우주를 뛰어넘어, 시공간을 뛰어넘어서 충만하고 있다.

이것이 『바가바드 기타』에 이르는 『우파니샤드』의 제10장 거룩하신 능력의 끝이니, 이는 브라만의 지식에서 요가를 가르치는 크리슈나와 아르주나가 나눈 문답이니라.

제11장 일체상

틸라크 앞 장에서 거룩하신 주께서 자기의 나타나 뵘을 말씀하시자, 아르주나는 그 일체상(一切相)을 보고 싶다는 생각이 속에 가득 차게 되었다. 그리하여 이 장에는 아르주나의 요구에 따라 크리슈나가 자기의 우주적인 모습을 보여주는 것이 기록되어 있는데, 그것은 너무도 황홀한 지경이어서 이것을 『기타』의 절정이라고 하고, 다른 『기타』를 쓴 사람들이 다 이것을 베껴 썼다.

일체상 비슈바루파(vishvarupa), 비슈바(vishva)는 모든 방향으로, 루파(rupa)는 모습 또는 상(相).

아르주나 말하기를

1. 저에 대한 특별하신 은총으로 가장 높은 신비의 영적 지식을 주셨습니다. 그것으로 저의 미혹은 벗겨졌습니다.

미혹 모호(moho).

라다크리슈난 세상에 있는 모든 것이 저 스스로 존재한다는 생각, 하나님과는 상관없이 제멋대로 살고 움직인다는 생각이 없어졌다.

2. 연꽃 같은 눈을 가지신 이여, 모든 것의 나고 사라짐을 당신께로부터 자세히 들었습니다. 또한 당신의 다함이 없으신 대아(大我)의 영광도 들었습니다.

3. 오, 지극히 높으신 주여, 당신은 스스로 그렇다고 말씀하신 그대로이십니다. (그러나) 오, 지극히 존귀하신 이여, 저는 당신의 거룩하신 그 모습을 보기를 원합니다.

4. 오, 주여, 만일 저로서 볼 수 있다고 생각하시거든, 오, 요게슈바라시여, 당신의 불멸의 몸을 제게 보여주시옵소서.

요게슈바라(Yogeshvara) 요가의 주[Ishvara].

「요한복음」 모든 것은 말씀을 통하여 생겨났고, 그분 없이 생겨난 것은 아무것도 없다.

열자 삶 있음은 삶 없음에서, 달라짐 있음은 달라짐 없음에서, 나지 않는 것이 나게 할 수 있고, 달라지지 않는 것이 달라짐을 달라지게 할 수 있다. 나는 것은 나지 않을 수 없고 달라지는 것은 달라지지 않을 수 없다. 그러므로 늘 나고 늘 달라진다. 늘 나고 늘 달라지는 것은 나지 않는 때가 없고 달라지지 않는 때 없다.(有生不生 有化不化 不生者能生生 不化者能化化生 者不能不生 化者不能不化 故常生常化 常生常化者 無時不生 無時不化)

노자 이름 없어 하늘땅의 비롯, 이름 있어 모든 것의 어미, 그러므로 늘 하고자 함 없어서 그 말로 할 수 없는 것을 보고, 늘 하고자 함 있어서 그 끄트머리를 본다. 이 둘은 한가지로 나와서 이름이 다르니, 한가지로 일러 깜, 깜 중 또 깜이 모든 말로 할 수 없는 것들의 문이다.(無名天地之始 有名萬物之母 常無欲以觀其妙 常有欲以觀其徼 此兩者同出而異名 同謂之玄 玄之又玄 衆妙之門)

장자 맨 첨에 없음이 있어, 있음도 없고 이름도 없었다. 하나가 일어나는 데여서, 하나가 있을 뿐, 꼴이 없다. 모든 것이 그것을 얻어 사니 일러서 큼이라 한다.(泰初有無 無有無名 一之所起 有一而未形 物得而生 謂之德)

마하데브 데자이 "연꽃잎 같은 눈을 가진 이"(kamala-patraksha)란 연꽃 이파리 같은 까맣고, 보드랍고, 큰 눈을 가진 크리슈나를 가리킨다.

라다크리슈난 모든 것 속에 영원히 영이 들어 계시는 줄을 아는 것과 그 모습을 보는 것과는 같은 일이 아니다. 아르주나는 그 보이지 않는 영이 눈으로 볼 수 있는 형태로 나타나는 꼴, 그 일체상을 보기를 원하는 것이다. 그이는 모든 산 것의 근본이요 또 무너짐이다. 추상적인 형이상의 진리가 볼 수 있는 실체로 되어야 한다.

틸라크 아르주나는 1절에서 영적 지식(adhyatma)이라는 말로 나타나는 최고 주재자(Parameshvara)의 불멸, 불가사의한 모습을 알게 됐다. 그것은 크리슈나가 제7장, 제8장에서 말한 것이다. 또 그 외에 제7장에서 즈나나, 비즈나나를 말한 다음 제9장, 제10장에서 말한 가지가지의 인식할 수 있는 모습에 관해서도 알게 됐다. 제2절에 있는 "모든 피조물의 근원과 종말"이라는 말은 인식할 수 있는 허다한 것들이 어떻게 홀로 하나인, 인식할 수 없는 것에서 나오는지를 말하는 것이다.

어떤 주석자들은 제3절의 아래 위 두 부분을 서로 딴 문장으로 보고 아래와 같이 읽는다. "오, 지극히 높으신 주여, 당신께서 당신 자신에 대하여 말씀하신 것은 사실입니다. 저는 그것을 알아듣습니다. 그러나 오, 지극히 존귀하신 이여, 저는 당신의 거룩하신 모습을 보기를 원합니다." 그러나 그 두 부분은 한 문장으로 합해보는 것이 옳다. 『파라마르다프라파』(Paramarthaprapa) 주석서에는 그렇게 되어 있다.

제4절에 나오는 '요게슈바라'란 말은 요가의 주라는 말이지, 요기(요가 닦는 사람)의 주란 말이 아니다. '요가'라는 말을 인식할 수 없는 것에서 인식할 수 있는 것들을 창조해내는 힘 혹은 방법의 뜻으로 해석하는 예는 전에도 있었다(7: 25, 9: 5). 크리슈나는 지금 자기의 우주적인 모습을 그 능력을 사용함으로써 보여주려는 것이기 때문에 이 '요게슈바라'라는 명칭은 고의로 사용한 것이다.

거룩하신 주 말씀하시기를

5. 프리다의 아들아, 볼지어다. 내 모습은 백 가지 천 가지 종류요 거룩하며 여러 빛깔이요 모양이니라.

라다크리슈난 하나님의 경악게 하는 자기 나타냄의 능력이 우주의 변화와 궁극의 참 의미를 이해한 아르주나의 앞에 나타났다. 『마하바라타』 제6장 제131절에는 크리슈나가 두료다나에게 다가갔을 때, 두료다나가 그를 포로로 잡으려 하자 크리슈나는 자기의 세계적 모습으로 나타났다고 했다.

그 환상은 신화나 전설이 아니고 영적 체험이다. 종교적 체험의 기록 안에는 그러한 환상이 수두룩하다. 예수의 변모, 사울의 다마스쿠스 도상의 환상, 콘스탄티누스의 "이 표적을 가지고 정복하라"는 표어가 붙은 십자가, 잔 다르크의 환상 같은 것은 다 아르주나의 것과 비슷한 것들이다.

성 힐데가드(Saint Hildegard)는 환상 속에 뚜렷한 인간의 모습을 보았는데, 그가 자기를 누구라고 했다는 것이 흡사히 『기타』에 있는 말을 생각나게 하는 것이 있다.

"나는 모든 생명의 불꽃을 불어 보내는 그 지극히 높고도 두려운 힘이다. 내 안에는 죽음의 그림자도 없지만, 나는 그것을 여기저기 보낸다. 그러므로 나는 지혜를 날개처럼 몸에 두르고 있다. 나는 아름다운 들 속에 빛나는 그 거룩한 본체의 살아 있는 무서운 본질이다. 나는 물속에서 반짝이고, 해와 달과 별 속에서 불탄다. 눈으로 볼 수 없는 바람의 신비로운 힘도 내 것이다. 나는 모든 산 것의 숨을 붙들어주며, 숲속에도 불고 꽃 속에도 불며, 물들이 산 것처럼 흘러갈 때 그것도 나다. 온 땅을 버티는 기둥을 내가 만들었다. 이 모든 것이 사는 것은 나 때문이요, 나는 그 속에 있고 그 생명이다. 나는 지혜요, 우레같이 몰아치는 말씀의 바람으로 내가 만물을 지었다. 나는 모든 것을 꿰뚫어 그들을 죽지 않게 한다. 나는 생명이다."

6. 볼지어다. 바라타족의 아들아, 아디챠들을, 바수들을, 루드라들을, 저 두 아슈빈들을, 그리고 마루트들을, 일찍이 보지 못한 여러 기이한 것을.

아디챠들(Adityas) 열두 태양신.
바수들(Vasus) 여덟 세천(世天).
루드라들(Rudras) 열한 황신(荒神).
아슈빈들(Ashvins) 두 구생신(俱生神).
마루트들(Maruts) 마흔여덟의 풍신(風神).

7. 볼지어다, 구다케샤야, 오늘 이 내 몸 안에 움직이는 또 움직이지 않는 온 우주가 온전히 하나 되어 있느니라. 또 네가 보기 원하는 그밖의 어떤 것도.

8. 그러나 너는 네 그 눈으로는 나를 볼 수 없느니라. 내가 네게 하늘 눈을 주리니 그것으로 내 신비의 능력을 보라.

라다크리슈난 어떤 육신의 눈도 하나님의 모습을 볼 수는 없다. 인간의 눈은 그런 빛을 뛰어넘은 것을 보게는 되어 있지 않다. 디뱌 차크수스(divya-caksus)는 하늘 눈(天眼)이고 맘사 차크수스(mamsa-caksus)는 육안이다.

인간의 눈은 외양을 볼 뿐이고, 속의 혼은 영적 눈에 의해서만 알 수 있다. 지식에는 우리 노력에 의하여 얻어지는, 즉 감각의 전달과 지능의 활동에 의하여 되는 지식과, 우리가 은총의 영향을 받아서 되는, 즉 영적 실재의 한 직접적인 지식이 있다. 신의 환상은 신의 은혜로 되는 것이다. 전체가 하나님의 신성 속에 있는 우주적인 다양성의 통일을 말하기 위해서 하는 시적인 이야기로 된다.

환상이란 하나의 정신적 구성이 아니라 유일한 마음의 저쪽에서 하는 진리의 열어 밝힘이다. 체험의 자연스럽고 직접적인 것이 여기서 드러나게 된다.

산자야 말하기를

9. 임금이시여, 이렇듯 말씀하시면서 위대하신 요가의 주, 하리께서는 프리다의 아들에게 지극히 높으신 이슈바라의 모습을 나타내셨습니다.

산자야 1장에 나오는 드리타라슈트라 왕에게 전장의 모양을 설명하는 마부.
하리(Hari) 지극히 높으신 신, 크리슈나를 가리키는 칭호.
이슈바라 자재주(自在主).

10. 가지가지의 입과 눈을 가지고, 가지가지의 놀라운 다르샨을 가지고, 여러 가지 거룩한 장식을 하고, 여러 가지 거룩한 무기를 높이 들고,

다르샨(darshan) 바라봄, 목격(sight).

11. 하늘 꽃줄 하늘 옷을 늘이시고, 하늘 향을 바르시며, 모든 기묘

한 것을 갖추시고 눈이 부시며, 한이 없으시고, 모든 방향으로 보시는 낯을 가지신 하늘 신을 나타내셨습니다.

12. 만일 천 개의 해가 하늘에 나타나 그 빛을 단번에 쏟는다면, 혹 그 높으신 이의 광채에 비슷하올까.

13. 판두족의 왕자는 거기서 가지가지로 갈라져 있는 온 세계가 신 중의 신이신 그 한 몸 속에 하나인 것을 보았습니다.

14. 그때에 그 가멸음의 정복자는 놀람에 맞아 머리터럭이 곤두서고 머리를 조아려 주 앞에 절하며 합장하고 사뢰기를,

아르주나 말하기를

15. 오, 주여, 저는 당신의 몸 안에 모든 천신과 또 여러 이상한 생물의 무리와, 연꽃 위에 앉으신 모든 신의 주이신 브라마와, 모든 성인과 또 모든 하늘 용을 봅니다.

라다크리슈난 사람이 하나님의 환상을 보면 시야가 넓어져 우리 마음을 어지럽히기 쉬운 시끄러운 근심 걱정의 속세의 저쪽을 볼 수 있게 된다. 하나님의 창조는 이 조그만 지구에만 국한된 것이 아니다. 그것은 대우주의 하잘것없는 한 부분일 뿐이다. 아르주나는 이제 우주에 가득 차는 무한 무수의 영의 무리를 본다.

16. 저는 허다한 팔과 배와, 허다한 입과 허다한 눈을 가지시고 사방에 무한한 모습을 나타내시는 당신을 봅니다. 그러나 당신의 끝과 중간과 맨 첨을 저는 보지 못합니다. 오, 일체의 주이며 일체의 모습이신 주여!

17. 제가 보니 당신은 왕관을 쓰시고, 권세의 지팡이를 드시고, 윤

보(輪寶)를 가지시고 사방으로 광채를 발하시는 빛의 덩어리시요, 타오르는 불꽃같이 태양같이 헤아릴 수 없어 눈부시어 볼 수 없습니다.

18. 당신은 불멸이시요, 깨달아 이르는 지극히 높으심입니다. 당신은 우주의 궁극의 근본이시요, 당신은 무너짐 없는 영원한 진리를 지켜주시는 이입니다. 당신은 으뜸 사람이시라 저는 믿습니다.

19. 처음도 중간도 나중도 없으시고 힘이 한이 없으시며, 한없는 팔을 가지시고, 해 달로 눈을 삼으시는 당신이 입에서 나오는 불꽃으로 이 우주를 불사르고 계신 것을 제가 봅니다.

20. 이 궁창과 땅 사이의 공간과 또 모든 방향이 오직 당신 하나만으로 꽉 차 있습니다. 오, 마하트마시여, 당신의 이 놀랍고 무서운 모습을 보고 삼계가 부르르 떱니다.

21. 저 모든 천신의 무리가 당신께로 돌아가고, 더러는 두려워 합장하고 찬송하며, 대성인과 성만위(成滿位)에 이른 성자들의 떼가 "복이 있도다"를 외며 울려 퍼지는 찬미로 당신을 노래하옵니다.

22. 루드라들, 아디챠들, 바수들, 사드야들, 비슈바데바들, 아슈빈들, 마루트들, 우슈마파들, 간다르바들, 야크샤들, 아수라들, 싯다들의 모든 무리가 놀람으로 당신을 바라보옵니다.

사드야들(Sadhyas) 성취신(成就神).
비슈바데바들(Vishvadevas) 일체신(一切神).
우슈마파들(Ushmapas) 조신(祖神).
야크샤들(Yakshas) 야차신(夜叉神).
아수라들(Asuras) 수라, 아수라(阿修羅).

23. 오, 억센 팔을 가지신 이여, 많은 입과 많은 눈과 많은 팔, 다리, 발과 많은 배와 많은 끔찍스러운 이빨을 가진 당신의 엄청난 몸

을 보고 온 세계도 저도 놀랍니다.

24. 당신의 하늘 닿는 갖가지 빛의 불길이 입을 쩍 벌리고 이글거리는 눈을 하신 모습을 보고, 오, 비슈누이신 이여, 제 속의 혼은 무서워 떨고, 가만있을 수도, 맘이 평안할 수도 없습니다.

25. 저는 당신 입의 그 무서운 이빨을 볼 때, 타오르는 멸망의 불길을 보는 것 같아, 어디가 어딘지를 잊어버리고 평안을 가질 수 없습니다. 불쌍히 여기시옵소서. 오, 신들의 신이시여, 세계의 피난처여!

멸망의 불길 칼랄라나(kalalana), 겁화(劫火).

26. 저기 있는 모든 드리타라슈트라의 왕자들, 모든 나라 왕의 무리, 비슈마와 드로나와 또 카르나와, 그리고 한가지로 우리 편의 우두머리 되는 용사들,

27. 휩쓸려 당신의 무섭게 벌린 입의 이빨들 속으로 들어갑니다. 어떤 것은 이빨 사이에 끼여 그 대가리가 부서지고 가루가 된 것이 보입니다.

28. 마치 많은 시냇물의 사나운 물결이 한데 밀려 바다로 들이닫듯이, 그들 세상의 날쌘 영웅들이 불타는 당신 입속으로 달려 들어갑니다.

29. 마치 부나비들이 타는 불 속으로 몰아쳐 들어가 타 죽듯이, 모든 사람이 죽기 위해 당신 입속으로 몰아쳐 들어갑니다.

30. 오, 비슈누 신이시여, 당신은 사면에 있어서 불타는 당신의 입으로 삼켜 씹어 온 세계를 먹어치우십니다. 당신의 무서운 불빛이 온 세계에 충만하여 그 불꽃으로 그것을 살라버립니다.

31. 그렇게 끔찍한 모습을 한 당신은 누구십니까? 말씀해주시옵소

서! 당신께로 나아갑니다. 모든 신 중에 가장 크신 주여, 불쌍히 여기시옵소서! 저는 맨 첨이신 당신을 알기 원합니다. 저는 당신의 하자는 뜻을 모르기 때문입니다.

라다크리슈난 자기 무지로 인하여 눈이 어두운 인생들은 자기 멸망으로 달음질치는데, 거룩하신 주재자는 그것을 그대로 두신다. 그들은 자기 행동의 결과를 얻고 있기 때문이다. 우리가 어떤 행동을 하기 원할 때는 그 결과도 원하는 것이다. 자유행동은 우리를 결과에 다 붙들어 맨다. 이 원인 결과의 법칙은 하나님 뜻의 한 발현이기 때문에 그 법칙대로 실현하신 것이라 할 수 있다. 저자는 하나님의 우주적인 모습이라는 생각을 통해서, 이 온 우주가 그 크기와 아름다움과 두려움과 신들 축복받은 영혼들 동물들 식물들, 다 하나님의 풍성하신 능력으로 존재한다는 것을 설명해주는 것이다. 하나님은 모든 것을 자기 속에 가지고 계시므로 자기 밖으로 나올 수가 없다. 우리 인간은 막연하게 생각하는 것이기 때문에 어떤 때는 이런 생각에 잡히고, 어떤 때는 저런 생각에 잡힌다. 우리는 연속적으로 생각을 하지만 하나님은 모든 것을 하나로 생각하신다. 거기는 과거도 없고 미래도 없다.

거룩하신 주 말씀하시기를

32. 나는 시간이다. 세계를 멸망시키는 자다. 다 자랐다. 이제 나는 모든 세계를 삼켜버리러 나타났다. 네가 아니더라도, 저기 마주 서 진을 벌이고 있는 모든 무사는 하나도 남아 있지 않을 것이니라.

시간 칼라(kala).

라다크리슈난 시간은 우주의 원동자(原動者)다. 하나님을 만일 시간으로 생각한다면, 그는 끝없이 창조하는 이요 끝없이 파괴하는 이다. 시간은 끝없는 유전(流轉)이다.

최고의 주재자는 창조와 파괴를 다 주장한다. 『기타』는 누구나 보통 가지고 있는, 하나님은 선을 주장하고 사탄은 악을 주장한다는 사상에 찬성하지 않는다. 만일 모든 유한한 생명이 하나님에게서 나오는 것이라면, 그렇다면 그 안에 포함되는 모든 것, 생명도, 창조도, 고통도, 죽음도 그에게서 나온다 하여야 할 것이다.

하나님이 시간을 주장하는 것은 그가 시간 밖에 서기 때문이요, 또 그렇기 때문에 우리도 시간 위에 올라서게 된다면 그것을 주장할 수 있다. 시간 뒤에 서시는 힘으로서의 하나님은 우리보다 멀리 내다보시고, 모든 사건을 어떻게 주관할 것을 아시기 때문에 아르주나에게 일의 원인은 벌써 여러 해 전부터 작용하고 있는 것이고, 그렇기 때문에 우리가 이제 와서 무슨 짓을 해도 막아낼 수 없는 자연적인 결과를 향해 움직여가고 있다는 것을 말해주었다. 대적들의 멸망은 벌써 오래전에 저지른 행동 때문에 어쩔 수 없이 결정이 되어 있다.

비인격적인 운명이란 것이 있다. 크리스천들은 그것을 섭리라고 부르는데, 그것은 하나의 일반적인 우주적 필연이다. 즉 모이라(moira)다. 그것은 하나님의 한 면의 나타남이므로 그의 만유의 주재자로서의 의지라고 볼 수 있는 것이고, 사람으로서는 알아볼 수 없는 목적을 향해 움직이고 있다. 거기에 대해서는 제 뜻으로 하는 모든 항의가 다 소용이 없다.

33. 그러므로 너는 일어나라. 그리하여 네 영광을 얻을지어다. 네 대적을 정복하고 풍성한 왕국을 누릴지어다. 그들은 이미 나에 의하여 부서졌느니라. 오, 왼손잡이야, 너는 다만 그 잡은 것이 돼라.

왼손잡이 사뱌사친(Savysacin), 좌우 양손을 다 잘 쓰는 사람, 아르주나.

다만 그 잡은 것 니미타마트람(nimittamatram, merely the occasion, just the cause, no more than an instrument), 외인(外因)뿐.

34. 드로나 장군, 비슈마 장군, 자야드라타 장군, 카르나 장군, 그 밖의 용사들도 이미 나에 의하여 죽여졌느니라. 너는 그들을 죽여라! 겁내지 마라! 싸워라! 너는 싸움에서 대적을 정복할 것이다.

자야드라타(Jayadratha) 위대한 전사.

라다크리슈난 운명의 하나님은 모든 것을 결정하고 명령했으므로 아르주나는 그 잡은 것이 되기만 하면 된다. 말하자면 전능자의 손에 쥐인 한 개의 피리다. 그러면 그는 자기 목적대로 행하여 위대한 진화를 성취하신다. 아르주나가 만일 자기의 불완전한 판단에 따라 행하려 한다면, 그는 스스로 자기한테 속게 된다. 어떤 사람도 하나님의 특권에 침입할 수는 없다. 무기를 들지 못하겠다 했을 때 아르주나는 건방짐을 범했다.

"다만 그 잡은 것"이 되라고 했을 때 저자는 하나님의 예정설을 지지하고 있고, 개인은 완전히 무력하고 무의미하다는 것, 그의 의지와 노력은 소용이 없다는 것을 말하고 있다. 결정은 이미 되어 있는 것이므로 아르주나는 그것을 변경할 수가 없다. 그는 하나님의 손에 쥐어져 있는 한 개의 힘 없는 잡힌 존재다. 그러나 반면에 다른 조건이 있다. 하나님은 이랬다저랬다 하거나 되는대로 하는 이가 아니다. 이 두 면을 어떻게 조화시킬 것인가? 흔히 있는, 하나님이 예정하시고 모든 것을 홀로 주장하신다는 말을 들으면 우리 속의 하나님에게 온전히 의지하자는 느낌이 일어나는데 그 하나님은 완전히 타자로서 우리와 절대적 대립 속에 서 있는 이라는 뜻이 여기 나타나 있다. 하나님의 능력에 대한 강한 직관이 여기 나와 있다. 그것은 욥기나 바울의 서간에도 나와 있다. "지음을 받은 자가 어찌 지으신 이를 향하여 나를 왜 이렇게 만들었느냐 할 수 있겠느냐?"

우리가 우주의 과정을 다 예정의 전개로만, 즉 미리 만들어놓은 시나리오를 열어 보여주는 것으로만 생각할 필요는 없다. 저자는 여기서 인간의 행동은 미리 내다볼 수 없다는 것을 부정한다기보다도 하나님의 영에는 과거, 현재, 미래의 모든 시간의 어느 순간 속에도 영원이 다 현존해 있다는 뜻을 긍정하려 하고 있다. 시간 내에서 되는 진화의 각 순간의 이 극단적인 특이성이 하나님의 영원과 양립 안 되는 것은 아니다.

하나님에 대한 생각들은 다 인간의 기구적인 성격을 통해서 된 것이다. 우리가 지혜롭다면 우리는 하나님 손 안에 잡힌 것답게 행한다. 우리는 우리 영혼을 온전히 내놓아 하나님으로 하여금 온전히 흡수해버리게 하여 자아의 형적을 남겨두지 않게 한다. 우리는 "우리 평화는 당신의 뜻 속에 있습니다" 하는 부르짖음과 함께, 그의 명령을 받아 행하지 않으면 안 된다.[「누가복음」, 23: 46] 아르주나는 '당신의 뜻밖에 아무것도 없습니다. 당신만이 오직 하시는 것이고 저는 다만 잡힌 것일 뿐입니다' 하고 생각했어야 하는 것이다.

전쟁의 끔찍한 참상이 그의 마음을 흔들어버렸다. 인간의 표준으로 본다면 이것은 도저히 이해할 수 없는 것이지만, 그러나 막이 올라가고, 그리하여 전능하신 이의 목적이 드러났을 때 그는 거기 가만히 순종할 수 있었다. 그가 스스로 원하던 것, 그가 이 세상에서 또는 오는 세상에서 이렇게 됐으면 하고 바랐던 것이 이제는 다시 문제 되지 않는다. 이 시간과 공간의 세계 뒤에 하나님의 목적이 있어서 그것을 꿰뚫고 있다. 우리는 그 지극히 높은 하나님의 계획을 깨닫고 거기 봉사하는 것으로 만족해야 한다. 모든 행동이 다 그것을 뛰어넘는 저 먼 어떤 것의 상징인 것이다.

"이미 나에 의하여 죽여졌다"(maya hatan) 함은 하나님에 의하여 운명이 결정되었음을 뜻한다.

하나님은 그들 생애의 가는 방향, 그 종착점을 다 알고 있다. 아무리 미미하고 하찮은 것이라도, 참새 한 마리가 떨어지는 것까지도, 하나님이 명령하시고 허락하시지 않은 것은 하나도 없다. 아르주나는 섭리의 사무를 집행하라는 요청을 받았다. 그는 외적으로는 자연의 주요, 내적으로는 어떤 사건이 일어난다 해도 거기서 초연하고 있을 것이다.

「시편」(2: 7~9) 나를 왕으로 세우시며 선포하신 여호와의 칙령을 들으라. "너는 내 아들. 나 오늘 너를 낳았노라. 나에게 청하여라. 만방을 너에게 유산으로 주리라. 땅 끝에서 땅 끝까지 너의 것이 되리라. 저들을 질그릇 부수듯이 철퇴로 짓부수어라."

산자야 말하기를

35. 이렇듯 케샤바가 하시는 말씀을 듣고 보관을 쓴 이는 떨며 합장하고 절한 후, 다시금 두려움으로 크리슈나 앞에 엎디어 더듬는 말로 했습니다.

케샤바(Keshava) 피발천(被髮天), 크리슈나의 칭호의 하나.
보관을 쓴 이 아르주나를 가리킴.

아르주나 말하기를

36. 오, 흐리시케샤여, 온 세상이 당신을 찬양하여 즐거워하고 알뜰히 사모하는 것은 지당한 일이옵니다. 나찰들은 두려워 사방으로 도망갔고, 모든 싯다 상가는 당신 앞에 엎디어 절하옵니다.

흐리시케샤(Hrishikesha) 머리터럭 그슬린 이, 크리슈나의 칭호의 하나.
나찰(rakshasa) 악한 귀신.

싯다 상가(siddha-sangha) 깨달아서 완전한 지경에 이른 성자들.

라다크리슈난 아르주나는 한편 경탄하고 한편 고뇌하는 영적 황홀 속에 지극히 높으신 이를 찬양한다. 그는 시간의 파괴력을 보는 동시에 또 우주를 다스리고 있는 법칙이 임해 계신 것을 보았다. 그 첫 번 것은 두려움을 주었고, 그 둘째 번 것은 황홀한 기쁨을 주었다.

37. 오, 마하트마여, 또 그들이 어찌 당신을 경배하지 않을 수 있습니까? 당신은 맨 첨의 창조주시요, 브라만보다도 더 크시고, 무한의 신이시며 만신의 신이시요, 우주의 피난처입니다. 당신은 불멸이시요, 있음이요, 안 있음이시며, 또 그것을 뛰어넘으신 이입니다.

마하트마(mahatma) 위대한 영, 위대하신 이, 대성(大聖).
맨 첨의 창조주 아디카르트레(Adikartre)
우주의 피난처 자간니바사(Jagannivassa), 그 안에 온 우주가 거하는 하나님.
있음, 안 있음(sat-asat) 유(有)와 비유(非有), 원인 결과.

라다크리슈난 맨 처음의 창조주, 혹은 당신은 브라마의 창조주이시기까지 하옵니다.

틸라크 『기타』(7: 24, 8: 20, 15: 16)를 보면 사트(sat)와 아사트(asat)란 말은 여기서는 '인식할 수 있는', '인식할 수 없는'(avyakta)의 뜻으로, 혹은 '변하는'(kshara) 또한 '안 변하는'(akshara)의 뜻으로 보아야 한다. 사트·아사트를 뛰어넘는 원리를 『기타』에선 불멸의 브라만(aksharabrahman)이라고 한다. 제13장 제12절에 나온 말대로 한다면 "나는 사트도 아니요, 아사트도 아니다." 아크샤라라는 말을 『기타』에서는 프라크리티에 대해 쓰고, 어떤 때는 파라브라만에 대해서 쓴다.

38. 당신은 맨 처음의 신이시요, 한 옛적의 으뜸 사람이시며 이 온 우주의 궁극의 쉴 곳입니다. 당신은 아시는 이요, 또 알려질 것이며,

그 모든 것의 돌아갈 곳입니다. 끝이 없는 형상을 가지신 이여, 당신으로 이 우주는 꿰뚫려 있습니다.

39. 당신은 바유요, 야마요, 아그니요, 바루나요, 또 샤샹카요, 프라자파티요, 프라피타마하이십니다. 당신 앞에 절하고 다시 절합니다. 다시금, 다시금, 천 번도 더 다시금 당신께 절 드리옵니다.

<small>바유(Vayu) 바람.
야마(Yama) 죽음의 임금.
아그니(Agni) 불의 신.
바루나(Varuna) 물의 신.
샤샹카(Shashanka) 달.
프라자파티(Prajapati) 창조주 브라마.
프라피타마하(Prapitamaha) 조상의 조상.</small>

틸라크 브라마데바(Brahmadeva)의 마음으로 낳은 일곱 아들이 있다. 그중 첫째가 마리치(Marici)인데 그에게서 카샤파(Kasyapa)가 나왔고, 카샤파에게서 그밖의 모든 자손이 나왔으므로 이 마리치와 그밖의 것들을 합해서 프라자파티들(자존들의 주)이라고 한다. 그래서 이 프라자파티란 말을 어떤 이는 카샤파란 뜻으로, 또 어떤 이는 프라자파티의 뜻으로 해석한다. 그렇지만 여기서는 프라자파티의 단수를 썼으므로, 브라마데바로 해석하는 것이 더 온당하다고 본다. 그뿐 아니라 브라마데바는 마리치와 그밖의 아들들의 아버지기 때문에, 즉 모든 자손의 할아버지기 때문에 아래 있는 조상의 조상(프라피타마하)이라는 말에 맞는다.

40. 당신 앞에서 절합니다. 당신 뒤에서 절합니다. 일체의 신이시여, 일체의 방향에서 당신께 절합니다. 당신은 능력이 한없으시고, 힘이 한없으십니다. 당신은 일체를 쥐고 계십니다. 그러므로 당신은 일체이십니다.

41. 당신을 친구로 알아, "오 크리슈나, 오 야다바, 오 친구여" 하면서 당신의 이 위대를 모르고, 혹은 경솔함으로, 혹은 친애하는 마음에서 당신을 향해 전에 했던 모든 말,

야다바(Yadava) 크리슈나의 다른 호칭.

42. 또 농담으로, 쉬는 동안, 자리에 누워 있는 동안, 밥을 먹는 동안, 혹은 혼자서, 혹은 여럿 앞에서 당신께 버릇없이 한 모든 행동을, 오 변함없으신 이여, 용서하옵소서. 오, 불가사의하신 이여, 이제 당신 앞에 비옵니다.

라다크리슈난 하나님의 환상을 본 사람은 자기가 아무 값어치 없는 물건이라는 것과 자기가 죄인이란 것을 통절히 느끼게 된다. 이사야가 하나님의 높은 보좌 위에 앉으신 것을 보았을 때 "큰일났구나, 이제 나는 죽었다. 나는 입술이 더러운 사람, 입술이 더러운 사람들 틈에 끼어 살면서 만군의 여호와인 나의 왕을 눈으로 뵙다니?"라고 말했다.

43. 당신은 이 흔들리는, 또 흔들리지 않는 세계의 아버지이십니다. 당신은 신들의 예배를 받으실 분이요, 존경을 받아야 하는 스승이십니다. 당신 같으신 이는 없습니다. 당신보다 더 큰 이가 어디 있을 수 있습니까? 당신은 삼계에서 비할 자가 없는 능력이십니다.

44. 그러므로 당신께 절하고 엎디어 빕니다. 찬양하올 주여, 자비를 베푸시옵소서. 오, 하나님이시여, 아버지가 그 아들에게 하듯, 친구가 그 친구에게 하듯, 사랑하는 자가 그 사랑에게 하듯, 저를 참아 주시옵소서.

라다크리슈난 하나님을 아버지로 보는 것은 힌두교에는 흔히 있는 사상이다. 『리그 베다』에는 "우리에게 가까이 갈 수 있게 해주옵

소서, 아버지가 그 아들에게 하듯, 스스로 빛을 발하시는 주여, 우리와 함께 계시어서 복을 주시옵소서" 했고 또 『야주르 베다』에는 "오 주여, 당신은 우리 아버지이십니다. 아버지처럼 우리를 가르쳐주시옵소서" 했다. 구약에도 아버지의 상에 대해 쓰여 있다. "아버지가 그 아들을 불쌍히 여기듯이 주께서는 자기를 두려워하는 자를 불쌍히 여기신다" 했다. 예수에게는 아버지로서 하나님 사상이 그 가르침의 중심이다.

틸라크 어떤 해석자들은 프리야(priyah), 프리야야르하시(priyayarhasi)를 "사랑하는 자", (여자들인 경우는) "내 사랑"이라 하지만 내 해석으로 그것은 옳지 않다. 왜냐하면 프리야야르하시란 말을 문법적으로 볼 때 프리야야(priyayah)와 르하시(rhasi)를 끊어서 볼 수 없고, 비교를 표시하는 말인 이바(iva)가 이 절 안에서 두 번밖에 나오지 않았다. 그러므로 프리야 프리야야르하시(priyah priyayarhasi)를 셋째 비교로 보는 것보다는 그것을 그 비교의 주제목으로 보는 것이 더 온당하다.

함석헌 그리하여 우리가 이해할 수 없는 문법상의 토론은 생략하기로 하자. 틸라크는 사랑하는 자, 사랑받는 자를 부부의 비유로 보려 하지 않고(사실 원문에는 남편이란 말도, 아내란 말도 없다) 그 "사랑하는 자"를 하나님으로 보고 "그의 사랑"(받는 자)을 아르주나 자신으로 보아서, 아버지가 아들의 잘못을 사해주고, 친구가 친구의 잘못을 사해주듯, 그렇듯 사랑하시는 당신께서 당신의 사랑받는 제 잘못을 사해주옵소서 하는 뜻으로 해석하자는 것이다.

45. 일찍이 보지 못한 것을 보고 저는 기쁨에 찼습니다. 그러나 제 마음은 두려움으로 어쩔 줄을 모르겠습니다. 주여, 당신의 모습을 제게 보여 저를 불쌍히 여겨주시옵소서. 만유의 주이며, 우주의 피난처

인 당신이시여!

라다크리슈난 초월적인 존재, 우주적인 존재의 무서운 모습도 있지만, 그것만이 아니라 또 무서움에 질린 이 죽을 인생에게 다시 용기를 주는 인격신의 모습, 신성에 대한 명상의 상징이 되는 모습도 또 있다. 크리슈나의 옹근 모습의, 부숴버리는 광명의 불꽃 밑에서 견디어 설 수 없어 하는 아르주나는 이제 좀더 즐거운 모습을 원한다. 세계의 저쪽에 항상 빛나는 그 빛은 또 제 속에 있는 빛이기도 하다. 다시 말해, 제 속에 있는 스승과 친구다.

46. 전처럼 왕관을 쓰시고 권세의 지팡이를 잡으시고, 윤보를 드신 당신을 보고 싶습니다. 오, 일천 팔을 지닌 하나님, 무한형상의 주님, 바라옵나니, 당신 팔의 모습으로 보여주시옵소서!

<small>윤보(輪寶) 우내(宇內)를 통일 지배하는 수레바퀴 모양의 보기(寶器).</small>

라다크리슈난 아르주나는 이제 비슈누의 화신으로서 크리슈나의 모습을 가져다주기를 원하는 것이다.

거룩하신 주 말씀하시기를

47. 아르주나야, 내가 네게 만족했으므로 내 요가의 힘에 의하여 나의 최고 모습을 네게 보여주었으니, 이것은 광명으로 이뤄진 것이요, 온 우주요, 무한이요, 맨 처음이니라. 너를 내놓고는 아무도 그것을 본 사람이 없느니라.

<small>최고 모습 일천 팔을 지닌 하나님, 무한형상의 주님을 가리킴.</small>

라다크리슈난 환상이 사람이 찾는 것의 구경은 아니다. 그렇다면 『기타』는 여기서 끝났을 것이다. 한때 번쩍이고 지나가는 환상이 찾는 자의 늘 있는 체험이 되지 않으면 안 된다. 황홀 혹은 사마디(三

味)는 신앙 생활의 목적도 또 본질적 요소도 아니다. 눈을 캄캄하게 하는 빛, 법열 속에 떠다님이 영구적인 신앙으로 변화되어야 한다. 아르주나는 그가 본 치떨리는 광경을 도저히 잊을 수는 없었겠지만, 그것을 자기 생활 속에 박아 넣지 않으면 안 됐다. 환상은 다만 열어 줌일 뿐이다. 그것은 튼튼케 해주는 것은 아니다. 우리가 우리 눈으로 본 것을 다른 감관의 증거로써 시험해보고 확인하고 하듯이 환상으로 얻어진 지식도 생명의 다른 요소들에 의해 온전하게 만들 필요가 있다.

『**중용**』 옹글참됨은 하늘 길이요, 옹글참되게 함은 사람의 길이다. 옹글참되게 한다는 것은 착함을 골라 굳게 잡음이다.(誠者天之道也 誠之者人之道也 誠之者 擇善而固執之者也)

48. 오, 쿠루족의 가장 뛰어난 용장아, 『베다』나 희생이나 공부에 의해서도, 자선에 의해서도, 제사 의식에 의해서도, 무서운 고행에 의해서도, 나의 이러한 모습을 보는 것은 인간 세상에서는 너를 내놓고는 아무도 될 수 없느니라.

49. 나의 이러한 무서운 모습을 보고 너는 두려워도 말고 어쩔 줄 몰라 하지도 마라. 두려워 말고, 기쁜 마음을 가지고 다시 나의 (전의) 모습을 보라.

산자야 말하기를

50. 그렇듯 아르주나에게 말씀하시면서 바수데바께서는 자기의 모습을 나타내시었습니다. 마하트마는 다시금 자기의 인자하신 형상에 돌아가시어서 무서움에 질린 아르주나를 위로해주셨습니다.

아르주나 말하기를

51. 오, 자나르다나시여, 당신의 이 인자하신 모습을 뵈오니 제 마음이 가라앉고 제 본성으로 돌아왔습니다.

거룩하신 주 말씀하시기를

52. 나의 이 지극히 보기 어려운 모습을 너는 이제 보았느니라. 모든 신조차도 이 모습을 보기를 항상 원하느니라.

53. 『베다』에 의해서도, 고행에 의해서도, 자선에 의해서도, 희생에 의해서도, 네가 지금 본 나의 그 모습은 볼 수 없느니라.

54. 아르주나야, 그러나 외곬으로 믿는 마음에 의해서만 나는 나대로 알 수 있고, 참대로 볼 수 있고, 또 들어갈 수 있느니라. 오, 파란타파야!

55. 판두족의 아들아, 나를 위해 일을 하고, 나를 자기 목적으로 알고, 나를 진심으로 믿고, 아무것에도 집착이 없으며, 모든 물건에 대하여 악의를 품지 않는 사람, 그 사람은 내게로 오느니라.

라다크리슈난 이것이 박티 신심(信心)의 을 짬이다. 제12장 제13절을 보라. 이 절이 『기타』 전체의 교훈의 주지다. 우리는 우리 의무를 다하기 위해 정신을 하나님께로 향하고 세속적인 모든 것에 대한 관심을 버리고 어떤 생명체에 대해서도 적대하는 생각을 품어서는 아니 된다.

우리 직업이 무엇이었거나, 우리 성격이 어떠했거나, 또 우리가 창조적인 사상가건, 혹은 명상적인 시인이었건, 아무런 천부의 재능도 가진 것 없는 비천한 한 남자 한 여자였건, 하나님의 사랑이라는 위대한 선물을 받기만 한다면, 우리는 하나님의 기구가 될 수 있고, 그의 사랑과 목적을 전달하는 통로가 될 수 있다. 이 산 영(靈)들의 넓은 세계가 하나님에게 가락을 맞추어 그 뜻을 이루기 위해서만 존재하게 된다면 인간의 목적은 성취될 것이다.

『기타』는 그 놀라운 초월적인 환상의 체험이 있은 다음 그것으로 끝나지 않았다. 초월적인 아트만의 큰 비밀, 곧 있는 모든 것의 근본인 그 자체는 아직도 변함없이 남아 있는 것을 볼 수 있다. 최고자가 유한한 것의 끝없는 과정의 배경이 되고 있다. 아르주나는 이 진리를 보았지만 그 안에 살아 있으면서 하나님 뜻에 순종하는 가운데 자기의 온 천성을 변화시켜야 했다. 한때 반짝하고 지나가는 환상은 그것이 아무리 생생한 것이고 그 영향이 아무리 영구적인 것이라 하더라도, 그것이 완전한 도달은 아니다. 영존(永存)하는 실재에 대한 탐구, 즉 궁극의 탐구는 감정적인 만족감이나 발작적인 체험으로 끝날 수 없다.

「마가복음」(9: 2~29) 그때 갑자기 예수의 모습이 그들 앞에서 영광스럽게 변했다. 그의 옷은 눈부시게 빛나 세상의 어떤 마전쟁이도 그보다 더 희게 할 수 없을 만큼 새하얗게 보였다. …… 그때에 베드로가 나서서 "선생님, 저희가 여기서 지나면 얼마나 좋겠습니까? 여기 초막 셋을 지으십시다. 그래서 하나는 선생님이 계시고, 하나는 모세에게, 하나는 엘리야에게 드리도록 합시다"라고 말했다. …… 바로 그때 구름 속에서 "이는 내 사랑하는 아들이다. 너희는 그의 말을 잘 들어라" 했다. …… 예수께서 제자들과 함께 산에서 내려오시는 길에 "사람의 아들이 죽음으로부터 다시 살아날 때까지는 지금 본 것을 아무에게도 말하지 마시오" 하고 단단히 당부하셨다. …… 그들이 다른 제자들이 있는 곳으로 돌아와 보니, 큰 군중이 둘러서 있는 …… 예수께서는 "아, 이 세대가 왜 이다지도 믿음이 없을까!" 하셨다.

 이것이 『바가바드 기타』라는 『우파니샤드』 제11장 일체상의 끝이니, 브라만의 지식의 일부인 요가에 대한 학문에 대해 크리슈나와 아르주나가 나누는 문답이니라.

제12장 박티 요가

틸라크 크리슈나는 제7장에서 카르마 요가를 완전히 성취하는 데 필요한 경험적 또 영적 지식을 설명하기 시작했다. 그러고는 제8장에서는 말로 할 수도 없고, 보여줄 수도 없으며, 인식할 수도 없는 브라만의 모습을 설명했다. 그리고 나서 그는 눈으로 볼 수 있는 뚜렷한 길을 '신앙의 길'이라는 형식으로 설명하기 시작했다. 그러고는 제10장, 제11장에서, 그 길에서는 자연 만나게 될 것인 그 능력의 나타냄, 그 우주적 모습의 보여줌을 다 마치고 나서, 제11장 끝에 가서 모든 것을 마무르기 위해서 그는 아르주나를 보고 모든 행동을 정성된 신앙을 가지고 또 집착함이 없이 하라고 가르쳐주었다.

그래서 지금 아르주나는 묻는 것이다. "제7장과 제8장에서는 저에게 변하는 또는 변하지 않는 견지에서 볼 때, 최고 주재자의 인식을 뛰어넘는 모습이야말로 무엇보다도 더 공경해야 할 것이라 하시고 나서는, 카르마 요가를 성취하려면, '인식을 뛰어넘는 불멸의 님'을 공경하라고 지시하셨습니다(7: 19, 24, 8: 21). 그러고는 저에게 요가에 전심을 모으고 싸우라 하셨습니다. 그러고는 제9장에서 '인식할 수 있는 이'를 공경하는, 볼 수 있는 길을 설명해주시고 난 다음, 당신께서는 제게 모든 행동을 최고 주재자에게 바치는 마음으로 하라고 명령하셨습니다(9: 27, 34, 11: 55). 그러면 그 두 길 중에 어느 것이 더 좋습니까?"

이 질문 중에 '인식할 수 있는 이'를 공경한다는 말은 믿음을 의미하는 것이다. 그러나 여기서 하는 말의 의미는 예배의 다른 대상에 대해서 공경을 드리란 말이 아니다. 그렇기 때문에 인식할 수 있는 것에 대하여 하는 예배의 진정한 뜻은, 어떤 상징이나 대상을 향해서 했든 간에 그 예배는 '아니 계신 곳이 없이 계시는 오직 한 분인 최고 주재자'에 대하여서 하는 것으로 믿고 하는 것이라고 설명한다. 이 장에서 말하는 신앙이란 그러한 의미의 것이다.

간디 이미 본 것과 같이 하나님의 환상은 오직 외곬으로 믿는 마음에 의해서만 된다. 그러면 신앙의 내용이 어떤 것이냐가 자연 문제 된다. 다른 장은 다 못하더라도 이 제12장만은 따로 다 외도록 해야 한다. 이 장은 가장 짧은 장이다. 믿는 자의 특징이 어떤 것이냐 하는 것을 주의 깊게 보아야 한다.

『청년 인도』(1927. 1. 12.) 제11장과 제12장, 이보다도 더 강한 힘으로 우리를 하나님께로 이끌어주는 것이 또 어디 있을까. '그이'의 가지가지의 모습을 파노라마적으로 보여주는 이 환상, 그와 같이 해서 우리를 신앙에 대해 준비를 시켜놓고는 크리슈나는 제12장에서 신앙의 을쯤을 우리에게 보여주신다. 이 장은 아주 짧기 때문에 누구나 다 따로 욀 수가 있고, 그래서 어떤 어려운 일을 당했을 때 곧 쉽게 마음속에 불러일으켜서 하나님의 도움을 얻을 수 있다.

아르주나 말하기를

1. 그와 같이 언제나 마음을 다해 당신을 예배하는 사람과 불멸이

시요 나타나 보이지 않는 이를 예배하는 사람과 누가 더 요가를 잘 아는 사람입니까?

라다크리슈난 어떤 사람은 절대자와 하나 되기를 원한다. 즉 하나이면서 인격적이 아니요, 이 우주와는 관계되어 있지 않은 이다. 또 어떤 사람은 인간과 자연 속에 나타나시는 인격적인 하나님과 하나 되기를 원한다. 그중에 누가 요가를 더 잘 아느냐 하는 말이다. 우리는 모든 현상 세계로부터 등을 돌리고 변함이 없고 나타나 뵈지 않는 세계만을 향해 힘을 쓸 것인가, 아니면 나타나신 모습에 대해 정성을 다하고 그를 받들어 섬기기만 할 것인가? 우리가 예배할 것은 절대냐 그렇지 않으면 인격신이냐? 브라만이냐 그렇지 않으면 이슈바라냐?

거룩하신 주 말씀하시기를

2. 마음을 내게다 쏟고, 언제나 마음을 오로지하여 지극한 믿음으로 나를 예배하는 사람, 그 사람을 나는 최상의 요기라고 생각한다.

3. 그러나 '불멸이신 이' '형언할 수 없으신 이' '나타나 보이지 않으시는 이' '아니 계신 곳이 없으신 이' '불가사의이신 이' '불변이신 이' '부동이신 이', 그리고 '안고하신 이'를 예배하며,

불멸(不滅) 아크샤라(akshara).
형언할 수 없는 아니르데샤(anirdeshya).
나타나 보이지 않는 아뱍타(avyakta), 미현현(未顯現).
아니 계신 곳이 없으신 사르바트라가(sarvatraga), 편만(遍滿).
불가사의(不可思議) 아친챠(acintya).
불변 쿠타스다(kutastha), 변하지 않음(unchanging).
부동 아찰라(acala), 확고한(immovable).
안고(安固) 드루바(dhruva), 고정된(fixed).

4. 모든 감각을 다스리고, 어떤 경위에 처해서도 평등한 마음을 가지며, 모든 생류의 안녕을 즐거워하는 사람들도 또한 분명히 내게로 올 것이니라.

다스리고 산니야먀(sanniyamya).

라다크리슈난 크리슈나께서 감각을 '다스리'라고 했지, 물리치라고 하지 않았다.

자기가 곧 우주적 자아(Self)와 하나임을 깨달은 사람도 육신을 가지고 있는 한은, 이 세상의 복지를 위해 일한다. 제5장 제25절에 보면 해탈을 얻은 사람은 모든 피조물의 복지를 즐거워한다고 했다. 이것은 인류에 대한 봉사가 정진에 근본적 필요조건인 것을 말씀해주신 것이다.

『마하바라타』에는 이러한 기도문이 적혀 있다. "오, 내가 어떻게 하면 고통당하는 모든 가슴속에 들어가 그들의 모든 고통을 지금, 또 영원히 내 몸에 질 수 있을 것인가. 그 길을 내게 가르쳐주실 이는 누구일까."

「감옥에서 나오는 노래」 또 투카람(Tukaram)은 이렇게 말했다.

> 그 사람은 참이다.
> 고통하는 이를 제 가슴에 안는 그 사람
> 그런 사람 속에는
> 하나님 자신이
> 존엄하신 모습으로 살아 계신다
> 그런 사람의 가슴은
> 자비, 온유, 사랑으로 넘쳐흐른다
> 그는 버림받은 사람을 제 것으로 안다

That man is true

Who taketh to his bosom the afflicted

In such a man

Dwelleth, augustly present,

God Himself

The heart of such a man is filled abrim

With pity, gentleness and love

He taketh the forsaken for his own

5. '나타나 뵈지 않는 이'에다 마음을 부치는 사람의 어려움은 더욱 클 것이니, 나타나 뵈지 않는 이는, 몸을 가진 자에게는, 그 지극한 데 이르기가 힘들기 때문이니라.

간디 육신을 가진 인간은 나타나 보이지 않는 이나 비인격적인 존재에 대해서는 다만 상상할 뿐이고 말로 충분히 표시할 수 없기 때문에, "네티(neti) 네티"(그것도 아니, 그것도 아니)하듯이 부정적으로만 하는 일이 많다. 그러므로 우상파괴주의자들도 결국에는 우상숭배자들보다 나을 것이 없다. 어떤 책을 숭배하고, 어떤 교회에 가고, 혹은 어떤 일정한 방향을 바라보고 기도를 하는, 그런 것은 다 형상 없는 이를 무슨 형상이나 우상 속에서 예배하는 일이다.

그렇지만 우상파괴자나 우상숭배자나 다 같이 무시할 수 없는 사실은 모든 형상을 뛰어넘어서, '생각할 수도 없는 이' '형상도 없는 이' '인격적이지 않은 이' '변함이 없으신 이' 그 어떤 무엇이 있다는 일이다. 정성된 신자의 최고 목적은 자기 신앙의 대상과 하나가 되는 일이다. 박타(bhakta, 신자)는 자기를 없애버리고 바가반(Bhagavan, 거룩하신 주) 속에 녹아든다. 그가 되어버린다. 이 지경에 이르는 최상의 길은 자기를 어떤 형상에다 바치는 일이다. 그렇기 때문에 '나타나 뵈지 않는 이'에게 가는 지름길은 사실은 가장 멀고 가장 험난한 길이라는 말이 있다.

「요한복음」(1: 18) 일찍이 하나님을 본 사람은 아무도 없다. 다만 아버지의 품속에 계시는 홀로 나신 하나님이 그를 알려주셨다.

6. 그러나 모든 행동을 내게 맡기고, 내게 매달려 정말 갈라짐 없는 마음의 요가로 나를 명상하며 예배하는 사람은,

7. 그 생각이 그와 같이 나에게 꽉 박혀 있는 사람은, 오, 프리다의 아들아, 나는 그를 머지않아서 삶과 죽음의 바다에서 건져낼 것이니라.

꽉 박혀 있는 아베시타(aveshita), 고정된(fixed).
삶과 죽음의 바다 산사라 사가라트(sansara sagarat), 생사유전(生死流轉)의 도(道).

마하데브 데자이 「로마서」의 바울의 말을 생각나게 하는 말이다. "아, 나는 괴로운 사람이로다. 누가 나를 이 사망의 몸에서 건져줄까?"(7: 24) "예수 그리스도 안에서 생명을 누리게 하는 성령의 법이 나를 죄와 죽음의 법에서 해방시켰다"(8: 2).

라다크리슈난 하나님은 건져주시는 이요 구주다. 우리가 우리의 마음과 진심을 그에게 바칠 때 그는 우리를 죽음의 바다에서 들어내어 영원한 안식처에 두신다. 그 마음이 바이라갸(vairagya), 곧 내버림에 완전히 깊이 젖지 못한 사람에게는 이 신앙으로 하는 헌신의 길이 더욱더 바람직하다. 『바가바타』에는 이렇게 되어 있다. "신앙의 길은 세속에 대해 싫증이 난 것도 아니고 애착을 하는 것도 아닌 사람에게 가장 적당한 길이다." 프라브리티 다르마(pravritti dharma), 즉 행동의 길을 취하느냐, 니브리티 다르마(nivritti dharma), 즉 내버림의 길

을 취하느냐 하는 것은 성격의 문제일 뿐이다.

8. 네 마음을 내게만 꽉 박아놓아라. 네 이성을 내게다 온통 붙들어 두라. 그와 같이하여 너는 이 앞으로 의심 없는 내 안에서만 살 것이니라.

<small>마음 마나스(manas).
이성 부디(buddhi), 확신(conviction), 이해(understanding).</small>

9. 가멸음을 차지하는 자야, 네가 만일 네 생각을 내게 굳게 집중할 수 없거든, 그때는 끊임없는 요가를 닦음으로써 내게 이르기를 원하여라.

라다크리슈난 그러한 정신적 경지에 자연히 이르지 않을 때 우리는 부단하고 끈질긴 정진의 길을 취할 수밖에 없다. 그리하여 점진적으로 하나님의 영의 지시에 응할 수 있도록 해야 한다. 이 점차적으로 실천하는 길에서는 하나님은 우리 성격을 점진적으로 정복하신다.

공자 어떤 이는 나면서 알고, 어떤 이는 배워서 알고, 어떤 이는 힘들게 해서 배우나 그 아는 데 이르러서는 하나니라.(或生而知之 或學而知之 或困而學之 及其知之一也)

『중용』 넓게 배우고, 자세히 묻고, 삼가 생각하고, 밝혀 가리고, 도탑게 행할 것이니, 배우지 않는 일이 있을지언정 배우거든 잘하지 못하는 것을 두지 말며, 묻지 않는 일이 있을지언정 묻거든 알지 못하는 것을 두지 말며, 생각 아니함이 있을지언정 생각하거든 얻지 못한 것을 두지 말며, 가리지 않음이 있을지언정 가리거든 밝히지 못한 것을 두지 말며, 행치 않는 일이 있을지언정 행하거든 도탑게 하지 못한 것을 두지 말아, 남이 한 번에 한다면 나는 백 번 해서 될 생각을 하고, 남이 열 번에 한다면 나는 천 번 해서 될 생각을 하여서, 이 길을 정말 잘 따른다면, 아무리 어리석은 사람이라도 반드시 밝아질 것이요, 아무리 약한 사람이라도 반드시 강해질 것이다.(博學之 審問之 愼思之 明辨之 篤行之 有弗學學之弗能弗措也 有弗問問之弗知弗措也 有弗思思之弗得弗措也 有弗辨辨之弗明弗措也 有弗行行之弗篤弗措也 人一能之己百之 人十能之己千之 果能此道矣 雖愚必明 雖柔必强)

오직 천하에 지극한 정성이어야만 능히 제 바탈을 다할 수 있다.(唯天下至誠 爲能盡其性)

그담(성인같이 나면서 저절로 하지는 못하지만 제가 능히 할 수 있는)은 어느 부분에서 지극히 참되게 하는 것인데, 한 부분에서라도 잘한다면 성(誠)된 지경에 갈 수가 있다. (전체 천성을 한꺼번에 다는 못하지만 부분에서라도 참은 참이다.) 그러므로 곡(曲), 곧 어느 한 부분을 통해서도 성의 지경에 이를 수가 있다. (성은 속에 있는 것이지만 그것이 철저해지면) 형상에 나타나게 되고, 나타나면 알아볼 수가 있게 드러나고, 드러나면 밝아지고, 밝아지면 저절로 작용이 일어나고, 작용하면 달라지고, 달라지면 나중에는 마침내 자유자재하는 활동 곧 화함(化: 새로 난 지경)에 이르게 된다.(其次致曲 曲能有誠 誠則形 形則著 著則明 明則動 動則變 變則化 唯天下至誠 爲能化)

「히브리서」(5: 7~9) 예수께서 인간으로 이 세상에 계실 때에 당신을 죽음으로부터 구해주실 수 있는 분에게 통곡과 눈물로 기도하시고 간구하셨습니다. 예수께서는 하나님의 아들이셨지만 고난을 통해서 순종하는 것을 배웠습니다. 그리하여 예수께서는 완전하게 되시어 모든 사람을 위한 구원의 근원이 되셨습니다.

10. 네가 만일 끊임없는 요가를 닦을 능력조차도 없거든, 내게 봉사하는 것을 초기 목적으로 삼는 사람이 되어라. 모든 행동을 나를

위해서 함으로써 너는 완전에 이를 수 있느니라.

<small>내게 봉사하는 것 마트카르마(matkarma), 내 일(my-work).
완전 시딤(siddhim), 성만위(成滿位).</small>

라다크리슈난 정신 통일이, 마음의 바깥 버릇, 혹은 주위 환경 때문에 하기가 어려울 때는 모든 행동을 주를 위해 하면 된다. 그렇게 함으로써 누구나 영원한 참이 뭔지를 알게 된다.

「누가복음」(10: 39~42) 마리아는 주님 발치에 앉아서 말씀하시는 것을 듣고 있었다. ……"마르다야, 마르다야, 너는 너무도 많은 일로 걱정하며 마음을 쓰고 있지만, 정말 요긴한 것은 오직 하나뿐이다. 마리아는 좋은 몫을 택했으니, 그것을 마리아에게서 빼앗지 마라."

라다크리슈난 마트카르마는 때로는 '주님 봉사'(service of the Lord)의 뜻으로 해석된다. 즉 예배, 꽃이나 열매를 바치는 일, 분향, 성전 세움, 경전 외기 같은 것들이다.

「마가복음」(14: 3~9) 마침 예수께서 음식을 잡수시고 계셨는데 어떤 여자가 매우 값진 나르드 향유가 든 옥합을 가지고 와서 그것을 깨뜨려 향유를 예수 머리에 부었다. …… 예수께서 말씀하셨다. "참견하지 마라, 왜 이 여자를 괴롭히느냐? …… 이 여자는 자기로서 할 수 있는 일을 다했다. 내 장례를 위하여 이 향유를 부어준 것이다."

11. 네가 만일 그것마저 할 수 없거든, 그때는 나의 요가에 돌아와, 자아를 극복하면서, 일체 행동의 열매를 내버려라.

<small>나의 요가에 돌아와(madyogam ashrita) 곧 크리슈나의 요가, 곧 놀라운 능력으로 돌아와, 혹은 귀의하여.
자아를 극복하면서(yatatmavan) 점차적으로 자기를 통제하여서.</small>

라다크리슈난 일체의 행동을 하나님을 위하여 할 수가 없을 때는, 그 하는 일을 결과를 바라지 말고 해야 한다. 니슈카마카르마(nishkamakarma), 즉 욕심 없이 하는 행동이 요가의 길이다. 그러면 제 힘으로 하자는 생각을 다 버리고 자신을 전수히 하나님의 구원의 능력에 내맡길 수 있게 된다. 그리고 자기 훈련에 힘써, 온전히 결과를 바라는 마음 없이 행동을 하게 된다. 하나님의 손 안에서는 어린 아이같이 되지 않으면 안 된다.

12. 진실로 지식은 끊임없는 닦음보다 나으며, 명상은 지식보다 낫고, 행동의 열매를 내버림은 명상보다 나으니, 그 내버림으로 인하여 즉시로 평화가 오느니라.

지식 즈나나(jnana).
닦음 아뱌사(abhyasa), 정신 통일.
명상 쟈나(dhyana), 선정(禪定).
내버림 챠가(tyaga), 사리(捨離).

라다크리슈난 슈리다라(Sridhara)는 해석하기를 즈나나는 아베샤(avesha), 곧 영혼을 하나님께로 향하는 일이라 했고, 쟈나, 즉 선정은 하나님으로 가득 차게 됨이라 해서 그것이 영혼이 하나님을 완전히 알게 되는 데서 완전에 이른다고 했다.

『수랴 기타』(Surya Gita)에는 이런 말이 있다. "신앙(혹은 헌신)은 지식보다 낫고, 바람 없는 행동은 신앙보다 낫다. 이 베단타의 원리를 깨달은 사람이 최상의 사람이다." 신앙, 명상, 정신통일은 행동의 열매 내버림(karmaphatalyaga)보다도 더 어려운 것이다. 이 나중 것이 마음의 불안의 근원을 부숴버리고 깊은 속의 고요와 평화를 가져온다. 그런데 그것이 영적 생활의 바로 주춧돌이다. 박티(신앙심에 의한) 요가의 이 강조는 지식, 명상보다도 헌신적인 신앙심과 모든 하는 일을 다 하나님께 바치는 것이 더 중요하다는 뜻에서 하는 말이다.

틸라크 이 몇 절의 말들은 카르마 요가(실행에 의한 요가)의 견지에서 볼 때 매우 중요한 말이다. 거기서 처음에 엄격한 수련, 지식, 기도, 그밖의 여러 가지 의식을 신앙으로 하는 카르마 요가를 성취하는 좋은 방법으로 말하고 나서는, 가지가지 방법의 가치를 설명했다. 그러고는 제12절에서 행동의 결과를 내버리는 것, 즉 바람 없는 카르마 요가(desireless karma yoga)의 우수성을 내세운다. 그렇다고 바람 없는 카르마 요가의 우수성을 말한 것이 여기에만 있다는 말은 아니다. 이와 같은 주장은 분명히 제3장 제8절에도, 제5장 제2절에도, 제6장 제46절에도 있다. 그리고 아르주나는 카르마 요가를 행동의 결과 포기의 형식으로 하라는 조언을 여러 곳에서 들었다. 그런데 『기타』의 종교와는 다른 학설을 주장하는 사람들은 이런 이론은 자기네의 주장에서는 용납되지 않는다고 본다. 그래서 그들은 위의 절들의 말, 특히 제12절을 왜곡해서 해석하려고 한다. 순전한 지식주의, 다시 말해서 샹캬론의 주석가들은 행동의 결과를 내버리는 것이 역시 지식보다 윗자리를 차지하는 것을 좋아하지 않는다. 그렇기 때문에 그들은 '즈나나'라는 말을 단순한 학문적인 지식이라고 하거나, 그렇지 않으면 이 행동의 결과를 버리는 데 대한 찬양이 하나의 '아르타바다'(arthavada), 즉 묶어버린 찬송〔흘러간 노래〕에 지나지 않는다고 한다.

마찬가지로 파탄잘리 요가(Patanjali-yoga)의 길을 따르는 사람들 역시 행동의 결과의 포기를 끊임없는 엄격한 수련(adhyasa)의 길보다 높은 자리에 세우는 것을 좋아하지 않는다. 또 오직 신앙의 길만을 주장하는 사람, 즉 신앙 외의 어떤 행동도 해서는 안 된다고 주장하는 사람도 행동의 결과 포기를 명상, 곧 신앙보다 높다고 생각하는 것을 용납하지 않는다. 카르마 요가 안에 신앙도 포함되어 있고 『기타』는 그 길을 권하는데, 그리고 그것은 파탄잘리 요가와도 즈나나

요가와도, 신앙의 길과도 다른데, 그것은 사실상 지금은 없다. 그렇기 때문에 그 교훈을 지지하는 주석은 얻어볼 수가 없어졌다.

그래서 지금 남아 있는 『기타』의 주석에서는 행동의 결과 포기에 대한 찬양은 묵은 찬양밖에 되지 않는다. 그러나 내 생각으로 그것은 잘못이다. 누구나 『기타』가 바람 없는 카르마 요가를 강조하고 있다는 것을 인정하기만 한다면 이 절의 의미에 대하여 어려움으로 느낄 것이 전혀 없다. 일단 사람이 행동을 아주 끊어버릴 수는 없다는 것을 인정하고 그러면서 바람 없는 행동을 하지 않으면 안 된다는 것을 인정하고 날 때 글자 그대로 하는 행동의 포기를 강조하는 '지식의 길'(jnana-marga), 또 생리 기관의 재주넘기나 강조할 뿐인 '파탄잘리 요가', 또 모든 행동에 대해 못 본 체할 뿐인 '신앙의 길', 이 모든 것은 당연히 '카르마 요가'보다 낮은 것이 되어버리고 만다.

그와 같이 '바람 없는 카르마 요가'의 뛰어남이 증명될 때 남는 문제는 오직 이것이다. 그 길에 도달하는 데 가장 필요한 평등관을 그럼 어떻게 하면 얻을 수 있느냐? 그 방법은 세 가지다. 즉 끊임없는 닦음(abhyasa)과 영적 지식(jnana)과 명상(dhyana, 禪定)이다. 이 셋 중에서 만일 끊임없는 닦음을 할 수 없거든, 남은 둘, 즈나나와 쟈나 중에서 어느 하나를 취할 것이다.

『기타』는 말하기를 이 방법들은 차례로 든 그 순서대로 쉬운 것들이라고 한다. 그러나 그것조차도 할 수 없거든 곧 카르마 요가를 시작하라고 『기타』는 말한다. 이제 여기서 문제가 생긴다. 즉 끊임없는 닦음도, 영적 지식도, 명상도 할 수 없는 사람이 카르마 요가를 어떻게 할 수 있겠느냐 하는 것이다. 그래서 어떤 주석가들은 카르마 요가가 가장 쉬운 길(易行道)이라는 말은 무의미한 소리라고 한다. 그러나 조금 더 생각해보면 그 반대는 아무것도 아니다. 제12절은 행동의 결과 포기를 대번에 해내라고 하지는 않는다. 그보다도 우선 크리슈나가 가르쳐주는 카르마 요가를 하기로 결정하고, 그리고 '타타' (tatah), 그런 다음 다시 하고 다시 해서 차츰 숙련된 데 이르게 하는 것이다. 이렇게 해석할 때 아무런 모순도 없다.

마하데브 데자이 '닦음', 아뱌사는 명상의 요가를 닦고 심리 활동을 통제하는 것을 이르는 것이요, '지식', 즈나나는 지적인 노력을 이름이요, '통일', 쟈냐는 정성으로 하는 예배다. 만일 이 세 가지를 다 하고 나서도 행동의 열매를 내버리는 데 가지 못한다면 '닦음'도 '닦음'이 아니요, '지식'도 '지식'이 아니며, '명상'(통일)도 '명상'이 아니다.

이 절은 이날껏 모든 번역자, 주석자에게 완전히 수수께끼다. 남들은 감히 엄두도 못 내는 것을, 그 어려운 문제를 풀어보려고 힘같이 감히 영웅적인 시도를 해본 이도 있다. 그 여러 가지 설명을 다 말하는 것은 지면이 허락하지 않는다. 간디까지도 넣어 대개의 설명이 다 만족스럽지 못하다. 그중 하나가(비노바가 낸 것) 샤스트리(Bhide Shastri)에 의해 일부분 지지를 받았는데, 내 생각에는 이것이 이날껏 나온 것 중에 가장 좋다. 그것을 나의 역주 속에 인용했는데, 그 일부를 여기 쓴다.

행동의 결과를 내버리는 것을 제11절에서는 가장 쉬운 길로 제시했고, 제12절에서는 그것이 어떻게 쉬운 길이 되느냐 하는 것을 설명한다. 그다음 더 높은 지경, 그것은 첫 단계의 당연한 귀결이지만, 그것은 내버림의 비결에 대한 지식이다. 그보다 높으면서 또 낮은 것의 당연한 결과로 오는 지경은 통일, 즉 그 방법에 대해 통일(집중)된 열성이다. 그것이 종국에 가서 행동의 결과를 완전히 내버린 것으로 결과를 이룬다. 이 완전한 내버림이 영원한 평화를 의미한다.

13. 일체의 산 물건에 대해 악의를 품는 일이 없고, 그저 우애하고

자비스러우며, 내 것이란 생각도, 나란 생각도 없고, 고통과 안락을 한가지로 여기며 용서하고,

14. 언제나 만족하고 요가를 닦으며, 자기를 제어하고 결심이 굳으며, 마음과 이성을 내게 바치는 사람, 그는 나를 믿는 사람, 그는 내 사랑하는 사람이니라.

15. 세상 사람이 그를 싫어하지도 않고, 그가 세상을 싫어하지도 않으며, 즐거움·노여움·두려움·괴로움을 다 벗어난 사람, 그도 내 사랑하는 사람이니라.

16. 아무것도 기대하는 것도 없고, 정결하고 일에 능숙하며, 관심거리도 없고 걱정거리도 없으며, 모든 경영을 내버린 사람, 그 사람은 나를 믿는 사람, 그는 내 사랑하는 사람이니라.

17. 언제 기뻐하는 일도 없고, 언제 원망하는 일도 없으며, 언제 슬퍼도 아니하고, 언제 바라지도 아니하며, 선·불선을 떠나서 믿는 사람, 그는 내 사랑하는 사람이니라.

18. 대적과 벗에게 평등히 하며, 명예·불명예를 같이 보고, 추위·더위·괴롬·즐거움에도 한결같으며, 애착을 버리고,

19. 비난과 칭찬을 같이 보며, 잠잠하여 모든 것에 만족하고, 있을 곳이 없으면서도 마음이 턱 가라앉아 믿는 사람, 그는 내 사랑하는 사람이니라.

라다크리슈난 "있을 곳이 없이"(aniketah)란 일정한 처소 없이, 집 없이 사회적 의무를 다하기는 하면서 어느 가정에도 집에도 매여 있지 않다는 것을 뜻한다. 이런 혼들은 이 가족 혹은 저 사회 단체를 위해 사는 것이 아니고 인류 전체를 위해 사는 것이기 때문에, 그들은

일정한 집이 없다. 그들은 어떤 한곳에 매여 있거나 어떤 공동체에 갇혀 있거나 하지 않는다. 그들은 과거에 매여 있지도 않고 어떤 한 불변하는 권위를 지킬 필요도 없다. 전체 인류의 안녕이 그들의 관심거리다. 이러한 산야신들(sannyasins, 出家僧)은 어떤 사회·단체에서도 날 수 있다.『마하바라타』에 "어떤 옷도 입고 어떤 음식도 먹고 어떤 데서도 자는 사람들, 신들은 그들을 가리켜 브라민(brahmin)이라고 한다"는 말이 있다.

예수 여우도 굴이 있고, 공중에 나는 새도 깃이 있는데, 사람의 아들은 머리 둘 곳이 없다.

맹자 천하의 넓은 집에 있으며, 천하의 바른 자리에 서고, 천하의 한길을 걸어, 뜻 얻으면 씨올로 더불어 말미암고, 뜻 얻지 못하면 홀로 그 길을 걸어, 부귀도 능히 어지럽히지 못하고, 가난과 천함으로도 능히 뜻을 고치게 못하며, 위엄과 힘으로도 능히 굽히게 할 수 없으니, 이를 일러 대장부라 하느니라.(居天下之廣居 立天下之正位 行天下之大道 得志與民由之 不得志獨行其道 富貴不能淫 貧賤不能移 威武不能屈 此之謂大丈夫)

20. 그러나 이미 말한 대로, 불멸의 다르마를 좇으며, 믿음을 가지고, 나를 지상의 목적으로 삼는 신앙자, 그는 나의 가장 사랑하는 사람이니라.

함석헌 "불멸의 다르마"(dharmyamrita)를 라다크리슈난은 "불멸의 지혜"라 번역했고, 간디는 "거룩한 교훈의 감로"라 했으며, 마하데브 데자이는 "다르마의 올짬"이라 했고, 틸라크는 "감로 같은 교훈"이라 했으며, 다카구스는 "법(法)의 감로"라고 했고, 에브리맨스 문고판에는 "불멸의 진리의 능력"(this lawful power of immortality)이라고 했다.

라다크리슈난 "믿음을 가지고"라 한 것은 체험이 일어나기 전에 우리 영혼이 믿지 않으면 안 되기 때문이다. 그 믿음 속에는 마음과 생명의 승낙이 들어 있다. 체험을 가진 사람에게는 보이는 일이지만 그 밖의 사람에게는 그것은 믿음이요, 부름이요, 강요다.

모든 것 속에 '한 나'(the One Self)를 보았을 때 평등한 마음, 이기적인 욕심에서 벗어남, 우리 마음 전부를 '속에 계시는 영에 내맡김'과 모든 것에 대한 사랑이 일어난다. 이런 힘들이 나타나게 될 때 우리 신앙은 완전해지고, 우리는 하나님의 사람이 된다. 그렇게 된 후에는 우리 생활은 이미 애착과 반발, 벗과 대적, 쾌락과 고통의 힘에 끌려서 되는 것이 아니고, 오직 하나 자신을 하나님께, 또 그렇기 때문에 하나님과 하나인 세계 봉사에 바치자는 충동에 따라서만 된다.

이것이 『바가바드 기타』라는 『우파니샤드』의 제12장 박티 요가의 끝이니, 브라만의 지식의 일부인 요가에 대한 학문에 대해 크리슈나와 아르주나가 나누는 문답이니라.

제13장 밭과 밭알이와 그 분별

밭 크셰트라(kshetra), 들(field), 전(田).
밭알이 크셰트라즈냐(kshetrajna), 지전(知田).

틸라크 앞 장에서 구원(해탈)은 비록 나타나 보이지 않고 인식할 수도 없는 최고 주재자(Parameshvara)를 명상함으로야 되는 것이 사실이기는 하지마는, 또 그 구원을 쉽게 얻는 길(易行道)이 있다는 것을 설명했다. 즉 그 최고 주재자의 볼 수 있고 인식할 수 있는 형상을 신앙으로 몸바쳐 믿으며, 모든 행동을 그에게 바치는 마음으로 하는 일이다.

그러나 제7장에서 시작된 영적 또는 경험적 지식에 대한 설명은 아직 끝난 것이 아니다. 최고 주재자에 대한 완전한 지식을 얻으려면 사람의 몸과 영혼(즉 밭과 밭알이, 크셰트라와 크셰트라즈냐)에 대한 것을 알지 않으면 아니 되며, 또 겸하여 변(變)·불변(不變)의 외적 우주에 대한 것을 알아야 한다. 마찬가지로 사람이 아무리 일반적으로 인식할 수 있는 모든 물체가 원소들에 의해 지어진 것을 안다 하더라도, 영적 또는 경험적 지식의 문제는 자연의 어떤 성질에 의해서 이 광대무변한 전개가 이루어졌으며 또 그 전개의 순서는 어떤 것이냐 하는 것을 설명하기 전에는 다 됐다 할 수 없다.

그렇기 때문에 제13장에서는 먼저 몸과 영혼의 문제를 설명하고, 그다음 네 장에서 세 구성 요소의 부분을 설명한 다음, 제18장에서 전체 문제를 요약한다. 한마디로 해서, 이 셋째 사다쟈이(sadadhyayi: 여섯 장씩으로 되는 편들)는 독립된 것은 아니다(예부터 전통에서는 『기타』 전체의 18장을 6장씩 세 편으로 나누어서 그 제1편을 윤리편倫理篇, 제2편을 신리편神理篇, 제3편을 심리편心理篇이라 한다 - 함석헌). 그리하여 제7장에서 시작된 카르마 요가를 완전히 설명하기 위해서 필요한 영적 또는 경험적 지식에 대한 설명은 이 제3편에 가서야 완결이 된다.

아르주나 말하기를

케샤바시여, 프라크리티와 푸루샤, 밭과 밭알이, 지식과 지식의 대상을 알고 싶사옵니다.

<small>케샤바(Keshava) 조발주(稠髮主), 크리슈나의 칭호.
프라크리티 물질, 자연, 자성(自性).
푸루샤 정신.
밭 크셰트라, 몸.
밭알이 크셰트라즈냐, 몸을 아는 이, 영혼.
지식 즈나나.
지식의 대상 즈네야(jneya), 소지(所知), 가지(可知), 이염(爾燄).</small>

라다크리슈난 이 절은 어떤 본(本)에는 없다. 샹카라는 이 절에는 주를 달지 않았다. 이것을 만일 한 절로 친다면 전통적으로 내려오는 『기타』의 전체 절 수가 700이라는 것이 맞지 않고 701이 된다. 그러므로 여기서도 절에 넣지 않는다.

틸라크 이것은 분명히 어떤 사람이 어떻게 해서 몸과 영혼에 대한 이야기가 『기타』 속에 들어오게 된 것인지를 이해하지 못하고 후에 써넣은 것이다. 일반으로 주석가들은 이것을 후대에 써넣은 것으로 본다.

거룩하신 주 말씀하시기를

1. 쿤티의 아들아, 이 몸을 가리켜 밭이라 하고, 그 몸을 아는 이를 가리켜 밭알이라 하느니라.

라다크리슈난 프라크리티는 무의식의 활동이고, 푸루샤는 비활동적인 의식이다. 몸은 밭이라 해서, 거기서 사건이 일어난다. 성장과 쇠잔과 사망이 거기서 일어난다. 의식적인 원리는 활동은 아니하고 가만있어 모든 활동적 상태의 뒤에 들어 있어서 지각하고 있는 것으로서 밭을 아는 자다. 이것이 누구나 잘 아는, 의식과 의식이 보고 있는 대상과의 차이다. 크셰트라즈나, 즉 밭알이는 지각의 빛, 즉 모든 대상의 지각자다. 지각한다는 것은 개체적으로 있는 마음으로서가 아니고 전 우주를 대상으로 삼는 우주적 의식으로서다. 그것은 고요히 맑고 영원한 것이어서 지각을 하기 위해서 어떠한 감관의 사용도 필요치 않다.

크셰트라즈나는 지극히 높은 주지 세계 안의 어떤 물체가 아니다. 그 자신은 어떠한 제한도 없고 범주에 의해서도 정의할 수 없는 이지만 그이는 가지가지 상태의 제한된 차이에 따라, 창조주인 브라마로부터 풀잎새에 이르기까지 여러 가지 모양으로 모든 밭[境] 속에 계신다. 불변의 의식을 인식자라고 하는 것은 다만 비유로 하는 말이다.

우리가 인간 영혼의 성격을 알아보려고 할 때는 위로부터도 할 수 있고 아래로부터도 할 수 있다. 즉 영적인 원리에 의해 하든지, 아니면 본질적인 성격에 의해 하든지, 인간은 이중적인, 서로 반대되는 존재다. 자유로우면서 또 종살이 하면서, 그는 하나님을 닮으면서 또 그 속에 타락의 표적을 가지고 있다. 즉 자체 속에 떨어져 있다. 타락한 존재로서는, 사람은 프라크리티의 힘에 의해 결정된다. 그는 외견상 순전히 원소적인 힘에 의해, 감각적인 충동에 의해, 공포 불안에 의해 결정이 되는 듯하다. 그렇지만 자기의 타락된 성격을 이기기를 바란다.

생물학, 심리학, 사회학 같은 객관적인 과학에 의해서 연구되는 인간은 자연적인 존재다. 세계 속에 일어나는 여러 가지 운동의 산물이다. 그러나 하나의 주체로서의 인간은 다른 기원을 가진다. 그는 세계의 아들이 아니다. 그는 자연이 아니다. 그는 자연의 객관적인 서열에 속해, 거기 복종하는 한 부분이 아니다. 푸루샤 혹은 크셰트라즈냐를 여러 대상 중 한 대상으로, 혹은 한 물체로 인식할 수는 없다. 그는 다만 주체로만, 그 안에 존재의 비밀이 들어 있는 한 개인의 형태로 있는 하나의 온전한 우주로만 인식할 수가 있다.

그러므로 그는 세계의, 혹은 그밖의 어떤 다른 전체의 한 부분이 아니다. 하나의 경험적인 존재로는 그는 한 개의 라이프니츠의 모나드 같은, 문도 창도 없이 닫히고 갇힌 것일 수 있다. 하나의 주체로는 그는 무한 속에 들어가고 무한이 그 속에 들어간다. 크셰트라즈냐는 다시 반복될 수 없는 개인적 형태 속에 있는 보편자다. 인간의 형체는 보편적 무한과 보편적 특수가 연합된 것이다. 그의 주관적 양상에서는 그는 전체의 한 부분이 아니라 기능적인 전체다. 그것은 실상화하는 것이며, 그 보편성을 완성하는 것이 사람의 이상이다. 그 주체는 자체를 보편적인 내용으로 충만시킨다.

그 여행의 끝에 가서 완전의 통일을 성취한다. 인간의 특성은 두 눈, 두 손의 공통된 방식을 가지는 데 있는 것이 아니라, 생명의 질적인 내용을 창조적으로 성취케 하고야 말, 강력하게 내미는 내적 원리를 가지는 데 있다. 그는 보통이 아닌 독특한 성격을 가진다. 이상적인 인격은 독특한 반복이 될 수 없는 것이다. 각 사람은 그 생애의 마지막에 이르러 특이한, 반복할 수 없고 대신할 수 없는 독특한 모습을 가진 생명체가 된다.

2. 바라타의 아들아, 나를 모든 밭에 있어서의 밭알이로 알아라. 밭과 밭알이를 아는 것이 참 지식이라는 것이 나의 생각이니라.

3. 그 밭이란 어떤 것이며, 그 성질은 어떤 것이며, 그것은 어떻게 변화하는 것이며, 그것은 어디로부터 오는 것인지, 또 그것을 아는 이는 누구며 그의 능력은 어떤 것인지를 내게 간략히 들어보아라.

4. 이것은 여러 성자에 의하여 각종각양의 찬가로 노래되었으며, 또한 명철하고 금강적(金剛的)인 『브라마 수트라』의 구절들에 의하여 노래되었느니라.

라다크리슈난 『바가바드 기타』는 그것이 『베다』와 『우파니샤드』와 『브라마 수트라』 안에 이미 들어 있는 진리를 설명하고 있다는 것을 보여주고 있다.

틸라크 이 절에서 이야기하는 『브라마 수트라』는 오늘날 있는 『베단타 수트라』를 말하는 것이다.

『우파니샤드』는 한 성자가 한 문제에 대하여 쓴 것이 아니고 여러 성자가 서로 다른 때 서로 다른 문제에 대해 감동된 가지가지의 형이상적인 생각들을 기록한 것이므로 여러 가지 소리가 섞여 있어 서로 반대되는 것이 있는 듯이 보인다. 그것을 서로 뜻이 통하게 하기 위하여 바다라야나(Badarayana)가 『베단타 수트라』를 썼다. 그리하여 『우파니샤드』 안에 있는 모든 제목을 새 수트라에 집약해서 어째서,

무엇 때문에, 어떻게 그것을 하나의 교리로 볼 수 있느냐 하는 것을 말해주었다.

그 안에 밭과 밭알이에 관한 설명들이 있기 때문에 『브라마 수트라』를 또 『사리라카 수트라』(Sariraka-sutra)라고도 부른다. 그것은 사리라(sarira) 즉 크셰트라에 관한 성전, 곧 수트라기 때문이다.

5. 5대 원소, 나라는 생각, 이성, 비현현, 감관, 마음의 다섯 대상.

5대 원소 마하 부타니(maha-bhutani), 주 원소(great elements), 지(地), 수(水), 화(火), 풍(風), 공(空).
나라는 생각 아함카라(ahamkara), 아집(我執).
이성 부디, 지성(知性, intelligence, understanding).
비현현(非顯現) 아뱌타(avyakta), 나타나지 않음(unshown), 자성(自性).
감관(感官) 인드리야니(indriyani), 감각 기관, 안(眼), 이(耳), 비(鼻), 설(舌), 신(身), 이것을 5지근(五知根)이라 함. 근(根)은 기관이란 뜻이요, 근에 대해서 대상을 경(境)이라 하는데, 그 다섯 가지는 색(色), 성(聲), 향(香), 미(味), 촉(觸)이다.

6. 욕망·미움·즐거움·괴로움·모음 의식·단단함, 이것을 간단히 말한다면 밭 및 그 변화니라.

모음〔集合〕 모아놓은 것이라는 뜻. 몸을 의미하는데 우리말의 몸도 모음이란 뜻인 듯하다.
의식 살아 있는 흔적을 보여주는 것.

라다크리슈난 정상적인 현상까지를 밭에 속한다 한 것은 그것이 지식의 대상이 되기 때문이다. 밭알이는 주관인데도 그것을 대상 즉 물건으로 꼽는 것은 무지 곧 아비댜(avidya)임을 의미한다. 대상화는 주관을 객관 세계로 몰아냄이다. 객관 세계의 어떤 것도 자주 하는 실체인 것은 하나도 없다. 우리가 주체성을 깨닫는 것은 객관 세계의 종으로 잡아 가두는 힘을 이기고, 그 안에 녹아버리기를 거부할 수 있은 다음에야 가능하다. 이것은 저항과 고통을 의미한다. 둘러싸는 세계에 대한 묵종과 그 관습은 고통을 감해주고, 저항은 그것을 더해준다. 고통은 우리가 그것을 통해서 우리 참된 본성을 찾으려고 싸워 나가는 길이다.

예수 자기를 부정하고 제 십자가를 지고 나를 따르라.

7. 교만하지 않음, 거짓 없음, 사납지 않음, 참음, 곧음, 스승 섬김, 깨끗함, 굳셈, 자제(自制),

8. 감각의 대상에 대해 애착이 없음, 나란 생각이 없음, 삶·죽음·늙음·병의 괴로움과 고통에 대해 생각을 가짐,

9. 자녀, 아내, 집 그런 것들에 대해 애착을 갖지 않고 무관심함, 좋은 일 언짢은 일에 대해 평등한 마음을 가짐,

10. 전심으로 하는 요가에 의하여 내게 대한 흔들림 없는 신앙을 가지고, 한적한 곳을 떠나지 않으며, 사람이 많이 모이는 데를 좋아하지 않고,

11. 영적 자아에 대한 영구성 있는 지식을 가지며, 진리의 지식의 구경에 대한 뚫어봄이 있는 것, 이것을 참 지식이라 하고, 그렇지 못한 것은 지식이 아니니라.

라다크리슈난 여기 몇 절에 걸쳐 열거한 것을 보면 즈나나 즉 지식에는 도덕의 실천이 포함되어 있는 것이 분명하다. 단순한 이론적인 지식은 아무것도 아니다. 도덕성이 발달함에 따라 항구불변하는 자아의 빛은 모든 것을 보기는 하면서도 거기 집착함은 없어 일시적인 것들에서 떠나 스스로 그것과 버물리지 않게 된다.

마하데브 데자이 목적(지식)이 수단까지를 포함하고 있는 것을 주의해볼 만하다. 왜냐하면 수단 없이는 목적도 없기 때문이다. 다음의 성경 구절을 보면 그 말은 다르지만 뜻은 서로 일치하는 것임을 알

수 있다.

"바로 이 때문에 여러분은 온갖 열성을 다 기울여서 믿음에 미덕을 더하고, 미덕에 지식을, 지식에 절제를, 절제에 인내를, 인내에 경건을, 경건에 교우끼리의 사랑을, 교우끼리의 사랑에 만민에 대한 사랑을 더하십시오. 여러분이 이런 것들을 풍성하게 갖추면 여러분은 우리 주 예수 그리스도를 잘 알게 되어 많은 업적을 쌓게 될 것입니다. 그러나 이런 것들을 갖추지 못한 사람은 앞 못 보는 장님이며 과거에 지은 자기의 죄가 깨끗해졌다는 것을 잊어버린 사람입니다."〔「베드로후서」, 1:5~9〕

12. 내 이제 네게 알 수 있는 것을 보여줄 것이니, 그것을 앎으로 인하여 구원을 맛보리라. 그것이 처음이 없는 지극히 높은 브라만이니 그는 있음이라 할 수도 없고 안 있음이라 할 수도 없느니라.

알 수 있는 것 즈네야(jneya), 가지(可知).
구원 아므리타(amrita), 감로, 신주(神酒), 구원, 불사(不死), 영원한 생명.
처음이 없는 아나디마트 파라(anadimat-para).
있음 사트(sat), 유(有).
안 있음 아사트(asat), 비유(非有).

13. 모든 곳에 손과 발을 가지고 있으며, 모든 곳에 눈과 머리와 입을 가지고 있으며, 모든 곳에 귀를 가지고 있어, 그는 우주에 계셔 모든 것을 덮고 있다.

라다크리슈난 최고의 주재자는 두 가지 모습을 가진다. 초월하여 떨어져 있음과 내재하여 각 특정한 나 아닌 것과 연합되어 있음이다. 그것은 여러 가지의 모순으로 묘사된다. 밖이면서 안, 부동(不動)이면서 동(動), 멀면서 가깝고, 갈라짐 없으면서 갈라져 있다.『마하바라타』에는 다음과 같이 적혀 있다.

"자아가 자연의 여러 가지 방식과 연합됐을 때 그를 크셰트라즈나,

밭알이라 부르고, 거기서 풀려났을 때 파라마트만 즉 지극히 높으신 자아라 부른다."

14. 그는 어떤 감관도 가지지 않으면서 모든 감관의 능력을 가진 듯이 보이고, 집착함이 없으면서 모든 것을 지지하고 있으며, 특성이 없으면서 특성의 맛을 알고 있다.

특성 구나(gunas), 성(性).

15. 만유 밖에 계시면서 또 그 안에 계시고, 부동이면서 또 동이시다. 너무도 미묘하기 때문에 알 수가 없고, 멀리 서시면서도 그는 가까이 계신다.

16. 갈라지지 않았으면서도 모든 산 것 속에 갈라져 있는 듯이 보이니, 그는 만물을 지지하는 자요, 멸하시는 이요, 다시 지으시는 이로 알아야 할 것이니라.

17. 그는 빛 중의 빛이시요, 어둠을 뛰어넘으신 이다. 지식이요, 지식으로 알 이시며, 지식에 의하여 뚫고 들어갈 이시다. 그는 일체의 가슴속에 들어 계시는 이니라.

라다크리슈난 빛은 만물의 가슴속에 들어 있다. 이 모든 말은 다 『우파니샤드』에서 나온 것들이다. 『슈베타슈바타라 우파니샤드』(*Svetasvatara Upanisad*) 제3권 8과 16, 『이샤 우파니샤드』(*Isha Upanisad*) 5, 『문다카 우파니샤드』 제13권 1과 7, 『브리하다라냐카 우파니샤드』(*Brihadaranyaka Upanisad*) 제4권 4와 16 참조.

함석헌 언더힐(Miss Underhill)이 인용한 각 시대의 신비주의자들의 말을 비교해보라.

"저 이름할 수 없는 어떤 무엇, 그것은 하나님이 되실 수 있으리 만큼 크신 이요 내가 될 수 있으리 만큼 작으신 이다"(수소Suso). "네가 작고 작은, 겨자씨만 한 동그라미를 생각한다 해도 하나님의 마음은 그 안에 온전히 다 들어갈 수 있다. 네가 하나님 안에 났다면 네 속에 하나님의 심정이 갈라짐 없이 그대로 다 있다"(뵘Boehme).

"하나님은 나 자신보다도 더 내게 가까이 계신다. 그는 숲과 돌에 도 역시 그렇게 가까이 계시지만, 그것들은 그것을 모른다"(에크하르트Eckhart).

만일 현대 영국 찬송가의 말을 빌린다면, "숨보다도 더 가까이 계신 그이, 손보다도 발보다도 더 가까이 계신 이"가 될 것이다.

18. 밭과 밭알이와, 알아야 할 것을 대략 말했으니, 나를 믿는 자가 그것을 알면 나의 존재에 들어올 수 있느니라.

19. 너는 알아야 한다. 프라크리티와 푸루샤는 다 처음이 없는 것이다. 또한 알아라, 변화와 특성은 다 프라크리티에서 나온 것이니라.

라다크리슈난 지극히 높은 이가 영원한 것같이 그의 프라크리티도 또한 그렇다. 자연과 영혼 두 프라크리티를 가짐으로 말미암아 이슈바라는 우주의 기원과 지지와 무너짐을 다 주장한다. 여기서 말하는 푸루샤는 상캬론에서 말하는 것 같은 여러 가지의 푸루샤가 아니고 모든 밭에 하나로 있는 크셰트라즈냐다. 『기타』는 상캬론에서 하듯이 프라크리티와 푸루샤를 두 개의 독립한 요소로 보지 않고, 같은 하나의 지극히 높으신 이의 낮은 모습과 높은 모습으로 본다.

20. 프라크리티는 인과작용이 (주가 되는 점에서) 인이라고 하고, 푸루샤는 즐거움 괴로움을 느껴 받음에서 (주가 되는 점에서) 인이라고 하느니라.

프라크리티 자연이라고도, 혹은 물질이라고도 번역한다. 불교 용어로 한다면 자성이다.

인과작용(因果作用) 원문은 카랴 카라나 카르트리트베(karya-karrana-kartritve)인데 카랴는 결과(effect)의 뜻이요, 카라나는 원인(cause)의 뜻이요, 카르트리트베는 작용(activity)의 뜻이다.

인(因) 원인(原因), 결과(結果)라 할 때의 인이다. 원문으로는 헤투(hetuh)라는 단어인데, 한문으로는 원리라 번역한 데가 있고 영어로는 원인 외에 방편(instrument)이라 한 데도 있다.

푸루샤 한문으로는 자아라 했으나, 그러면 아트만과 혼동될 수 있고, 영어로는 soul이라 하기도 했으나 그러면 우리말로는 영혼 같아서 또 아니다. 그보다는 차라리 넋, 백(魄)이라 하는 것이 좋을 듯하다.

함석헌 틸라크는 이 절의 카랴(karya)를 몸이라 해석했고 카라나를 감각이라 했으며, 라다크리슈난도 이 점에 대한 주석에서 몸과 감각은 프라크리티에서 나오고, 즐거움·괴로움의 경험은 푸루샤에 의해서 된다고 했다. 그러고는 영혼(Self)의 복된 본성이, 즐거움·괴로움을 그 자연적인 대상이 바로 그런 줄로 앎으로 인해서 더러워짐을 받는다고 했다.

이것을 이해하기 위해서는 아무래도 힌두교의 우주론을 간단하게나마 알 필요가 있다. 『기타』가 말하는 것은 당시에 일반으로 알려져 있었던 상캬론의 것이었으므로, 그 상캬에서 말하는 것을 『간디에 의한 기타』(*Gita According to Gandhi*) 중에 기록되어 있는 마하데브 데자이의 설명에 의해서 보기로 한다.

마하데브 데자이 상캬 철학(samkhya system)에서는, 위에서 우리가 본 대로 프라크리티와 푸루샤 두 개의 영원한 원리가 존재한다고 정해놓는다. 프라크리티 혹은 원시적 물질, 혹은 자연의 존재는 그에 따르면 이 나타난 우주에 의해 증명된다. 이것은 그 결과로 된 것이며, 결과는 사실로는 원인 안에 있다. 그 원인은 필연적으로 원인 없는 원인(causeless cause)이다. 이 나타나 뵈지 않는 프라크리티로부터 나타나 뵈는 우주가 진화되어 나오는 것은 그 안에 자명한 것으로 설정되어 있는 세 구성 요소 사이에 있는 균형에 혼란이 일어난 결과로 이루어진 것이다.

이 구성 요소를 구나라고 하는데(性, 혹은 德이라 번역된다) 글자 그대로의 뜻은 실오리, 혹은 프라크리티를 이루어 가지고 있는 세 가다리라는 말이다. 그것은 사트바, 라자스, 타마스라고 부르며 그것이 존재와 운동과 타성의 근원이 되는데, 그 작용은 빛, 활동, 억제다. 그러나 그것들은 서로 반대되는 것은 아니고, 서로 같이 있는 것이요, 사실로 서로 떠나는 일이 없다. 서로 갈라져서 서로 섞인다. 균형이 깨지자마자 프라크리티는 진화를 시작하고, 진화되어 나온 것은 다 그 구성의 흔적을 입게 되는데, 우주 안에 있는 물체가 무한히 여러 가지로 다른 것은 이들 세 요소가 각 물체 안에서 서로 다른 비율로 있어서 서로서로 작용하기 때문이다.

그러나 프라크리티는 푸루샤의 영향을 받음 없이 혼자서는 진화하지 못한다. 푸루샤도 프라크리티나 마찬가지로 영원한 원리인데, 그것이 어떻게 있게 되느냐 하는 것을 설명하기 위해 상캬 철학자들 간에는 복잡한 토론이 있지만, 거기에 대해서는 말할 것 없다. 푸루샤는 그 몸, 즉 프라크리티에게 알게 해주는 혼이다. 프라크리티와는 달라서 그것은 활동적이 아니다. 그에게는 구나가 없다. 그러므로 구나를 가지는 모든 물체의 주체요 보는 자인 그는 원인도 결과도 가지지 않는다. 그러나 프라크리티는 하나인 대신 푸루샤들은 무수하다고 생각된다. 왜냐하면 모든 것에서 그것을 이루어 가지고 있는 원료는 다 한가지인데, 서로 다른 개인들에게 서로 다른 남과 죽음, 서로 다른 자체들과 기능들이 있기 때문이다. 이 프라크리티 진화의 과정을 도표로 그릴 수 있다.

이슈바라찬드라(Ishvarachandra)의 카리카(karika)에 나오는 상캬론에는 최고 주재 혹은 신(god)은 없고 다만 프라크리티와 푸루샤만이 두 영원한 원리로 있을 뿐이다. 푸루샤가 있어 어떻게 작용해 나타나 보이지 않는 프라크리티의 균형을 깨뜨림으로써 진화가 시작된다. 단일적인 프라크리티의 진화의 첫걸음은 그것이 자신을 나타내고자 결정함 혹은 뜻함(buddhi)이다. 비록 무의식적이기는 하지만, 그러므로 그것을 그것의 첫째 산물이라고 한다. 다음은 개체화(ahamkara), 부디의 산물인데, 그것으로 프라크리티가 분열되어 가지가지의 무수한 실체로 갈라지게 되는 원리다.

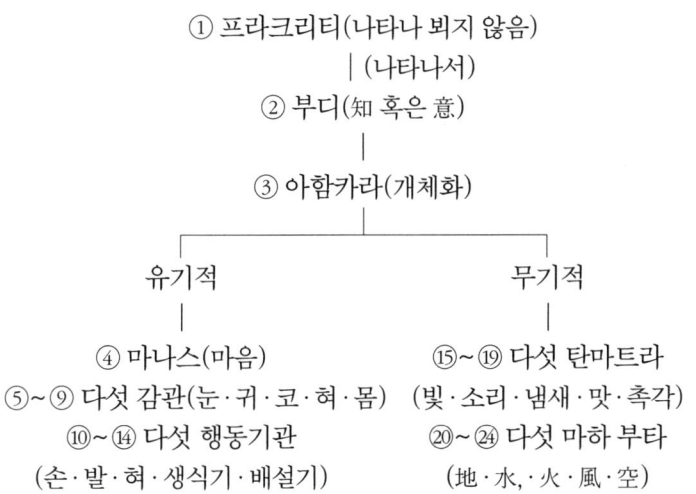

그 개체들은 두 길로 갈라져서 유기물 또는 무기물이 된다. 그 개체화에서 유기물의 세계를 만들기 위해 11근(十一根) 즉 마음과, 눈·귀·코·혀·몸의 인식의 5지근(五知根)과, 손·발·혀·생식기·배설기의 행동의 5작업근(五作業根)이 나오고, 지·수·화·풍·공의 5대 원소(mahabhutas)로 만들어지는 무기물의 세계를 만들기 위해서 빛·소리·냄새·맛·촉각의 5경(五境, tanmatras)을 만들었다. 이 세

개의 5인조는 사실 서로서로를 불러내주고 있다. 각 감관은 오직 하나의 분야를 가질 뿐이다. 예를 든다면 눈은 빛의 분야뿐이고 다른 것은 없고, 귀는 소리의 분야뿐 다른 것은 없다. 그래서 5지근에 대해서는 5경이 있을 뿐이고, 그리고 5경에 대해서는 지·수·화·풍·공의 5대 원소가 있을 뿐이다.

이것은 프라크리티의 우주적인 모습을 보여주는 것이다. 물론 그 선견자들이 자연 속에 분명히 있는 이 진화의 과정에 도달한 것은 의심 없이 다만 조그만 인간의 생리적·심리적 구조를 관찰함으로써 된 것이다. 이 소우주는 그들에게는 대우주의 축소판이었다. 개인에게 인식의 감관은 마음에다 자료를 제공해서 마음으로 하여금 그 속에서 인식을 만들어내게 한다. 그러고는 개체화는 그것을 자아에 대해 미루어보아서 그것을 부디에 혹은 결정의 원리에다 보낸다. 그러면 그것이 개념과 결정을 지어서 마음에 다 돌려주며, 그렇게 되면 마음은 그것을 다섯 행동 기관을 통해서 실행시키게 된다.

푸루샤가 어떻게 해서 프라크리티에 잡혀버리느냐 하는 것을 대충 이런 식으로 설명한다. 진화가 시작된 후에는 매우 중대한 역할을 하는 부디는 푸루샤와 마찬가지로 자극적이다. 부디가 사트바의 색채를 띠게 되면 푸루샤의 해방을 돕고, 타마스나 라자스의 색채를 띠면 푸루샤를 결박하여 졸라맨다. 사실 욕망·미움·좋아함·싫어함·쾌락·고통 하는 모든 심리적 경험은 푸루샤가 스스로 떠멘 부디의 변형들이다. 부디가 사트바 구나(善性)의 영향을 받아서 선행, 분별, 냉철을 일으키면 해방의 운동이 시작되어 부디에 푸루샤와 프라크리티의 차이가 분명해져서 푸루샤와 프라크리티는 서로 해방된다. 산사라(sansara), 즉 생사윤회의 바퀴는 고통인데 그것을 영원히 끊어버리는 단 하나의 방법은 이 지식, 즉 분별이다. 개인, 즉 소아는 언제나 대아의 확신을 얻으려고 노력하는데, 그 확신이 이루어지기만 하면 이 분별의 지식이 일어난다. 그 지식의 내용은 "나는 아니다", 즉 "나는 프라크리티가 아니오 푸루샤다" 하는 깨달음과, "아무것도 내 것이 아니다" 하는 깨달음과, "소아는 없다", 즉 "나는 행하는 자도 경험하는 자도 아니다" 하는 깨달음이다. 이 지식이 "죄와 고통의 사슬에서부터의 영원한 해방이다."

앞면에 있는 도표의 인식과 행동의 열(根)과, 마음과, 다섯 대 원소는 다른 것의 결과지 원인이 아니다. 이성과 개체화와 다섯 경(境)은 원인도 되고 결과도 되는 것인데 제20절에서는 결과로 말하고 있다. 프라크리티가 모든 것을 낳는다.

21. 왜냐하면 푸루샤는 프라크리티 안에 있으면서 그 프라크리티에서 나오는 구나를 받기 때문이다. 이 구나에 집착함이 선한 태 속 혹은 악한 태 속에 태어나는 원인이 되느니라.

간디 프라크리티는 보통 말로는 마야(maya, 無明)이다. 푸루샤는 지바(jiva, 生命素)인데, 지바는 자기 성질에 따라 활동하면서 세 구나에서 일어나는 행동의 열매를 경험하게 된다.

22. 감시자, 찬성자, 지지자, 경험자, 최고 주재자, 가장 높은 자아라는 것은 지극히 높으신 영이 이 몸에 계실 때의 칭호이니라.

라다크리슈난 여기서 가장 높은 자아라는 것은 심리적·생리적 개인과는 다르다. 그 개인은 프라크리티의 작용 속에 얽매임으로 인하여 생기는 분리적 의식을 초월할 때에 영생하는 자아가 된다. 『기타』에서는 밭알이와 지극히 높으신 주와의 사이에 구별을 하지 않고 있다.

마하데브 데자이 지바 혹은 개인적 대아는 이 한정된 몸속에 있기 때문에 온 가지 이름으로 불리지만, 그것이 다름 아닌 '그이', 즉 지극히 높으신 이다.

23. 이와 같이 푸루샤와 프라크리티와 그 구나를 깨달아 아는 사람은, 어떻게 살든지 간에 다시 태어나지 않느니라.

간디 제2, 9, 12장의 주지에 의해 이 절을 읽을 때 어떠한 방탕주의도 허락되는 말이라 볼 수는 없다. 이것은 자기를 완전히 내놓는 무사한 헌신의 덕을 가르치는 말이다. 모든 행동이 자기를 얽어매지만, 모든 것을 주한테 바치면 얽어매는 것이 아니고 도리어 해방시켜준다. 이와 같이 자기 혹은 나란 생각을 소멸시켜버리고, 언제나 저 대감시자의 눈앞에서 행동하는 사람은 다시 죄를 짓거나 잘못하는 일이 없다. 모든 잘못과 죄 밑에 자기 의식이 들어 있다. 그 '내'가 소멸됐을 때, 죄는 이미 없다. 이 절은 모든 죄를 어떻게 피해 나가는지를 보여준다.

24. 어떤 이는 쟈나에 의하여 아트만을 자기로서 자기 안에 보고, 다른 이는 상캬 요가에 의하여 보고, 또 다른 이는 카르마 요가에 의하여 보느니라.

쟈나(dhyana) 선정(禪定), 명상.
아트만(atman) 자아(Self), 영혼, 대아(大我).

라다크리슈난 여기서 말하는 상캬는 즈나나의 뜻이다.

25. 그러나 또 다른 이는 자기로서는 그런 것을 알지 못하여도 다른 사람에게서 듣고 (그를) 예배하게 되는데, 그들도 또한 그들의 것을 믿음으로 말미암아 죽음의 길을 벗어나느니라.

라다크리슈난 스승의 권위에 의지하여 그 가르침대로 믿는 사람도 하나님의 은혜에 대하여 마음이 열리므로 영원한 생명에 이를 수 있다.

틸라크 위의 두 절은 깨달음에 이르는 여러 가지 길이 있는 것을 말하는 것이다. 첫째 파탄잘리 요가에 의한 명상의 길, 둘째 상캬에 의하여 참 지식을 얻음에 의한 행동 포기의 길, 셋째 카르마 요가에 의하여 ① 모든 행동을 결과를 바람 없이 하며, 그것을 최고 주재자에게 바치는 마음으로 하는 길, ② 신뢰할 만한 스승의 말을 믿고 최고 주재자를 몸 바쳐 공경하는 길이다. 그 어느 길을 따라도 궁극에 가서는 최고 주재자를 아는 데 이르러 구원을 얻게 된다. 그러므로 이것은 앞에 나오는 장들에서 이야기해온 카르마 요가가 최상의 길이라는 말과 조금도 모순이 되지 않는다. 이 절에서는 그와 같이 깨달음에 이르는 여러 가지 방법이 있는 것을 말한 다음, 다음 절들에서 전체의 문제를 한데 묶어서 결론을 짓는다.

스와미 프라부파다 크리슈나는 아르주나를 가르치는 가운데서, 자기 발견 문제에 관한 한 인간에는 두 종류가 있다고 했다. 무신론자, 불가지론자, 회의주의자 하는 사람들은 정신적 깨달음의 울타리 밖에 선다. 그러나 정신적 생명에 대해 알아보려고 진지하게 노력하는 사람들이 있다. 그들은 실천주의자들인데 행동의 결과에 대한 생각을 다 내버린 사람들이다. 언제나 일원론을 세우려고 노력하는 사람들도 무신론자, 불가지론자 속에 든다. 말을 바꾸어 한다면, 오로지 지극히 높은 인격적 신성을 믿는 사람만이 정신적 깨달음을 가질 수 있다. 왜냐하면 그들은 이 물질적 자연의 저 너머에 정신의 세계가 있는 것을 알고, 지극히 높은 인격적인 신성이 있어 최고 주재자로서 온 누리를 뒤덮고 있는 것을, 만유에 편만한 아트만이 있는 것을 믿기 때문이다. 물론 지극히 높은 절대의 진리를 지식적인 노력에 의해 터득해보려는 사람들도 있다. 그들도 둘째 부류에 속하는 사람들이다. 무신론의 철학자들은 이 물질적 세계를 24원소로 분석하고는 인간 영혼을 그 스물다섯째 요소로 꼽는다. 그들이 개인 영혼의 성격이 물질적 요소를 초월하는 것임을 깨닫게 되는 때에 그들은 또한 개인 영혼 위에 다시 지극히 높은 인격적인 신성이 있는 것을 깨닫게 될 것이다. …… 제25절의 말은 특별히 현대 사회에 적용될 수 있다. 왜냐하면 현대 사회에는 정신적인 것에 대해서는 사실상 교육이 도무지 되어 있지 않기 때문이다. 어떤 사람들은 무신론적인 듯, 혹은 철학적인 듯이 보이지만 실지로는 아무런 철학의 지식도 없다. 보통 인간에겐 그가 선량한 영혼을 가지기만 한다면, 들음에 의해서 지식으로 나아갈 수 있는 기회가 있다. 이 듣는다는 일이 매우 중요하다. 크리슈나 의식을 가르쳐준 차이타냐(Lord Caitanya)는 들음을 특별히 강조했다. 보통 사람도 권위 있는 능력자에게서 듣기만 하면 진보될 수 있기 때문이다.

26. 바라타족의 으뜸가는 자야, 어떤 산 물건이 일어날 때는 움직이거나 안 움직이거나 간에, 밭과 밭알이가 서로 연합함으로 인하여 되는 것인 줄 알라.

라다크리슈난 샹카라는 말하기를 이 연합은 "노끈이나 진주조개를 뱀이나 은으로 잘못 보았을 때같이, 분별하는 지식이 없음으로 인해서 오는 환상"이라고 했다. 그러나 그런 것일까? 아마 그것을 아는 사람에게는 그 환상으로 된 연합에서 더 되는 것이 아니겠지만, 그것을 모르는 사람에게는 어떠할까? 파스칼은 말했다. "사람이란 저 자신에 대해서는 자연 속에서 가장 놀라운 것이다. 왜냐하면 사람에게 몸이란 어떤 것인지 알 수 없고, 마음이란 더 알 수 없고, 그 몸이 어떻게 되어서 마음과 연합되어 있는지는 무엇보다도 더 알 수 없는 일이기 때문이다. 이러한 것은 사람에게 어려움의 절정인데, 그것이 바로 그렇다면, 그 둘의 결합은 서로 혼동함으로써 이루어지는 성질의 것이다. 그 혼동을 깨쳐 알게 될 때 그 결합은 끝난다."

27. 최고 주재자는 일체 만유 속에 평등으로 들어 계시면서 멸망하는 것 속에서도 멸망하지 않는다고 보는 자가 참으로 본 자니라.

라다크리슈난 만유 속에서 보편적인 정신을 보는 사람은 그 자신이 보편을 보고 보편이 된다.

"멸망하는 것 속에서도 멸망하지 않는다." 만일 만물이 끊임없이 진화하는 상태로 있다면 불변하는 하나님은 있을 수 없다. 예를 든다면, 베르그송은 하나님을 완전히 세계 속에 내재하면서, 세계가 변할 때에 같이 변하는 이로 만들어버렸다. 우주 발전 과정의 한 부분으로 생각되는 진화의 하나님은 우주가 움직이기를 그칠 때에 존재하기를 놓〔그〕치고 말 것이다. 열역학의 제2법칙은 하나의 무사변의 침체, 완전한 휴식의 상태를 암시하고 있다. 진화, 돌변하는 하나님은 우주의 창조주, 구주는 될 수 없다. 그는 종교적 감정의 한 알맞는 대상이 아니다. 이 절에서 『기타』는 하나님은 우주가 존재하지 않게 되는 한이 있더라도 살아 계시는 이라고 주장하고 있다.

노자 골?은 죽지 않아, 이를 일러 감〔검〕은앓이라 하니, 감〔검〕은앓의 문, 그것을 일러 하늘 땅의 뿌리라 한다. 실낱같이 끊이지 않아 있는 듯한데, 써도 다함 없다.(谷神不死 是謂玄牝 玄牝之門 是謂天地根 綿綿若存 用之不動)

28. 모든 곳에 다름없이 평등으로 계시는 이슈바라를 보는 사람은 자기로 하여 자기의 참 자아를 해치지 않으므로 최고의 경지에 이르느니라.

이슈바라 창조의 근원인 주.

간디 같은 하나님을 모든 곳에서 보는 사람은 '그이' 안에 빠져들게 되므로 그밖에 다른 아무것도 보이지 않는다. 그러므로 그는 정욕에 지지 않고 자기 자신의 대적이 되지 않음으로써 자유함에 이른다.

29. 모든 행동은 다만 프라크리티에 의하여 행해지는 것이요, 그러므로 참 자아가 그 행하는 자가 아니라고 보는 사람은 참으로 보는 사람이니라.

간디 사람이 잘 때에, 그의 자아(영혼)가 자게 하는 것이 아니라 프라크리티가 그렇게 하는 것이듯이, 그와 같이 깨달은 사람은 자기의 자아를 모든 행동에 버물리지 않게 하고 있다. 정결한 자에게는 모든 것이 정결하다. 프라크리티가 행실이 나쁜 것이 아니라, 건방진 사내가 그를 아내로 붙잡을 때 둘의 정욕이 일어나는 것이다.

30. 사람이 만일 산 물건들의 가지가지의 상태가 하나인 것에서 일어나서 거기서부터 번져나가는 것이라 본다면, 그는 브라만에 도달하느니라.

라다크리슈난 자연의 복잡과 발전을 '영원한 하나'에까지 더듬어 올라갔을 때 우리는 영원을 스스로 취한 것이다. 아난다기리(Anandagiri)는 말했다. "모든 유한의 원인을 자아의 통일 속에 빨아들이고 말았을 때 그는 자아의 무한보편한 성격을 깨달은 것이다."

간디 모든 것이 브라만 속에 평안히 머무는 것을 깨달았을 때 브라만의 경지에 도달한 것이다. 그러면 지바(jiva)가 시바(Shiva)가 된다.

마하데브 데자이 이 생각의 근거는 『우파니샤드』에 있다. "땅 위에 여러 가지란 것은 없다. 여기서 여러 가지인 것밖에 아무것도 못 보는 사람은 죽음에서 죽음으로 간다. 이 설명할 수 없는 영원한 산 것은 오직 통일로 보아서만 인식할 수 있다." 쇼펜하우어의 상상력을 붙잡아 "힌두교의 성자들은 부딪치는 모든 것 속에 있으면서도 자기의 동질성을 가지고 모든 공덕과 복을 확신하며 구원의 직로(直路)를 걸었다"라고 말하게 한 것은 바로 이 사상이었다.

31. 쿤티의 아들아, 이 지극히 높은 불멸의 자아는 시작도 없고 특성도 없으므로 비록 몸속에 있을지라도 무엇을 하지도 않고 물들지도 않느니라.

32. 마치 에테르가 일체에 편만하면서도 지극히 가늘고 작기 때문에 물이 들지 않는 것같이, 그와 같이 자아도 모든 몸속에 있으면서도 물드는 일이 없느니라.

33. 바라타의 아들아, 마치 한 태양이 온 세계를 두루 비추듯이 그와 같이 밭의 주께서는 온 밭을 비추시느니라.

34. 지혜의 눈으로 그와 같이 밭과 밭알이의 차이, 또 산 프라크리티와 산 것들의 구원의 (비밀을) 깨닫는 사람이 최고의 경지에 이르느니라.

이것이 제13장 밭과 밭알이와 그 분별의 끝이니 이는 『바가바드 기타』라는 『우파니샤드』의 요가를 가르치는 학문에 대해 크리슈나와 아르주나가 나누는 문답이니라.

제14장 3성 분별

틸라크 제13장에서 몸과 아트만에 대한 설명을 했는데, 먼저는 베단타의 입장에서 했고, 다음은 다시 상캬의 입장에서 했다. 그런데 그러는 가운데 모든 작용은 프라크리티에서 나오는 것이고, 푸루샤 즉 크셰트라즈나(밭알이)는 아무런 감동도 없는 것이라고 했다. 그런 프라크리티의 작용이 어떤 방법으로 계속되어간다는 것은 설명하지 않았다. 그러므로 거룩하신 주는 이 장에서 같은 한 프라크리티에서 어떻게 각종 창조물, 특히 산 피조물들이 창조되었는지를 설명한다.

우리가 만일 인간의 창조만을 생각한다면 그것은 크셰트라 즉 몸에 관한 문제이므로, 그것은 자연 몸과 아트만에 대한 문제 속에 포함되어버린다. 그러나 움직이지 않는 세계도 세 가지 요소로 구성되는 프라크리티의 한 발전이기 때문에 프라크리티의 구성요소들 간의 서로 다른 차이에 대한 설명은 또 변하는 것과 변하지 않는 것에 대한 설명의 한 부분이 된다. 그렇기 때문에 거룩하신 주는 몸과 아트만에 대한 설명이라는 국한된 논술을 버리고, 아르주나에게 즈나나(영적 지식)와 비즈나나(경험적 지식)에 대한 설명을 해주겠다는 말로 이 장을 시작한다. 즈나나·비즈나나의 문제는 그가 이미 제7장에서 시작한 것이다. 이 프라크리티의 세 요소의 전개에 대한 설명은 『아누 기타』(Anu-gita)와 『마누 스므리티』(Manu-smriti) 제12장에도 나와 있다.

간디 이 제14장과 자연의 성격에 대한 세 가지 등분의 설명을 보면 30년 전에 내가 읽었던 헨리 드럼먼드(Henry Drummond)의 저작물(『영적 세계 속의 자연법칙』 *The Natural Law in the Spiritual World*) 생각이 난다. 원리는 여러 가지지만 그것을 세 제목으로 갈라놓았다. 제14장은 인간이 속해 있는 원리를 설명해주는 것이고, 제15장은 푸루쇼타마(Purushottama), 즉 완전한 인간에 대한 설명이다.

인간의 향상이란 것이 이 장에서 우리가 배워야 하는 제목이다. 이 사트바(善性)·라자스(動性)·타마스(暗性)의 세 성 중에 어떤 사람도 그중 하나만을 독점적으로 주장할 수는 없다. 우리는 누구나 다 힘써서 주로 선성의 원리가 주장하고 있는 지경에 올라가도록 하고 그리하여 마침내는 그 셋을 초월하여 완전한 인간에 이르러야 한다. 물질계에서 한 예를 들어 설명할 수 있다. 가령 말한다면 물이다. 물이 고체로 있을 때에는 땅 위에서 공중으로 올라갈 수가 없다. 그러나 증기가 되어 희박해지면 올라간다. 마침내 공중에 올라가면 구름으로 변하고 비로 되어 땅에 떨어진다. 그러면 열매를 맺게 하여 땅에 복을 준다. 사람은 모두 물과 같다. 우리는 다 노력하여 우리 자신을 증발시킴으로써 우리 속에 있는 사사로운 나를 없애버리고 무한에 들어 모든 것에 대한 영원한 선(善)이 되어야 한다.〔「청년 인도」, 1928. 12. 1.〕

거룩하신 주 말씀하시기를

1. 내가 다시 지식 중의 지식인 최고 지상의 지식을 말하리라. 그것을 앎으로써 모든 성인이 이 세상으로부터 최고의 완전에 이르렀느니라.

2. 이 지시에 의지함으로 말미암아 그들은 나와 같은 성격에 이르러, 창조 때에도 다시 나는 일이 없고 풀어져 꺼지는 때에도 흔들림이 없느니라.

의지 우파슈리차(upashritya), 의지(依止), 귀의, 은신함(take shelter).

라다크리슈난 힌두교의 신앙에서는 우주 만물이 제때가 오면 창조되었다가 또 제때가 오면 풀어져 없어져서, 그것이 무한히 반복된다고 믿는다. 그리고 이 인생에 고뇌가 있는 것은 전생의 업 때문이므로 이 생에서 해탈을 얻어 다시 이 고뇌의 생사유전의 길에 태어나지 않는 것이 인생의 이상이다.

영원한 생명이란 형언할 수 없는 절대 속에 녹아버리는 일이 아니라, 경험적인 활동을 초월한 정신의 보편성과 자유에 도달하는 일이다. 그 자격은 창조와 소멸의 윤회 과정의 영향을 조금도 받는 일이 없다. 모든 형상의 지경을 초월했기 때문이다. 구원받은 영혼은 점점 자라 거룩하신 이를 닮아 영원불변의 성격을 갖게 되고, 가지가지의 우주적 형태를 스스로 취하는 주재자에 대한 영원한 의식을 가진다. 그것은 스바루파타(svarupata) 즉 동일성〔정체성〕이 아니고 사마나다르마타(samanadharmata) 즉 평등의 상사성(相似性)이다. 그는 자기가 찾는 이와 같은 성격이 되어 사드리샤묵티(sadrisyamukti)에 이른다. 그는 자기의 외적 의식과 생활에 신성을 실현한다. "하늘에 계신 너희 아버지의 완전하심같이 너희도 완전하라"를 보라.〔「마태복음」, 4: 48〕샹카라의 견해는 이와는 다르다. 그는 사다르먀

(sadharmya)는 성격의 동일을 의미하는 것이지 속성의 동등을 의미하는 것이 아니라고 한다.

틸라크 이것은 하나의 서론이다. 이제 크리슈나는 우선 첫째로 프라크리티는 자기의 여러 가지 형상 중 오직 한 나뿐이라고 말한다. 그리고 그렇게 말함으로써 샹카론의 이원론을 제쳐버리고, 그러고는 (베단타와 충돌됨이 없이) 이 세계의 모든 인식할 수 있는 물체가 이 프라크리티의 요소로 인해서 존재하게 된다는 것을 말한다.

3. 바라타의 왕자야, 저 큰 브라마는 나를 위한 탯집이다. 내가 그 속에 종자를 넣어주면 그로부터 모든 산 것이 나오느니라.

브라마(brahma) 프라크리티.

라다크리슈난 우리가 만일 단순한 자연의 산물만이라면 영원한 생명에 도달할 수는 없을 것이다. 이 절은 이 세상 모든 존재가 다 하나님의 나타나심이란 것을 인정하고 있다. '그'는 우주의 씨다. 이 세계에 대해서 그는 히라냐가르바(hiranyagarbha), 곧 우주의 혼이다. 샹카라는 말하기를 "내가 밭(크셰트라)과 밭알이(크셰트라즈나)를 결합시켜 히라냐가르바를 낳게 하고, 그로부터 모든 만물이 나온다. 주께서 '아버지'시고, 그가 자아 아닌 탯집 속에 생명의 올 쯤인 종자를 넣어서, 모든 개체의 출생을 일으키신다. 이 세계는 무한이 유한 위에 노시는 놀음이다(제11장 제12절에 대한 주석 참조). 저자는 여기서 창조를 안 있음, 곧 혼돈, 혹은 밤으로부터 형상이 전개되어 나오는 것으로 보는 설명을 채용하고 있다. 캄캄한 깊음 속에서 일어나 나오는 만물의 형상은 하나님으로부터 뽑아낸 것이다. 그것들은 '그'가 안 있음 속에 던진 종자들이다.

「요한복음」(1: 1) 맨 첨에 말씀이 계셨고, 그 말씀이 하나님으로 더불어 계셨고, 그 말씀이 곧 하나님이었는데 모든 것이 그를 통하여 지어졌고, 지어진 것 중에 그가 없이 된 것은 하나도 없었다. 그 안에 생명이 있었는데, 그 생명이 사람들의 빛이었다.

노자 그러므로 도(道)가 내고, 치고, 키우고, 기르고, 튼튼케 하고, 여물게 하고, 먹이고, 덮어준다. 내고도 가지지 않고, 하고도 믿지 않고, 어른 되고도 쥐고 놀려 않으니, 이를 일러 까만 속을이라 한다.(道生之畜之長之育之 亭之毒之養之覆之 生而不有爲而不恃 長而不宰 是謂玄德)

4. 쿤티의 아들아, 어떤 탯집에서 어떤 형상이 되어 나왔든 간에, 그 '큰 브라마'가 그것들의 탯집이요, 내가 그 씨를 넣어주는 '아버지'이니라.

라다크리슈난 모든 산 것의 어머니는 프라크리티요 아버지는 하나님이시다. 또 프라크리티는 하나님의 본성이므로, 하나님은 우주의 아버지요 또 어머니다. '그'는 우주의 씨요 또 탯집이다. 이런 관념이 어떤 예배 형식에 이용되는 일이 있으므로 근대의 어떤 청교도들은 그것을 음탕한 생식기 숭배라고 비웃는다. 하나님의 영은 우리 생명에 수정(受精)을 시켜서 그들을 하나님이 원하시는 대로 되게 한다.
'지극히 높으신 이'는 세계의 '생식적인 이유'(seminal reason)이시다. 모든 존재는 물질이 말씀의 정자(logoi spermatikoi), 즉 생명 주시는 영으로 수정됨에 의하여 임신된 결과로 인해 나온다. 그것들을 통하여 하나님은 이 세계에서 자기 일을 이룬다. 이 말씀의 씨는 거친 물질세계를 형성시키는 이상적인 형상이다. 이 이상, 즉 장차 있게 될 것들의 모형은 하나님 안에 있다. 온갖 나타남의 가능성은 그 근거를 거기 대응하는 안 나타남의 가능성 속에 둔다. 그 안에서 그것은 자체의 영원한 원인으로 존재해 있고, 거기 대하여서 나타남은 하나의 탄력성 있는 확증이 된다.

하나님은 창조의 세세한 것까지를 포함한 영원한 전망을 가지신다. 그런 데 대해, 소크라테스나 플라톤에게서는 이상과 물질은 이원론적으로 생각되고 있어서 오묘한 이상의 세계와 조잡한 물질세계의 관계에 대한 이해가 곤란한 반면, 『기타』에서는 그 둘이 다 같이 '거룩하신 이' 밑에 속해 있다고 한다. 하나님 자신이 그 이상의 정자를 이 거친 세계 속에 화신(化身)으로 나타내신다. 이 하나님께로조차 나오는 이상의 정자들은 모든 것의 근원 되는 '말씀'(logos)에 속하는 것들인데, 그것이 우리의 하나님에 대한 사랑의 설명이 된다. 하나님은 한편으로는 우리 인간성에 대하여 초월적이나, 또 다른 한편 영혼 속에서는 거룩하신 이의 직접적인 표현이 된다. 우주의 흘러감은 기원인 알파와 종국의 완성인 오메가가 일치하게 되는 때까지 계속될 것이다.

『주역』 하늘의 길이 사내 되고 땅의 길이 계집 되니 하늘이 큰 비롯을 알고 땅이 몬을 지어 이루느니라.(乾道成男 坤道成女 乾知大始 坤作成物)

장재, 『서명』 하늘을 아비라 일컫고 땅을 어미라 일컫는다. 내 이에 아득한 것으로 온통 섞이어 그 가운데 있으니, 그러므로 하늘 땅에 찬 것이 내 그 몸이요, 하늘 땅의 머리 된 것이 내 그 바탈이라, 씨올은 내 한배요 몬은 내 더불어다. 임금은 내 부모의 맏아들이요, 그 대신은 맏아들의 가상(家相)이다. 나이 많은 이를 높임은 그 어른을 어른으로 하는 바요, 어린이를 헤가림〔慈〕은 내 어린이를 어린이로 함이다. 거룩한 이는 그 덕을 합한 이요 어진 이는 그 빼어난 이며, 무릇 천하의 지치고 병들고 불구 되고 시름에 빠지고 외롭고 홀아비 되고 과부 된 것들은 다 내 형제의 엎어져 일어나지 못하여 어디 말할 데도 없는 것들이다.(乾稱父 坤稱母 子玆藐焉 乃混然中處 故天地之塞吾其體 天地之帥吾其性 民吾同胞物吾與也 大君者吾父母宗子 其大臣宗子之家相也 尊高年所以長其長 慈孤弱所以幼吾幼 聖其合德 賢其秀也 凡天下疲癃殘疾 惸獨鰥寡 皆吾兄弟顚連而無告也)

5. 억센 팔을 가진 자야, 사트바, 라자스, 타마스는 프라크리티에서 나오는 특성으로서, 그것이 그 불멸의 거주자를 이 몸속에 묶어두느니라.

불멸의 거주자 아뱌야(avyaya), 우리의 자아. 아트만이 몸을 집으로 삼고 있다는 뜻에서 하는 말.

라다크리슈난 불멸의 영혼을 이끌어 생사의 돌아가는 바퀴에 나타나게 하는 것은 구나, 혹은 무드(mood)의 힘이다. 그것은 "자연의 원초적인 구성요소요, 모든 물질의 기반이다. 그러므로 그것은 물질 속에 내재하는 성격이라고 할 수는 없다"(아난다기리의 말). 그것을 구나라 부르는 것은 그 나타나는 것이 언제나 상캬론의 푸루샤 혹은 『기타』의 크셰트라즈나(밭알이)에 달려 있기 때문이다. 구나는 프라크리티의 세 경향 혹은 성질이 꼬여 있는 삼겹 노끈의 세 가다리다. 사트바는 의식의 빛을 반사하는 것으로서 그것의 비춰줌을 받고 있고, 그렇기 때문에 방사(prakasa)의 성격을 가지고 있다. 라자스는 밖으로 향한 운동(pravrtti)을 가지고 있고, 타마스는 타성(inertia apravrtti)의 특성을 가지고 있어서 부주의, 무관심(pramada)하다. 사트바, 라자스, 타마스를 영어로 꼭 맞게 옮기기는 어렵다. 사트바는 완전한 정결(淨潔)과 광휘(光輝)요, 라자스는 불순(impurity)이므로 활동으로 나아가게 하는 것이고, 타마스는 어둠이요 게으름이다. 『기타』에서는 구나들을 주로 도덕적으로 적용하므로 우리는 사트바를 선성(善性)이라 하고, 라자스를 열성(熱性)이라 하고, 타마스를 둔성

(鈍性)이라 한다.

우주의 삼위일체는 이 세 성의 어느 하나가 주장이 되고 있는 것을 보여준다. 보존자인 비슈누에는 선성이, 창조자인 브라마에는 열성(혹은 동성)이, 파괴자인 시바에는 둔성(혹은 암성)이 주장이 된다. 선성은 우주의 안고(安固)를 차지하고 동성은 그 창조적 운동을 돕고, 타마스는 모든 것의 무너지고 죽는 경향을 나타낸다. 그것들은 각각 이 세계의 계속과 기원과 분해의 이유가 된다. 구나들을 인격적인 하나님의 세 면에 적용해본다면 그 세 면은 객관적 혹은 현상의 세계에 속한다. 하나님은 인간을 구원하기 위해 인간 속에서 분투하시고 있고, 하나님 닮은 영혼들은 이 구속 사업에 '그'와 협력하고 있다.

영혼이 자신을 자연의 성격과 한가지인 것으로 알 때 그 자신의 영원성을 잊고 마음과 생명과 몸을 다 이기적인 자기만족을 위해 써버리고 만다. 그 얽매임을 벗어버리려면, 자연의 성격을 초월하며 트리구나티타(trigunatita, 3성 초월)가 되어야 한다. 그러면 자유롭고 썩지 않는 영적인 성격을 가지게 된다. 사트바는 승화되어 의식의 빛 즉 죠티(jyotih, 直觀)에 들어가게 되고, 라자스는 고행 즉 타파스(tapas)에, 그리고 타마스는 평정 혹은 안식, 즉 샨티(shanti)에 들어가게 된다.

6. 그중에 선성은 청정함으로 하여 광명을 주고 건강을 준다. 오, 흠 없는 자야, 이것은 즐거움의 집착과 지식의 집착으로 얽어매느니라.

라다크리슈난 여기서 말하는 지식은 낮은 지식이다.

선성이 사람의 이기적인 자아의식을 제거해주지는 못한다. 그리고 비록 고상한 것에 대한 것이기는 하지만, 욕망을 일으켜준다. 모든 것에 대해 애착이 없는 자아도 여기서는 즐거움과 지식에 애착한다. 이기적인 자아의식을 가지고 생각하고 의지하기를 그치지 않는 한, 우리는 해탈한 것이 아니다. 즈냐나 혹은 지식은 부디에 관계되어 있는데 그 부디는 프라크리티의 산물이다. 그러므로 그것은 아트만의 본질인 순수 의식과는 구별되어야 한다.

노자 사람을 아는 이는 슬기롭고, 스스로 아는 이는 밝으니라.(知人者智 自知自明)

7. 동성은, 너 알라, 달라붙는 성질이니라. 애욕과 애착에서 나오느니라. 쿤티의 아들아, 이것은 활동의 집착으로 몸에 머무는 이를 얽어매느니라.

몸에 머무는 이 데히나(dehina), 주신자(住身者), 몸의 거주자(body's tenant), 자아, 아트만.

라다크리슈난 아난다기리는 "자아가 그 대행자는 아니지만, 라자스는 '내가 그 하는 이다' 하는 생각으로 그를 움직여 활동하게 한다"고 한다.

8. 그러나 암성은, 너 알라, 무지에서 나와, 몸에 머문 모든 이를 매혹시키느니라. 바라타족의 아들아, 이것은 멍청함과 게으름과 잠으로 얽어매느니라.

멍청 프라마다(pramada), 태만.
게으름 알라샤(alasya), 유타(遊惰).

9. 선성은 행복에 집착하고, 동성은 활동에 집착한다. 그러나 바라타족의 아들아, 암성은 지식을 가려 멍청에 매이게 하느니라.

10. 바라타족의 아들아, 선성이 동성과 암성을 압도하면 그것이 우세해지고, 동성이 선성·암성을 압도하면 그것이 우세해지고, 또 그

와 마찬가지로 암성이 선성·동성을 압도하고 우세해지기도 한다.

라다크리슈난 3성은 어떤 사람 속에도 다 있다. 다만 그 정도가 서로 다를 뿐이다. 어떤 사람도 그것이 전연 없을 수는 없고, 사람마다 다 이것이거나 저것이거나 그 어느 하나가 우세하다. 그 우세하는 성에 따라 선성적인 사람, 동성적인 사람, 암성적인 사람이 된다. 생리학에서 체액설(體液說)이 한창 지배적이었을 때 사람을 다혈질, 담즙질, 지둔질(遲鈍質), 신경질로 나누었다. 체액 중 어느 것이 우세하냐 하는 것에 따라서 한 구분이었다. 힌두교의 배열은 정신적 특징을 보아서 한 것이다. 선성적인 성격은 빛과 지식을 목적하고, 동성적인 성격은 불안정적이어서 외적인 것에 대한 욕망이 강하다. 선성적 성격자의 활동은 자유롭고 고요하고 무사한 데 반해 동성적인 성격자는 줄곧 활동하며 가만 앉아 있지 못하며, 그 활동은 이기적 욕망에 물이 들어 있다. 암성적 성격은 우둔하고 게으르다. 그 마음은 어둡고 어지러우며 그 생애 전체가 환경에 대한 하나의 계속적인 굴복이다.

11. 광명이 (지식이) 이 몸의 모든 문으로부터 발사되어 나올 때는 선성이 더해진 줄로 알 것이니라.

라다크리슈난 지식의 빛은 완전히 생리적으로 나타날 수 있다. 의식의 참은 물질적 표현에 반대되는 것이 아니다. 신성(神性)은 육체적인 분야에서 실현될 수 있다. 인간의 의식을 성화(聖化)하는 것, 빛을 신체 속에 끌어들이는 것, 우리의 생활 전체를 변화시키는 것이 요가의 목적이다. 우리 마음이 빛을 발하고 감각이 민첩해지면, 그때는 선성이 우세한 것이다.

맹자 꼴과 빛은 하늘바탈이다. 성인인 다음에야 제 꼴을 밟을 수

있느니라.(形色天性也 聖人然後可以踐形)

12. 바라타족 중의 으뜸가는 자야, 탐욕과 활동과 사업의 계획과 불안정과 애욕, 이것은 다 동성이 늘어나는 데서 나오는 것이니라.

라다크리슈난 생활과 그 쾌락을 열심으로 추구하는 것은 동성이 왕성한 데서 오는 것이다.

예수 무엇을 먹을까 무엇을 입을까 걱정하지 마라. 이는 다 이방인들이 구하는 것이니라.

장자 그 즐기는 욕심이 깊은 사람은 하늘이 준 영적 힘이 옅으니라.(其嗜欲深者 其天機淺)

13. 쿠루족의 아들아, 밝지 못하고, 활동도 없고, 게으르고, 헤매고, 이것은 암성이 늘어나는 데서 나오는 것이니라.

14. 몸에 머무는 이가 선성이 왕성할 때에 환멸을 당하면, 그는 '가장 높은 것'을 아는 성자들이 도달하는 세계에 갈 것이니라.

환멸(還滅) 프랄라야(pralaya), 죽는 순간.

라다크리슈난 그들은 해탈을 얻은 것이 아니고 다만 브라마로카(brahmaloka)에 태어난 것이다. 해탈되는 조건은 니슈트라이구냐(nishtraigunya) 즉 3성의 초월이다.

마하데브 데자이 "'가장 높은 것'을 아는 성자들이 도달하는 정결한 세계." 이 뜻이 무엇인지는 알기 어렵다. 지극히 높은 것을 아는 사람은 자아를 깨달은 사람 혹은 즈나니는 될 수 없다. 왜냐하면 그들은 다시 태어나지 않기 때문이다. 그런데 여기서는 다시 나는 것을 말하고 있다. "지극히 높은 것은 마하트(mahat)를 의미한다", 하지만 그것은 또 설명이 필요한 말이다! 틸라크는 '신들의 세계'라 했고, 비데 샤스트리(Bhide Shastri)는 "사챠로카(satyaloka), 박쿤다(vackuntha), 카일라사(kailasa)……"라 했고 비노바(Vinoba)는 전혀 새로운 말을 끄집어냈는데 그것이 본문에 들어맞는지는 알 수 없다. "그는 무구(無垢)한 세계에 나서 즈나니들과 같이 있다" 한다. 이에 대한 해설은 아마도 다음 절에 있는 카르마상기슈(karmasangishu)라는 단어에서 찾아야 할 것이다. 만일 동성의 사람들이 카르마에 집착하는 사람들 속에 난다면, 선성의 사람들은 즈나나에 집착하는 사람 즉 자신의 길을 추구하는 사람들 속에 날 것이다. 내 생각에는 아마 그러한 논법이 비노바로 하여금 그 절을 그렇게 번역하게 한 것이 아닌가 한다. 그보다 더 나은 것이 없으므로 그의 번역을 취한다.

15. 동성이 성할 때에 환멸을 당하면 그는 활동에 집착하는 자들 속에 날 것이고, 마찬가지로 암성이 성할 때에 환멸을 당하면 미혹의 태 속에 날 것이니라.

16. 선행의 열매는 선성적이어서 정결하나, 동성의 열매는 괴롬이요, 암성의 열매는 무지니라.

17. 선성에서는 지식이 나오고, 동성에서는 욕심이 나오고, 암성에서는 게으름·헤맴이 나오고 또한 무지가 나오느니라.

18. 선성에 머무는 이는 위로 올라가고, 동성적인 이는 중간에 머물고, 암성적인 이는 가장 낮은 특성의 영향을 입어 아래로 내려가느니라.

라다크리슈난 최고의 이상은 도덕의 지경을 초월해 영계에 올라가는 일이다. 선한 사람(satvika)은 반드시 성자(trigunatita)에 이르러야 한다. 이 경지에 이르기 전에는 우리는 아직도 되어가는 도중이다. 우리의 진화는 아직 미완성이다.

노자 높은 선비는 도를 듣고 부지런히 행하고, 가운데 선비는 도를 듣고 있는 듯 없는 듯하고, 낮은 선비는 도를 듣고 크게 웃는다. 웃지 않으면 족히 도로 삼을 수 없다.(上士聞道 動而行之 中士聞道 若存若亡 下士聞道 大笑之 不笑 不足以爲道)

19. 보는 이가 구나(性)밖에 다른 작용자가 없음을 알고, 또 구나를 초월하는 자를 알면, 그는 나의 바탈에 이르느니라.

보는 이 식자(識者, seer).

간디 사람이 자기는 하는 자(doer)가 아니고 구나가 있어서 모든 것을 하는 것임을 깨달았을 때 그 자아는 없어진다. 그는 자기가 하는 모든 행동을 자발적으로 통과하여, 단순히 제 몸을 지지하게 된다. 그리고 몸은 가장 고귀한 목적에 봉사하는 것이기 때문에 그의 모든 행동은 떠나 있어 애착이 없음을 드러내게 된다. 그러한 보는 자는 구나를 초월하는 '그이'의 모습에 능히 눈을 떠 그를 믿게 된다.

장자 안회(顏回)가 "감히 묻잡니다. 마음 씻기[心齋]란 무엇입니까"라고 말한다. 중니(仲尼)가 "네 뜻을 하나로 하여 귀로 듣지 말고 마음으로 들으며, 마음으로 듣지 말고 기운으로 들어라. 들음은 귀에 그치는 것이고, 마음은 가져다 맞추는 쪽[符]에 그치느니라. 기운이란 비어 가지고 물건을 대하는 것이다. 도는 오직 빔에 모인다. 비게 함이 마음 씻음이니라"고 답한다. 안회가 "제가 처음에 그렇게 시켜주심을 얻지 못했을 때 정말 스스로 회(回)이옵더니, 시켜주심을 얻고 나니 비로소 회란 것이 있지 않습니다. 이러면 빔이라 할 만하옵니까" 하자 스승이 "됐다" 했다.

아난다기리 그럴 때 자기와 브라만이 하나인 것이 환해진다.

20. 몸에 머무는 이가 몸이 거기서부터 일어나는 그 세 구나를 초

월할 때, 그는 남·늙음·죽음의 고통에서 벗어나 영원한 생명에 이르느니라.

마하데브 데자이 간디는 데하사무드바반(dehasamudbhavan)을 "그것은 몸과의 접촉에서 나온 것"이라고 번역했다. 힐도 이 합성된 낱말을 같은 식으로 설명하면서, "그것은 자아와 관련해서 존재한다. 몸속에 태어나 있기 때문이다"라고 했다. 여러 주석가가 샹카라를 따르는데 그는 "그것은 몸이 거기로 좇아 나오는 씨다"라고 했다. 나는 이렇게 번역하고 싶다. "그것은 사람이 자기 자아를 몸과 하나로 보게 되는 근본이다."

라다크리슈난 데하사무드바반은 구나는 몸으로 인해서 일어나는 것이라는 뜻이다. 샹카라는 "그것은 몸이 거기로 좇아 나오게 되는 씨다"라고 했다. 선성의 사람의 선성조차도 불완전한 것이다. 그 이유는 이 선성은 반대자와 싸우는 것을 조건으로 하기 때문이다. 그 싸움이 끝나고 절대의 선성이 될 때 그것은 선성이기를 그치고 모든 윤리적 강요를 초월한다. 선성을 발달시킴으로 인하여 우리는 그것을 초월해 초월적 지혜에 도달한다. 마치 가시로 가시를 뽑는 모양으로, 우리는 세속을 내버림에 의하여 내버림을 내버리지 않으면 안 된다. 사트바에 의해서 우리는 라자스와 타마스를 이기고, 그다음 사트바까지도 초월한다.

아르주나 말하기를

21. 오, 주여, 3성을 초월하는 이는 어떤 모양을 함으로 인하여 되는 것이옵니까? 그는 어떻게 행동을 하며 또 어떻게 이 3성을 초월하옵니까?

라다크리슈난 지반묵타(살아 있는 현신으로 해탈을 얻은 사람)의 특별한 상(相)은 무엇인가? 그 특징은 제2장 제55절 이하에 있는 스티다프라즈나(지혜가 부동의 자리에 간 사람), 제12장 제13절 이하에 있는 박티마(정성으로 믿는 마음이 완전한 사람)와 비슷한 것이다. 이로 인하여 분명한 것은 어떤 길로 도달했든 간에 완전에 이른 사람의 모습은 같다는 것이다.

거룩하신 주 말씀하시기를

22. 오, 판두의 아들아, 그는 광명과 활동과 미혹을 그것이 일어날 때에 싫어하지 않으며, 그것이 일어나기를 그쳤을 때 원하지 않는 사람이니라.

23. 그는 가만 앉아, 구나에 관심도 아니하고, 흔들리지도 않으며, 홀로 서서 흔들림이 없는 사람이니, 그건 그가 작용하는 것은 오직 구나임을 알기 때문이니라.

24. 그는 고락을 평등으로 보고, 자기의 자아 속에 거하며, 흙과 돌과 금을 한가지로 알고, 쾌·불쾌를 같이 보며, 마음이 견고하여 비난과 칭찬을 한가지로 여기느니라.

25. 그는 명예와 불명예를 상관하지 않으며 벗과 대적에 대해 같이 하고, 모든 활동의 경영을 내버린 사람이니, 그를 가리켜 구나티타라고 하느니라.

구나티타(gunatita) 구나를 초월한 사람.

간디 제22절부터 제25절까지는 하나로 읽고 생각해야 한다. 광명·활동·미혹은 앞 절에서 본 것과 같이, 사트바·라자스·타마스가 낳은 산물이다. 이 절들의 속뜻은, 구나를 초월한 사람은 그런 것들의 영향을 받지 않는다는 말이다. 돌은 빛을 바라지도 않고, 활동·게으름을 싫어할 리도 없다. 그것은 잠잠해, 그런 의지도 없다. 누가 흔들어도 까딱없고, 다시 흔들면 그대로 누워 게으름이나 미혹이 저를 붙잡았다는 감각도 없다. 돌과 구나티타가 서로 다른 것은, 구나티타는 완전한 의식을 가지고 자기가 죽을 인간을 얽매는 얽맴을 떨어버렸다는 것을 충분히 알고 있다는 것이다.

그는 지식의 결과로 돌의 안식을 성취하고 있다. 돌과 한가지로 증거하지만, 구나나 프라크리티의 작용을 행하는 자는 아니다. 즈나니(아는 이)는 정좌하여 작용하는 것이 구나임을 알면서도 흔들림이 없다. 어느 순간에도 우리가 그 행하는 자인 듯이 행하는 우리로서는 다만 그 지경을 상상만 할 수 있을 뿐, 도저히 그것을 체험할 수는 없다. 그렇지만 우리는 우리 수레를 그 별에다 붙들어 맬 수도 있고, 그리하여 모든 활동에서 자신을 물러나게 함으로써 점점 더 가까이 갈 수 있다.

구나티타는 자신으로서의 지경 체험은 있을 수 있으나 그것을 설명하지는 못한다. 설명할 수 있는 사람은 이미 그 지경을 떠난 것이다. 그러려고 하는 순간 '자기'가 벌써 참견을 한다. 우리 평상시의 살림에서 하는 평화·광명·소란·게으름의 체험은 환상이다. 『기타』는 여러 가지 말로써 신성의 지경은 구나티타에서 가장 가깝다는 것을 분명히 알려주고 있다. 그러므로 누구나 다 나도 어떤 때에 가서는 구나티타의 지경에 이를 수 있다는 것을 믿고 힘써서 자신 속에 더욱 선성을 발전시키도록 해야 한다.

26. 흔들림 없는 박티 요가로써 나를 섬기는 사람은 이 3성을 초월함으로써 브라만이 되기에 합당하니라.

27. 나는 불사 불멸의 브라만의 기초로, 영원한 법, 절대 복락의 기

초이기 때문이니라.

라다크리슈난 여기서 인격적인 크리슈나가 자기는 절대의 브라만의 기초라고 한다. 샹카라는 설명하기를 지극히 높으신 주는 그가 브라만의 나타남이라는 의미에서 브라만이라고 한다. 브라만은 자기를 믿는 자에게 이슈바라삭티(Ishvarashakti)를 통해서 은총을 보여주는데, 그는 그 능력의 나타남이므로 브라만 자신이다. 샹카라는 또 다른 하나의 설명을 한다. 브라만은 인격적인 주다. 그러므로 이 절의 의미는 "나, 무한정, 불가형언의 내가 한정 속에 있어서 불멸괴(不滅壞)하는 브라만의 기초다" 하는 뜻이다. 닐라칸다(Nilakantha)는 브라마를 『베다』가 의미하는 것으로 보고, 라마누자는 이것을 해탈된 영혼으로 해석하고, 마드바(Madhva)는 마야(maya)로 본다. 마두수다나는 이것을 인격적인 주로 본다. 크리슈나는 자신을 절대 무제한의 브라만이라고 한다.

마하데브 데자이 구나티타는 모든 구나를 뛰어넘었다. 사트바로 가득 찬 것이 아니라, (모든 정진자가 그렇게 하려고 하겠지만) 그보다도 순결 무염(無染)한 사트바여서 라자스나 타마스의 한 부스러기도 들어 있지 않다는 뜻이다. 그 완전은 사트 치트 아난다(sat-chit-ananda)인 '그이'다. 브라만의 모습 그대로다. 그는 사트(sat) 곧 참, 혹은 실재며, 자신 속에 영원한 법(dharma) 즉 우주 진화의 영원한 원리를 포함하고 있다는 의미에서 치트(chit)다. 그는 완전한 복이 있는 곳이므로 아난다(ananda)다.

틸라크 이 절의 뜻은 상캬론의 이원론을 버리고 나기만 하면 남는 것은 오직 하나 파라메슈바라뿐이라는 말이다. 그러므로 트리구나티타(trigunatita)의 경지는 파라메슈바라를 믿어서만 된다. 그러나 오직 한 분 최고 주재자가 있음을 인정하면서도 『기타』는 '그이'에 이르는 방법에 대해 독단적으로 강요하지는 않는다. 『기타』가 신앙이 가장 쉬운 길이라 하고, 그렇기 때문에 모든 사람에게 가장 받아들일 만한 것은 사실이지만, 어디서도 다른 길은 따르지 말라고 하지는 않는다. 『기타』는 오직 신앙의 길만을 지지한다. 혹은 지식의 길만을 혹은 요가의 길만을 지지한다 하는 것은 각각 그 주장을 찬성하는 사람들이 붙인 의견일 뿐이다.

이것은 『바가바드 기타』라는 『우파니샤드』의 제14장 3성 분별의 끝이니, 이는 브라만의 지식에서 요가를 가르쳐주는 크리슈나와 아르주나가 나누는 문답이니라.

제15장 멸·불멸을 초월하는 최고 자아

틸라크 제13장에서 크리슈나는 몸과 영혼(아트만)에 대한 이치와, 겸하여 상캬에서 말하는 그와 비슷한 프라크리티와 푸루샤의 차이를 설명했고, 제14장에서는 세 가지 구나(性)의 결과로 인하여 각 개인의 천성에는 서로 차이가 생긴다는 것을 말하고 난 다음, 그러므로 선성의 사람, 동성의 사람, 암성의 사람이 각각 종국에 가서 어떤 지경에 도달하게 된다는 것을 말했다. 그는 3성 초월(trigunatita)이란 어떤 것을 의미하는 것이며, 상캬에 의한 브라마의 경지는 어떤 것이며, 그러한 경지에는 어떤 방법에 의해서 도달되는 것이냐 하는 것을 설명했다.

그 모든 설명이 다 상캬의 말로 된 것은 물론이다. 그러나 그러면서도 그것은 상캬의 이원론을 받아들이면서 한 것은 아니다. 프라크리티와 푸루샤가 다 그이의 나타남인, 유일의 파라메슈바라의 영적 또는 경험적 지식으로 그것을 한다. 이러한 파라메슈바라의 형상에 대한 설명뿐 아니라 거기에 더해서 그는 또 제8장에서 아지야즈나와 아쟈트마와 아지디이바타 등의 차이를 말씀했고, 또 만유를 꿰뚫는 유일의 파라메슈바라가 계신다는 것, 그러면서도 그는 또 몸 안에 와 계시는 아트만이시기도 하다는 것을 말했다.

이제 여기서 크리슈나는 왜 어찌해서 파라메슈바라로부터 우주적 전개가 창조되었느냐, 혹은 다른 말로 한다면 이름과 형상에 의한 파라메슈바라의 흩어짐[擴散]은 왜 있게 됐느냐 하는 것을 한참 동안 하나의 나무 혹은 숲에 비하면서 그려내고는, 나중에 그를 절대의 나(絶對我, Purushottama)로 그린다. 그것이 곧 파라메슈바라의 최고의 형상이다.

거룩하신 주 말씀하시기를

1. 불멸의 보리수는 그 뿌리를 위에 두고 그 가지를 아래에 두고 있다고 한다. 그 잎은 『베다』의 노래요, 그것을 아는 이는 『베다』를 아는 이니라.

라다크리슈난 "뿌리를 위에 두고 가지를 아래에 두는 이 세계의 나무는 영원한 것이다."[카타 우파니샤드Katha Upanisad] 산사라 브리크샤(sansaravriksha), 곧 우주의 나무다. 『마하바라타』는 우주 진화를 하나의 나무에 비하면서 그것은 위대한 지식의 검(jnanena paramasina)으로만 찍어낼 수 있다고 한다. 그 나무는 하나님에게서 나오는 것이므로 그 뿌리를 위에다 두었다 한 것이고, 그것이 세계로 뻗는 것이기 때문에 그 가지를 아래로 두었다고 한다. 이 세계는 초월해 있는 이와 연결되어 있는 하나의 생명체다. 옛날의 신앙에 따르면, 이 세계는 『베다』에서 하는 희생의 바침으로 유지되어간다. 그래서 그 잎을 『베다』의 노래라고 했다. 나무의 줄기와 가지를 살려가는 것은 잎이기 때문이다. 『리그 베다』 제1, 2, 4, 7장을 보라.

그리고 다른 데서는 "이 우주의 나무를 만든 것은 나다"[타이티리야 우파니샤드Taittiriya Upanisad, 1, 10]라고 했으며, 또 다른 데서는 우리 몸은 흙에서 난 것이고 혼은 하늘에서 왔다고 했다. "나는 땅과 별이 돋는 하늘의 아들이지만, 내 종족은 하늘에서만 온 것이다."〔페텔리아에서 발견된 디오니소스 숭배에 관련된 현판〕

플라톤의 『티마이오스』(*Timaeus*)를 보면, "우리 영혼의 가장 존귀한 부분에 대하여 말한다면, 우리는 이렇게 생각하여야 한다. 우리는 분명히 말하지만 하나님은 우리 각 사람에게 귀한 영혼을 넣어주셨다. 그것이 우리 몸의 가장 위인 정수리에 있어서 우리를 땅에서 들어올려 하늘에 있는 우리 동족에게로 향하게 한다. 우리는 땅에 속한 것이 아니요 하늘에 속한 나무이기 때문이다."

간디 보리수 즉 아슈바타(ashvattha), 슈바타는 내일이라는 뜻, 아슈바타라면 내일까지 가지도 못한다는 말. 이 감각의 세계는 아주 덧없는 것이라는 뜻이다. 이것은 언제나 흔들리는 덧없는 것이지만, 그 뿌리는 브라만이기 때문에 불멸이다. 그것을 보호하고 지지해주는 것이 『베다』의 잎, 곧 다르마다. 감각의 세계는 그런 것인 줄 알고 또 다르마를 아는 사람이 참으로 아는 이, 곧 『베다』를 아는 사람이다.

함석헌 이 아슈바타를 대개는 인도 말로 피팔(peepal)나무로 해석하는데 또 어떤 책에는 반얀(banyan)나무라고 한 데도 있다. 반얀나무란 가지가 어느 정도 자라면 그 가지에서 뿌리가 내려서 하나의 나무가 되고 또 뿌리가 내리고 해서 나중에는 숲이 되고 마는데, 아마 이렇게 뿌리가 위에서 아래로 내리기 때문에 이것으로 번역한 듯하지만, 그 비유하는 전체의 의도로 보나 또 그 나무의 생긴 당당한 모습으로 보나 피팔나무라 하는 것이 마땅할 듯하다.

피팔은 한문으로 된 문헌에도 필발나수(畢鉢羅樹)라고 음으로 번역하거나, 그렇지 않으면 석가모니가 그 밑에서 도를 깨달았다고 해서 각수(覺樹) 혹은 도수(道樹)라고도 번역하는데, 불교가 퍼진 이후부터 흔히 보리수(菩提樹)라고 부른다. 보리는 옳게 발음하면 '보디'(bodhi)라 해야 할 것인데 우리나라에서는 일찍부터 보리로 발음해 온다.

피팔나무는 우리나라의 느티나무와 성질이 비슷해서 크게 자라고 가지가 넓게 퍼져 그 밑에서 쉬고 명상하기에 좋다. 간디가 가장 오래 있었던 세바그람 아슈람에 가면 그 뜰에 간디가 손수 심었다는 피팔나무가 한 그루 있다. 1971년 내가 가봤을 때 이미 한 아름이 넘었다. 저녁 다섯 시가 되면 그 아슈람에 있는 수도자들이 간디의 생시에 하던 대로 나와 맨땅에 모여 앉아 예배를 드리는데 맨 앞에 간디가 앉던 자리에는 방석을 하나 놓아서 보이지는 않으나 그가 앉아 있는 듯한 느낌이 들었다. 그 자리 뒤에는 조그만 칠판 같은 것을 세워놓았는데, 거기에는 "예배하기에 가장 적당한 곳은 큰 성당이나 절 같은 데가 아니라, 활짝 열린 바깥, 그중에서도 특히 큰 나무 밑이다. 그래야 가난하고 낮은 사람들이라도 다 마음 놓고 올 수가 있다"는 간디의 말이 쓰여 있었다.

장자가 슬슬 거닒[逍遙遊]을 했다고 하는 큰 저(樗)라는 나무도 그런 나무였을까? 아담 부부가 낙제를 했던 그 나무도 역시 그 우주의 나무가 아닐까?

2. 아래로 위로 그 가지는 뻗고, 바탈에 의해 그 진액을 받고 감각의 대상에 의해 그 순을 내며, 그 뿌리가 아래로 서리어 인간 세상의 짓에 얽힌다.

바탈 구나, 3성.
순 잔가지, 싹[芽].
짓 카르마, 업, 작위(作爲).

라다크리슈난 샹카라의 주석에는 아래로 서리는 뿌리는 전생의 행동의 결과로서 혼이 가지고 있는 바사나(vasana, 욕망)〔습기(習氣)〕라고 했다.

간디 이것은 깨닫지 못한 마음들이 보는 감각 세계의 나무 모양을 그린 것이다. 그들은 위로 브라만 속에 있는 그 뿌리를 보지 못하기 때문에 언제나 감각의 대상에 애착하게 된다. 그리고 세 구나로 그 나무에 물을 주며 속세의 카르마에 얽매여 있게 된다.

마하데브 데자이 아슈바타나무의 뿌리가 위에 있고 가지가 아래에 있다는 것이 『카타 우파니샤드』에 나와 있는데, 그것을 '영원한 불멸의 브라만'이라고 했다. 그런데 여기서는 언제나 덧없는〔可滅〕 그러면서도 그 덧없음에서 영원한 것으로 되어 있다. 아슈바타는 틸라크가 결정적으로 단정한 대로 피쿠스 렐리지오나(ficus religiona), 혹은 피팔나무다. 그 뿌리 즉 원초적인 씨는 브라만인데, 시적으로 표현해서 '위'라 했고, 그 무성하게 퍼진 가지는 환하게 우리 눈앞에, 아래 세상에 있다. 그러나 2절에서 그 뿌리가 아래에 있다고 한 것은 이 죽을 인생들은 언제나 그 정말 뿌리는 잊어버리고 세상적인 뿌리만 생각하기 때문에 한 말이다. 가지가 위로 아래로 퍼졌다고 한 것은, 행동은 과거 행동의 결과로 되는 것인데 그것이 또 행동으로 나타나서, 나서는 죽고 죽어서는 또 나는 끊임없는 반복을 보여주고 있다. 힐이 "피팔나무는 새 뿌리를 박기 위해 기근(氣根)을 내지는 않는다"고 한 것은 잘못된 생각이다. 그것도 자라서 노목이 되면 그것을 한다.

라나데(Ranade) 교수는 그의 우파니샤드 철학 연구에서 칼라일의 『영웅숭배론』 속의 명문을 빌려서 아슈바타나무를 스칸디나비아 신화의 익드라실나무(tree igdrasil)에 비교하고 있다. "그 가지는 그 움틈과 잎 떨어짐으로(사건들, 겪었던 일들, 이루어진 일들, 재난들) 모든 나라와 시대로 뻗어나가고 있다. 그 한 잎새마다가 한 인물의 전기 아닌 것이 없으며, 그 한 엽맥에 한 행동이나 말이 들어 있지 않은 것이 없다. 그 가지는 민족들의 역사요, 그 설렁거리는 잎소리는 예부터 지금까지 오는 인간 생존의 소리다. 인간 심정의 숨소리가 설렁거리며 자라고 있다. 이것은 익드라실, 존재의 나무다. 이것은 과거요, 현재요, 미래다. 된 것이요, 되고 있는 것이요, 될 것이다. 한다(do)는 동사의 무한한 연결이다."

라나데 교수는 한 가지 중요한 반대되는 점에 주의를 하고 있다. 즉 익드라실은 그 뿌리를 헬라(Hela) 곧 죽음의 나라에 깊이 박고 있다는 사실이다. 내가 보기에는 그는 제2절의 말씀을 잊고 있는 듯하다. 거기서는 뿌리들이 ─제1절에서와 같이 그 뿌리가 아니고─ 아래로 서리고 있다고 한다. 그래서 그 비교는 학식 많은 교수가 했던 것보다 도리어 더 가깝게, 더 교훈적이 된다. '한다'라는 동사의 연결이란 영원한 카르마(業)의 얽어맴이다. 혹은 다른 말로 한다면 끝없이 되풀이되는 죽음이다. 간디가 제15장 제2절에서 설명한 것같이, 사람이 만일 눈을 떠서 위에 있는 불멸의 뿌리를, 그것이 곧 죽음 없는 지경인데, 그것을 보지 못한다면 그렇다는 말이다. 제12장 제7절을 보라. 거기는 산사라(나고 죽음을 되풀이하는 세상)가 곧 죽음이라고 되어 있다.

힐 모든 주석가의 말이 아슈바타나무가 '산사라' 곧 감각의 세계를 가리키는 것이라는 데서는 일치하나, 그 자세한 해석에서는 제각기 다르다. 샹카라는 뿌리는 브라만을 가리키는 것이고, 그렇기 때문에 '위에' 있다고 했고, 가지는 상캬의 타트바(tattva, 25개의 원리)들이므로 현실 세계에서 보는 대로 '아래'에 있다고 하고, 더 나가서 이 가지들은 "아래에도 위에도" 있다고 했다. 그 이유는 '산사라' 안에서는 인간이 중간에 있고 위에는 브라마와 데바(deva)가 있고 아래는 낮은 단계의 생물들이 있기 때문이다. 그는 또 제1절의 물라(mula, 뿌리)와 제2절의 물라니(mulani, 뿌리들)를 구별해 말했다. 둘째 것은 제2의 뿌리, 곧 인간 세상에서 선악의 행동을 하게 하는 바사나(vasana, 욕망)〔습기〕들이기 때문이다.

라마누자는 위에 있는 뿌리를 일곱 세계 위에 앉아 계시는 브라마라고 생각하는 이외에는 샹카라와 한가지 의견이다. 샹카라는, 『베다』는 옳고 그름을 다루는 의미에서는 이 세계를 보호하기를 마치 잎이 나무를 보호하는 것과 마찬가지로 한다(『찬도갸 우파니샤드』참조)고 본다. 그는 마드바, 슈리다라 또 그 외의 사람들과 한가지로 아슈바타를 아 슈바 스타(a-shvah-stha, svo pisthata)에서 끌어내온다. 그 이유는 이 세계는 비록 시작도 없고 끝도 없어 불멸이기는 하지만, 변전무상(變轉無常)한 것이기 때문이다.

모든 주석가의 해석을 다 보자면 한이 없는 일이다. 톰슨(J.C. Thomson)이 아슈바타를 반얀나무라고 믿고 그 가지가 아래로 내려와서 새 뿌리가 된다고 한 것은 잘못 알고 한 말이다. 이것은 잘못이기는 하지만, 적어도 왜 특별히 아슈바타나무가 뿌리를 위에 두고 가지를 아래로 뻗는다고 했느냐 하는 점을 설명해보자는 하나의 시험이라고 할 수 있다. 주석가들이 이 점을 전연 무시하고 있는 것은 주의할 만한 일이다. 다음에서 하려는 말은 완전치는 못하지만 이 나무를 왜 골랐느냐 하는 것을 설명해보려고 하는 말이다.

아슈바타(ashvattha, 아마도 ashvah-stha 즉 그 밑에 말들이 서 있는 나무라는 데서 끌어내온 것인 듯한데)는 피쿠스 렐리지오나 혹은 피팔나무인데 인도에서는 누구나 잘 아는 나무요, 힌두교도들이 매우 존경하는 나무다. 이것은 그와 비슷한 나무인 반얀나무처럼 가지에서 기근을 내어 땅에 가닿아 새 뿌리를 박지는 않는다. 그렇다면 왜 뿌리를 위에 두고 가지를 아래로 뻗는다고 했을까? 이 나무는 그 자라는 법이 독특해서 뿌리가 다른 나무에서와 마찬가지로 나무통이 굵게 자람에 따라 그 모양을 전연 볼 수 없게 되는 것이 아니고, 때로는 그 일부분이 땅 위로 쑥 빠져 올라와서 여러 개의 가지를 내어 얼크러지게 되고, 그 여러 개의 뿌리가 제각기 가지와 뿌리를 낸다. 그래서 뿌리와 가지가 서로 구별을 할 수 없이 하나로 된다. 따라서 가지가 땅으로 내려왔다고도 할 수 있고, 뿌리가 위로 올라왔다고도 할 수 있게 된다. 그 구절을 그렇게 해석하면 왜 상징으로 아슈바타를 택했느냐 하는 설명이 될 뿐 아니라 그 비유를 이해하는 데도 도움이 된다.

그럴 때 '위'는 눈에 보이는 이 세계 땅 위란 뜻이고, '아래'는 땅 밑의 보이지 않는 밑이란 뜻이다. 뿌리와 가지를 하나로 하면 프라크리티고, 땅 밑은 아뱌타(avyakta) 곧 감각할 수 없는 것. 땅 위는 뱍타(vyakta) 곧 감각할 수 있는 것. 제1절의 뿌리와 제2절의 뿌리들은 구별할 필요가 없다.

3. 여기서는 그 실상을, 그 끝도 시작도 뿌리도 알지 못한다. 먼저 이 꽉 뿌리 박힌 아슈바타나무를 날카로운 무집착의 칼로 찍어라.

4. 그런 다음 사람이 한번 가면 다시 돌아오지 않는 지경을 찾지 않으면 안 된다. 나는 오직 이 태고 이래의 모든 세계가 그리로 좇아 나오는 그 맨 첨의 영이신 분에게만 귀의하기를 원하노라 하면서.

   맨 첨의 영이신 분 최초의 인간(primal person, primal being, original personality of godhead), 원인(原人), 원아(原我).

5. 오만함이 없고, 헤맴이 없는 사람, 집착에서 오는 사악을 이기고 항상 참 자아에 머물러 있어 애욕을 가라앉히고 고락의 상태에서 해방되어 현혹당하지 않는 사람, 그 사람은 불멸의 지경에 이르느니라.

6. 해도 달도 불도 비치는 일이 없으며, 한번 들어가면 다시 돌아옴이 없는 곳, 거기가 나의 머무는 가장 높은 곳이다.

7. 내 몸의 한 가는 부스러기조차도 생명계에서 한 산 혼이 되어 영원히 있으면서 자연계에 있는 마음까지를 합한 육감을 자신에게로 끌어당기고 있느니라.

가는 부스러기 미립자, 미분(微分), 미진(微塵).
생명 지바(jiva), 유한한 생명.
자연계 자성, 프라크리티.
마음 의식.
육감 빛, 소리, 냄새, 맛, 감촉의 오감과 의식.

라다크리슈난 이것은 최고의 주재자가 사실로 자기 몸을 가는 티끌로 갈라놓을 수 있다는 말은 아니다. 개인은 최고의 주재의 한 운동이요 한 삶[大生命]의 한 초점이다. 자아는 하나의 핵심이어서 자신을 확대하여 온 세계를 안을 수 있고, 마음과 혼을 긴밀하게 통일한다. 실지로 나타나는 그 모양은 부분적일 수밖에 없으나, 개인 영혼의 실상은 거룩하신 이 그대로다. 그러나 인간적인 나타냄은 그것을 온전히 할 수는 없다. 사람 속에 있는 하나님의 모습은 하늘 땅을 연결하는 다리다. 각 개인은 우주 안에서 영원한 의미를 가진다. 그가 자기의 한계성을 벗어날 때 그는 초개인적 절대 속에 녹아버리는 것이 아니라, 지극히 높으신 이 속에 살게 되는 것이고 우주적인 활동 속에서 하나님의 동참자가 되는 것이다.

샹카라는, 자아가 최고 주재의 한 부분인 것이 마치 항아리 속이나 방 안에 있는 공간이 대우주 공간의 한 부분인 것과 마찬가지라고 했다. 라마누자에게서 영혼은 사실로 하나님의 한 부분이다(amsha). 그것이 이 세상에서 개인 영혼의 실체가 되는 것이고 감관의 종살이를 하게 됨으로 인해 얽어매임을 당한다.

8. 몸의 주인이 어떤 몸을 가질 때나 또 그것을 떠날 때는 그것들을 가지고 간다. 마치 바람이 향기를 그 있던 곳에서 걷어가지고 가듯이.

몸의 주인 이슈바라.
그것들 감각과 의식.

9. 그는 귀와 눈과 촉감과 미감과 냄새 맡음과 의식에 붙어 있으면서 감각의 대상을 즐긴다.

10. 그가 3성과 짝이 되어 떠나고 머물고 즐기고 할 때에 미혹한 자는 그것을 알지 못한다. 오직 지혜의 눈을 가진 자만이 그것을 본다.

11. 요가를 닦는 사람은 힘쓰면 그가 자기 속에 머물러 계시는 것을 볼 것이니라. 그런 생각 없고 자아 훈련이 되지 못한 사람은 비록 힘쓴다 해도 그를 볼 수 없느니라.

12. 저 태양에서 나와 온 세계를 비추는 광명, 달에도 있고 불에도 있는 그 광명, 알지어다, 그것은 다 내게서 나온 것이니라.

13. 땅에 들어가서는 내 힘으로 만유를 지지하고, 또 감로의 진액이 되어 모든 초목을 내가 기른다.

14. 나는 일체몸불이 되어 모든 살아 있는 피조물들 몸속에 있으며, 또 오를숨 내릴숨에 짝해 다니며, 네 가지 식물을 소화시킨다.

일체몸불〔一切人火〕 바이슈바나라(vaishvanara), 체온, 생명체의 몸속에 와 있는 아그니(Agni, 火神).
네 가지 식물 끽(喫, 마심), 담(噉, 씹어먹음), 지(舐, 핥아먹음), 철(啜, 빨아먹음) 곧 모든 음식물.

15. 나는 모든 사람의 심장 속에 들어가 있으며 기억과 지식과 잊어버림은 (혹은 의심을 쫓아냄, 혹은 결핍은) 내게서 나간다. 또 모든

『베다』에서 알려졌어야 할 것은 나요, 실로 『베다』의 종국을 지은 것은 나다. 또 『베다』를 아는 것도 나다.

16. 이 세계에는 두 사람이 있다. 멸과 불멸이다. 모든 존재는 멸이요, 변함없는 것이 불멸이다.

17. 그러나 그것들 말고 가장 높으신 분이 계신다. 이를 지상 최고의 자아라고 부른다. 그 불멸의 주는 삼계에 들어가 그것을 지지하신다.

지상(至上) 최고의 자아 파라마트마(paramatma).

18. 나는 멸을 초월하며 또 불멸보다 높으므로, 세계에 있어서도 『베다』에 있어서도 지상의 자아로 존경을 받는다.

19. 바라타의 아들아, 미혹하지 않는 자는 그와 같이 나를 지상의 자아로 앎으로 하여 그는 일체를 아는 사람이요 전 존재로써 나를 신봉하는 사람이니라.

20. 오, 죄 없는 자야, 신비 중에 가장 신비인 이 성전이 나에 의하여 가르쳐졌으니, 바라타의 아들아, 이것을 아는 자는 깨달은 자가 될 것이요, 사람으로서의 의무를 다 완성한 것이 될 것이니라.

깨달은 자 부디만(buddhiman)이란 말은 여기서는 혹은 부다(buddha), 즈나나(jnana), 인식아(認識我, knower)의 뜻이다. 『바라타』(Bharata)에서는 붓다라는 단어와 크리타크리챠(kritakritya)라는 단어가 같은 뜻으로 쓰이고 있기 때문이다. 보통으로 쓰는 붓다라는 말, 즉 '화신으로 태어난 부처님'이라는 의미의 말은 『마하바라타』에는 나타나지 않는다.

이것이 『바가바드 기타』라는 『우파니샤드』의 제15장 멸·불멸을 초월하는 최고 자아의 끝이니, 이는 브라만의 지식에서 요가를 가르쳐주는 크리슈나와 아르주나가 나누는 문답이니라.

제16장 거룩한 바탈과 귀신 바탈

틸라크 지상의 자아(푸루쇼타마)에 대한 공부는 가멸과 불멸에 대한 지식의 절정이다. 그러므로 사실로 한다면 제7장에서 시작된 즈나나·비즈나나에 대한 설명, 즉 사람들이 카르마 요가에 의하여 도를 닦아나갈 때는 최고 주재자를 깨달음으로써 해탈에 도달하게 된다는 그 설명은 여기서 완결이 됐어야 할 것이고, 그리고 결론이 시작됐어야 할 것이다. 그런 크리슈나는 제9장에서 믿지 않는 자들은 우리의 감각으로는 느껴 알 수조차 없이 뛰어나신 '그이'의 모습을 깨닫지 못한다는 말을 그저 간단히 했을 뿐이다. 그렇기 때문에 그는 이 장에서 그러한 믿지 않는 자들의 성격을 설명하기 시작한다. 그리고 다음 장에서 어찌해서 사람과 사람 사이에 그런 차이가 있게 되느냐 하는 점을 설명한 다음, 『기타』 전체에 대한 결론을 제18장에서 한다.

거룩하신 주 말씀하시기를

1. 두려움 없음, 마음 깨끗함, 지식 요가에 굳게 섬, 자비, 자제, 희

생, 경전 외기, 고행, 곧음,

2. 비폭력, 참, 노염 없음, 내버림, 안정, 몹쓸 소리 아니함, 산 것을 불쌍히 여김, 탐내지 않음, 온화함, 수줍음, 신중함,

3. 정신 왕성, 참아줌, 억셈, 깨끗함, 셈하지 않고 오만하지 않음, 이런 것들은, 바라타의 왕자야, 거룩한 바탈로 난 사람들이 받아가지고 있는 것이니라.

라다크리슈난   인도의 종교적인 상징 중에서 광명을 표시하는 '데바'(deva)와 어둠의 아들인 '아수라'의 대립은 아주 오랜 옛날부터 있다. 『리그 베다』에는 신들과 암흑의 대적들이 싸우는 것이 있고, 『라마야나』(Ramayana)도 고등한 문화 대표자들과 무절제한 이기주의 대표자들의 충돌을 나타내는 것이다. 『마하바라타』는 진리와 법과 정의의 신봉자인 판다바족(Pandavas)과 권력의 숭배자인 카우라바족(Kauravas) 사이의 싸움이다. 역사를 보면 인류는 놀라우리 만큼 변함없이 그 특징을 지켜온다. 그래서 우리는 오늘날도 『마하바라타』의 시대나 마찬가지로 어떤 사람들은 거룩하게 착하고, 어떤 사람들은 악마같이 타락되어 있고, 또 어떤 사람들은 고약하게 무관심하다. 이것들은 우리와 비슷한 사람들이 갈 수 있는 길들이다. '데바'도 '아수라'도 다 마찬가지로 프라자파티에서 나온 것이다.

틸라크   이 스물여섯 개의 거룩한 특성은 제13장(제7~11절)에서 말한 즈나나의 특징과 실질상으로 같은 것이다. 그렇기 때문에 다음 절에서 거룩하지 못한 특성들을 들 때에 그 속에 아즈나나(ajnana, 무지)를 넣었다. 이 26개 항목의 말들을 서로 각각 구별해 설명할 수는 도저히 없을 것이요, 또 크리슈나의 뜻이 그렇게 하잔 것도 아닐 것이다. …… 위의 세 절에서 이 모든 특성을 열거한 목적은 오직 읽는

사람으로 하여금 그것으로써 선성의 거룩한 천분을 가진 사람이 어떠한 것이라는 것을 확실히 알도록 하기 위해서다. 그러므로 어떤 의미가 어느 한 말로 분명치 않을 경우에는 다른 어느 말 속에 반드시 포함되어 있을 것이다.

4. 위선, 건방짐, 자부, 분노, 각박, 무지, 이런 것들은, 프리다의 아들아, 귀신 바탈로 난 것들의 특성이니라.

5. 거룩한 바탈은 해탈을 위한 것이고 귀신 바탈은 얽어매임을 위한 것이라고 한다. 판두족의 아들아, 슬퍼하지 마라, 너는 거룩한 바탈로 났느니라.

마하데브 데자이 제1절에서 제5절까지에 있는 모든 말에 관해서는 갈라디아 사람들께 보낸 바울의 편지 5장 끝, "내 말을 잘 들으십시오. 성령께서 지도하신 대로 살아가십시오. 그리고 육정을 채우려 하지 마십시오. 육체의 욕망은 성령을 거스르고, 성령께서 원하시는 것은 육정을 거스릅니다. 이 둘은 서로 반대되기 때문에 여러분은 자기가 원하는 일을 할 수 없게 되는 것입니다. …… 육정이 빚어내는 것은 명백합니다. 곧 음행, 더러운 것, 방탕, 우상숭배, 마술, 원수가 되는 것, 싸움, 시기, 분노, 이기심, 분열, 당파심, 질투, 술주정, 흥청대며 먹고 마시는 것, 그밖에 그와 비슷한 것들입니다. …… 성령께서 맺어주시는 열매는 사랑과 기쁨, 평화와 인내. …… 성령께서 우리에게 생명을 주셨으니 우리는 성령의 지도에 따라 살아야 합니다. 우리는 잘난 체하지 말고 서로 싸움을 걸지 말고, 서로 질투하지 말아야 합니다"를 비교해볼 필요가 있다(5: 1~26).

그 덕들을 하나님이 주신 유산이라기보다는 성령의 열매라 하고, 그 악을 귀신이 주는 유산이라기보다 육(肉)의 작용이라 하는 편이 더 나을 것이다. 왜냐하면 거룩한 바탈과 귀신의 바탈이란 어쩔 수 없이 꼭 짜여 있는 것은 아니기 때문이다. 사람의 성격을 결정하는 것은 사람의 행동이다.『기타』에 인생더러 지옥의 세 문을 피하라고 한 것을 참조하라.

그리고 깎아내리려고 하는 기독교인들의 비평에서, 위에 열거한 덕목을 보면 그 주요한 것들이 다 소극적인 도덕뿐이라는 말은 온전히 잘못된 비판이라는 게 나의 의견이다. 이 덕목들이 실지로 살려는 사람에게 무엇을 의미하느냐 하는 사실을 이해하려면 그 하나하나의 뜻을 설명하는 즈나네슈바라(Jnaneshvara)의 글을 보면 된다.

맨 첫머리에 있는 두려움 없음은 아마 무엇보다도 더 적극적인 도덕일 것이다.『우파니샤드』는 두려움 없음의 조건을 이렇게 말한다. "사람이 자기밖에는 아무도 없다는 사실을 알게 되면 두려움이 사라진다. 두려움이 생기는 것은 '다름'이라는 데서부터이기 때문이다." "브라만의 즐거움을 안 사람에게는 두려움이란 것이 없다." "볼 수 없는, 구체적이지 않은 두려울 것 없는 것 안에 턱 자리를 잡고 있을 때, 사람은 두려움이 없어진다." 다른 모든 덕이 다 여기서 저절로 흘러나온다. 간디는 이런 말을 자주 했다. "우리가 하나님을 두려워할 때에 사람을 두려워하지 않게 된다, 그가 아무리 높은 지위에 있는 사람이라 하더라도. 네가 만일 참에 대한 맹세를 지키려 한다면 두려움은 필연적으로 없어질 것이다."

6. 이 세계 피조물에는 두 종류가 있다. 거룩에 속한 것과 귀신에 속한 것. 거룩한 종류에 관해서는 이미 자세히 말했으니, 프리다의 아들아, 이제 귀신 종류를 들어보아라.

7. 귀신 바탈의 사람은 어떤 것이 할 것인지 어떤 것이 하지 않을 것인지 모른다. 그들에게는 정결도, 올바른 행동도, 참도 없다.

8. 그들은 생각하기를 세계는 실존도 아니요, 근저도 없고, 주인도

없다. 그럴 만한 원인이 있는 것도 아니요, 다만 서로 간의 정욕으로 인해서 일어난 것뿐이라고 한다.

<small>실존도 아니요 아사챠(asatya), 진실하지 않음.</small>

라다크리슈난 "근저가 없다" 함은 어떤 도덕적인 근거도 없다는 말, 이것이 물질주의적인 견해다.

아파라스파라 삼부탐(aparaspara-sambhutam)은 일정한 원인이 있어서 된 것이 아니다 하는 뜻. 이 말은 또 다르게 번역할 수도 있다. 이슈바라(창조주)가 통솔하고 있는 세계는 일정한 질서에 맞는 세계다. 거기서는 한 물건에서 다른 물건이 나올 때 법칙에 의해서 된다. 그런데 물질주의자들은 세계에 그러한 질서가 있다는 것을 부정하고, 그저 어떻게 돼서 그렇게 되는 것이라고 한다. 그들은 사실은 일정하게 계속되는 것이란 없다고 믿고 있고, 그래서 세계는 오직 쾌락을 위해서만 있다고 한다. "모든 생물이 존재하는 유일한 원인은 오직 성욕 그것일 뿐이라고 하는 것은 로카야티카스(Lokayatikas, 오랜 옛날 있었던 물질주의자 - 함석헌)의 견해다"라고 샹카라는 말했다.

9. 이러한 생각에 달라붙어서, 그 영혼을 잃고 이성이 부족한 것들은 흉악한 행동을 하며 세계를 멸망시키기 위해 그 원수로 나타났느니라.

10. 물릴 줄 모르는 애욕에 빠져들어 위선과 교만과 방종에 몸을 맡기고, 허망한 생각으로 그릇된 견해에 빠져 부정한 행동을 일삼고 있다.

11. 한이 없고 죽음으로야 끝이 나는 근심 걱정에 싸여, 욕망의 만족을 최상의 목적으로 알고, 인생은 그저 이것뿐이라고 확신하고 있다.

12. 천 가지 백 가지 공상의 줄에 걸려 애욕과 노여움의 종살이를 하며, 욕망의 만족을 위해 부정한 수단으로 재물 쌓기를 일삼고 있다.

13. 이것을 오늘 내가 얻었다. 이 나의 소원을 내가 성취하리라. 이 제물은 내 것이요, 이후에도 역시 내 것일 게다.

14. 나는 내 대적을 이미 멸했고, 또 다른 대적도 내가 멸할 것이다. 나는 주인이다. 나는 즐거워하는 자다. 나는 성공자다. 나는 강한 자다. 나는 행복자다.

15. 나는 부자요, 귀한 자다. 감히 나와 견줄 자 누가 있느냐? 제사도 내가 드릴 것이요 자선도 내가 베풀 것이다. 그리하여 나는 스스로 즐거워하리라. 이와 같이 무지에 미혹된 자는 말하더라.

16. 그렇듯 허다한 생각에 미혹되어 미망의 그물에 걸리고, 욕망의 만족에 물들어 그들은 더러운 지옥에 빠지느니라.

17. 자부하고, 완고하며, 부(富)함으로 일어나는 교만과 방종에 빠져, 그들은 허영심에서 규칙을 무시하고 이름뿐인 재물을 바치느니라.

18. 자부와 힘과 교만과 또 애욕, 분노에 사로잡혀 그 악한 자들은 자신 또는 다른 사람 속에 있는 '나'를 미워하느니라.

나 크리슈나, 곧 각 사람 속에 계시는 지상의 주재자.

19. 그 미워하는 자들은 잔혹하고 사나운, 인간 중에서 가장 천한 것들이므로 이 윤회의 바다에서 나는 그들을 끊임없이 마귀의 태 속에 집어넣는다.

윤회의 바다 나고는 죽고, 죽어서는 또 난다는 고통의 바다인 이 현상의 세계, 속세.

20. 쿤티의 아들아, 이 악마의 태 속에 들어간 것들은 다시 나고 또 다시 나면서 헤매어 내게 이르지 못하고 마침내 가장 낮은 지경으로 떨어져 들어가느니라.

21. 이 영혼의 멸망으로 이르는 지옥의 문은 세 겹으로 되어 있으니, 애욕과 분노와 탐욕이다. 그러므로 이 셋을 버려야 하느니라.

애욕, 분노, 탐욕 치(癡), 진(瞋), 탐(貪)의 3독(三毒).

22. 쿤티의 아들아, 이 어둠의 세 겹 문을 벗어난 사람은 자아에 대해 좋은 일을 한 다음, 가장 높은 지경에 이르느니라.

23. 그러나 누구나 성전의 계명을 내버리고 애욕의 행동에 멋대로 머물러 있는 자는 완전에 이를 수도 없고, 안락을 얻을 수도 없으며, 가장 높은 지경에 이를 수도 없느니라.

24. 그러므로 무엇이 할 것이며 무엇이 하지 않을 것임을 결정하는 데는 경전만이 네 표준이 되어야 하느니라. 너는 마땅히 먼저 경전에 명령하는 것이 무엇인지를 안 다음 행동하여야 하느니라.

무엇이 할 것이며, 무엇이 하지 않을 것 카랴(karya, 의무), 아카랴(akarya, 의무 아닌 것), 우야바슈티타우(uyavashthitau, 결정).

라다크리슈난 욕망의 충동은 올바른 행동이 무엇인지 아는 지식으로 바뀌어야 하지만 정신의 자유에 대한 지상 목적이 달성되면 사람은 본능에 따라 행동하는 것도 아니요, 법에 따라 하는 것도 아니요, 모든 생명의 정신에 대해 깊이 들어봄에 의하여 행동하게 된다. 사람의 일만으로 개인적인 욕망에 따라 행동하다가, 그다음은 사회적으로 결정되어 있는 법에 따라 행동의 방향을 결정하게 되고, 구경에 가서는 생명의 깊은 뜻에 도달해서 그 지시에 따라 행동하게 된다. 욕망의 지배(18: 59), 법의 지도(16: 24), 정신의 자유(18: 64, 11: 33)

가 세 단계다.

이것이 『바가바드 기타』라는 『우파니샤드』의 제16장 거룩한 바탈과 귀신 바탈의 끝이니, 이는 브라만의 지식 속에서 요가를 가르치는 크리슈나와 아르주나가 나누는 문답이니라.

제17장 세 종류의 신앙

틸라크 이와 같이 카르마 요가를 닦음에 의하여 이 세계를 지지하고 보호하는 사람들과 그와는 반대로 세계를 파괴하는 사람들의 이야기를 하고 보면, 사람과 사람 사이에 그러한 차이가 어째서 생기느냐 하는 문제가 자연 일어나게 된다. 그 질문에 대한 일반적인 대답인 "각 사람의 천성에 의해서"라는 말을 앞의 제7장에서 했다. 그런데 그 3성, 즉 사트바·라자스·타마스에 관한 자세한 설명은 하지 않았다. 그것은 프라크리티에서 나오는 것이기 때문에 자세한 설명을 할 수 없다. 그래서 그 이야기를 제14장에서 했다. 이제 이 장에서는 그 3성 때문에 어떻게 여러 가지 신앙이 일어나느냐 하는 것을 말한 다음 전체의 제목인 즈나나·비즈나나의 설명으로 이 장의 끝을 맺으려 한다. 같은 모양으로 제9장에서 말이 났던, 신앙의 길에서 여러 가지 차이가 왜 나느냐 하는 문제도 이 장에서 하는 말로 분명해진다.

아르주나 말하기를

1. 오, 크리슈나시여, 성전의 명령을 돌아보지 않으시면서도 믿는

마음을 가지고 희생을 바치는 사람이 있습니다. 그들의 지경은 어떤 것이옵니까. 선성입니까, 동성입니까, 그렇지 않으면 암성입니까.

　　지경 니슈타(nishtha).

틸라크　아르주나가 이런 의문을 일으킨 것은 앞 장 끝에서 경전의 가르침을 지켜야 한다고 했기 때문이다. 니슈다는 정신 상태란 말이다. 그들의 마음은 어떤 경지에 가 있느냐 하는 말이다. 때로는 이런 일이 있을 수 있다. 경전을 믿기는 하면서도 모르고서 잘못을 저지르는 경우다. 예를 든다면, 무소부재하신 최고의 주재를 예배는 하면서도, 경전에 그렇게 말했기 때문에(9:23), "나는 신에게 갈 수가 있다"고 하는 사람, 아르주나가 묻는 말은 그런 사람의 정신 상태가 어떤 것이냐 하는 말이다. 이것은 신앙이 없어서 경전과 종교를 무시하는 사람, 즉 귀신 바탈의 사람을 두고 하는 말은 아니다. 그렇지만 그런 사람이 있을 경우, 거기에 대해서도 이 장에서는 설명이 있다.

라다크리슈난　이들은 일부러 경전의 명령을 무시하는 것이 아니라, 몰라서 그렇게 한다. 샹카라는 어떤 사람의 신앙의 성질이 어떠하냐는 것은 경전의 명령을 지키고 아니 지키는 데 있는 것이 아니고, 그 사람의 인격과 그 하는 예배에 달려 있다고 했다.

　　라마누자는 그보다는 좀 덜 자유로운 입장을 취해서, 신앙이 있거나 없거나 간에, 모르고 했어도 알고 했어도, 경전을 범한 것은 벌을 받아야 한다고 했다.

거룩하신 주 말씀하시기를

　　2. 육신으로 난 자의 신앙은 그 성질에 따라 세 가지이니, 선성과 동성과 암성이다. 이제 그 설명을 들어라.

육신으로 난 자 인간, 생령.

힐 아르주나의 질문은 아주 분명한 것이다. 이 장의 뜻이 정말 알기 어려운 점은 크리슈나의 대답이 직접적이지 않은 데 있다. 그의 대답이 너무도 분명하지 않기 때문에 샹카라는, 신앙을 가지는 일에 비하면 경전에 대해 무식하다는 것은 별일 아니라는 교리에 따라 크리슈나를 신용했지만, 라마누자는 거기에 대한 대답을 제5절, 제6절에서 찾아냈다. 거기에는 아르주나가 말한 바와 같은 그런 사람들은 귀신 바탈을 택한 사람들이라고 했다.

대부분 주석가들은 크리슈나의 견해를 넓은 마음의 것이라고 믿는 점에서 샹카라보다도 더 나아가려고 한다. 왜냐하면 샹카라는 적어도 아르주나가 한 말의 뜻을 "경전의 가르침의 뜻을 모르고"로 취하려 하기 때문이다. 그래서 그는, "우리는 신을 예배하는 데 대한 경전의 명령을 알고 있다고 하면서, 그것을 거리낌 없이 제쳐놓은 사람들을 신앙이 있는 사람이라고 생각할 수는 없기 때문이다"라고 한다. 아난다기리는 거기에 덧붙여 말한다. "그와 같이, 경전은 모르면서도 신앙을 받아가지고 난 사람들이 있어서, 그것을 그들의 신앙의 성질에 따라, 선성이라 동성이라 암성이라 할 수 있다."

그러나 일부러 경전을 등지는 사람을 신앙을 가졌다고 할 수는 없다는 샹카라의 견해가 옳을 수도 있지만, 아르주나가 그렇게 생각하지 않았다고 가정하지 못할 법도 없다. 그리고 크리슈나의 대답이 보여주는 주된 요지는 사실상 신앙이 경전을 무시하고도 있을 수 있다는 제자의 생각을 교정해주기 위한 데 있는 듯이 보인다. 제16장 마지막 절에서 아주 결정적인 교훈을 하고 난 다음 크리슈나가 의무를 말하는 마당에서 경전을 낮추 말한다는 것은 도저히 있을 수 없는 일이다. 『기타』의 저자가 감히, 혹은 의향으로나마 그렇게까지 열렬히 비정통적이려고 했다고 가정할 이유도 있어 보이지 않는다.

3. 바라타의 아들아, 각 사람의 신앙은 그 성질에 따라 이루어진다. 사람은 신앙으로 된다. 무엇을 신앙하든 간에 그 신앙하는 대로가 그 사람이니라.

성질 본성, 사트바(sattva).
신앙 슈라다(shraddha).

틸라크 이 절에서 사트바는 타고난 성격, 이성(理性), 혹은 양심의 의미다. 이 의미로 쓰인 것이 『카타 우파니샤드』에 있다. …… 쉽게 말해서, 제2절에 있는 스바바바(Svabhava)〔자성〕와 제3절의 사트바는 같은 뜻이다. 왜냐하면 성질이란 프라크리티와 다른 것이 아니요, 이성이란 것, 나아가서는 양심이란 것도 프라크리티에서 나온 것이라는 주장은 베단타 철학에서도 상캬 철학에서도 다 받아들이는 것이기 때문이다. "사람이 어떤 물건을 믿거나 그대로 그 사람이다" 하는 원리는 "신들을 믿는 사람은 그 신들에게로 간다" 하는 주장을 반복한 것에 지나지 않는다. 그 말들은 『기타』 제7장 제20절과 제23절, 제9장 제25절에 나와 있다. …… 모든 사람이 그 욕구하는 바에 따라 보수를 받게 된다는 것, 그리고 어떤 특정한 경향 혹은 욕망을 받게 되고 안 받게 되는 것은 프라크리티에 달렸다고 들었을 때, 어떻게 하면 이 성질을 개선할 수 있느냐 하는 문제가 자연 일어난다. 그에 대한 대답은 이렇다. 즉 아트만(자아, 영혼)은 스스로 하는 것이기 때문에, 이런 육신의 성격은 훈련과 내버림에 의하여 점차 고쳐질 수 있다. …… 여기서 생각할 것은 신앙의 그러한 차이가 왜, 어째서 일어나느냐 하는 것뿐이다. 그러므로 사람의 성격에 따라 신앙이 달라지는 것을 말하고 난 다음 크리슈나는 이제 설명을 한다. ① 프라크리티 자체가 사트바·라자스·타마스 하는 세 가지 성으로 구성되어 있음으로 인하여 다른 사람들에게 어떤 세 종류의 신앙이 나타나게 되느냐 하는 것, ② 그러한 차이의 결과는 무엇이냐 하는 것.

저자는 아마 당시의 신앙, 음식, 희생, 고행, 자선, 내버림, 폐지 등 등 여러 가지 일어날 수 있는 문제에 대해 생각하기 위해 이러한 말을 했을 것이다.

라다크리슈난 '신앙'은 하나의 신조를 받아들임이 아니다. 그것은 마음의 모든 힘을 어떤 주어진 이상에 집중함에 의해 자아를 실현하려고 노력함이다.

신앙은 인간 위에 내리는 영의 압력이다. 인간을 몰아쳐 지식의 계열에서만이 아니라 전영적(全靈的) 생명의 계열에서 좀더 나은 지경으로 올라가게 하는 힘이다.

진리에 대한 내적 감각으로서 신앙은, 후에 가서는 더욱 광명한 빛이 비치게 되는 그 목적을 향하고 있다.

어쨌거나, 어떤 종교적 신앙의 궁극의 다룰 수 없는 증거는 그 믿는 자의 혼의 증거다.

누구나 잘 아는 노래의 구절이 잘 증명해준다. 종교가 우리에게 보여주는 목적이 헛것이 아니라는 것은 나 자신이 그것을 어느만큼 신앙하느냐에 따라 증거가 된다. 『바가바타』는, "예배의 열매는 그 드리는 자의 신앙대로 된다"고 했다. 우리가 지금 우리인 것은 우리의 과거 때문이고, 우리의 미래는 우리가 이제와 이제 이후로 또 지을 수 있다. 플라톤은 "우리의 욕망의 경향이나 영혼의 성격이 어떤 것이냐에 따라 우리 자신도 각각 그대로 된다" 했고, 괴테는 "정성됨만이 인생을 영원으로 만든다"고 했다.

4. 선성의 사람은 천신을 예배하고, 동성의 사람은 야차나 나찰을 예배하고, 그밖의 암성의 사람은 죽은 망령 또는 유령의 무리를 예배한다.

천신(天神) 데바(deva), 신(gods).
야차(夜叉) 야크샤(yakshas).
나찰(羅刹) 라자샤(rajasha).
망령(亡靈) 인귀(人鬼), 귀신(ghosts).
유령(幽靈) 지귀(地鬼), 영(spirits).

5. 위선과 교만에 쏠려 성전에서 명하지도 않은 고행을 맹렬히 행하는 사람이 애욕과 집착의 힘에 몰려,

6. 어리석게도 몸 안에 갖추어져 있는 원소의 무리들을 학대하고, 또 그 몸 안에 있는 나까지도 괴롭히니, 그런 것은 귀신 바탈을 택한 것으로 알 것이니라.

원소의 무리들 몸을 이루고 있는 모든 지체. 기관은 지(地), 수(水), 화(火), 풍(風), 공(空)의 5대 원소로 되어 있다.

라다크리슈난 자기 몸을 스스로 괴롭히기 위해 머리털 내복을 입는다든가, 날카로운 쟁기로 몸을 찌르는 것 같은 것을 잘못된 일이라고 지적한 것이다. 몸이 허약해지면 혹시 환각을 일으키는 일이 있으므로 그것을 정신적 환상이라고 오해한 것이다. 몸을 괴롭히는 것을 자신의 단련으로 혼동해서는 안 된다. 석가의 훈계를 들어보라. "금욕이나 고행을 습관적으로 하는 것은 고통일 뿐, 아무 가치도 이익도 없다. 해서는 아니 된다."

7. 각 사람이 좋아하는 음식도 세 종류다. 희생도, 고행도, 보시도 또한 그렇다. 그 구별을 들어보아라.

8. 선성의 사람이 좋아하는 음식은 목숨과 원기·힘·건강·기쁨·즐거움을 더해주는 것들이니, 구수하고 부드럽고 자양분 있고 입맛이 나는 것들이니라.

9. 동성의 사람이 좋아하는 음식은 쓰고 시고 짜고 뜨겁고 맵고 아

리고 입이 화끈거리는 것들이니, 아프고 괴롭고 병이 나게 하느니라.

10. 암성의 사람이 좋아하는 음식은 때가 지난(식은) 것, 맛이 빠진 것, 쉰 것, 썩은 것, 먹다 남은 것, 부정한 것들이니라.

11. 희생의 결과를 생각함 없이 의무로 알고, 바치지 않으면 안 된다고 생각하여, 경전에 지시한 법식대로 바치는 희생은 선성적인 것이니라.

12. 그러나 바라타족의 으뜸가는 자야, 희생의 결과를 기대하며 또는 남에게 보이기 위해 바치는 희생은 동성적인 것인 줄을 알라.

13. 법식에 맞추어 하지도 않고, 드린 음식을 나눠줌도 없고, 찬송(진언)을 부르지도 않고, 헌금을 바치는 것도 없이 하는 희생은 믿음 없는 희생, 이는 암성적이라 하느니라.

라다크리슈난 음식을 나눠주고 헌금을 바치는 것은 남을 돕는 의미에서 하는 것이니, 그것이 없으면 모든 것이 다 자기를 위한 것뿐이다.

마하데브 데자이 아스리슈탄남(asrishtannam)을 보통 "음식을 나눠주는 일도 없이"로 번역하는데, 간디지는 일부러 "거기서는 음식을 생산함이 없이"로 했다. 그렇게 한 것은 『마누』(Manu)와 『기타』 제3장 제14절에 따라서 한 듯하다. 희생에서 비가 나오고, 비에서 밥이 나온다. 모든 희생은 창조적이지 않으면 안 된다.

간디지의 아다크신남(adakshinnam)의 번역(which involves no [dakshina] giving)도 보통의 번역(devoid of prescribed fees to the priests)과 다르다. 정통적인 해석 속에 들어 있는 미숙한 이기주의는 그만두고라도, 다크시나(dakshina, gift)란 말이 분명히 아주 높은 정

신적 의미로 『우파니샤드』 속에는 쓰여 있다. "고행, 자비, 진지, 비폭력, 성실"을 희생으로 바칠 만한 예물(gift)이라고 했다(*Chh Up.* 3: 17, 4). "내준다, 버린다"(giving up)란 말을 간디지의 번역에서는 자신이 소중하게 여기는 무엇을 내버린다는 의미로 한다. 그런데 『우파니샤드』는 한 걸음 더 나아가서, 희생 드리는 자가 위에서 말한 기본적인 맹세를 지켜서 살겠다고 한 그 약속 자체를 바쳐버린다는 뜻으로 보려고 한다. 그것이 자신을 바쳐버리는 순수한 희생이다.

14. 천신·두 번 나신 이·스승·어진 이를 공경하는 것과 깨끗·정적·브라마차랴·아힘사, 이것을 몸으로 하는 고행이라 하느니라.

15. 남에게 고통을 주지 않는, 참되고 유쾌하고 도움이 되는 말을 하는 것과, 날마다 『베다』를 외는 것, 이것을 말로 하는 고행이라 하느니라.

16. 마음의 안정·인자·침묵·자제·혼의 순결, 이것을 마음으로 하는 고행이라 하느니라.

17. 이 세 가지 고행이 마음이 통일된 사람에 의하여 최고의 신앙으로 결과를 기대함이 없이 이루어졌을 때, 그것을 선성적인 것이라 하느니라.

18. 존경·명예·대접을 받기 위해 허영심을 가지고 하는 고행은 동성적이라 하나니, 흔들리고 튼튼치 못하니라.

19. 그릇된 고집으로 자기를 학대하기 위해, 또는 남을 파멸시키기 위해 하는 고행은 암성적이라 하느니라.

20. 보시(布施)란 마땅히 하여야 한다는 생각을 가지고 은혜 갚음이 돌아올 수 없는 사람에게 할 것인데, 적당한 곳과 때에 그러한 사람

에게 하면 그 보시는 선성적이라고 하느니라.

예수 네 오른손이 하는 일을 왼손이 모르도록 하여라.

21. 그러나 은혜 갚음을 기대하거나, 다른 무슨 소득을 바라면서, 혹은 본의 아니게 하는 보시는 동성적이라고 하느니라.

22. 적당치 못한 때와 곳에서 적당치 못한 사람에게 예의도 없이 업신여기는 태도로 하는 보시는 암성적이라고 하느니라.

23. 아움·타트·사트는 브라만의 세 가지 이름이라고 한다. 거기에 따라 브라민과 『베다』와 희생이 규정됐던 것이다.

브라민(brahmins) 범서(梵書).

라다크리슈난 제3장 제10절을 보라.

아움(aum, 唵)〔옴om〕은 브라만(梵)의 절대, 최고 성(性)을 나타내는 것이고, 타트(tat, 彼)는 보편성을 나타내는 것이며, 사트(sat, 有)는 실재를 나타내는 것이다. 『타이티리야 우파니샤드』에는 "이것이 사트(존재하는 것)와 타트(그 너머)가 됐다"고 했다. 그것은 이 물질적 우주인 동시에, 또 그것을 뛰어넘는 것이기도 하다. 이것은 의식의 세 경지에 해당하는 것이다. 깰 때〔jagrat〕, 꿈꿀 때〔svapna〕, 잘 때〔susupti〕). 그리하여 마침내 초월의 지경〔turiya〕으로 올라간다. 『만두캬 우파니샤드』와 『바가바드 기타』 제7장 제8절과 제8장 제13절을 보라.

24. 그러므로 브라만을 닮는 이들은 늘 '아움'을 부름으로써 『베다』에 규정되어 있는 희생, 보시, 고행의 의식을 시작한다.

25. 그리고 해탈을 원하는 사람들은 '타트'를 먼저 부르고 결과를 기대하는 마음 없이 희생과 고행과 보시의식을 행한다.

26. 프리다의 아들아, '사트'라는 말은 실재와 선(善)의 뜻으로 쓰이고, 또 칭찬할 만한 행동에 대해서도 쓰인다.

27. 희생과 고행과 보시에 굳건히 서는 것을 가지고도 사트라 한다. 또 타트를 위한 어떠한 행작(行作)도 사트라고 한다.

28. 어떤 희생과 보시를 했거나, 어떤 고행을 했거나, 어떤 의식을 지켰거나 만일 믿음이 없이 했다면 그것을 '아사트'라고 한다. 오, 파르다야, 그것은 현세에서도 아무것도 없음이요 죽은 후에도 아무것도 없음이니라.

아사트(asat) 비유(非有) 또는 무(無).

이것이 세 종류의 신앙이라 이름 붙여진 제17장의 끝이니라.

제18장 내버림에 의한 해탈

틸라크 제18장은 『기타』 철학 전체의 결말이다. 그러므로 이때까지 말해 온 전체를 대충 보자는 것이다. 더 자세한 것을 알려면 이 책 제16장을 보라. 제1장에서부터 죽 말해오는 것을 보면 아르주나가 전쟁하기를 포기하려는 순간에 그를 달래어 자기 의무를 다하도록 하게 하자는 것이었다. 그 전쟁은 아르주나의 태어난 신분으로 하면 마땅히 당해야 하는 운명적인 것이었고, 그로 인하여 크게 될 출발점인 것이었다.

아르주나는 자기가 만일 존장들을 죽이는 그런 악을 행한다면 축복을 받을 수 없으리라는 생각으로 두려움에 꽉 차 있었다. 그러므로 제2장 첫머리에서 인생의 두 가지 길이 제시된다. 하나는 즈나닌들, 즉 성자들이 받아들이는 길, 다시 말해서 상캬(내버림)이고, 또 하나는 카르마 요가(즉 요가)다. 결론은, 해탈을 얻는 데 둘 다 똑같이 유익하지만, 둘 중에서 카르마 요가가 더욱 뛰어나다는 것이고(5: 2), 카르마 요가의 길에 따르면 이 둘 중에서 이성 쪽이 더욱 뛰어나다고 한다.

이성이 확고하고 안정되기만 하면 카르마(행동)가 누구를 잘못되게 하는 일은 없다. 아무도 카르마로부터 도망할 수는 없고, 아무도 카르마를 내버릴 수도 없다. 결과를 바라는 마음을 버리기만 하면 족하다. 아무튼 카르마는 이행해야 한다. 전체의 행복을 위해서, 아니면 저 자신을 위해서. 사람의 이성이 순수하기만 하면 지식이 카르마와 충돌되는 일은 없다. 옛 전통을 생각해보면, 자나카나 그 외의 사람들은 그렇게 했다. 이런 것과 또 그밖의 논리적인 토론이 제3장부터 제5장에 이르기까지 나온다.

그다음은 카르마 요가를 성공하게 하는 이성의 평정을 어떻게 얻을 수 있으며, 카르마 요가의 길을 따르는 동안 어떻게 해탈에 도달하느냐 하는 것이다. 이성의 평정을 얻으려면 감각을 통제하는 힘을 얻지 않으면 아니 되고, 그리하여 만유를 꿰뚫는 오직 한 분의 지고자(至高者)가 계시다는 것을 충분히 체험해야 한다. 그밖에 다른 길은 없다. 그러한 이유로 해 제6장에서 감각의 통제를 다루었고, 제7장에서부터 제17장에 이르는 동안에 ① 카르마 요가를 닦는 동안 어떻게 해서 지고자에 대한 지식을 얻으며, ② 그 지식은 어떤 것이냐 하는 것을 설명해준다.

그중에서 제7장과 8장에서는 영적 또는 경험적 지식(jnana-vijnana)의 ① 가변(可變) 또는 불변의 ② 인식할 수 있는 또 인식할 수 없는 것을 다루었다. 그리고 제9장부터 제12장에 이르는 동안에 지고자의 인식할 수 없는 모습이 비록 인식할 수 있는 모습보다 더 높은 것이기는 하지만, 인식할 수 있는 모습을 예배하면서도 오직 한 분의 지고자가 계시다는 사실을 놓치지 않고 지켜보기만 하면, 그것이 누구라도 할 수 있는 가장 쉬운 길이라고 설명해준다. 왜냐하면 그것이 실지로 실현할 수 있는 길이기 때문이다.

그리고 나서 제13장에서는 몸과 아트만[kshetra-kshetrajna-vicara]에 대한 이치를 설명해주는데, 그것은 이러하다. 가변과 불변을 말하면서 아뱌타(avyakta, 인식할 수 없는 것)라 하는 것은 사실은 사람의 몸 안에 있는 아트만(자아, 영혼)이라고 한다. 그러고 나서는 제14장에서부터 제17장에 이르기까지 아주 자세한 설명으로 세상의 갖가지 성질을 가진 사람들이 생긴 것과 각양각색의 세계가 생긴 것이 프라크리티의 구성으로 된 것임을 말해준다. 그 제목은 사실 가변과 불변을 생각하는 가운데서 나온 것이다. 그리고 그와 같이 해서 영적 또는 경험적 지식에 대한 해설을 완성한다. 그러나 간 곳마다에서 아르주나에게 주는 오직 하나의 교훈은 행동을 하지 않으면 안 된다는 것이다. 그리하여 그 결정적 교리를 선언한다. 일생을 카르마 요가의 길, 즉 지고자에 대한 예배의 길, 모든 행동을 순결한 마음으로, 제 신분에 따라, 죽을 때까지 모든 것을 지고자에게 바치는 마음으로 하는 것이 진실로 인생에서 최선의 길이라고.

그와 같이 해서 카르마 요가를, 지식에 기초를 두고, 열심 있는 신심이 그 뛰어난 속을이 되게 하여야 한다는 것을 여러 방면으로 설명한 다음, 바로 그 종교를 결론짓는 것이 이 제18장이다. 그래서 아르주나는 가르침을 받아 자의로 전쟁을 하게 된다. 『기타』에 의해 최선의 길이라고 선포된 이 길에서 아르주나는 인생의 넷째 길, 즉 내버림의 생활을 하라는 가르침은 받지 않았다. 그렇지만 이 길을 따라 사는 사람은 이미 영원한 포기자(nitya-sannyasin)라고 했다(5: 3). 그러므로 아르주나의 그다음 질문은 ① 때때로 제4의 인생길, 즉 금욕의 길을 취하는 것과, ② 글자 그대로 모든 행동을 내버리는 주지가 카르마 요가의 길 속에 들어 있느냐 들어 있지 않느냐 하는 것이었다. 만일 들어 있지 않다면, 포기(sannyasa)와 내버림(tyaga) 두 말의 의미는 무엇이냐 하는 것이었다.

아르주나 말하기를

1. 오, 억센 팔을 가지신 이여, 저는 포기와 내버림의 참뜻을, 참으로, 흐리시케샤시여, 그것을 따로따로 알고 싶습니다. 오, 머리털 흐트러진 귀신 죽이시는 이여!

포기(sannyasa) 이욕(離欲), 행동을 아주 아니함.
내버림(tyaga) 이과(離果), 행동의 결과를 바라지 않음.
억센 팔을 가지신 이, 흐리시케샤, 머리털 흐트러진 귀신 죽이시는 이 모두 크리슈나를 가리킴.

라다크리슈난 『기타』는 행동을 내버리기를 주장하지는 않는다. 다만 욕망을 버리고 행동할 것을 주장한다. 그것이 참 포기다. 이 절에서는 산야사는 모든 행작(行作)을 버리라는 뜻으로, 챠가는 모든 행작의 결과를 바라는 생각을 버리라는 뜻으로 쓰여 있다. "카르마로도 아니요, 결과나 가멸음으로도 아니요, 오직 챠가, 즉 단념에 의해서만 해탈은 얻어진다."(*Taittriya Aranyaka*, X, 10. 3). 『기타』는 해방된 영혼은 해방된 후에도 계속 봉사 생활에 남아 있는 것이 좋다고 권함으로써 모든 행동은 무지에서 나오는 것이므로 지혜가 생기면 행동을 그쳐버린다는 의견에 반대하고 있다. 『기타』의 스승은 행동하는 사람이 얽매임 속에 있고 자유를 얻은 사람은 행동할 수 없다는 견해는 옳지 못하다는 의견이다.

틸라크 이 질문의 뜻은 그 말들의 자전에 있는 뜻에만 있는 게 아니다. 산야사니 챠가니, 혹은 그것이 서로 어떻게 다르니 하는 것들. 그 두 단어의 근본 뜻은 다 같이 '내버린다'는 뜻이다. 아르주나가 그것을 몰라서는 아니다. 그렇지만 거룩하신 주는 어디서도 행동을 버리라고 한 일은 없다. 그리고 제4장에서도 제5장, 제6장에서도, 언제나 내버림에 관해 말할 때는 반드시 챠가, 즉 결과를 바라는 그리고 모든 행동을 파라메슈바라(지고자)에게 바쳐버리는 산야사를 하라고 권했다.

그런데 만일 『우파니샤드』를 본다면 거기서 내버림의 길을 말하는 것을 보게 되는데, 그것은 행동의 포기를 말하는 것이다. 예를 든다면 이런 것들이다. "많은 사람이 내버림으로써, 즉 글자대로 모든 행동의 내버림을 행함으로써 해탈을 얻었다" "산야사의 요가로 정결함에 도달한 금욕주의자들이 그것을 모든 행동의 포기의 형식으로 했다" "우리가 우리의 아들들이나 손자, 그 외의 후손들과 할 것이 무엇인가" 하는 것 같은 말들이다.

아르주나가 듣기에, 거룩하신 주가 말할 때에 산야사와 탸가의 두 말을 경전에 지정되어 있는 인생의 네 단계 중 하나인 내버림에 적용시켜서 하는 것이 아니고, 어떤 다른 뜻에서 하는 것이 분명했다. 그래서 그것을 분명히 알고 싶어서 그 질문을 했던 것이다.

스와미 프라부파다 사실상 『바가바드 기타』는 제17장에서 끝난 것이고, 이 제18장은 위에서 설명했던 모든 문제를 최종으로 요약해 말하기 위한 보충적인 것이다. 모든 장에서 크리슈나는 인생의 구경의 목적이 지극히 높으신 신을 진심으로 예배하는 것이라고 강조했다. 그 같은 점을 이 제18장에서는 가장 확실한 지식의 길이라고 지적한다. 처음 여섯 장에서는 진실한 예배를 강조한다. "모든 요가 수행자 혹은 초월주의자 중에서 언제나 속에서 나만을 생각하는 사람이 최고"라고 말했다. 다음 여섯 장에서는 순수한 예배와 그 성격과 활동이 어떤 것임을 설명했고, 그다음 세 번째 여섯 장에서는 지식과 내버림, 물질적 성격의 활동과 초월적 성격의 활동, 신심 깊은 예배에 대해서 설명했다.

이 장에서 크리슈나를 가리켜 말할 때에 흐리시케샤(Hrishikesha), 케시니수다나(Keshinisudana)라는 두 이름을 쓴 것은 의미 깊은 일이다. 흐리시케샤는 모든 감각의 주로서 크리슈나를 표시하는 것이다. 그는 언제나 우리를 정신적인 평정에 들어가도록 도와준다. 아르주나는 그에게 모든 것을 요약해서 정신적 평정에 이르게 해주기를 요구한다. 그러나 그에게는 의심나는 것들이 있었다. 의심은 언제나 마귀에 비유된다. 그래서 그는 크리슈나를 부를 때에 케시니수다나라고 불렀다. 케시는 아주 무서운 마귀였는데 크리슈나에게 죽임을 당했다. 그러므로 아르주나는 이제 크리슈나에게 그 의심의 마귀를 죽여주기를 원한 것이다.

거룩하신 주 말씀하시기를

2. 성자들은 애욕으로 인해 일어나는 모든 행작을 그치는 것을 포기라 알았고, 모든 행작의 열매를 내버리는 것을 지식 있는 이들은 내버림이라 했느니라.

라다크리슈난 비행(非行)이 이상적인 것은 못 된다. 사욕이나 이득의 기대 없는 행동을 내가 능동자라고 생각할 게 아니라, 내 몸을 보편적인 자아에 내맡길 뿐이라 하는 정신으로 하는 것이야말로 이상적이다.『기타』는 행작의 완전한 포기를 가르치는 것이 아니다. 모든 행작을 니슈카마 카르마(nishkama karma), 즉 무욕의 행동으로 변화시키라는 것이다. 그러나 샹카라는, 여기서 말하는 탸가(내버림)는 다만 카르마 요가 수행자에게만 적용할 것이고, 즈나나 요가를 닦는 이는 행동을 완전히 버려야 한다고 했다. 그는 지식은 행작과 같이 설 수는 없다고 주장한다.

3. 어떤 지식 있는 이들은 행작은 악으로 알고 버릴 것이라고 하고, 다른 사람은 또 희생과 보시와 고행은 버리지 말 것이라 했느니라.

4. 바라타족의 으뜸가는 자야, 내버림에 대한 나의 결론을 들어보아라. 사람 중의 호랑이야, 내버림에는 세 가지가 있다고 했느니라.

라다크리슈난 라마누자는 내버림을 세 가지로 나눈다. ① 결과의 내버림, ② 자기가 동인(動因)이요, 따라서 집착의 동인이란 생각의 내버림, ③ 주님이 모든 행동의 주인인 것을 깨달음으로써 자기가 모든 것의 동인이란 생각을 내버림.

5. 희생·보시·고행의 행동은 내버리지 말고 잘 행하여야 할 것이니, 희생과 보시와 고행은 어진 사람을 정결케 하는 법이기 때문이니라.

마음을 정결케 하는 이 파바나(pavana).

6. 그러나 이 행작들도 결과에 대한 모든 집착을 버리고 해야 하느니라. 오 프리다 부인의 아들아, 이것이 나의 최종 결정의 의견이니라.

틸라크 이것은 카르마 요가에 대한 최종 결론이다. 이때까지 여러 가지 경우에서 카르마의 결점은 카르마 자체에 있는 것이 아니고 결과를 바라는 데 있다는 사실을 말해왔다. 그러므로 모든 행동은 결과를 기대함 없이 욕심 없는 마음으로 해야 한다고 했다. 『기타』는 산야사론의 모든 행동은 잘못이므로 해서는 안 된다는 주장을 찬성하지 않는다. 『기타』는 다만 카마(욕심)의 산야사(내버림)만을 권한다. 그러나 그렇게 되면 이런 결론이 나온다. 즉 경전이 제정한 모든 의식과 예식은 욕망에서 오는 것이므로 카마이며, 그러면 다 버려야 하지 않느냐 하는 결론이 나온다. 그런다면 야즈나, 즉 희생의 바퀴가 끊어지고 말지 않느냐, 그러면 세계는 멸망하고 말지 않느냐 하는 것이다.

그러면 어떻게 할 것이냐? 거기에 대해 『기타』는 이와 같이 대답한다. 경전에서 하늘에 이르기 위해 비록 희생·보시·고행을 하라고 제정했다 하더라도 그 행동들이 바로 욕심 없이, 또 전체의 복이 되게는 할 수 없다는 말이 아니다. 그것은 이런 생각에서다. 즉 희생을 바치거나 보시를 베풀거나, 고행을 하는 것은 이 생에서 우리의 의무를 다하는 것이기 때문이라는 것이다. 그렇기 때문에 다른 모든 욕심 없이 하는 행동을 각 사람의 신분에 따라 하듯이, 희생도, 보시도, 고행도 이 생에서의 제 신분에 따라, 결과를 기대함 없이, 집착 없이 할 수 있다. 왜냐하면 그런 행동은 언제나 늘 파바나(마음을 정결케 해줌)이기 때문이다.

그와 같이 해서 이 행동들은 결과의 기대를 내버리고, 오직 진실한 신심에서, 모든 것을 지극히 높으신 주에게 바치는 마음으로 하는 것이기 때문에 세계의 바퀴는 끊어짐 없이 돌아간다. 그리고 그것을 하는 이의 마음속에 이미 결과를 기대함이 없으므로 그 행동들은 해탈을 방해함이 없다. 그리하여 모든 것이 안정된다.

7. 타고난 의무를 버리는 것은 옳지 않으니라. 무지로 인하여 그것을 버리는 것을 암성적이라고 하느니라.

8. 어떤 일이라도 단순히 고통스럽다고 해서, 또는 신체의 아픔을 두려워해서 포기한다면 그것을 동성적인 포기라 하는 것이니 그는 결코 그 포기의 결과를 얻지 못하느니라.

9. 그러나 아르주나야, 주어진 일을 오직 의무로 알고 집착을 버리고 결과를 기대함 없이 행한다면, 그것을 선성적 포기라 하느니라.

10. 언짢은 일이라 해서 싫어하지도 않고 좋은 일이라 해서 집착하지도 않는 사람, 그 사람이 선성으로 가득 차 있는 내버림의 사람이

니, 그는 어질고 모든 의심이 사라진 사람이니라.

11. 사실로 몸을 가지고 있는 이로서 행작을 온전히 버리기는 불가능한 것이니라. 그러므로 그 행작의 결과를 버린 사람을 내버림의 사람이라고 하느니라.

12. 바람직한 것, 바람직하지 않은 것, 그 둘이 섞인 것, 내버림을 하지 못한 자의 죽은 후의 행작의 결과는 이와 같이 세 가지니라. 그러나 내버림의 사람에게는 아무것도 없느니라.

13. 억센 팔을 가진 자야, 모든 행작의 완성을 위하여 내게서 상캬의 교리에서 가르치는 다섯 요소를 배워라.

상캬(sankhya) 수론(數論).

라다크리슈난 여기서 말하는 상캬는 베단타를 의미한다.

14. 행동의 장소, 행동자, 감각 기관, 각종 노력, 최고의 주재자 이것이니라.

장소(adhisthana) 소의(所依).
행동자(karta) 능작(能作).
감각 기관(karana) 작구(作具).
최고의 주재자(daiva) 주신(主神).

15. 사람이 그 몸으로나 말로나 마음으로 그 어떤 행동을 했든 간에 옳고 그르고를 물을 것 없이, 그 동기는 다 이 다섯 가지에 있느니라.

16. 사실이 이런 것인데, 어리석은 사람은 충분한 이성적 판단이 부족한 탓으로, 자기를 단 하나의 행동자라고 생각한다. 그는 (참을) 보지 못한다.

라다크리슈난 행동자는 다섯 요소 중 하나일 뿐이다. 그렇기 때문에 그가 자기를 유일의 행동자로 알았을 때 그는 오해한 것이다. 샹카라는 "순수한 자아를 행동자로 보아야 한다"고 한다. 그가 만일 그 행하는 힘을 순수 자아에 돌린다면 그는 사실을 오해하는 것이다. 에고(ego, 小我)를 보통 행동자로 여기지만, 그것은 다만 인간 행동의 주된 한 결정자일 뿐이다. 그리고 그 인간 행동이란 모두 다 자연의 산물이다. 에고란 그런 것인 줄을 알았을 때 우리는 그 얽어매는 힘에서 벗어나서 보편적인 자아(大我)의 좀더 큰 지식 속에 살게 된다. 그리고 그 자아관(self-vision)에서 볼 때 모든 행동은 다 프라크리티(prakriti, 자연)의 산물이다.

이 다섯 가지로 갈라서 하는 설명은 분명치 못하다. 그리고 여러 주석가의 가지가지 설명이 도움이 되지도 못한다. 일반적으로 공통되는 점은 다만 이런 것들이다. 아디스다나(所依)는 몸을 의미하고, 카르타(karta, 能作)는 마음이며, 카라나(karanas, 作具)는 감각 기관이고, 체스타(cestas)는 들숨·날숨이고, 다이바(daiva)는 문제가 많다.

장자 지극한 사람은 저란 것이 없고, 검스러운 사람은 제 힘이란 것이 없으며, 거룩한 이는 이름이 없느니라.(至人無己 神人無功 聖人無名)

17. 스스로 나다 하는 생각이 없고, 그 이성이 더럽게 물들지 않은 사람은 다른 세상 사람을 죽이더라도 죽인 것이 아니요, 또 거기 얽매이지도 않는다.

라다크리슈난 자유를 얻은 사람은 자기가 하는 일을 우주적 영(靈)의 기계로서, 또 우주적 질서의 유지를 위해 한다. 그는 아주 무서운 행동도 어떤 이기적인 목적이나 욕심 없이, 다만 그것이 주어진 의무이기 때문에 한다. 그 하는 일이 문제가 아니라 그 하는 정신이 문제다. 세속적인 견지에서 보면 사람을 죽인 것이지만, 참의 자리에서는 죽인 것이 아니다. 이 절의 뜻은 우리가 벌 받음 없이 죄를 지을 수 있다는 말이 아니다. 큰 영적 의식 속에 사는 사람은 어떤 악을 행하고 싶은 생각을 느끼는 일이 없을 것이다. 악한 행동은 무지와 분리주의 의식에서 나오는 것이고, 초월적 자아와의 하나됨 의식에서는 다만 선한 것이 나올 뿐이다.

18. 지식과 지식의 대상과 아는 이는 행동을 일으키는 세 겹의 충동이요, 감관과 감각과 행작자는 행작의 세 모음이다.

지식의 대상 소지(所知).
아는 이 능지(能知).
충동 동기적 원소(原素).
행작자 능작(能作).
모음〔集成〕 결과적 원소.

19. 지식과 행동과 행동하는 자는 특성을 구별하는 데서 말하는 세 가지이니 그것을 자세히 들어야 할 것이다.

20. 만유 속에서 오직 하나의 무너지지 않는 존재를 보고 차별 속에서 무차별을 보는 지혜는 선성적이라 알 것이니라.

21. 가지가지의 만물 속에서 서로 다른 존재를 알아보는 지식이 있으니 그것은 동성적이라 알 것이니라.

22. 그러나 하나의 결과에 집착하여서 그것을 전체로 알며, 그 원인도 그 참뜻도 모르고 좁은 생각만을 하는 사람, 그런 사람은 암성적이라고 알 것이니라.

23. 신앙으로 내 할 일이다 결정된 일을 아무 집착 없이, 또 좋아하고 싫어함도 없이, 결과를 기대하는 마음도 없이 한다면 그것은 선성

의 행동이라 할 것이니라.

24. 어떤 일을 자기를 나타내자는 강한 생각이 있는 사람이 결과를 노리고 힘을 써서 한다면 그것은 동성적이라 할 것이니라.

25. 그저 무지한 생각에 자기의 능력에 대해서도, 어떤 결과가 오겠는지도, 또 다른 사람에게 어떤 손해나 상처가 나겠는지도 생각하지 않고 하는 행동은 암성적이라고 하느니라.

26. 어떠한 집착도 가진 것이 없고, 나란 내 것이란 말을 하는 일이 없으며, 일이 성공되건 실패되건 흔들림이 없이 굳센 뜻으로 성실과 노력으로 일하는 사람은 선성의 사람이니라.

27. 열정적이어서 행동의 결과에 대하여 마음을 많이 쓰고, 탐욕과 남을 해하려는 마음을 가지며, 속이 정결치 못하고 기쁘고 슬픔에 변덕이 심한 사람은 동성의 사람이니라.

28. 마음에 통일이 없이 야성적이고, 완고하고, 사기적이고, 사납고, 게으르고, 비관에 잘 빠지고, 느림보인 사람은 암성적이니라.

29. 자연의 양태에 세 가지 종류가 있으니 가멸음의 정복자야, 하나하나 남김없이 말할 터이니 잘 들어두어라.

30. 프리다의 아들아, 움직임〔動〕과 안 움직임〔靜〕, 함〔爲〕과 안 함〔無爲〕, 두려움〔畏〕과 두렵지 않음〔無畏〕, 얽맴〔繫縛〕과 풀어놓음〔解脫〕을 아는 이성은 선성적이니라.

31. 프리다의 아들아, 법(法, 다르마)과 비법(非法), 마땅히 할 것과 해서는 아니 될 것을 똑똑히 이해하지 못하는 이성은 동성적이라 할 것이니라.

32. 프리다의 아들아, 캄캄한 어둠에 싸여 있어서 비법을 법으로 믿고, 일체의 사물을 뒤집어보는 이성은 암성이라 할 것이니라.

33. 프리다의 아들아, 흔들림 없는 굳센 뜻을 가지고, 요가에 의하여 마음과 정신과 감각의 작용을 제어해가는 사람은 선성적이라 할 것이니라.

34. 그렇지만 아르주나야, 집착을 가지고 결과를 기대하는 마음으로 법(의무)과 쾌락과 재물을 지켜가는 그러한 견고는, 오 프리다의 아들아, 그것은 동성적이니라.

힐 법, 쾌락, 재물, 사람들은 여기다가 모크샤(해탈)를 넣어서 이를 인생의 네 가지 목적이라 한다.

35. 프리다의 아들아, 만일 어리석어서 잠·공포·걱정 근심·비관·방탕을 벗어나지 못하는 견고 같은 것은 암성이니라.

36. 바라타족의 으뜸가는 자야, 이제 내게서 세 가지 안락을 들어보아라. 그것을 꾸준히 닦으면 즐거움을 얻어 고통이 끝나는 데 이르느니라.

37. 그 처음에는 독약 같고, 그 나중에는 감로 같으니, 그것은 자아를 뚫어 깨달음에서 오는 즐거움이다. 그것을 선성적인 것이라 하느니라.

38. 감관과 그 대상의 접촉에서 오는 즐거움이니, 그 처음은 감로 같고 그 나중은 독약 같다. 그런 쾌락은 동성적이라고 전해오느니라.

39. 그 첨에 있어서도 나중에 있어서도 자아를 혼미케 함으로써 잠·게으름·방탕 속에서 나오는 쾌락인데, 이는 암성적이라고 일러오느니라.

라다크리슈난 행복은 인간이면 누구나 다 한가지로 바라는 목적인데, 다만 우리의 성격을 그 어떤 것이 지배하고 있느냐에 따라 서로 달라진다. 암성(타마스)이 우리를 지배하게 되면 폭력·게으름·맹목적·거짓으로 만족하게 되고, 라자스 즉 동성이 우세하게 되면 돈·권력·자랑·교만·명예를 행복으로 알게 된다. 인간의 참 행복은 그러한 외적 물건을 소유하는 데서 오는 것이 아니고, 그보다 높은 마음과 혼의 좀더 고상한 것을 충족시켜 우리 가장 깊은 속에 있는 내적인 것을 발전시켜가는 데 있다. 그것은 고통스럽고 억압당하는 것 같지만 구경에는 우리를 즐거움과 자유에 이르게 한다. 우리는 지식과 덕행의 행복에서 영원한 평안과 환희에 이를 수 있다. 즉 영적 환희(ananda of the spirit)이다. 그때 우리는 지극히 높으신 자아(Self)와 만물과 하나가 된다.

장자 참 즐거움은 즐거움 없음이다.(至樂無樂)

40. 땅 위에서나, 하늘 위의 신들 사이에서나 프라크리티〔자연〕에서 나오는 세 가지 특성을 벗어난 이는 하나도 없으니라.

41. 대적을 혼나게 하는 용사야, 브라만과 크샤트리아와 바이샤와 그리고 수드라까지도 그 하는 일은 자성(自性, 곧 自然)에서 나오는 세 구나에 의하여 분배되는 것이니라.

<sub>브라만(brahmanas) 범족(梵族), 바라문(波羅門).
크샤트리아(kshatriyas) 왕족, 찰제리(刹帝利).
바이샤(vaishyas) 농상족(農商族), 비사(毗舍).
수드라(sudras) 노예족, 수다라(首陀羅).
구나 특성, 덕.</sub>

라다크리슈난 이 네 가지 구별은 힌두 사회에만 특유한 것이 아니고, 세계 어디에도 적용된다. 그 구별은 인간의 성격에 의해서 되는 것이다. 네 계급에는 각각 분명한 특성이 있다. 물론 그것은 서로 배타적이지 않다. 반드시 늘 유전으로 결정되는 것도 아니다. 『기타』를 가지고 현존하는 사회 조직을, 그 딱딱하고 서로 혼잡해져 있는 그대로를 지지하려고 할 수는 없다. 『기타』는 그 네 계급론을 그 범위와 의미를 확대해서 보고 있다. 사람의 외면적 생활은 내적 생활의 표현일 수밖에 없다. 그 표면은 그 깊이를 나타내는 것일 것이다. 각 개인은 그의 타고난 성격, 스바바바(svabhava)를 가지고 있다. 그것을 그는 그의 생애에 실현해야 한다. 이것이 그의 의무다(svadharma). 각 개인은 지극히 높으신 이의 초점이요, 거룩하신 이의 한 부분이다. 그의 목적은 이 거룩한 가능성을 그의 생애 속에서 실현하는 데 있다. 우주의 한 영(The Soul)이 세계의 허다한 혼(souls)들을 낳았다. 그러나 거룩하신 이라는 이념은 우리의 본질적 성격이요, 우리 존재의 진리다. 우리의 스바바바지, 구나의 기구가 아니다. 구나는 나타냄의 한 중개에 지나지 않는다. 개인이 만일 제게 적당한 일을 한다면, 그가 만일 제 생의 원리를 따르기만 한다면, 즉 자기의 수바다르마를 다하기만 한다면, 하나님은 자기 자신을 그 인간의 자유의지 속에 나타내실 것이다. 세계에 반드시 필요한 모든 것이 아무런 충돌 없이 다 이루어질 것이다. 그러나 인간이 자기가 반드시 해야 할 일을 다하는 일은 별로 없다. 그들이 어떤 사건을 처리하려고 나설 때, 전체의 계획을 다 아노라고 자신하기 때문에 지상에서 잘못을 저지른다. 우리가 우리 성격에 따라서 일을 하는 한 우리는 옳은 것이고, 그것을 하나님께 바친다면 우리의 행동은 영적 완성의 한 부분이 된다. 개인 속에 있는 거룩한 것이 완전히 나타나기만 한다면, 그 사람은 영원한 불멸의 지경에 이를 것이다. 인간의 생애가 우리에게 던져 주는 문제는 우리의 참 자아를 발견하는 일이고, 또 진리에 따라 살아가는 일이다. 그러지 못하면 우리는 우리의 천성에 반대하는 죄를 짓게 된다. 스바바바 교훈의 요점은, 인간은 하나의 개인으로 대할 것이지 무슨 형(型)으로 대해서는 안 된다는 것이다. 아르주나에게 해준 말의 요점은 하나의 무사로서 용감히 싸우는 것이 지혜로운 평화에 대해 성숙한 사람이 되는 길이라는 것이다.

네 가지의 넓은 성격이 있는데, 거기 맞추어가려면 네 가지 사회적인 생활양식이 있다. 네 계급은 출생이나 피부 빛깔로 결정되는 것이 아니라 사회를 위해 어떤 임무를 다하는 데 우리에게 가장 맞는 심리적인 특성으로 되는 것이다.

노자 하늘은 누구를 특별히 가까이하지 않는다. 그저 늘 착한 사람과 더불어 한다.(天道無親 常與善人)

42. 가라앉음 · 스스로 다스림 · 고행 · 맑음 · 넓은 마음 · 곧음 · 지혜 · 지식 · 신앙, 이것은 자성에서 나와 브라만들이 하는 일이요.

43. 날쌤 · 알참 · 참고 견딤 · 재주 · 버팀 · 보시 · 지도력, 이런 것은 자성에서 나오는 왕족들의 행작이니라.

44. 농경 · 짐승 치기 · 상업, 이런 것은 자성에서 나와서 하는 바이샤의 하늘 행작이요, 받들어 섬기는 일들은 자성에서 나와서 하는 수드라의 행작이니라.

45. 사람은 제 의무에 마음을 다함으로써 자기완성에 이를 수 있다. 이제 어떻게 제 의무를 마음을 다해 함으로써 자기완성에 이르는지를 들어보아라.

46. 만유가 그에게서 전개되었으며, 일체가 그것으로 편만되어 있는 이, 그이를 섬기기를 제 의무로써 다함으로 하여 사람은 완전에 도달할 수 있느니라.

47. 불완전하게라도 제 본성에 의하여 정해진 의무를 하는 것이 다른 사람의 의무를 빛나게 하는 것보다 나으니라. 제 본성에 의하여 정해진 의무를 다하는 사람은 죄에 물드는 일이 없느니라(제3장 제35절 참조).

48. 타고난 본성에 의하여 정해진 의무는 비록 잘못함이 있더라도 버리지 말 것이니 모든 경영(經營)이 다 결함에 싸여 있기 때문이다. 마치 불이 연기에 싸여 있듯이.

49. 그 이성은 언제 어떤 것에도 집착이 없고, 그 자아는 정복되어 있어 욕망을 떠난 사람은 내버림에 의하여 최고의 지경 즉 초행작에 이르느니라.

함석헌 초행작(naishkarmya)은 모든 행작을 초월한 지경이다. 그러나 이것이 완전히 이 세상 일에서 벗어나 모든 일을 하지 않는다는 말은 아니다. 그러한 정적주의(靜寂主義, quietism)는 육신으로 살아 있는 한 도저히 불가능하다. 『기타』가 주장하는 것은 내적(속으로) 내버림이다. 에고(ego, 小我)와 자연은 비슷한 것이므로 해방된 영혼은 브라만이 됨에 따라 순수 자아는 잠잠하며, 안정되고, 어떤 활동도 하지 않는 것으로 설명하게 되지만 여전히 이 자연의 세계에서 활동한다. 그 자연이란 어떤 것임을 앎으로 하여.

50. 쿤티의 아들아, 완성의 지경에 이른 사람은 어떻게 브라만에 이르는지를 간단히 들어보아라. 그것이 지식의 최고 경지니라.

완성의 지경 성만위(成滿位).

51. 맑은 이성으로 마음을 통일하고, 굳센 뜻으로 자기를 억제하며, 소리 따위 감각의 대상을 물리치고, 좋고 언짢고를 내버리고,

52. 고요한 곳에 홀로 있으면서, 적게 먹고, 몸과 말과 뜻을 억제하여 명상과 요가에 전념하고, 언제나 이욕(離欲)에 의지하며,

53. 아집·폭력·오만·욕망·분노·탐욕을 벗어나 아욕(我欲)이 없고 마음이 잔잔한 사람은 브라만과 하나됨을 얻을 수 있느니라.

브라만과 하나됨 브라마 부타(brahma-bhuta).

54. 브라만과 하나로 되어 마음이 안정에 든 사람은 근심도 바람도 없고, 일체 만물을 평등으로 보며, 나에 대한 최고의 믿음에 이른다.

나 크리슈나를 가리킴.

라다크리슈난 이 절은 『기타』에서 볼 때는 개인이 형태도 없는 절대 속에 녹아 없어지게 되는 것이 반드시 최고 경지는 아니고, 도리어 변(變)과 불변(不變)을 자신 속에 다 가지시는 지극히 높으신 주(主)를 정성되게 믿는 것이 그것이라고 하는 또 하나의 설명이다.

쓰지 나오시로 브라만과 신은 온전히 같은 것은 아니다.

55. 정성된 믿음에 의하여 그는 나를 알게 될 것이다. 내가 얼마나 크며, 내가 정말 누구인지를 알게 될 것이다. 나를 참으로 알게 되면 그러면 곧바로 내게로 돌아온다.

56. 언제나 온 가지 행작을 하면서도 그는 나를 의지하고 내 은혜에 의하여 영원불멸의 경지에 들어갈 것이다.

라다크리슈난 아타르(Attar)는 이브라힘 아담(Ibrahim Adham)의 한 구절을 인용했다. "순례자의 앞에 행복의 문이 열리기 전에 그의 가슴속에서 세 개의 베일이 벗겨져야 한다. 첫째, 그에 대한 영원한 선물로 두 세계에 대한 지배권이 주어지기 전, 그는 기뻐해서는 안 된다. 왜냐하면 누구나 어떤 피조물로 기뻐하는 사람은 아직도 탐욕

이 있기 때문이다. 그런데 탐욕이 있는 사람에게는 하나님을 아는 지식을 아니 주기로 되어 있다. 둘째 베일은, 그가 두 세계를 다스리는 권세를 가지려면 설혹 받았다가 그것을 다시 빼앗기는 한이 있더라도 섭섭하게 여겨서는 아니 된다. 왜냐하면 그것은 노했다는 증거요, 노했다는 것은 고통을 받았다는 것이기 때문이다. 셋째는, 어떤 칭찬이나 호의에 넘어가서는 아니 된다. 왜냐하면 그렇게 속는 사람은 마음이 허수한 사람이기 때문이요, 또 그런 사람은 진리는 알아보지 못한다. 순례자는 고상한 정신을 가져야 한다(브라운, *A Literary History of Persia*).

이 세 절에서 저자는 지혜와 신앙과 행작은 서로 같이 가는 것이라고 말하고 있다. 행작은 성격, 곧 프라크리티는 하나님의 힘이고 개인은 다만 하나님의 기계일 뿐이라는 지식을 가지고야만 가능하다. 그 뜻을 영원하신 이에게 꽉 박아놓은 사람은 그의 은총에 의하여 무엇을 하거나, 그는 영원히 그 큰 집 속에 산다.

57. 마음으로 일체 행작을 내게 맡기고, 나를 최고의 돌아갈 곳으로 알고, 이성의 요가에 의지하여, 끊임없이 생각을 내게 두어라.

58. 생각을 내게 두면, 나의 은혜에 의하여 일체의 고난을 초월할 것이요, 만일 네 아집을 가지고 내게 귀를 기울이지 않는다면 너는 멸망할 것이니라.

59. 네가 비록 네 아집을 가지고 '나는 싸우지 않는다' 하더라도, 너의 그 결정은 소용이 없다. 네 자성이 너를 강제할 것이니라.

자성(自性) 프라크리티, 자연, 본능, 본질.

라다크리슈난 '싸우지 않겠다' 하는 욕망은 다만 그의 옅은 본성에서 나온 것일 뿐이다. 그의 깊은 존재는 그를 싸우는 편으로 끌고 갈 것이다. 그가 만일 고통을 두려워하는 마음 때문에 무기를 내던지고 전쟁에서 물러난다면, 그리하여 전쟁이 그 없이 진행된다면, 그리하여 자기의 물러남 때문에 세상이 불행하게 될 것을 깨닫게 된다면, 그는 우주정신인 냉혹한 압력에 의하여 하는 수 없이 무기를 들게 될 것이다. 그러므로 그는 나아가 우주 진화에 협책해야 할 것이요, 이를 부정하고 반대해서는 아니 될 것이다. 그가 만일 그렇게 한다면 그는 본질적으로 결정을 맡는 자리에서부터 결정하는 자리로 가게 될 것이다. 아르주나에게 미혹을 일으켜서 자기 존재의 위대한 뜻에서 떨어져 나가게 하는 것은 그의 낮은 속올이 하는 것이다. 이제 아르주나는 그 참뜻을 깨달았으므로, 이기적인 목적으로 행동하지 않을 것이요, 하나님의 뜻을 아는 사람으로 행동할 것이다. 이제 제자는 모든 사욕의 겁을 버리고 자기의 '속의 빛'에 복종해야 할 것이요, 그러면 그는 그를 이끌어 모든 고난과 장애를 이기게 할 것이다.

하나님이 모든 조건을 결정하시는 것이고, 우리는 그것을 받아들여야 한다. 물결과 싸우는 데 우리 정력을 소모해서는 아니 된다. 보통 사람은 다 자연적 인간이어서 조그만 일들에 본능적으로 열중하기 쉽지만, 사람은 변해야 한다. 사람에게 가장 보람 있는 길은 오로지 하나님에게 복종하는 데에만 있다. 성 프란시스의 유명한 기도가 이것을 한마디로 잘 표시해준다. "그렇습니다, 아버지! 그렇습니다, 그저 언제나 그렇습니다!"(Yes Father! Yes, and always yes!)

60. 쿤티의 아들아, 네가 미혹된 생각에 하지 않고자 하는 행동도 네 자성에서 나오는 행작에 얽매여, 네 마음에 없으면서도 하지 않을 수 없이 되느니라.

61. 아르주나야, 자재주는 만물의 마음속에 계신다. 그는 그의 신비로운 힘으로 만물을, 마치 돌아가는 바퀴 위에 올려놓은 듯 돌리

신다.

> 자재주(自在主) 이슈바라를 가리킴.
> 신비로운 힘 환력(幻力).

62. 바라타의 아들아, 너의 온 존재를 다 가지고 그에게로 돌아가라〔歸依〕. 그의 은혜로 너는 최고의 평화, 영원한 집에 이를 것이니라.

63. 이처럼 모든 비밀 중의 비밀인 지혜를 나는 너에게 말했으니, 깊이깊이 생각한 후 너 하고 싶은 대로 하여라.

라다크리슈난 너 하고 싶은 대로 하라. 하나님은 얼핏 보기에는 무관심한 듯하다. 그는 결정을 아르주나의 선택에 맡겼다. 그가 무관심하신 듯이 보이는 것은 그가 간절히 원하시는 것은 우리 모두가 다 각각 제 자유로운 뜻으로 자기한테 오기를 바라시는 마음뿐이기 때문이다. 그는 아무에게도 강요하지 않는다. 자유로이 자진해오는 것이야말로 귀하기 때문이다. 사람에게는 같이하자고 요청을 할 것이지 강제할 것이 아니다. 사람에게는 이끌 것이지 몰아칠 것이 아니다. 설득을 시킬 것이지 강요할 것이 아니다. 지극히 높으신 이는 자기 명령을 강요하지 않는다. 하나님의 부르심을 우리는 언제든지 맘대로 물리치려면 물리치고 받으려면 받을 수 있다. 완전한 행복은 구도자의 충분한 승낙으로 되어야 한다. 하나님은 우리가 넘어졌을 때면 언제나 우리를 도와주시고, 우리가 실망에 떨어졌을 때 위로해주시기를 지체하지 않지만, 우리를 위해 우리 갈 곳을 대신 기어 올라가시지는 않는다. 하나님은 우리가 그에게로 돌아갈 때까지 길이 참고 견디시기를 싫어하지 않는다.

인간의 자유와 하나님의 예정론 사이에는 유럽에서도 인도에서도 많은 논쟁이 벌어지고 있다. 토마스 아퀴나스는 인간의 구원에서 의지의 자유와 인간의 노력이 주요한 역할을 하기는 하지만 의지 자체는 하나님의 은혜의 지지 없이는 안 된다고 했다. "그러므로 예정된 자는 선한 행실과 기도에 힘쓰지 않으면 안 된다. 왜냐하면 무엇보다도 그러한 방법을 통해서만 예정은 확실히 이루어지기 때문이다. 그러므로 예정은 피조물에 의해서만 진행된다. 그렇지만 그것들 때문에 예정이 무너지지는 않는다." 인간은 하나님으로부터 주어진 은총을 거절할 자유는 있다. 보나벤투라(Bonaventura)는 사람에게 은총을 베풀자는 것이 하나님의 뜻이기는 하지만, 그것을 받는 것은 오직 제 행실로 받을 준비를 스스로 해가지고 있는 사람뿐이라고 했다. 둔스 스코투스(Duns Scotus)에 따르면, 의지의 자유는 하나님의 명령이기 때문에 하나님조차도 인간의 결정에 직접 영향력을 행사할 수는 없다. 인간은 하나님의 은총에 협력할 수 있지만, 또 그것을 멀리할 수도 있다.

정신적 지도자는 육체적 폭력이나 기적 부림, 부적 같은 것으로 우리를 놀리지는 않는다. 참 선생은 거짓 책임을 꾸미지는 않는다. 제자가 설혹 그릇된 방향으로 나간다 하더라도 조언은 해주지만 강제로 돌이키려고 하지는 않는다. 그렇게 하는 것이 그 개인의 자유를 무시하는 것이 될 때에는, 선생은 제자가 아직 미숙한 때에는, 마치 아버지가 걸음마를 배우는 어린애에게 하듯이 해주지만 제 발로 걷게 될 때는 도와주려고 팔은 벌리지만 나가는 방향은 제가 취하도록 제자에게 맡겨둔다.

크리슈나는 다만 차부일 뿐이다. 그는 아르주나가 가는 방향대로 따라갈 뿐이다. 그는 무장은 하지 않았다. 그가 어떤 영향을 아르주나에게 준다면, 그것은 모든 것을 사로잡는 사랑을 통해서일 뿐이다. 그 사랑엔 한이 없다. 아르주나는 스스로 생각하고 스스로 찾아내야 한다. 그는 습관과 권위자에게서 얻은 단순하고 맹목적인 신앙으로 행동해서는 아니 된다. 불가피하게 감정적으로 얻어진 불분명한 가정들은 광신적인 고집으로 사람을 이끌어 말할 수 없는 비참에 빠지게 한다. 그렇기 때문에 마음으로 하여금 합리적으로 또 경험적으로 제 신앙을 증명할 수 있도록 하는 것이 필요하다. 아르주나는 참된 성실성을 가져야 한다. 그의 생각은 참으로 제 것이요, 스승이 넣어준 것이어서는 아니 된다. 가르침은 교리를 머릿속에 집어넣어주는 일이 아니다.

64. 다시 나의 비밀 중의 비밀인 가장 높은 가르침의 말을 들어라. 너는 나의 가장 사랑하는 자다. 그러므로 나는 네게 유익한 것을 말해주리라.

65. 마음을 내게 쏟고 나를 정성껏 믿으며 내게 몸을 바치고 나를 공경하라. 그러면 너는 내게로 올 것이니라. 내가 진실로 네게 약속하노니, 너는 내 사랑하는 바이기 때문이다.

66. 일체의 (종교적) 의식을 버리고, 오직 내게만 의지하라. 내가 너를 일체의 죄악에서 벗어나게 할 것이니, 너는 걱정하지 말지어다.

라다크리슈난 아르주나는 전쟁의 결과로 일어날 계급의 혼란, 선조에 대한 불경, 스승들에 대한 불경으로 마음이 어지러운 상태다. 크리슈나는 그런 규율·습관·의무 때문에 걱정하지 말고, 그저 자기에게로 돌아와 자기가 하라는 대로 복종하라는 것이다. 아르주나가 만일 제 목숨과 행동·감정·사고를 다 버리고 자기를 온전히 들어 하나님께 항복한다면, 하나님은 그를 인도하여 이 인생의 싸움에서 빠져나오게 하실 것이다. 자아를 초월하는 가장 쉬운 길은 항복이다. "아무것에도, 자기의 도덕에조차도 종 노릇을 아니하는 사람만이, 거룩하신 이를 명상할 자격이 있다."

67. 너는 이것을 고행을 하지 않는 자에게나, 참된 믿음이 없는 자에게나, 들으려는 마음이 없는 자에게, 또 나를 비방하는 자에게 말하지 말지니라.

68. 나를 진실로 믿는 자들에게 이 최고의 비밀을 가르쳐주는 사람이 있다면, 그는 내게 최고의 믿음을 가진 사람이니, 그 사람은 틀림없이 내게로 올 것이니라.

69. 인간 중에, 그 사람보다도 더 내가 좋아하는 일을 하는 사람은 있을 수 없고, 세상에서 그 사람보다도 더 내 사랑을 받을 사람도 없을 것이다.

70. 그리고 만일 우리 둘의 이 신성한 (종교적) 대화를 연구하는 사람이 있다면 그야말로 나에게 지식의 희생을 바치는 것이라고, 이것이 나의 결론이다.

71. 믿는 마음으로, 불평함 없이 듣는다면 그 사람도 해탈을 얻어 선한 일을 한 사람들이 가는 청정 세계에 갈 것이다.

72. 오, 프리다의 아들아, 너는 과연 마음을 한 점에 모으고 이 말을 들었느냐? 가멸음의 정복자야, 네 지식의 헤맴은 소멸되었느냐?

아르주나 말하기를

73. 불사(不死)의 주여, 당신의 은혜로 저의 헤맴은 사라졌사옵니다. 제 (의무에 대한) 기억을 다시 찾았사옵니다. 의혹은 사라지고 튼튼히 섰사옵니다. 이제 당신의 가르침대로 하겠사옵니다.

산자야 말하기를

74. 저는 이 놀랍고 솜털 곤두서는 대화를 바수데바의 후신(後身)인 크리슈나와 대아(大我)를 가진 아르주나 사이에서 들었습니다.

바수데바(Vasudeva) 바수천왕(婆藪天王).

75. 브야사의 은혜로 이 최고 비밀의 요가를 들었습니다. 요가의 주이신 크리슈나 자신이 제 면전에서 이것을 말씀하시는 것을 들었습니다.

브야사(Vyasa, 廣博仙人)는 산자야에게 멀리서 듣고 보는 능력을 주었다.

76. 대왕이시여, 크리슈나와 아르주나 사이의 이 놀라운 대화를 돌이켜 생각해볼 때마다 더욱더 기쁨을 느낍니다.

77. 대왕이시여, 저 놀라운 하리 신의 모습을 생각해보면 생각해볼수록 점점 더하는 환희와 놀람을 느낍니다.

하리(Hari) 크리슈나를 가리킴.

78. 요가의 주이신 크리슈나 계신 곳, 한량이신 프리다 부인의 아들이 계신 곳, 거기에는 늘 행운이 있고, 승리가 있고, 번영이 있고, 견고한 통치가 있습니다.

　

이것이 내버림에 의한 해탈의 요가라 이름 붙여진 제18장의 끝이며, 『바가바드 기타』라 일컫는 『우파니샤드』의 끝이니라.

주석을 단 함석헌 선생은 1901년 평북 용천에서 태어나셨다.
평양고등보통학교를 다니다 3·1운동에 참가, 학업을 중단하셨는데
오산학교에 편입하여 이승훈, 유영모 선생의 영향을 받으셨다.
동경고등사범학교 문과일부를 다니실 때 우치무라 간조 선생의 성서연구 집회에
참여하셨고, 귀국해서는 오산학교에서 교편을 잡으셨다.
1932년에는 『성서조선』에 「성서적 입장에서 본 조선역사」를 쓰기 시작하셨으며,
1938년 창씨개명과 일본어 수업을 거부하여 오산학교에서 사임당하셨다.
해방을 맞아 용암포·용산군 자치위원장을 지내시고
평안북도 자치위원회 문교부장에 취임하셨다. 1947년 월남하셨으며,
서울에서 매주일 YMCA 강당에서 일요종교집회를
하셨고, 6·25가 일어나자 부산에서 피난생활을 하시게 되었는데
이때 『수평선 너머』를 발간하셨다.
1953년 서울로 올라오셨고, 1956년부터 『사상계』에 글을 쓰셨다.
1970년 잡지 『씨올의 소리』 창간호를 내셨고, 1979년 퀘이커세계협회 초청으로
미국종교대회에 참석하시기도 했ए다. 노벨평화상 후보로 두 차례 추천을 받으셨다.
남강문화재단을 1984년 설립하셨고, 제1회 인촌상을 수상하셨다.
저서로는 『뜻으로 본 한국역사』를 비롯해 『인간혁명의 철학』
『죽을 때까지 이 걸음으로』 『씨올에게 보내는 편지』 등 많은데
이는 한길사에서 펴낸 '함석헌 전집' 20권에
모아져 있으며, 1996년에 나온 '함석헌 선집' 5권에 다시 정리된 바 있다.

HANGIL GREAT BOOKS 18

바가바드 기타

주석 함석헌
펴낸이 김언호

펴낸곳 (주)도서출판 한길사
등록 1976년 12월 24일
주소 10881 경기도 파주시 광인사길 37
홈페이지 www.hangilsa.co.kr
전자우편 hangilsa@hangilsa.co.kr
전화 031-955-2000~3 팩스 031-955-2005

부사장 박관순 총괄이사 김서영 관리이사 곽명호
영업이사 이경호 경영이사 김관영 편집주간 백은숙
편집 박희진 노유연 이한민 박홍민 임진영
관리 이주환 문주상 이희문 원선아 이진아 마케팅 정아린
디자인 창포 031-955-2097
CTP출력·인쇄 오색프린팅 제본 경일제책사

제1판 제 1 쇄 1996년 6월 10일
제1판 제17쇄 2023년 11월 15일

값 30,000원

ISBN 978-89-356-3076-9 94270

• 잘못 만들어진 책은 구입하신 서점에서 바꿔드립니다.

한길그레이트북스 인류의 위대한 지적 유산을 집대성한다

1 관념의 모험
앨프레드 노스 화이트헤드 | 오영환

2 종교형태론
미르치아 엘리아데 | 이은봉

3·4·5·6 인도철학사
라다크리슈난 | 이거룡
2005 『타임스』 선정 세상을 움직인 100권의 책
『출판저널』 선정 21세기에도 남을 20세기의 빛나는 책들

7 야생의 사고
클로드 레비-스트로스 | 안정남
2005 『타임스』 선정 세상을 움직인 100권의 책
2008 『중앙일보』 선정 신고전 50선

8 성서의 구조인류학
에드먼드 리치 | 신인철

9 문명화과정 1
노르베르트 엘리아스 | 박미애
2005 연세대학교 권장도서 200선
2012 인터넷 교보문고 명사 추천도서
2012 알라딘 명사 추천도서

10 역사를 위한 변명
마르크 블로크 | 고봉만
2008 『한국일보』 오늘의 책
2009 『동아일보』 대학신입생 추천도서
2013 yes24 역사서 고전

11 인간의 조건
한나 아렌트 | 이진우
2012 인터넷 교보문고 MD의 선택
2012 네이버 지식인의 서재

12 혁명의 시대
에릭 홉스봄 | 정도영·차명수
2005 서울대학교 권장도서 100선
2005 『타임스』 선정 세상을 움직인 100권의 책
2005 연세대학교 권장도서 200선
1999 『출판저널』 선정 21세기에도 남을 20세기의 빛나는 책들
2012 알라딘 블로거 베스트셀러
2013 『조선일보』 불멸의 저자들

13 자본의 시대
에릭 홉스봄 | 정도영
2005 서울대학교 권장도서 100선
1999 『출판저널』 선정 21세기에도 남을 20세기의 빛나는 책들
2012 알라딘 블로거 베스트셀러
2013 『조선일보』 불멸의 저자들

14 제국의 시대
에릭 홉스봄 | 김동택
2005 서울대학교 권장도서 100선
1999 『출판저널』 선정 21세기에도 남을 20세기의 빛나는 책들
2012 알라딘 블로거 베스트셀러
2013 『조선일보』 불멸의 저자들

15·16·17 경세유표
정약용 | 이익성
2012 인터넷 교보문고 필독고전 100선

18 바가바드 기타
함석헌 주석 | 이거룡 해제
2007 서울대학교 추천도서

19 시간의식
에드문트 후설 | 이종훈

20·21 우파니샤드
이재숙
2005 서울대학교 권장도서 100선

22 현대정치의 사상과 행동
마루야마 마사오 | 김석근
2005 『타임스』 선정 세상을 움직인 100권의 책
2007 도쿄대학교 권장도서

23 인간현상
테야르 드 샤르댕 | 양명수
2007 서울대학교 추천도서

24·25 미국의 민주주의
알렉시스 드 토크빌 | 임효선·박지동
2005 서울대학교 권장도서 100선
2012 인터넷 교보문고 MD의 선택
2012 인터넷 교보문고 MD의 선택
2013 문명비평가 기 소르망 추천도서

26 유럽학문의 위기와 선험적 현상학
에드문트 후설 | 이종훈
2005 서울대학교 논술출제

27·28 삼국사기
김부식 | 이강래
2005 연세대학교 권장도서 200선
2012 인터넷 교보문고 필독고전 100선
2013 yes24 다시 읽는 고전

29 원본 삼국사기
김부식 | 이강래

30 성과 속
미르치아 엘리아데 | 이은봉
2005 『타임스』 선정 세상을 움직인 100권의 책
2012 인터넷 교보문고 명사 추천도서
『출판저널』 선정 21세기에도 남을 20세기의 빛나는 책들

31 슬픈 열대
클로드 레비-스트로스 | 박옥줄
2005 서울대학교 권장도서 100선
2005 연세대학교 권장도서 200선
2008 홍익대학교 논술출제
2012 인터넷 교보문고 명사 추천도서
2013 yes24 역사서 고전
『출판저널』 선정 21세기에도 남을 20세기의 빛나는 책들

32 증여론
마르셀 모스 | 이상률
2003 문화관광부 우수학술도서
2012 네이버 지식인의 서재

33 부정변증법
테오도르 아도르노 | 홍승용

34 문명화과정 2
노르베르트 엘리아스 | 박미애
2005 연세대학교 권장도서 200선
2012 인터넷 교보문고 명사 추천도서
2012 알라딘 명사 추천도서

35 불안의 개념
쇠렌 키르케고르 | 임규정
2012 인터넷 교보문고 필독고전 100선

36 마누법전
이재숙·이광수

37 사회주의의 전제와 사민당의 과제
에두아르트 베른슈타인 | 강신준

38 의미의 논리
질 들뢰즈 | 이정우
2000 교보문고 선정 대학생 권장도서

39 성호사설
이익 | 최석기
2005 연세대학교 권장도서 200선
2008 서울대학교 논술출제
2012 인터넷 교보문고 필독고전 100선

40 종교적 경험의 다양성
윌리엄 제임스 | 김재영
2000 대한민국학술원 우수학술도서

41 명이대방록
황종희 | 김덕균
2000 한국출판문화상

42 소피스테스
플라톤 | 김태경

43 정치가
플라톤 | 김태경

44 지식과 사회의 상
데이비드 블루어 | 김경만
2002 대한민국학술원 우수학술도서

45 비평의 해부
노스럽 프라이 | 임철규
2001 『교수신문』 우리 시대의 고전

46 인간적 자유의 본질·철학과 종교
프리드리히 W.J. 셸링 | 최신한

47 무한자와 우주와 세계·원인과 원리와 일자
조르다노 브루노 | 강영계
2001 한국출판인회의 이달의 책

48 후기 마르크스주의
프레드릭 제임슨 | 김유동
2001 한국출판인회의 이달의 책

49·50 봉건사회
마르크 블로크 | 한정숙
2002 대한민국학술원 우수학술도서
2012 『한국일보』 다시 읽고 싶은 책

51 칸트와 형이상학의 문제
마르틴 하이데거 | 이선일
2003 대한민국학술원 우수학술도서

52 남명집
조식 | 경상대 남명학연구소
2012 인터넷 교보문고 필독고전 100선

53 낭만적 거짓과 소설적 진실
르네 지라르 | 김치수·송의경
2002 대한민국학술원 우수학술도서
2013 『한국경제』 한 문장의 교양

54·55 한비자
한비 | 이운구
한국간행물윤리위원회 추천도서
2007 서울대학교 추천도서
2012 인터넷 교보문고 필독고전 100선

56 궁정사회
노르베르트 엘리아스 | 박여성

57 에밀
장 자크 루소 | 김중현
2005 서울대학교 권장도서 100선
2000·2006 서울대학교 논술출제

58 이탈리아 르네상스의 문화
야코프 부르크하르트 | 이기숙
2004 한국간행물윤리위원회 추천도서
2005 연세대학교 권장도서 200선
2009 『동아일보』 대학신입생 추천도서

59·60 분서
이지 | 김혜경
2004 문화관광부 우수학술도서
2012 인터넷 교보문고 필독고전 100선

61 혁명론
한나 아렌트 | 홍원표
2005 대한민국학술원 우수학술도서

62 표해록
최부 | 서인범·주성지
2005 대한민국학술원 우수학술도서

63·64 정신현상학
G.W.F. 헤겔 | 임석진
2006 대한민국학술원 우수학술도서
2005 연세대학교 권장도서 200선
2005 프랑크푸르트도서전 한국의 아름다운 책 100선
2008 서우철학상
2012 인터넷 교보문고 필독고전 100선

65·66 이정표
마르틴 하이데거 | 신상희·이선일

67 왕필의 노자주
왕필 | 임채우
2006 문화관광부 우수학술도서

68 신화학 1
클로드 레비-스트로스 | 임봉길
2007 대한민국학술원 우수학술도서
2008 『동아일보』 인문과 자연의 경계를 넘어 30선

69 유랑시인
타라스 셰브첸코 | 한정숙

70 중국고대사상사론
리쩌허우 | 정병석
2005 『한겨레』 올해의 책
2006 문화관광부 우수학술도서

71 중국근대사상사론
리쩌허우 | 임춘성
2005 『한겨레』 올해의 책
2006 문화관광부 우수학술도서

72 중국현대사상사론
리쩌허우 | 김형종
2005 『한겨레』 올해의 책
2006 문화관광부 우수학술도서

73 자유주의적 평등
로널드 드워킨 | 염수균
2006 문화관광부 우수학술도서
2010 『동아일보』 '정의에 관하여' 20선

74·75·76 춘추좌전
좌구명 | 신동준

77 종교의 본질에 대하여
루트비히 포이어바흐 | 강대석

78 삼국유사
일연 | 이가원·허경진
2007 서울대학교 추천도서

79·80 순자
순자 | 이운구
2007 서울대학교 추천도서

81 예루살렘의 아이히만
한나 아렌트 | 김선욱
2006 『한겨레』 올해의 책
2006 한국간행물윤리위원회 추천도서
2007 『한국일보』 오늘의 책
2007 대한민국학술원 우수학술도서
2012 yes24 리뷰 영웅대전

82 기독교 신앙
프리드리히 슐라이어마허 | 최신한
2008 대한민국학술원 우수학술도서

83·84 전체주의의 기원
한나 아렌트 | 이진우·박미애
2005 『타임스』 선정 세상을 움직인 책
『출판저널』 선정 21세기에도 남을 20세기의 빛나는 책들

85 소피스트적 논박
아리스토텔레스 | 김재홍

86·87 사회체계이론
니클라스 루만 | 박여성
2008 문화체육관광부 우수학술도서

88 헤겔의 체계 1
비토리오 회슬레 | 권대중

89 속분서
이지 | 김혜경
2008 대한민국학술원 우수학술도서

90 죽음에 이르는 병
쇠렌 키르케고르 | 임규정
『한겨레』 고전 다시 읽기 선정
2006 서강대학교 논술출제

91 고독한 산책자의 몽상
장 자크 루소 | 김중현

92 학문과 예술에 대하여·산에서 쓴 편지
장 자크 루소 | 김중현

93 사모아의 청소년
마거릿 미드 | 박자영
20세기 미국대학생 필독 교양도서

94 자본주의와 현대사회이론
앤서니 기든스 | 박노영·임영일
1999 서울대학교 논술출제
2009 대한민국학술원 우수학술도서

95 인간과 자연
조지 마시 | 홍금수

96 법철학
G.W.F. 헤겔 | 임석진

97 문명과 질병
헨리 지거리스트 | 황상익
2009 대한민국학술원 우수학술도서

98 기독교의 본질
루트비히 포이어바흐 | 강대석

99 신화학 2
클로드 레비-스트로스 | 임봉길
2008 『동아일보』 인문과 자연의 경계를 넘어 30선
2009 대한민국학술원 우수학술도서

100 일상적인 것의 변용
아서 단토 | 김혜련
2009 대한민국학술원 우수학술도서

101 독일 비애극의 원천
발터 벤야민 | 최성만·김유동

102·103·104 순수현상학과 현상학적 철학의 이념들
에드문트 후설 | 이종훈
2010 대한민국학술원 우수학술도서

105 수사고신록
최술 | 이재하 외
2010 대한민국학술원 우수학술도서

106 수사고신여록
최술 | 이재하
2010 대한민국학술원 우수학술도서

107 국가권력의 이념사
프리드리히 마이네케 | 이광주

108 법과 권리
로널드 드워킨 | 염수균

109·110·111·112 고야
훗타 요시에 | 김석희
2010 12월 한국간행물윤리위원회 추천도서

113 왕양명실기
박은식 | 이종란

114 신화와 현실
미르치아 엘리아데 | 이은봉

115 사회변동과 사회학
레이몽 부동 | 민문홍

116 자본주의·사회주의·민주주의
조지프 슘페터 | 변상진
2012 대한민국학술원 우수학술도서
2012 인터파크 이 시대 교양 명저

117 공화국의 위기
한나 아렌트 | 김선욱

118 차라투스트라는 이렇게 말했다
프리드리히 니체 | 강대석

119 지중해의 기억
페르낭 브로델 | 강주헌

120 해석의 갈등
폴 리쾨르 | 양명수

121 로마제국의 위기
램지 맥멀렌 | 김창성
2012 인터파크 추천도서

122·123 윌리엄 모리스
에드워드 파머 톰슨 | 윤효녕 외
2012 인터파크 추천도서

124 공제격치
알폰소 바뇨니 | 이종란

125 현상학적 심리학
에드문트 후설 | 이종훈
2013 인터넷 교보문고 눈에 띄는 새 책
2014 대한민국학술원 우수학술도서

126 시각예술의 의미
에르빈 파노프스키 | 임산

127·128 시민사회와 정치이론
진 L. 코헨·앤드루 아라토 | 박형신·이혜경

129 운화측험
최한기 | 이종란
2015 대한민국학술원 우수학술도서

130 예술체계이론
니클라스 루만 | 박여성·이철

131 대학
주희 | 최석기

132 중용
주희 | 최석기

133 종의 기원
찰스 다윈 | 김관선

134 기적을 행하는 왕
마르크 블로크 | 박용진

135 키루스의 교육
크세노폰 | 이동수

136 정당론
로베르트 미헬스 | 김학이
2003 기담학술상 번역상
2004 대한민국학술원 우수학술도서

137 법사회학
니클라스 루만 | 강희원
2016 세종도서 우수학술도서

138 중국사유
마르셀 그라네 | 유병태
2011 대한민국학술원 우수학술도서

139 자연법
G.W.F 헤겔 | 김준수
2004 기담학술상 번역상

140 기독교와 자본주의의 발흥
R.H. 토니 | 고세훈

141 고딕건축과 스콜라철학
에르빈 파노프스키 | 김율
2016 세종도서 우수학술도서

142 도덕감정론
애덤스미스 | 김광수

143 신기관
프랜시스 베이컨 | 진석용
2001 9월 한국출판인회의 이달의 책
2005 서울대학교 권장도서 100선

144 관용론
볼테르 | 송기형·임미경

145 교양과 무질서
매슈 아널드 | 윤지관

146 명등도고록
이지 | 김혜경

147 데카르트적 성찰
에드문트 후설·오이겐 핑크 | 이종훈
2003 대한민국학술원 우수학술도서

148·149·150 함석헌선집 1·2·3
함석헌 | 함석헌편집위원회
2017 대한민국학술원 우수학술도서

151 프랑스혁명에 관한 성찰
에드먼드 버크 | 이태숙

152 사회사상사
루이스 코저 | 신용하·박명규

153 수동적 종합
에드문트 후설 | 이종훈
2019 대한민국학술원 우수학술도서

154 로마사 논고
니콜로 마키아벨리 | 강정인·김경희
2005 대한민국학술원 우수학술도서

155 르네상스 미술가평전 1
조르조 바사리 | 이근배

156 르네상스 미술가평전 2
조르조 바사리 | 이근배

157 르네상스 미술가평전 3
조르조 바사리 | 이근배

158 르네상스 미술가평전 4
조르조 바사리 | 이근배

159 르네상스 미술가평전 5
조르조 바사리 | 이근배

160 르네상스 미술가평전 6
조르조 바사리 | 이근배

161 어두운 시대의 사람들
한나 아렌트 | 홍원표

162 형식논리학과 선험논리학
에드문트 후설 | 이종훈
2011 대한민국학술원 우수학술도서

163 러일전쟁 1
와다 하루키 | 이웅현

164 러일전쟁 2
와다 하루키 | 이웅현

165 종교생활의 원초적 형태
에밀 뒤르켐 | 민혜숙·노치준

166 서양의 장원제
마르크 블로크 | 이기영

167 제일철학 1
에드문트 후설 | 이종훈
2021 대한민국학술원 우수학술도서

168 제일철학 2
에드문트 후설 | 이종훈
2021 대한민국학술원 우수학술도서

169 사회적 체계들
니클라스 루만 | 이철·박여성 | 노진철 감수

170 모랄리아
플루타르코스 | 윤진

171 국가론
마르쿠스 툴리우스 키케로 | 김창성

172 법률론
마르쿠스 툴리우스 키케로 | 성염

173 자본주의의 문화적 모순
다니엘 벨 | 박형신
2022 대한민국학술원 우수학술도서

174 신화학 3
클로드 레비스트로스 | 임봉길
2022 대한민국학술원 우수학술도서

175 상호주관성
에드문트 후설 | 이종훈

176 대변혁 1
위르겐 오스터함멜 | 박종일

177 대변혁 2
위르겐 오스터함멜 | 박종일

178 대변혁 3
위르겐 오스터함멜 | 박종일

179 유대인 문제와 정치적 사유
한나 아렌트 | 홍원표

180 장담의 열자주
장담 | 임채우

181 질문의 책
에드몽 자베스 | 이주환

182 과거와 미래 사이
한나 아렌트 | 서유경

183 영웅숭배론
토마스 칼라일 | 박상익

184 역사를 바꾼 권력자들
이언 커쇼 | 박종일

185 칸트의 정치철학
한나 아렌트 | 김선욱

●한길그레이트북스는 계속 간행됩니다.